中华优秀传统文化创新
与社会主义文化强国建设

张佑林◎著

中国财经出版传媒集团

经济科学出版社
Economic Science Press

·北京·

图书在版编目（CIP）数据

中华优秀传统文化创新与社会主义文化强国建设/
张佑林著 . – – 北京：经济科学出版社，2024.3
ISBN 978 – 7 – 5218 – 5144 – 1

Ⅰ. ①中… Ⅱ. ①张… Ⅲ. ①中华文化 – 文化发展 –
关系 – 中国特色社会主义 – 文化事业 – 建设 – 研究 Ⅳ.
①K203②G12

中国国家版本馆 CIP 数据核字（2023）第 179086 号

责任编辑：杨 洋 杨金月
责任校对：杨 海
责任印制：范 艳

中华优秀传统文化创新与社会主义文化强国建设
张佑林 著
经济科学出版社出版、发行 新华书店经销
社址：北京市海淀区阜成路甲 28 号 邮编：100142
总编部电话：010 – 88191217 发行部电话：010 – 88191522
网址：www. esp. com. cn
电子邮箱：esp@ esp. com. cn
天猫网店：经济科学出版社旗舰店
网址：http：//jjkxcbs. tmall. com
北京季蜂印刷有限公司印装
710×1000 16 开 21 印张 330000 字
2024 年 3 月第 1 版 2024 年 3 月第 1 次印刷
ISBN 978 – 7 – 5218 – 5144 – 1 定价：79.00 元
（图书出现印装问题，本社负责调换。电话：010 – 88191545）
（版权所有 侵权必究 打击盗版 举报热线：010 – 88191661
QQ：2242791300 营销中心电话：010 – 88191537
电子邮箱：dbts@ esp. com. cn）

　　研究阐释党的二十大精神国家社科基金重大项目研究成果（推进文化自信自强的时代背景与现实途径研究，编号：23ZDA081）

　　南方科技大学全球城市文明典范研究院 2023 年开放课题研究成果（中华优秀传统文化"两创"与中华民族现代文明建设问题研究，编号：IGUC23C002）

前　言

　　作为世界四大文明古国之一，中国具有 5000 多年的悠久历史，是世界上唯一一个历史延续、文化没有中断过的文明古国。自盘古开天辟地以来，华夏文明一脉相承、绵延不绝、熠熠生辉、博大精深，留下了数不胜数的物质和非物质文化遗产，其丰富多彩的民族文化资源，构成了世界文明的宝贵财富，华夏文明也因为其优越性和竞争力而屹立于世界东方，并引领着世界历史与文化发展潮流。

　　作为东方文明的典型代表，长期以来，华夏文明在世界农业文明发展史上占有举足轻重的地位。但自英国工业革命以来，世界开始进入现代工业文明时代，社会经济呈现出转型发展的时代新态势。但我国由于农业文明本身的局限性，社会转型缓慢，导致我们在很多方面跟不上时代发展的节奏，与现代工业文明的差距逐渐拉大。这说明，华夏文明作为一种农耕文化，也存在着一些与现代市场经济社会发展不适应的落后理念，因此需要与时俱进，只有通过文化创新发展的路径，融入现代市场经济发展的先进理念，才能跟上时代发展的大潮流。

　　近年来，伴随着中国特色社会主义建设进入新时代，推动中华民族伟大复兴的"中国梦"成为全国人民的崇高理想和共同追求的目标。在此大背景下，习近平总书记高瞻远瞩地指出：弘扬中华优秀传统文化，要处理好继承和创造性发展的关系，重点做好创造性转化和创新性发展。党的十九大报告明确提出：要推动中华优秀传统文化创造性转化和创新性发展，为人民提供精神指引；以习近平有关中华优秀传统文化的"两创"论述为指针，党的十九届五中全会郑重宣布：2035年基本实现社会主义现代化这一远景目标，其中建成文化强国目标被放到首位。至此，华夏文明的伟大复兴上升到国家战略的高度！如何充分挖掘和利用历史文化价值，推动中华优秀传统文化创造性转化、创新性发展，以增强社会主义文化强国建设的动力，已经成为摆在各学科社会科学学者面前的一项亟待完成的重大研究课题。

　　基于以上理由，本书旨在将中华优秀传统文化创造性转化和创新性发展与社会主义文化强国目标相结合，尝试构建一套以文化创新引领社会主义文化强国建设的理论研究框架，基本思路包括以下四点：首先，从文化学与哲学文化的视角出发，对中华优秀传统文化进行界定和分类，奠定本书的基础和研究方向。其次，以西方文艺复兴的成功经验为例，说明文化创新是近现代西方文明和现代国家振兴的内在动力，这可以成为推进中华优秀传统文化创造性转化和创新性发展及社会主义文化强国建设的国际经验借鉴。再次，对中华优秀传统文化创造性转化和创新性发展引领社会主义文化强国建设的运行机制展开深入研究，从理论上构建一套结构完善、功能齐全、内外协调的文化创新引领社会主义文化强国建设的理论分析框架。在此基础上，围绕着中华精神文化创新性发展与社会主义精神文明建设、中华制度文化创新性发展与社会主义政治文明建设、中华科技文化创新性发展与社会主义科技文明建设、中华生态文化创新性发展与社会主义生态文明建设、中华历史文化资源创造性转化与社会主义物质文明建设五个方面的关系，详细探讨中华优秀传统文化的创造性转化和创新性发展引领社会主义文化强国建设的具体路径。最后，本书将利用以上建立的文化创新引领文化强国建设的理论框架，以2035年建成社会主义文化强国为依据，提出有针对性的政策建议，供相关决策部门参考。

目　录

第一章

导　　论

第一节　问题的提出

2020 年 9 月 22 日，习近平总书记在教育文化卫生体育领域专家代表座谈会上指出：统筹推进"五位一体"总体布局、协调推进"四个全面"战略布局，文化是重要内容；推动高质量发展，文化是重要支点；满足人民日益增长的美好生活需要，文化是重要因素；战胜前进道路上各种风险挑战，文化是重要力量源泉。① 习近平总书记的重要论述深刻阐明了文化在新时代我国经济社会发展中的重要地位和作用。在此基础上，2020 年 10 月召开的中国共产党十九届五中全会明确指出，要坚持中国特色社会主义文化发展道路，激发全民族文化创新创造活力，建设社会主义文化强国。② 这充分说明，复兴华夏文明，建成社会主义文化强国已经被提升为我国最重要的发展战略目标，成为中国特色社会主义事业最重要的内容、最需要迫切完成的任务。

中华民族伟大复兴内在地包含着中华文化的复兴。这是因为，如果没有文化的复兴，也就不可能实现全面的现代化，中华民族的复兴就会因缺

---

① 习近平. 在教育文化卫生体育领域专家代表座谈会上的讲话 [N]. 人民日报，2020 – 09 – 24.

② 习近平. 中国共产党第十九届中央委员会第五次全体会议公报 [EB/OL]. 新华网，2020 – 10 – 29.

乏精神和文化的支撑而后劲乏力。正如习近平总书记所说:一个国家、一个民族的强盛,总是以文化兴盛为支撑的,中华民族伟大复兴需要以中华文化发展繁荣为条件。① 在全面建设社会主义现代化国家的当下,经济发展与文化繁荣相互促进,传承发展中国优秀传统文化为我国经济社会发展和中华民族伟大复兴提供了强有力的精神支撑和思想动能。

作为世界四大文明古国之一,中国具有5000多年的悠久历史,是唯一一个历史延续至今、没有中断过的文明古国。中国传统文化绵延5000多年,博大精深,在数千年的历史流变中,中华民族虽几经曲折,却从未中断,以其强大生命力绵延至今且亘古常新、生生不息。中华民族优秀传统文化在千年发展历程中积淀了丰富的思想内涵,其中许多优秀组成部分在当代社会依然具有很强的借鉴价值和现实意义。优秀传统文化中的"大同""仁义礼智信""民贵君轻""法令行则国治""尽公不顾私"等思想不仅是优秀传统文化的精华,在中国社会发展历史上发挥着重要的引领作用,而且更是我国当今社会主义现代化建设的宝贵精神资源。

但也必须看到,中华传统文化中有精华也有糟粕,要一分为二地对待。一方面,传统文化在其形成和发展过程中,不可避免会受到当时人们的认识水平、时代条件、社会制度的制约和影响,因而也不可避免会存在陈旧过时或已成为糟粕的部分,这是必须抛弃的。另一方面,即使是传统文化中的精华部分,由于时过境迁,也与时代要求相去甚远,因而不能照搬照抄、拿来就用,而是要坚持古为今用、以古鉴今,坚持有鉴别的对待、有扬弃的继承,而不能搞厚古薄今、以古非今,努力实现传统文化的创造性转化和创新性发展,使之与现实文化相融相通,共同服务于文化人的时代任务。②

那么,如何卓有成效地推进社会主义文化强国建设,如何促进华夏文明的传承、创新与发展呢?习近平总书记从华夏文明伟大复兴的战略高度,多次强调了文化自信与文化创新在中国特色社会主义文化强国建设中的重要地位。在新时代,文化自信既要有坚守的定力,又要有融通的能力,还要有创新的活力。只有这样才能切实推进公民个体文化自信的实践能力,进而夯实国民精神力量、提升国家文化软实力、助推中华民族实现伟大复兴。早在

---

① 习近平. 在山东考察时的讲话 [N]. 人民日报, 2013-11-29.
② 徐倩阳. 坚定文化自信 [J]. 红旗文稿, 2022-08-14.

2014 年，习近平总书记在中共中央政治局第十三次集体学习时提出：弘扬中华优秀传统文化，要处理好文化继承和创造性发展的关系，重点做好创造性转化和创新性发展①；党的十八大以来，习近平总书记多次强调对于文化传承与发展不能数典忘祖，将具有民族性的文化和精神作为国家发展的根本力量；在党的十九大报告中，习近平总书记又特别指出：推动中华优秀传统文化创造性转化、创新性发展，继承革命文化，发展社会主义先进文化，不忘本来、吸收外来、面向未来，更好构筑中国精神、中国价值、中国力量，为人民提供精神指引。②

文化的力量贯穿于人类社会发展的历史进程的始终，是一个国家和民族进步的灵魂，文化兴则民族兴，文化强则国家强。华夏文化遗产是祖先留给中华民族的宝贵精神财富，是坚定文化自信、推动文化创新、延续华夏历史文脉的重要载体。中华民族如果希望在不远的将来屹立于世界民族之林，在世界文化竞争中行稳致远，就必须要在坚持文化自信的基础上，推动华夏文明的传承、创新与发展。要充分发挥中华传统文化的优势、摒弃传统文化中的消极因素，使优秀传统文化在社会主义精神文明建设、社会主义核心价值观培育、社会主义道德风尚培育、中国文化软实力提升等方面发挥更大的推动作用。只有不断推动我国优秀传统文化的创新发展，并且将其与社会主义精神文明建设结合起来，坚持与时俱进的方向，才能提升华夏文化的软实力，扩大优秀传统文化的国际影响力，引导全国人民坚定文化自信，以自尊、自强、自爱的姿态走向世界，用强大的文化自信和文化竞争力构筑起文化安全的防线，最终推动华夏文明伟大复兴目标的实现。

综上可见，通过对中华优秀传统文化创造性转化和创新性发展，进而实现华夏文明的伟大复兴，是我国社会主义文化强国建设的必由之路！所谓创造性转化，就是要按照时代特点和要求，对那些表现形式相对陈旧，但至今仍有借鉴意义的传统文化加以改造，赋予其新的时代内涵和现代表达形式，激活其生命力；所谓创新性发展，就是要按照时代的新进步、新进展，对中华优秀传统文化的内涵加以完善，增强其影响力和感召力。③ 因此，以

---

① 中共中央政治局进行第十三次集体学习 [EB/OL]. 新浪新闻，2014 - 02 - 26.
② 习近平. 决胜全面建成小康社会 夺取新时代中国特色社会主义伟大胜利 [N]. 人民日报，2017 - 10 - 28 (1).
③ 许文星. 论习近平的传统文化观 [J]. 北大马克思主义研究，2015：117 - 130.

习近平总书记关于文化创新的重要论述为引领，推动我国的社会主义文化强国建设，是一项极富理论与实践意义的重大课题。

第二节　研究目的与研究方法

一、研究目的

作为世界四大文明古国之一，中国具有 5000 多年的历史，源远流长。生活在这片土地上的 56 个民族，长期以来融合发展，形成了以汉文化为主体、多民族文化共存的大一统的华夏文化。仅国家统计局记录的各类文物就有 1000 多万种，各地戏剧艺术多达 360 多种。[①] 博大精深的中华传统文化民族特点鲜明，内涵丰富，儒家、释家、道家思想宏大精深、古典美学令人陶醉，早已融入每一个中国人的骨髓，成为大家共有的精神基因和文化遗产。丰富多彩的民族文化构成了世界文明的宝贵财富，成为我国文化软实力的主要体现和文化产品的核心竞争力。

从世界范围来看，目前评判一个国家的历史文化资源禀赋，较为令人信服的标准是联合国教科文组织的世界遗产名录和非物质文化遗产名录。截至 2016 年 7 月，经教科文组织批准，中国纳入《世界遗产名录》的世界遗产高达 50 项，中国在拥有的世界遗产数量上排名第 2 位，仅比拥有 51 项世界遗产的意大利少 1 项。与此同时，中国是全球拥有世界遗产类别最完备的国家之一，也是世界文化与自然双重遗产数量（4 项，同澳大利亚并列）最多的国家。从非物质文化遗产来看，国务院先后分别于 2006 年、2008 年、2011 年和 2014 年批准命名了四批国家级非物质文化遗产名录[②]：2006 年 5月 20 日第一批国家级非物质文化遗产名录（共 518 项）、2008 年 6 月 14 日第二批国家级非物质文化遗产名录（共计 510 项）、2011 年 6 月 10 日第三批国家级非物质文化遗产名录（共计 191 项）、2014 年 7 月 16 日第四批国

---

① 资料来源：国家统计局。
② 杨贤宗. 文艺复兴观念的起源与发展 [J]. 南京艺术学院学报（美术与设计版），2007（2）：45－48，41.

家级非物质文化遗产名录（共计 153 项）。经过十多年来的不懈努力，截至
2016 年底，中国被纳入联合国教科文组织的非物质文化遗产名录（包含
"急需保护名录"）的非物质文化遗产项目达到 39 个，中国已经成为拥有世
界非物质遗产数量最多的国家。

作为历史文化资源最为丰富的东方文明古国，中国理应在世界现代文
明中占有一席之地。但是，自英国工业革命以来，伴随着世界进入现代工
业文明时代，由于农业文明本身的局限性，在现实的市场经济中，我们不
得不承认，在很多方面我们与现代文明拉开了差距，中华民族面临着华夏
文明伟大复兴的历史使命。中华民族在 5000 多年的文明历史长河中，留
下了无数的历史文化遗产，如何正确处理文化传承与发展的关系，充分体
现其历史文化价值，推动中华优秀传统文化的创造性转化和创新性发展，
为华夏文明伟大复兴和社会主义文化强国建设增添动力，具有十分重要的
现实意义。

对中华优秀传统文化创造性转化和创新性发展的研究，已经呈现出蓬勃
发展的趋势，取得了一定的研究成就，但目前的研究更多地偏向于宏观方
面，缺乏对微观机制的探讨，研究架构仍需进一步梳理和丰富，同时需要注
重拓展研究的视野与内容。

中华优秀传统文化的创造性转化和创新性发展是习近平新时代中国特色
社会主义文化理论的一个重要命题。在 2035 年建成社会主义文化强国这一
重大目标下，通过本书的研究，厘清中华优秀传统文化创造性转化、创新性
发展的作用路径与运行机制，构建一个相对科学的文化创新引领社会主义文
化强国建设的理论分析框架，初步拟定一套促进我国文化发展的科学战略与
具体政策建议，其理论与实践意义是不言而喻的。

推动中华优秀传统文化创造性转化、创新性发展是一个庞大的研究体
系，不同学科的研究学者可以从不同的视角出发，选择不同的研究方向展开
探讨，进而得出不同的研究结论。本书从推动中华优秀传统文化创造性转
化、创新性发展的终极目标出发，将中华优秀传统文化的传承、创新与发展
作为研究主线。同时，我们将这一主线与社会主义文化强国建设和华夏文明
的伟大复兴联系起来进行深入研究。在此基础上，本书尝试构建推动中华优
秀传统文化创造性转化、创新性发展的目标体系。

二、研究方法

本书将在科学社会主义理论的基础上，通过整合哲学、政治学、文化学、经济学、生态学、历史学等相关学科的前沿理论，综合运用多学科的研究方法，以 2035 年建成社会主义文化强国为目标，构建一个相对科学的文化创新引领社会主义文化强国建设的理论分析框架。为达此目的，本书将实施以下具体研究方法。

第一，注重理论研究与实际案例分析相结合的方法。本书力图实现相关领域的系统性理论建构，通过整合科学社会主义、文化经济学以及其他相关学科的理论，搭建起一个相对完善、科学的文化创新引领社会主义文化强国建设的理论体系。在定性研究的同时，注重案例分析、专家座谈等具体方法。

第二，注重历史唯物主义与辩证唯物主义相结合的研究方法。文化创新与文化强国建设都是在一个较长的历史过程中发生的经验事实，借鉴国家国内文化发展历史经验，值此经济全球化加快的背景下，东西方争夺文化话语权的斗争日趋激烈，我们更应该以发展的眼光去推动我国的文化强国建设。

第三，注重宏观与微观、中观各层面的结合，既从宏观层面厘清文化创新与文化强国建设的关系，也从微观层面剖析中华优秀传统文化创造性转化、创新性发展的路径与作用机制，同时还从中观层面厘清政府、文化企业与个人在文化发展中的逻辑联系。

第四，运用实证研究方法，以中华优秀传统文化创造性转化与创新性发展的典型案例作为分析依据，重点分析中华优秀传统文化资源与文化产业的融合发展路径与模式，说明我国文化产业是在对中华优秀传统文化资源进行深入挖掘的基础上发展起来的。

第三节　研究思路、体系与总体框架

以习近平关于中华优秀传统文化的"两创"论述为指针，本书研究对象和主要内容分述如下所示。

第一部分：中华优秀传统文化的形成、分类与创新发展的必要性研究。从文化学与哲学文化的视角出发，可将中华优秀传统文化分为中华精神文化、中华制度文化、中华科技文化、中华生态文化、中华历史文化五大类型，其中任何一种文化形态都包含优秀文化基因和与时代发展不相符的文化基因两大不同属性，这构成了中华优秀传统文化创造性转化、创新性发展主题研究的基础和出发点。

第二部分：文艺复兴运动与近现代西方文明崛起的国际经验借鉴。本着"洋为中用"的原则，本部分以欧洲近代的文艺复兴运动作为研究的借鉴，说明文化创新对近现代西方文明的崛起起着内在的推动作用。研究将聚焦于以下两个方面：一是对文艺复兴运动进行定性研究，认为它本质上是一次"文化创新"运动，是一次遍及欧洲的思想解放运动；二是对文艺复兴与西方文明崛起的关系问题进行研究，说明文艺复兴运动直接推动了西方的新教伦理改革，在此基础上催生了资本主义精神，进而引起了资产阶级革命，为西方现代文明的崛起和工业化运动奠定了思想基础。

第三部分：推动中华优秀传统文化创造性转化、创新性发展的理论机制研究。本部分立足于华夏文明复兴与社会主义文化强国建设的宏伟蓝图，深入研究中华优秀传统文化创造性转化、创新性发展引领社会主义文化强国建设的作用机理，从理论上构建一套结构完善、功能齐全、内外协调、有利于促进文化强国建设的完整系统，主要阐述中华优秀传统文化通过创造性转化、创新性发展等五大路径，从多个层面推动我国的物质文明建设、精神文明建设、政治文明建设、科技文明建设以及生态文明建设，最终实现我国社会主义文化强国的建设目标。

第四部分：推动中华优秀传统文化创造性转化、创新性发展的路径选择研究。以社会主义文化强国建设为目标，将推动中华优秀传统文化创造性转化、创新性发展归纳为以下五大路径：中华精神文化创新性发展促进社会主义核心价值观的形成，进而推进我国精神文明建设；中华制度文化创新性发展助力我国政治生态环境改善，进而促进我国政治文明建设；中华科技文化创新性发展助力我国科技创新动力的形成，进而促进我国科技文明建设；中华生态文化创新性发展促进我国绿色发展理念升华，进而推动我国生态文明建设；中华历史文化资源创造性转化，推动我国文化事业繁荣、文化产业发展以及国际文化贸易发展，进而推动我国物质文明建设。

第五部分：推动中华优秀传统文化创造性转化、创新性发展的目标体系构建研究。以习近平关于中华优秀传统文化的"两创"论述为指针，充分借鉴西方文化复兴运动推进西方文明发展的成功经验，从近期和远期两个层面，制定和设计我国社会主义文化强国建设的发展战略；以本书尝试构建的文化创新引领社会主义文化强国建设的理论为依据，设计2035年建成社会主义文化强国的机制、步骤与具体政策措施，以推进社会主义文化强国建设宏伟目标的顺利实施。

本书的总体理论研究框架如图1-1所示。

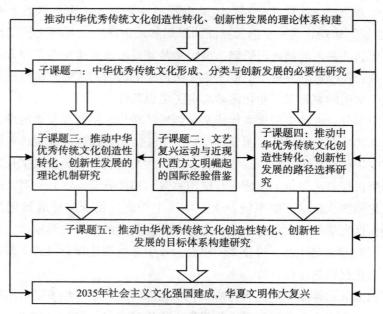

图1-1 总体研究框架

按照这个研究思路，本书的体系结构安排包括以下几个部分。

第一章：导论，包含问题的提出，本书的研究目的与研究方法，主要研究思路、体系与总体框架。

第二章：中华传统文化创造性转化与创新性发展的文献综述。围绕着习近平关于中华优秀传统文化的"两创"论述、文艺复兴运动与近现代西方文明崛起以及中华优秀传统文化创造性转化与创新性发展问题进行文献综

述，有助于厘清中华优秀传统文化创造性转化与创新性发展理论研究的现有
成果及结论，同时为本书后面的研究提供理论依据与研究思路。

第三章：中华优秀传统文化的形成、演化与创新性发展的必要性研究。
在对中华传统文化概念界定的基础上，对中华传统文化的形成过程进行分
析，并对中华传统文化资源进行定性与分类，重点围绕着中华优秀传统文化
创造性转化与创新性发展的必要性进行深入探讨。

第四章：文艺复兴运动与近现代西方文明崛起的国际经验借鉴。在对文
艺复兴运动兴起的时代背景与发展历程进行描述的基础上，对文艺复兴运动
进行定性研究，探索文艺复兴运动与近现代西方文化崛起的关系，进而总结
出文艺复兴运动对我国优秀传统文化创造性转化与创新性发展的启示作用。

第五章：中华优秀传统文化创造性转化与创新性发展引领社会主义文化
强国建设的理论机制研究。在对中华优秀传统文化创造性转化与创新性发展
的内涵与外延进行界定的基础上，围绕着中华文化的传承、创新、发展与社
会主义文化强国建设目标，对中华优秀传统文化创造性转化与创新性发展的
运行机制与路径选择问题展开全面深入的探讨，构建一个相对科学的文化创
新引领社会主义文化强国建设的总体理论研究框架。

第六章：中华精神文化创新性发展与社会主义精神文明建设。在对中华
精神文化的概念界定与分类的基础上，围绕着中华精神文化创新性发展与社
会主义核心价值观形成的关系展开分析，说明中华精神文化创新性发展对于
社会主义精神文明建设具有内在的影响作用，由此推导出中华优秀传统文化
创造性转化与创新性发展引领社会主义文化强国建设的第一条路径。

第七章：中华制度文化创新性发展与社会主义政治文明建设。在对中华
制度文化的概念进行界定与分类的基础上，围绕着中华制度文化创新性发展
与社会主义政治生态环境的形成与发展的关系展开探讨，说明中华精神文化
创新性发展对于社会主义政治文明建设具有长期的影响，由此推导出中华优
秀传统文化创造性转化与创新性发展引领社会主义文化强国建设的第二条
路径。

第八章：中华科技文化创新性发展与社会主义科技文明建设。在对中华
科技文化的概念进行界定与分类的基础上，围绕着中华科技文化创新性发展
与我国科技创新动力形成的关系问题展开探讨，说明中华精神文化创新性发
展对于社会主义科技文明建设具有基础性的作用，由此推导出中华优秀传统

文化创造性转化与创新性发展引领社会主义文化强国建设的第三条路径。

第九章：中华生态文化创新性发展与社会主义生态文明建设。在对中华生态文化的概念进行界定与分类的基础上，围绕着中华生态文化创新性发展与华夏文明绿色发展理念升华的问题展开分析，说明中华生态文化创新性发展对于社会主义生态文明建设具有导向作用，由此推导出中华优秀传统文化创造性转化与创新性发展引领社会主义文化强国建设的第四条路径。

第十章：中华优秀传统文化资源创造性转化与社会主义物质文明建设。在对中华优秀传统文化资源的概念进行界定与分类的基础上，围绕着中华传统文化资源创造性转化与社会主义文化事业、文化产业和文化贸易发展的关系问题展开全面研究，说明中华传统文化资源创造性转化通过文化创意的手段，对于社会主义物质文明建设具有内在的推动作用，由此推导出中华优秀传统文化创造性转化与创新性发展引领社会主义文化强国建设的第五条路径。

第十一章：以2035年建成社会主义文化强国为目标，促进中华传统文化传承、创新与发展的对策研究。围绕着中华优秀传统文化创造性转化与创新性发展的现状、面临的问题展开深入分析，并对产生原因进行剖析，在此基础上，从管理体制创新与政策体系完善两大方面，有针对性地提出促进中华优秀传统文化创造性转化与创新性发展的对策建议。

附录：中华优秀传统文化创造性转化与创新性发展的经典案例。以我国近年来文化发展的典型案例作为解剖对象，总结分析中华优秀传统文化创造性转化与创新性发展引领社会主义文化强国建设的成功经验，说明中华优秀传统文化创造性转化与创新性发展是复兴华夏文明、推动我国2035年建成社会主义文化强国的内生动力源泉和基本途径。

第二章

中华传统文化创造性转化
与创新性发展的文献综述

国际上以文艺复兴、新教伦理改革以及资本主义精神为对象的研究由来已久，并且构成了西方文明的重要组成部分。但是以中华优秀传统文化创造性转化与创新性发展即"两创"理论作为研究主题，却是近几年的事情。党的十八大、十九大把中华优秀传统文化创造性转化与创新性发展上升为国家战略后，在我国学界形成了一股研究传统文化"两创"的理论热潮，产生了大量有价值的研究成果。根据研究需要，本书将现有文献分作以下三类：第一，习近平关于"两创"论述的研究；第二，文艺复兴运动与近现代西方文明崛起的研究；第三，中华优秀传统文化创造性转化与创新性发展的研究，现分述如下。

第一节　习近平关于"两创"论述的文献综述

一、新时代社会主义文化创新的根本内涵

新时代中国特色社会主义文化思想中蕴含着中国传统民本思想、天人合一思想、协和万邦思想、大同思想的基因，推动着中华优秀传统文化的创造性转化和创新性发展。学界对于中华优秀传统文化思想内涵的界定给予了高度评价，并从不同视角进行了深刻阐述。吴俐（2017）认为，习近平在国

际外交关系上提出的"和平、发展、合作、共赢""一带一路"倡议，在生态文明建设中融入的"天人合一""绿水青山就是金山银山"思想，在文化强国建设上推崇的"和而不同、兼收并蓄"理念，都体现了习近平将对华夏传统和文化进行创造性转化和创新型发展。张静和马超（2018）认为，习近平提出的"人类命运共同体"是对中华"和"文化的继承与创新，因为它向世界阐述了中华"和"文化的理念，将中华"和"文化视为维护国际关系的准则，用中华"和"文化解决人类面临的共同难题，以及依靠中华"和"文化维护世界文明的多样性。余建娟（2018）也认为，"人类命运共同体"创新性发展了中华优秀传统文化"仁同一视"的平等精神、"天下为公"的公义精神、"海纳百川"的包容精神、"和而不同"的汇通精神以及"天人合一"的和谐精神。李慎明（2018）认为，新时代和平发展道路战略阐述的"天下为公""世界大同""以和为贵""协和万邦"思想，都体现了中国对维护世界和平、推动全球共同发展的信念和决心。张藜萱等（2020）研究得出，习近平生态文明思想吸收了中国传统智慧中"天人合一""天行有常""仁者爱人""道法自然"等理念，并由此引申出"绿色发展""协调发展""共享发展""生态治理"等观点，实现了对传统生态智慧的创造性转化和创新性发展。周小炊（2019）提出，《尚书·五子之歌》中"民惟邦本、本固邦宁"的民本思想是"以人民为中心"的思想渊源；孔子的"大道之行也，天下为公"与习近平提出的实现中华民族伟大复兴的"中国梦"互为相通；中国传统"协和万邦""和而不同"的国际观是"人类命运共同体"的重要基础。董德福等（2019）在探究文化传承与创新之间的关系时，从中国传统"知行观""义利观""和合观"等层面解读习近平新时代中国特色社会主义文化创新的论述，认为习近平对中华优秀传统价值观的深刻解读，为推进文化创造性转化和创新性发展提供了生动的范例。

二、新时代中国特色社会主义文化创新论述的理论价值

新时代中国特色社会主义文化创新论述，具有视角创新、理论创新、境界创新的三重文化价值，它不仅提供了一种认知当代中国文化生态的科学视角，而且丰富拓展了马克思主义的文化发展理论，开创了中国特色社会主义

文化发展的新境界。① 孙振琳等（2017）认为，新时代中国特色社会主义文化创新是全党智慧的结晶，它深化了党的传统文化价值观，为弘扬中华优秀传统文化提供了科学指南，为"四个自信"奠定了牢固的思想根基，为构建现代文明秩序指明了方向，具有突出的理论价值。蒋述卓（2018）认为，习近平对文化创新的论述是对中国马克思主义文化理论的创新性发展，它在中华民族文化复兴的高度下揭示了文艺与国家民族的发展、文艺与中国精神的塑造、文艺与市场及人民之间的重要关联，在多元文化并存的现状下确立了主流文化价值内涵，在市场经济条件下强调了"以人民为中心"的文艺创作。陈新宇（2020）认为，习近平生态文明思想牢牢把握以"两山论"为价值指向，以"生态兴则文明兴"为价值范式，以"工业文明转向生态文明"为价值诉求，始终贯穿"人与自然和谐相处"的价值主题，对促进生态环境与经济发展形成良性互动具有重要的理论指导意义。

三、新时代社会主义文化创新论述的实践价值

高翔莲（2019）从社会发展、国家实力和文化自信三个方面探讨了习近平关于新时代文化创新的论述的实践价值，认为文化创新是促进思想、观念解放的引擎，是推动经济发展、政治变革的动力，是保持文化自信的坚实基础，在新时代社会主义文化创新的指导下实践能够提高国家文化软实力，建设社会主义文化强国。南国君等（2020）认为，习近平关于新时代文化的论述揭示了创新的本质内涵和资源要素，是马克思主义中国化的最新成果，是中华民族伟大复兴的内生动力，是完善世界科技创新治理体系的中国方案，指明了创新的实践要求和实施路径。张三元（2018）认为，习近平关于科技创新的论述为推动国家科技发展奠定了深厚的理论基础，他认为科技文化本质上等同于创新的文化，二者是辩证统一的关系，互为前提，互相促进，要想实现中华民族伟大复兴和人民对美好生活的向往离不开科技创新，而科技创新需要创新的文化作为支撑，所以创新科技文化是实现科技创新的重要前提和现实路径。

---

① 李昊远，宗彩娥．习近平新时代中国特色社会主义文化思想的科学内涵与创新价值［J］．治理现代化研究，2018（2）：16－21．

四、习近平新时代社会主义文化创新的发展路径

韩中宜（2017）认为，习近平关于传统文化创新发展的核心原则首先是要用马克思主义的立场、观点与方法来弘扬传统文化，推进传统文化的创新发展；其次，要坚持洋为中用，做到中西合璧、融会贯通，对优秀传统文化进行开拓创新；最后，要坚持批判继承、辩证看待、古为今用、推陈出新，实现创造性转化和创新性发展。闫锋（2017）认为，习近平关于新时代文化的论述体现了以人民为本的价值取向，确立了马克思主义的指导地位，保持了对自身文化的充分自信。王文慧（2017）从三个维度探讨了习近平关于新时代文化论述的发展原则，她认为应该坚持马克思主义在意识形态领域的指导地位，坚持中国文化的民族主体性，同时坚持对外开放的方针，将"马魂""中体""西用"有机结合起来，以实现对传统文化的创造性转化和创新性发展。沈正赋（2018）认为，传统文化的创造性转化和创新性发展可以从历史性与时代性、民族性与世界性、思想性与实践性三个层面去解读，并突出了新闻媒体在文化创新中的角色定位，强调了要坚持走文媒融合发展的双赢道路。杜萍等（2018）认为，优秀传统文化的创新性发展要以孕育现代新型文化观念为目标，在了解国情的基础上传承，实现与当代文化相适应、与现代社会相协调。蔡志荣（2019）在研究中华优秀传统文化如何进行转化和创新时，提出了思想政治教育实践的重要性，他认为文化不可重建，实际上是新时代的调整、转化，正如余英时定义文化重建为"可以归结为中国传统的基本价值与中心观念在现代化要求下如何调整和转化的问题"，在文化发展的过程中强调传承与创新结合、理论与实践结合、内容与形式结合。仇永民（2020）指出，面对当今中国文化领域存在的中华文化、域外文化、马克思主义文化三种文化并存的格局，我们应正确认识、批判继承、转化发展中华文化；理性审视、辩证鉴别、吸收利用域外文化；在马克思主义文化的主导地位上强调"马中融合""马外融合"与"中外融合"。

五、习近平新时代社会主义文化创新的传承方式

韩振峰（2014）在研究习近平关于正确对待中国传统文化的方法论时

指出，所谓创造性转化一要做到中华传统文化与当代文化相适应，二要达到中华传统文化与现代社会相协调，三要用时代需要和大众口味的形式对传统文化做出新的"表达"，使之以人们喜闻乐见、具有广泛参与性的方式推广开来。创新性发展一要将传统价值理念与当今时代特征相结合；二要立足本国国情面向世界，吸收借鉴世界文明成果；三要在对待中国传统文化上坚决反对教条主义和历史虚无主义。陆信礼（2016）则从传承、扬弃、创新三个角度研究了习近平关于正确对待中国传统文化的重要论述。在促进少数民族文化的创新发展下，包华军（2017）认为，习近平新时代中国特色社会主义文化论述具有重要的指导作用，他强调主流文化价值引领是少数民族文化创新的价值导向，传承和保护少数民族文化是实现创新的基础，文化自信是少数民族文化创新的内在驱动力，因为只有在对自身文化高度认可的情况下，才能以积极主动的态度创新文化，才能在立足本民族文化的基础上不断吸收其他优秀文化，做到兼收并蓄。李昌平（2018）在探究以习近平新时代中国特色社会主义文化发展论述引领民族文化前进方向时，总结出坚持马克思主义指导地位是根本遵循，弘扬社会主义核心价值观是主题灵魂，加强主流意识形态建设是着力重点，坚定文化自信是力量源泉，并且对民族文化发展不均衡等问题提出打造文化精品、培育文化产业等具体措施。王永贵（2017）从中国特色社会主义意识形态的角度出发，强调坚持文化自信的重要性。他认为当代人应该从文化自信视域审视当代中国意识形态的变迁和思想文化领域的深度变革，深刻地认识新时代中国特色社会主义意识形态的新变化，坚持文化自信，推动意识形态的创新，进而推动文化思想的创新性发展。刘春田等（2015）从教育在民族文化传承和精神构建中的重要职责出发，认为国家应该均衡教育资源，提升教育水平，深化教育改革，培养创新能力和创新人才，推动中华优秀传统文化更好地传承和升华。崔志爱（2016）认为，高校承担着文化传承、文化弘扬和文化创新的重任，将中华优秀传统文化与大学生思想政治教育相结合，不仅进一步丰富了思想政治教育学科体系，而且有利于加强大学生传承、创新中华优秀传统文化的思想意识。赵英杰（2018）在习近平新时代中国特色社会主义文化论述的理念下提出新时代传承和弘扬中华优秀传统文化的方法：首先要抓住重点内容，即传统美德和民族精神；其次要坚持中华优秀文化的创造性转化和创新性发展；最后要高度重视教育传播。员智凯等（2018）认为，优秀的文艺作品能够反映一个国家、一个民族的文化创造能力和水平。他反思批判了我国文艺事业存在唯经济利益倾向、去主导价值观倾向、历史虚无主义倾向和脱离人民群众倾向的问题。强调要基于习近平关于文艺的论述，以人民为中心构建文化自由体系，在文化自由的前提下坚持文化自信，提升政府领导能力从而推进文艺创新。郑中等（2018）认为，文艺是人类文化的重要组成部分，对于上层建筑与意识形态的形成起着至关重要的作用。要以人民为中心、以创新为内在动力不断推动文艺事业的发展，才能够在一定程度上弘扬中华传统文化，讲好中国故事。刘立云（2020）确定了高等艺术教育在开展艺术工作方面的重要作用，他认为高等艺术教育是文艺人才培养、文艺理论研究和文艺创作表演的重要力量，要在准确领悟习近平关于文艺论述的基础下，引领高等艺术教育的正确办学方向，提高高等艺术教育的质量水平，推进我国民族文化大发展。

第二节　文艺复兴运动与近现代西方文明崛起的文献综述

一、文艺复兴定性方面研究

公元 14 世纪初期，西方世界出现了一场人类历史上从未有过的思想解放运动——文艺复兴运动。在这里，一些先进的知识分子最先接触到了那些从地下挖掘出来的、熠熠生辉的古希腊文明成果。文艺复兴是指 14～16 世纪欧洲创造性地复兴和吸收古典传统（尤其是文学和艺术）的文化运动或过程。它最初兴起于意大利，随后逐渐向其他国家扩散（Gombrich，1974）。伯克哈特（Burckhardt）在他的 *Die Cultur der Renaissance in Italien* 这部著作中对文艺复兴的本质进行了高度概括，他指出文艺复兴实质上是"人类意识的全面觉醒"，是"西方文化的世俗化决定性阶段"，是"世界现代文明各种特征发展的起点"，现代人类生活的所有方面都同文艺复兴发生着联系。斯塔夫里亚诺斯（Stavrianos，2006）对文艺复兴的原因进行了分析，他认为文艺复兴产生的原因在于当时意大利以繁荣的工业与西欧、富裕的拜占庭及伊斯兰帝国之间利润丰厚的贸易为基础，这是文艺复兴赖以产生的经济基础和阶级基础。在此基础上，代表新生资产阶级的知识分子在文化领域进行了革新。张世华（2005）认为，意大利文艺复兴运动之所以在意大利得到最全面、最彻底的发展，在很大程度上有赖于早已根植于意大利文化中的古希腊罗马的灿烂文明，其得天独厚的优越地理位置和繁荣的经济所带来的人们在传统思想和哲学观念上的明显变化。[①] 有学者指出，文艺复兴表面上复兴的是古希腊罗马文化，实质上是在宣扬和挖掘更加适应新兴资产阶级成长的人文主义精神、创新精神、法治精神、公平正义精神以及公民意识（宋爽，2011），这才是文艺复兴留给后人最为重要的文化遗产。[②] 洛伦佐（Lorenzo，2013）提出，文艺复兴不仅局限于文学艺术的复兴，而是应将其称之为文化的复兴，在这场文化的复兴运动中，除了恢复和发展古典文学和艺术的范式，以自然主义为审美最高意向外，还系统发展了以人为中心的哲学和伦理学，以人为中心的文艺复兴的这个观点是大多数学者都赞同的观点。与此同时，文艺复兴时期的创新意识尤为显著，也为后人所称颂（宋爽，2011）。张庆熊（2009）指出，文艺复兴发扬了自由创作的精神，同时他也认为文艺复兴肯定了人的尊严、自由和能力，确信人能充分发展自己的智慧和创造力，能揭示宇宙的秘密、能认识自然的规律、能以知识为力量谋求人间的幸福。不仅如此，文艺复兴反对中世纪禁欲主义，反对那种视现世的人生为罪孽和把全部希望寄托于来世的人生观。

二、文艺复兴推动西方近现代文明思想解放方面的研究

以莎士比亚、但丁等人为代表的文艺复兴运动提出了人文主义精神的核心思想，即人的中心论，现实生活是由人缔造的而不是由神创造和赐予的。文艺复兴是西方历史上意义非凡的思想文化运动，恩格斯曾对此高度评价：这是一次人类从来没有经历过的最伟大的、进步的变革，是一个需要巨人而且产生了巨人——在思维能力、热情和性格方面，在多才多艺和学识渊博方

---

① 杨贤宗. 文艺复兴观念的起源与发展［J］. 南京艺术学院学报（美术与设计版），2007（2）：45–48，41.

② 宋爽.“文艺复兴”的经验启示与辽宁的“文化振兴”路径［J］. 党政干部学刊，2011（6）：63–64.

面的巨人的时代（汪介之，2021）。汤普森（Thompson，1996）在其著作中评论道，文艺复兴是欧洲在意识形态层面开启的一场与封建文明的决裂，在知识、科技、人文和社会等领域展开的一场新思想和精英文化的运动。惠文杰（2017）指出，文艺复兴初期主要是针对基督教会的苦修教义发展了人文主义，文艺复兴中后期，对教会的不满促使人们去研究圣经，人们热情地学习希腊语，同时也学习古希腊的科学文化，作为反对教会的有力工具，古希腊的质疑精神和科学被接受、发展，为科学革命完成了思维方法的培训。张庆熊（2009）把欧洲从中世纪走向现代归因于文艺复兴运动的鸣锣开道。王欣（2019）认为，文艺复兴开启了近现代文明的进程，把人从中世纪的神学统治和思想束缚中解放出来，关心人的今世而不是来世，破除宗教信条，削弱对宗教的依赖，强调人文性和世俗性，强调人的精神世界和人的价值，促进了文学、艺术、哲学等领域人文主义精神的觉醒，从而深刻影响了人们认识客观现实世界的态度和能力。孙小娇（2020）认为，文艺复兴中的艺术家们在从事艺术创作的同时不仅创新了古典文化，还深刻地探究了人的本质，文艺复兴的核心正是人文主义精神：以人为中心而不是以神为中心，充分肯定了人的价值和尊严；文艺复兴意为"再生"，这种自我意识的觉醒可谓是"人文主义文艺复兴最重要的标志"；文艺复兴运动不仅带来了思想上的进步，同时也带来了学科上文明的进步。邵奇和叶銮纯（2019）认为，文艺复兴是近代数学的开端，文艺复兴推动了数学思想与文明的崛起。在文艺复兴期间发生了科学史上的一件大事，即意大利科学家伽利略在比萨斜塔上做自由落体实验，这个实验开启了以实验观察为基础的近代科学研究体系，各类科学摆脱经院哲学的束缚，由此，数学、物理学、化学等基础性学科纷纷走上独立发展的道路，从而产生了近代数学的发端。

三、文艺复兴与西方资产阶级革命方面的研究

早在中世纪末期，欧洲就出现了反抗教会势力的呼声，帕默（Palmer，1815）认为，起源于意大利的文艺复兴运动标志着"古代"与"现代"的分野，标志着改变欧洲各国政治机制和思想观念的历史开端。汤普森（Thompson，1992）认为，文艺复兴运动的发起是源于新兴的资产阶级借用恢复古典文化的名义而来的，这个运动导致了欧洲在文学、艺术、哲学、科

学技术领域发生了巨大变化，催生了拥有巨大创造力的近代欧洲文明。不少学者认为文艺复兴运动直接推动了西方的新教伦理改革，资本主义精神就是在此基础上形成的。王木木（2013）认为，宗教改革与文艺复兴是一脉相承的，文艺复兴运动带动了宗教改革。钟华英（2016）从本质上对文艺复兴运动进行了剖析，其认为文艺复兴运动是新兴资产阶级经由该运动借称复兴古罗马、古希腊文化的名义来传播资产阶级思想，从而攻击教会统治的一种途径。文艺复兴主义者对教会的批评为改革家变革旧社会奠定了理论基础，因此引致了西方三大思想解放运动之一的宗教改革。部分学者们认为文艺复兴运动所带来的资本主义精神引发了资产阶级革命，这为西方近现代文明的崛起奠定了基础。

布鲁克（Brukel）在其书中写道，文艺复兴文化是由一个新兴的社会阶级、城市资产阶级资助扶持起来的。他们依靠从商业、银行和工业活动中获得的财富，能够雇用、延聘大批诗人、学者和艺术家，让这些人的辉煌成就为他们和他们的城市扬名争光。通过这些作为雇员和助手的知识分子和艺术家，资产阶级得以发抒他们自己的理想与价值观念（王乃耀，2006）。冯辉（1996）认为，文艺复兴开创了资产阶级文化的新时代，拉开了近代资本主义文明的序幕，是西方近代文化史的开端。以文艺复兴为开端的近代文化首先在欧洲几个生产力和经济发达的国家产生和发展起来，反过来又推动了整个欧洲资本主义的发展，为资产阶级文化发展扫清了障碍，开辟了道路。刘春福（2014）在对英国资产阶级革命的分析中，就把文艺复兴运动认定为是这场革命的思想基础，把资本主义精神的产生和进一步发展认定为是这场革命的物质基础。王欣（2019）指出，复兴即代表了对欧洲古典文化的继承和推崇，随着新兴资产阶级的出现，中世纪的神学已经不能适应社会发展的需要，亟须一种与资本主义生产方式相适应的新文化，于是先进的知识分子重新发现人的个性、生机活力和创造精神，在对传统文化批判继承的基础上阐释了崭新的人文主义观念，以这种方式创造了资产阶级新文化，从而带动了资产阶级革命。

四、文艺复兴推动西方工业化运动方面的研究

意大利文艺复兴运动研究中一个很重要的方面，是它对西方工业化运动

的推动。傅昆（2005）将人文关怀的精神直接归于 16 世纪欧洲的文艺复兴运动。他指出，诞生于黑暗中世纪土地上的这一思想，几乎已照亮了今后几百年内近现代工业文明的前进之途。肯尼迪（Kennedy，2006）在研究技术革命和国家成长的过程中，将文艺复兴与工业化运动紧密联系在一起，他指出文艺复兴的高潮是在英国出现的，而英国之所以能够成为 19 世纪的世界霸主，也正是因为它是工业革命的发源地。胡键（2020）认为，文艺复兴所带来的"正外部性"成果，就是发生在 17～19 世纪的工业革命，这场工业革命引发了科学技术的重大发展。不少学者在探究文艺复兴的过程中，把近现代的工业化运动所带来的科技成果进步与文艺复兴运动紧密联系起来。例如，爱因斯坦（1953）在很大程度上把近代科学在西方的出现归因于文艺复兴时期养成的实验习惯和数学的运用。卡鲁兹（Galluzzi，2007）认为，文艺复兴时期的艺术与科学的相互作用推动了科学的进步。文艺复兴的理工型人才的作品体现了技术发明与艺术创新的完美结合，文艺复兴直接带来了技术的发明与进步。

第三节　中华优秀传统文化创造性转化与创新性发展的文献综述

一、关于"两创"内涵及相互关系的研究

《把培育和弘扬社会主义核心价值观作为凝魂聚气、强基固本的基础工程》中明确指出："创造性转化，就是要按照时代特点和要求，对那些至今仍有借鉴价值的内涵和陈旧的表现形式加以改造，赋予其新的时代内涵和现代表达形式，激活其生命力。创新性发展，就是要按照时代的新进步、新进展，对中华优秀传统文化的内涵加以补充、拓展、完善，增强其影响力和感召力①。"包晓光（2018）认为，所谓创造性转化是指根据新时代人民对美

---

① 中共中央宣传部．习近平总书记系列重要讲话读本（2016）[M]．北京：学习出版社，人民出版社，2016：203.

好生活的需要，开发和利用中华优秀传统文化资源，将其转化为有益于当代的新的文化成果；而创新性发展更具有前瞻性和开放性，更需要对外来文化兼收并蓄、以为己用，在本质上，创新性发展之于中华传统文化，所从事的是前无古人的事业，所获得的是前所未有的成果。江畅（2016）认为，创造性转化是从传统文化到当代文化的革命性变革；创新性发展是对其中有价值的、合理的东西的修正、补充、丰富，乃至增添前所未有的新内容。

我们不应将创造性转化与创新性发展混为一谈，更不应割裂两者之间的关系。安丽梅（2016）、包晓光（2018）认为，传统文化的创造性转化是其创新性发展的前提和基础，传统文化的创新性发展是其创造性转化的飞跃。余卫国（2018）认为，创造性转化是创新性发展的前提条件和实现形式，创新性发展是创造性转化的价值指向、必然结果和逻辑递归。

二、关于"两创"必要性及可能性的研究

学者们从各种角度阐述传统文化"两创"的必要性。张潇文（2015）认为，从中华传统文化的发展历程来看，中华传统文化曾经有力地推动了社会发展，但自晚明之后，中国传统文化与现实社会脱节，传统文化道路越走越窄，因此，实现中华传统文化创造性转化和创新性发展势在必行。张金虎（2012）认为，文化传承创新是中国特色社会主义文化走向世界文化强国的关键和基础。陈先达（2017）指出，要使传统文化成为推动社会主义市场经济发展的价值观念和协调市场经济条件下人与人之间关系的道德规范，必须进行创造性转化。黄意武（2020）认为，推动中华优秀传统文化创造性转化、创新性发展是保持文化发展活力的根本、是提升国家文化软实力的重点、是抵制外来文化入侵的关键。李维武（2018）认为，传统文化中不仅具有糟粕的、消极的内容，也存在着精华的、积极的内容，因此，有必要进行"两创"以适应当代社会的发展要求。黄钊和刘社欣（2019）认为，对传统文化进行"两创"是时代进步赋予我们的光荣使命，是促使中华文化实现自身再优化的需要，是弘扬"与时俱进"民族精神的客观要求。

中华优秀传统文化之所以能够实现创造性转化、创新性发展，是因为传

统文化中包含着贯穿古今、至今仍有借鉴价值和影响意义的文化思想理念。陈先达（2017）认为，传统文化具有很强的相对独立性，封建时代的文化与封建主义文化不能完全画等号，文化的基本精神可以具有超越时代的文化基因和文化价值。赵晓翠（2019）认为，中华优秀传统文化之所以能够在新时代实现创造性转化、创新性发展，是社会存在决定社会意识的规律使然、中华优秀传统文化的内在基因使然、中华民族伟大复兴的时代需要使然、世界优秀文明交流互鉴的大趋势使然。

三、关于"两创"路径的研究

具体来说，现有文献中涉及的路径可以分为宏观和微观两类。

从宏观层面看，晏振宇和孙熙国（2015）认为，作为一个系统性工程，传统文化创造性转化的基本路径由历史性诠释、批判性继承、综合性创新和实践性超越四个环节构成。马金祥（2016）认为，推动"两创"的路径选择是坚持传统性与现代化，推动文化体制创新；坚持民族性与世界化，提高文化开放水平；坚持指导性与多样化，促进文化共同繁荣。陈先达（2017）把中华文化创造性转化和创新性发展的步骤归纳为分辨（区分精华与糟粕）、激活（对传统文化作出新的诠释）、创新（提出新的概念、新的观点）。孔繁轲（2018）提出，推动中华优秀传统文化创造性转化、创新性发展，须在礼敬传统、辩证取舍的基础上，努力做到在价值观培育践行中传播弘扬、在融入时代中开出新花。

从微观层面看，黄意武（2020）从针对性和可操作性的角度，提出从营造良好氛围与环境、优化方式方法、打造平台载体、激发积极性和创造性、培养人才队伍等方面推动"两创"工作的开展。万光侠（2017）认为，开展传统文化"两创"，必须坚持加强国民教育、家庭教育、社会教育的教化作用，强化宣传普及、创新文化话语体系、发挥人民群众主体作用。傅才武和岳楠（2018）认为，推动"两创"工作，需要培育专业团队，甄别传统文化，推动文化现代化；打通体制内外，整合政府和社会力量，建立健全传承创新工作的"全民模式"；全方位推动文化领域国际交流，实现中外文化的交流互鉴。

四、关于"两创"与社会主义核心价值观的研究

孔繁轲（2018）认为，优秀传统文化与社会主义核心价值观的耦合转化主要表现为源与流的历史际会、实践中的血脉相连、逻辑上的环环相扣。王泽应（2015）指出，培育践行社会主义核心价值观要求坚持对中华优秀传统文化进行创造性转化和创新性发展的基本导向。姚才刚（2018）认为，构建社会主义核心价值观，既要批判性继承中华传统文化，又应对其进行创造性转化和创新性发展。黄前程（2018）提出，坚持社会主义核心价值观的引领，要求将社会主义核心价值观作为标准对传统文化进行选择、作为标杆对传统文化进行改造、作为素材赋予传统文化新的内涵与形式。王传礼（2021）认为，增强文化自信、推进社会主义核心价值观建设，既要充分运用中华优秀传统文化涵养社会主义核心价值观，又要以社会主义核心价值观引领中华优秀传统文化的创造性转化和创新性发展。

五、关于"两创"意义的研究

鞠忠美（2017）认为，实现传统文化创造性转化、创新性发展，在国际上可以发挥中华优秀传统文化的当代价值；在国内可以加强中国特色社会主义文化建设，提高国家文化软实力。陈桂蓉（2018）认为，习近平提出的"两创"方针，深刻揭示了文化发展的客观规律，为传承和弘扬中华优秀传统文化提供了基本遵循。介江岭（2018）认为，"两创"方针的提出，破除了"五四"以来全盘否定传统文化的历史偏见，回应了西化等于现代化的谬见；指出了弘扬传统文化不是复古，而是创造中国特色社会主义新文化；厘清了马克思主义与传统文化的互补关系。徐光木和江畅（2019）认为，推动传统文化"两创"有利于促进马克思主义与中华优秀传统文化相融合，促进中国当代文化植根于传统文化之中，使中国文化加速走向强大，增强中国人的文化自信，给其他国家如何对待传统文化提供中国智慧和中国经验。

六、关于"两创"面临的困难与挑战的研究

推动中华优秀传统文化"两创"工作，不仅存在着一些理论困境，而

且面临着一系列现实挑战。

马金祥（2016）认为，一元指导思想与多元价值并存的冲突、传统与时代新旧价值观的碰撞、西方敌对势力的文化渗透是引领社会思潮、凝聚社会共识的主要问题。伍志燕（2017）认为，全球化和网络化的冲击、市场经济的负面效应、反传统的现代性的攻讦是实现"两创"面临的主要挑战。傅才武和岳楠（2018）认为，推动"两创"工作的难点在于公益性文化与经营性文化的制度性分隔导致文化资本流动不畅，在转化创新环节出现阻滞；国家文化产业发展不足，抑制了传统文化资源经济价值和社会价值的实现；文化发展整体环境因信息技术裂变式发展而变化剧烈，支撑文化传承保护和创新发展的制度安排滞后。

七、关于"两创"实践案例的研究

有部分学者尝试在非物质文化遗产、民族戏剧、文化典籍、乡村治理与乡村振兴等实践案例中探讨"两创"的具体运用，取得了一些成果。

黄永林和纪明明（2018）认为，非物质文化遗产资源在文化产业中的创造性转化和创新性发展，是指充分挖掘非物质文化遗产资源潜在的社会价值和经济价值，通过创造、创意和创造性转化，促进文化产业发展。李金兆（2019）提出，要正确处理好传统传承与创新性发展的关系，注重从时代性、民族性、地域性上，开展"三创"和"三并举"，加强中西民族戏剧文化交流和互鉴，构建中国民族戏剧的市场培育机制，促进中国民族戏剧的创造性转化与创新性发展。徐丽葵（2019）认为，乡村文化资源实现创造性转化和创新性发展，是文化自身与国家发展道路选择相结合的过程，是中华民族精神力量在时间推移中始终历久弥新的过程，是唤醒文化自觉、提高文化认同、树立文化自信的过程。陈立旭（2018）认为，"枫桥经验"既植根于枫桥乡村治理实践，也源自枫桥独特地域文化传统的创造性转化、创新性发展。王建华和俞晓群（2020）认为，实现文化典籍创造性转化、创新性发展是当代社会的现实需求，也是文化典籍永葆生命活力的可靠保证；对传统文化典籍进行"两创"，有利于促进文化事业的发展，并可为文化产业提供新的资源。蔡新良和虞洪（2019）提出，在乡村振兴的视角下，开发和利用少数民族传统文化资源，对其进行创造性转化和创新性发展，将推动乡村振兴和旅游业发展。

第四节 传统文化创造性转化与创新性发展的研究述评

从以上文献及其观点来看，国内外学者围绕着文化创新主体，从不同视角展开了研究。一些学者围绕着习近平近年来关于文化创新的论述进行全面的梳理，并上升到理论高度，进而构成本书研究的依据和出发点；国外学者主要以欧洲近代的文艺复兴运动作为研究借鉴，说明文化创新对近现代西方文明的崛起起着内在的推动作用；同时各学科学者围绕着中华优秀传统文化创造性转化与创新性发展主题，从"两创"的内涵、必要性、意义、路径、与社会主义核心价值观的关系、面临的问题以及实践案例等方面展开了全面的探讨，并取得了丰硕的成果。这些研究成果的取得，从不同层面丰富了中华优秀传统文化创造性转化和创新性发展理论与我国社会主义文化强国建设思想，因而具有十分重要的理论价值与实践指导意义。

一、现有研究的局限性

从发展的角度来看，在中华优秀传统文化创造性转化与创新性发展的作用路径与机制、研究视野的开阔度、文化创新政策体系的制定等方面，现有研究仍然存在着局限性，主要体现在以下四个方面。

第一，现有的研究缺乏统一的理论分析框架，未能对文化强国建设进行科学性的总结。关于中华优秀传统文化的创造性转化与创新性发展问题的研究，目前研究成果呈现出来的范围很广、内容很多，但是不够细微、不够深入。从现有文献看，除少数文献提及和运用简单的科学社会主义与其他学科理论进行学理分析外，大多数研究均停留在理论宣传与舆论引导方面，学术性研究方面显得有些不足，学科间围绕文化强国创新的理论问题，有深度的研究成果还比较缺乏，理论研究的水平与视角有待提高和拓展。

第二，现有文献缺少对中华优秀传统文化创造性转化与创新性发展问题的微观机制与作用路径分析。其一，目前多数的研究侧重于宏观分析，且这些文献大多停留在定性和描述性统计分析层次上，没有系统地对中华优秀传统文化的创造性转化与创新性发展问题的作用机理等核心问题进行研究；其二，以往的研究过于静态，研究者主要关注了中华优秀传统文化创造性转化与创新性发展的现状与特征描述，而没有把中华优秀传统文化创造性转化与创新性发展工程分为几个阶段展开分步骤的研究，缺乏对中华优秀传统文化创造性转化与创新性发展问题的动态演进观察；其三，目前的成果研究了习近平关于新时代文化论述的基本内涵，但对如何正确处理中华优秀传统文化、外来多元文化、马克思主义文化之间的关系，并没有给出准确的界定；对于如何传承和弘扬中华优秀传统文化，如何推动华夏文明的创造性转化和创新性发展，也没有给出具体的答案。

第三，现有研究更多偏向于宏观战略方面，缺乏具体案例的支撑分析与研究。以往关于中华优秀传统文化创造性转化与创新性发展问题的研究，在研究宽度和理论深度上视角较为单一。文化"两创"是一个宏大的课题，其中涉及的问题、环节、领域极其丰富，但是对文化创新和社会主义文化强国建设整体研究的案例较少、成果不多。另外，有些研究在关注到整体性的同时又缺少在专门问题上的深入性，这需要我们在更加注重拓展研究视野的同时，以研究切入点之"微"增进研究之"深"。

第四，文艺复兴运动推动了西方国家的现代转型，但缺乏文艺复兴运动对我国社会主义文化强国建设的借鉴研究。文艺复兴从其本质上来看是一场文化创新的运动，是一次遍及欧洲的思想解放运动，它直接推动了西方的新教伦理改革，促进了西方近现代文明的崛起，为西方近现代工业化运动奠定了坚实的思想基础，其研究成果对于中华优秀传统文化创造性转化与创新性发展具有很好的借鉴作用，但由于种种顾虑，我国各学科专家学者对这个领域的研究偏少、成果不多。

二、进一步探讨、发展或突破的空间

基于以上的认识，本书的研究至少存在以下进一步探讨、发展或突破的空间。

（一）理论建设有待于完善和创新

已有的文献缺乏对中华优秀传统文化创造性转化与创新性发展的总体理

论分析框架，偏重于简单的现象描述与意义分析，即使少数成果运用到一些理论，也停留于一般的理论概念，如社会主义核心价值观、文化经济学的文化产业发展、生态学的生态文明建设等方面的描述，并且显得系统性不强。事实上，中华优秀传统文化创造性转化与创新性发展问题是涵盖政治、经济、文化三个方面内容的复杂现象，其研究需要建立起多个学科相互交叉的研究范式，进而形成统一坚实的理论研究框架。因此，从长远来看，本专题研究面临着理论基础的再造、完善和创新等重大历史使命。

（二）研究视角有待于进一步拓宽

以往的研究在理论与现象观察上显得视角较为单一，主要偏重于从科学社会主义、政治学、文化产业的发展等方面研究，就文化而论文化的成果较多，而从经济建设、制度建设、法制建设、生态文明建设等与文化相关领域作出系统性探索的成果还比较缺乏，尤其是将习近平关于新时代文化论述与华夏文明伟大复兴建设联系起来展开研究的文献偏少、案例不足，这就要求我们在今后的研究中进一步拓展研究视野，以研究视野之开阔增强研究的整体性与全面性。

（三）研究的架构需要进一步梳理和丰富

目前，中华优秀传统文化创造性转化与创新性发展问题与诸如经济学、政治学、社会学等众多学科相互交叉，但缺乏关于文化创新与华夏文明伟大复兴两者本身的系统研究，建立总体的文化创新理论分析框架以指导我国社会主义文化强国建设的任务迫在眉睫。我们试图在众多跨学科研究成果的基础上，建立起两者间的作用机制，注重多学科在此重大问题研究中的合作，以多学科的合力推动研究的深化。

（四）研究成果的运用与约束条件

本书的研究遵循问题与战略导向，因此属于理论与运用并重的科研攻关系统工程。以往的研究文献由于理论及方法局限，多数只能停留在现象描述与静态判断，其研究成果的使用价值颇可质疑。我们相信，在本课题组的努力下，能够产生一系列新的富有理论与实践意义的成果。在此基础上，我们将围绕研究成果进行战略和政策设计，提出一系列有价值的研究咨询报告。

当然，鉴于问题的复杂性和战略、政策牵涉面的广泛性，我们也将小心谨慎地研究设定各种战略、政策建议、实际运用的约束条件。

鉴于此，本书试图以前人研究为起点，以习近平新时代文化创新论述为指引，将中华优秀传统文化的创造性转化、创新性发展问题纳入科学社会主义分析框架，重点研究中华优秀传统文化创造性转化、创新性发展的路径和作用机制、机理等问题，在理论基础构建、科学方法运用、战略政策拟定和实际对策设计上，争取尽可能实现新的、有效的突破，力求从文化创新的视角，构建成一个全新的马克思主义文化发展理论研究框架和体系，为2035年我国建成社会主义文化强国、促进华夏文明的伟大复兴提供新的思路和理论支撑。

三、相对于已有研究的独到价值与意义

（一）理论建设与创新价值

习近平总书记关于文化创新的思想孕育于中国实践，是对马克思主义文化理论的创新发展。本书将在科学社会主义理论的基础上，通过整合哲学、政治学、文化学、经济学、社会学、生态学、历史学、伦理学、宗教学等相关学科体系前沿理论，从"人类命运共同体"构建、中国特色社会主义新时代、"一带一路"倡议与"自贸区"等"新战略"的视角出发，综合运用多学科的研究方法，以2035年建成社会主义文化强国为研究目标，构建一个相对科学的文化创新引领我国社会主义文化强国建设的作用机理的理论框架，为我国推进社会主义文化强国建设事业提供理论与实践支撑。

（二）实践意义

中华民族有着5000多年的文明历史，留下了丰富的物质和非物质文化遗产，如何对待中华传统文化，正确处理好继承与发展的关系，推动传统文化的"创造性转化和创新性发展"，充分兑现其历史文化价值，以为社会主义文化强国建设增添动力，具有十分重要的现实意义。

本书的研究任务是在2035年建成社会主义文化强国这一伟大目标下，

通过本书的研究，厘清社会主义文化强国建设的作用路径与机制问题，构建一个相对科学的解释文化创新引领社会主义文化强国建设的理论分析框架，并围绕着文化创新驱动文化建设进行大量的案例调研，尝试构建一套促进我国文化发展的行动方案与具体对策建议，其实践意义是不言而喻的。

第三章

中华优秀传统文化的形成、演化与创新性发展的必要性研究

中华优秀传统文化的创造性转化和创新性发展是一项庞大的系统性文化建设工程，肩负着华夏文明传承、创新与发展，即华夏文明伟大复兴的历史重任。在开展这项文化建设工程之前，我们首先要对中华传统文化形成与发展的历史脉络进行全面的梳理，并在此基础上对中华传统文化进行科学分类，从而为之后的科学研究奠定基础。此外，还要结合 2035 年建成社会主义文化强国的宏伟目标，为中华优秀传统文化创造性转化、创新性发展指明新的方向。即以习近平提出的文化自信与文化创新为指导，对中华优秀传统文化的形成与发展展开渊源研究，并在此基础上对中华传统文化进行定性研究与科学分类，对中华优秀传统文化创造性转化、创新性发展的必要性进行探讨。重点内容包括：中华传统文化的形成与演化过程研究、中华传统文化的分类研究及中华优秀传统文化创造性转化、创新性发展的必要性与意义研究。

第一节　中华传统文化的形成与演化

一、文化的概念与分类研究

如何定义文化，英国人类学家爱德华·泰勒给出了目前学术界公认的界

定。他在《原始文化》中这样理解："文化或文明，就其广泛的民族学意义来讲，是一个复杂整体，包括知识、信仰、艺术、道德、法律、习俗，以及作为一个社会成员的人所习得的其他一切能力和习惯"[①]。通俗来讲，爱德华·泰勒所定义的文化就是指人类在社会实践活动过程中所形成的一切精神产物。国内学者普遍认为文化由物质、精神两个层面组成。杜辉（1996）从广义上分析认为，区域文化是一个区域物质文明和精神文明建设成果的总和。从物质上讲，它包括一个区域的自然景观、工业水平、产业构成以及建筑所体现出的区域建设水平和风貌；从精神上讲，它包括一个区域的人口素质、科技水平、历史传统、风俗习惯、价值标准，以及社会生活方式所体现的精神风貌。区域文化就是一个区域整体的文明状态，胡建国（1996）提出将人类在实践过程中创造出的物质和精神财富总和统称为区域文化。这种物质和精神财富渗透到社会活动的方方面面，涉及经济、政治、艺术等多元文化成分。向德平（2004）在其专著《城市社会学》中涉及城市文化范畴的内容相当丰富，具体总结出 13 个方面的内容，包括城市公益、环境、观念、制度、娱乐、演出、专题、休闲、群体、科普、企业、校园和军营文化。

总体而言，文化是人类在发展过程中社会实践的产物，既是一种历史现象也是一种历史积淀。具体可以理解为一个地区的民风习俗、思想观念、生产方式等。基于发生学来看，文化是在历史发展的长河中不断被持续选择和重新选择的结果。当这种文化不利于民族生存和延续时就会被逐渐淘汰，而当这种文化有利于民族进步时则会被传承下来并不断与时俱进。

文化结构可以被分为物质、制度、精神三个层面。首先是物质文化，它是在一定社会生产力发展水平下，人类进行生产活动所创造出的物质产品以及生产过程中的生产技术、方法、工艺等。其次是制度文化，是指与物质文化相适应的社会法律制度和行为规范，其可以看作是精神文化的具体化表达，是心理活动、价值观念在规范层次上的外显。最后是精神文化，是以思想观念、价值理论形式存在的文化。

"文化结构三层次说"提出广义的文化结构包括心理、制度和物质三个层次。物质文化是最外层；心理和物质的结合部分是中间层，包含隐藏在外层物质的价值情感；最深层是心理文化，主要包括价值理念、民族风俗等。

---

① ［英］爱德华·泰勒. 原始文化［M］. 连树声，译. 上海：上海文艺出版社，1992.

"文化结构三层次说"被普遍接受，但是有关其中各层次划分仍然存在歧义。很多人主张中间层只代表"制度文化"，其中所蕴含的思想意识和精神观念应该被划入到更深层的结构中，即"精神文化"。

许苏民在"文化结构三层次说"上进一步将精神文化细分为心理文化和社会意识形态，并将心理文化划分为表层、中层、深层三层。其表层结构是指"特定时代浮现在社会文化表面、笼罩和散发着感性色彩和光辉的某种意向、时尚或趣味，它包括人们的情感、意志、风俗习惯、道德风尚和审美情趣等要素"。① 中层结构主要是"经济、政法、道德、艺术、宗教、哲学多方面的观念因素，是文化心理中的理性积淀层面"，它可以直接制约心理文化的表层结构。深层结构即"原始—古代积淀层"，它表现为人类由原始时代走向文明时代所选择的不同路径，包括人生态度、情感方式、思维模式等，是心理文化的本质层面。

二、中华文化的概念

中华文化是个内容非常宽泛的概念，按照辞海的定义，中华文化起源于远古文化时期的神农氏时代以前，并延续至今，形成灿烂辉煌的多元文化。中华文化又称"中国传统文化""华夏文化""中国古文化"等，它是以中原文化为基础，历经上千年演变发展而形成的具有中国特色的文化，反映了中华民族的特质和风貌，是历史上各民族价值观念的交汇融合。凝聚智慧的语言文字、浩如烟海的经典古籍、先进发达的科技工艺、繁荣多彩的文学艺术、独具特色的哲学宗教、激发心灵的道德伦理、美轮美奂的地域建筑等都是中华文化的重要组成部分。中华文化从远古时代一直延续至今，从未中断，不同区域文化在历史的演变过程中，地方特色愈加鲜明，如我们所熟知的齐鲁文化、闽南文化、吴越文化、巴蜀文化等。中华文化在发展过程中，也逐渐形成了不同的文化组成部分：宗教文化、服饰文化、饮食文化、建筑文化、语言文化、体育文化、文学、史学、教育、科技等。其所蕴含的思维方式和价值观点至今仍然具有鲜活的现实性、指导性，不仅时刻影响着当代文化的发展和人们的思维方式，还会为文化的创造性转化和创新性发展提供

① 许苏民. 人文精神论 [M]. 北京：人民出版社，2011：20.

历史依据，甚至对周边国家都会产生深远的影响，如日本、朝鲜和韩国等，形成相对独立的中华文化圈。此外，科举制度、四大发明、航海造船等中华文化也是欧洲近代启蒙运动的重要思想源泉。

中华传统文化主要是由儒家、佛家、道家三派主流文化组成。三家代表文化不仅各具鲜明特质，而且思想深远、内容广博、弘扬道德，为个人及国家发展提供了正确的道德准则和行为规范。具体而言，中华传统文化以文字、语言、书法、艺术等为载体，融入我们的日常生活，与社会发展息息相关。

三、中华传统文化形成的背景

中华传统文化的形成和演变是基于一定的自然背景、经济背景与政治背景。从地形、地貌上来看，中国的山地、高原和丘壑大约占全国土地面积的65%，大部分地区处于中纬度，气候温和，季风气候发达，温度和雨水的相互配合，久而久之，就形成了以农业生产为主导的农耕文明发展模式[1]；中国农耕文明起源于黄河流域，并随着农业生产力的发展和北方战乱的频繁发生，逐渐扩展到长江流域及东南沿海地区；中国传统文化还受到以宗法制度和君主专制制度为主要特征的中国社会政治制度的影响。在以上诸多因素的综合作用下，中华传统文化具备了源远流长、博大精深、丰富多样、具有强大生命力和凝聚力等优点，但同时也形成了重人伦轻自然、相对封闭、保守等缺陷。

（一）自然背景

纵观全球，人类文化千姿百态、丰富多彩。作为世界文化主体的东西方文化在经过历史的演变后，如今相差甚远。回顾文化在历史长河中的发展，文化的形成和延续在一定程度上会受到自然环境的重要影响。因此，了解中国历史自然环境的特征，对理解中华文化必不可少。

自然环境是生物赖以生存和发展的物质基础，包括气候、地形、土壤、光照等。自然环境是社会文化环境的基础，而社会文化环境又是自然环境的发展。自然环境的发展变化相对来说比较缓慢，但不排除在某段时间和局部

---

① 人文地理 [M]. 北京：人民教育出版社，2012：24.

区域，自然环境可能会发生非常迅速且强烈的变化，从而产生巨大的影响。

首先，从地形上看，中国多山地，西高东低，高低悬殊。其次，中国大部分地域处于北温带，季风气候明显，大陆性气候强，气候类型多种多样。虽然会受到全球性气候变化以及人类活动对环境的影响，但总体变化不大，只是存在一定的波动。中国的地形分布和气候特征的变化，对中华文化的形成和传播都产生了深远的影响。

中国大部分地区处于中纬度，气候温和，季风气候发达，雨热同季，适当的温度和雨水为农业发展提供了良好的自然环境。在新石器时代，黄河中下游地区气候温和、雨水充足，适合农作物耕种和人类生活。相比内陆等地区，在当时生产工具还不发达的情况下，经过河水冲击的平原土壤疏松，更有利于清除天然植被和开垦耕种，成片的小森林被草原等植被覆盖，降低了水土流失的程度。近海地带由于地下水位高，海水倒灌、排泄不畅且土地盐碱化程度严重。因此，黄河中下游一带成为当时人们最适宜居住的地区。受地理环境影响，黄河中下游最早形成了大片农业区，即使后来游牧业等产业出现，依然撼动不了农业在发展过程中的主导地位。

中华传统文化的孕育和发展都立足于农业生产之上，并随着农业区的扩大而进行传播。伴随着黄河流域人口向各地迁移，人口数量和农业文化的优势使这种农耕文化得到传播并成为当地的主体文化。主要原因是我国古代一直以农业生产为主，其他文化的融入要以是否适应农业文明为前提。辽阔的国土面积和适宜的气候为我国农业生产发展提供了天然的稳定物质条件。此外，在东亚大陆一代，中国农业发展不论从规模还是技术上都遥遥领先，因此成为东亚文明的中心，是当时文明程度最高、文化最发达的地区。即使在发展的过程中，会受到周边区域或国家的冲击，但由于其传入文化不适应农业发展而最终被中华传统农耕文明所同化。

首先，中国古代交通运输发展落后，海洋、大山、沙漠等地理障碍限制了人类的大规模活动，因此不同区域文化的引进来和走出去都受到很大程度的影响。如内陆交通不便的地区受外来文化影响较小，而沿海地区的文化开放程度较大。其次，中国内部基于不同的地理环境和物质基础，会形成不同的生产方式与之适应，如农业、手工业、航海业等，从而各地形成不同的社会面貌和政治制度。久而久之，中国就形成以农业文化为主导的多种文化并存的模式。例如，生活在滨海区域的人民依靠航海捕鱼为生，渔业、盐业是其主要产业，生活在东西交通要塞地区的人民，在丝绸之路开通之后，以商业著称于世。因此，中国显著的地域特点使得中华文化在一定阶段内呈现封闭性和多样性。

（二）经济背景

东亚大陆优越的自然环境孕育了华夏民族以农耕经济为主体的经济生产形态。中国农耕文明起源于黄河流域，并随着农业生产力的发展和北方战乱的频繁发生，逐渐扩展到长江流域及东南沿海地区。得天独厚的南方自然条件为农业经济的发展奠定了深厚的基础，农耕经济成为中国古代社会经济的主体。

纵观中国农业发展，农耕经济体制随着社会生产方式和生产工具不断进行调整和完善，传统的自然经济经历了不同的发展阶段。由于土地是农业耕作最基本的生产要素，所以了解土地所有制可以判断农业经济所处的发展阶段。远古时期，土地属于国家所有，在土地国有制下，农业生产以集体劳动为主，这与当时社会生产力水平低下相适应。到了西周后期，土地国有制出现瓦解迹象，东周之后，牛耕和铁具取代铜石，生产力水平提高，土地国有制开始瓦解，"公田"普遍变"私田"。此时，土地私有化进程使土地买卖合法化、普遍化，也打破了以集体合作生产的农耕传统，开始过渡到以家庭为单位的个体生产形态。自给自足的小农经济开始在农耕经济中占据主体。正如《汉书·食货志上》记载，"富者田连阡陌，贫者无立锥之地"①。个体经济分化为地主和农民两种不同形态，地主经济和农民经济构成了农耕私有经济运作的基本特征。唐宋以后，契约制的租佣关系普遍出现，此时农民对土地的依附性逐渐减弱，社会生产呈现多样化，以粮食为主的生产方式逐渐向多种经营方式迈进，多元经济结构为自然经济的长久发展增添了活力。

中国古代农耕经济呈现多元化结构，农耕经济并不仅仅局限于农业生产，还包含商业、手工业等多种经济成分。在中国古代，由于地主占有的剩余劳动主要是土地地租。农产品加工品和手工制作品匮乏，使得地主不可避免地要与市场产生联系；而个体农户由于土地资源有限、生产方式落后，需要通过市场进行交易农产品来换取其他生活用品。此时，与自然经济相对立

---

① 班固. 汉书［M］. 上海：中华书局，2012.

的商品经济应运而生，成为农耕经济的一种重要补充形式。到了封建社会晚期，商品性农业和手工业在农耕经济中占据重要地位。但是商品经济始终没有取代农耕经济发展的主体地位，其主要是用来弥补农耕经济的不足以及推动中央集权国家发展。加之中国历朝历代实施"重农抑商"政策，所以商品经济一直缺乏独立性，依附农耕经济发展。但不可否认的是，商品经济的发展的确推动了中国封建社会的发展和经济的多元化。

农耕经济的持续性延续了中华文化的不断发展，使其从未中断。战乱与和平的周期性运动，使其具有更强的承受力、愈合力和向心力。农耕经济的多元结构使中华文化具有兼收并蓄的包容性。因为随着农耕经济向周边区域的延伸，促进了各区域文化的相互融合。此外，对待外来文化也秉持着开放的态度，如中国固有的儒家、道家等文化与外来佛教文化的交融等。然而，以农耕文明为主的中华文明始终体现出一种乐天知命、安于现状的保守型文化。因此，即使在中国古代拥有先进的航海技术时，海洋贸易也不是向外开拓经济，而是服务政治需要，向海外展示实力，满足上层统治者对海外奇珍异宝的喜好等，加之当时的政府盲目自大、眼界狭隘，严格限制海外贸易，在一定程度上也限制了外来经济模式和文化的进入。

（三）政治背景

中华文化除了受自然环境、经济环境影响之外，还会受到社会政治结构的深远影响。中国古代社会政治结构主要表现为宗法制度和专制制度。首先是以血缘为纽带的宗法制度，主要包括嫡长子继承制、封邦建国制以及宗庙祭祀制等，从理论到实际应用，都十分完善。其次是专制制度。中国历史上虽然先后出现过奴隶主阶级、地主阶级等，但是专制制度一脉相承。在漫漫历史长河之中，中国宗法制度和专制制度相互结合，形成了一种"家国同构"的社会政治结构，这种社会政治结构对中华文化产生了潜移默化的深刻影响。

首先是追溯到远古时期，人类开始是群居，而后是氏族发展成部落，这些组织都具有血缘关系。在出现国家和阶级之后，由于自然环境的差异和各区域人民生活方式的不同，以血缘关系为纽带的生活形态出现了重大差异。像地中海国家，由于地处海洋环境，从事海上活动，具有很强的流动性，因此强烈地冲击了血缘纽带。然而，与地中海沿岸国家不同，中华民族优越的自然地理环境奠定了人民未来稳定的农业生活，人们活动范围相当狭小，即使进入文明阶段，也没有冲破血缘关系。宗法制度正是在此历史条件下演化而来的。中国的宗法制度产生于商代，后于西周形成一套体系完整、等级严格的规章制度。商代后期，王室实行父子相继的传递方式，周王朝开始推行固定的嫡长子继承制，正如古代《春秋公羊传》中提道："立嫡以长不以贤，立子以贵不以长。"① 这种制度由父权制演化而来，通过血缘关系来维系皇室的稳定。封邦建国制即所谓的分封制，由周朝创立，是由宗法制度直接衍生出来的一种用来巩固政权的制度。通俗来说，就是周王室将同姓亲属封为地方邦国，以血缘纽带联系起来保护王室。诸侯受封要举行一定仪式，受封后的诸侯并不是完全独立，天子和诸侯之间存在一定的权利和义务对应关系。宗庙祭祀制是一种为了起到维护宗族团结而发展起来的重要制度，宗法制度本质上就是家族制度的政治化。中国历史虽动荡不安，但以血缘纽带联系起来的组织结构却十分稳定。

其次是中国古代专制制度的产生与特点。中国历史文明的起源不同于欧洲国家。欧洲政治文化主要起源于地中海沿岸国家，主要有古埃及、古希腊等。古埃及是一个信仰神灵的国家，宗教实力与王室权力会相互抗衡，加之地中海沿岸国家海上贸易频繁，无疑进一步制约了王权专制。但是在中国古代，统治者凭借武力争夺土地，政权被集中到一人手中，当时的宗教也只是为政治服务。所以中国的政治权利产生之初，并没有与之抗衡的力量，且专制程度随着历史的发展越来越严重。中国的专制制度主要有以下两个特点：第一，以外力控制宗教。历代王朝通过武力夺取和巩固政权，宗教被统治者利用，上帝的意志往往要服从于统治者的意志。这种专制一直延续到清王朝被推翻，长达2500多年。第二，专制制度的经济基础是土地国有和小农经济。所谓"普天之下，莫非王土，率土之滨，莫非王臣"。② 虽然随着历史的发展，土地私有成为主要的土地占有形式，但国有土地总量依旧很大，官府和地主对土地的剥削程度仍然很高。小农经济是当时中国的主要经济形式，农业生产是主要生产活动，土地是农民生存的重要资源，历史上统治者多次进行土地制度改革，如占田制、均田制、两税法等，都是统治者为了维

---

① 公羊高. 春秋公羊传 [M]. 上海：中华书局，2022.
② 孔丘. 诗经 [M]. 北京：北京出版社，2006.

护其赖以存在的经济基础。

中华传统文化深受以宗法制度和君主专制制度为主的中国社会政治结构的影响。中国古代的社会宗法制度促进形成中华民族强大的凝聚力，注重道德修养、礼仪和人际交往，其带来的正面价值是形成国家利益至上的观念、中华民族的整体观念等；其负面价值是使人民具有严重的服从心态，个人和民族缺乏自信。宗法制度和专制制度的并行，在文化上反映的是伦理政治化和政治伦理化，使中国法律没有得到充分的发展。

四、中华传统文化的演化发展过程

（一）中华文化的演变历程

中华传统文化源远流长、博大精深，历经曲折却从未中断，延续至今，极大地推动了中华文明乃至全球文明的进步。

文化是人类活动的产物，探求文化的起源可以从人类起源入手。在旧石器时代，猿人使用天然工具石头，随着火的使用，人类实现真正意义上与动物的分离。可以说火是当时具有划时代意义的文化创造，它标志着文化的起源。随着物质文化的进步，人们的精神文化也日益丰富、深化。主要体现在原始宗教和原始艺术上，对大自然的崇拜以及根据自然动植物制作的陶瓷艺术品。从人猿揖别，文化开始发端，中国文化在自身生命的运动中不断迈出新步伐。殷商时期，兼具"象形""会意""形声"等制字规则的甲骨文出现，标志着中国文字进入成熟阶段。但此时的商人脱离原始社会不久，仍然体现出强烈的神本文化，思想处于蒙昧阶段。周人入主中原后，一方面建立宗法制度，另一方面确定"制礼作乐"。周代礼制是周代文化的集中体现，且为后世儒家思想的发展奠定了基础。春秋战国时期，百家争鸣、百花齐放。社会大变革为各派思想主流提供了表达的大舞台。以孔子为代表的儒家，核心思想为"仁义"；以老子、庄子为代表的道家，追求"天道"、向往"自然"、主张"无为"等；还有以管仲为代表的法家，主张强化法令刑律等。春秋时期特殊的文化环境，有力地推动了文化的前进。秦朝是中国历史上第一个专制主义集权的帝国。秦朝时期，中华文化处于积极开拓、推陈出新的状态。对内实现文化统一和思想统一，对外进行广泛交流。汉武帝时期，推行"罢黜百家、独尊儒术"的文化政策，儒家思想成为当时的主流思想。西汉末和东汉初年，我国本土道教创制、佛教从印度传入，儒、玄、道、佛相互碰撞融合，中华文化得到横向和纵向的深度发展。隋唐时期，中华文化进入气度恢宏、史诗般壮丽的隆盛时代。这一时期的文化体现出明朗高亢、奔放热烈、兼容并包的特点，对内鼓励文化多样性，对外积极吸收外语文化，诗歌、书法等达到高峰，是历史上的黄金时代。

两宋时期，中国封建经济结构发生巨大变迁，与社会政治、经济格局相呼应的中华文化开始转型。相对于唐朝开放、外倾、色彩强烈的文化特征，宋朝的文化则是一种相对封闭、内倾、色调淡雅的文化类型。此外，还有精致细腻的士大夫文化、生机勃勃的市民文化、发展极盛的科学技术以及发达的教育体系。辽夏金元，游牧文化与农耕文化不断冲突融合，文化对外大规模开放。中华文化不断向外输出的同时，外域文化也不断向内输入，世界文化开始大范围交流，呈现出融合发展的局面。明清时代经历中华古代文化的衰落，但推动了传统文化向现代文化转型。明清时代是中国专制主义达到顶峰的时代，文化专制空前严重，突出表现为文字狱盛行。与此同时，源自西方的资本主义启蒙思潮开始出现，但由于时代性的缺陷，即使拥有富有战斗精神的政治哲学著作，也依然没有从根本上撼动封建专制制度。明清时期的文化发展虽然整体呈现衰落之势，但追求制度改革、倡导思想更新等推动了新文化的崛起。

（二）中华文化的结构体系

第一，中华传统文化是以汉族文化为主，融合其他多民族文化的多元体系。中国地域辽阔、民族众多，各民族都有各自的文化系统。但是汉族文化系统在各民族文化系统中居于主导地位，发展最为完善。首先，汉族文化是历次民族文化大融合的核心。在春秋战国时期，就已经形成了华夏文化。"华"是中国，"夏"是古代汉族，华夏文化是在华、戎、狄、夷等部族的融合中形成的，并于夏朝实现中原龙山文化的统一。华夏文化不仅是夏、商、周等奴隶制国家建国的基础，而且对于后世的中央集权统治的建立也产生了巨大影响。尤其是到了秦汉时期，随着中央集权的建立和大一统格局的形成，如统一文字、货币、度量衡；"罢黜百家，独尊儒术"等，此后，儒家文化成为中华民族的主体文化，其后虽经几次大规模的民族融合，其核心地位仍然没有发生大的变化。其次，汉族文化对少数民族文化具有强大的影响力，中国历史上少数民族在发展壮大的过程中，都大量吸收了汉族文化，如在农业、手工业、建筑业、文字、思想等领域。这就表明，虽然历史上许多民族文化出现过自成体系，但是在汉族文化强大的影响下终于与之融合为一体。最后，各民族文化以汉文化为核心凝聚成中国文化。中华传统文化并不是单一的汉文化，由于中国疆土辽阔，地理环境差异巨大，各区域具有浓厚的地方色彩。因此，形成了北方乐府粗犷豪放，南方乐府缠绵悱恻；北方宗教重"禅定"，南方宗教重"义理"。在先秦，华夏文化按地域差异可分为三晋文化、齐鲁文化、关中文化、荆楚文化、巴蜀文化、吴越文化等，儒法二家就分别诞生于齐鲁文化、三晋文化的母体之中。在隋唐，禅宗分为南北二宗。在宋代，理学分为"濂、关、洛、闽"四大家。在清代经学中，有所谓"吴派"和"皖派"的分歧。中华传统文化虽然有明显的地域多样性，但却没有肢解和分化汉文化，而始终是在汉文化的主导下把不同民族、不同学派凝聚成中国文化。

第二，中华传统文化是雅俗文化互补。"雅"字取自《诗经》中的雅诗，即正的意思，雅文化是少数人、士大夫的文化，它既有统治阶层的思想意识，也具有民族共同文化和心理。雅文化在中国传统文化中占据主流。俗文化包括了农民文化和市井文化，可称为通俗文化或大众文化，较为零碎、朴素、肤浅庸俗，但具有鲜活、形象、生动、实在的特点。总而言之，雅俗文化对立统一。

第三，中华传统文化是显隐文化交织。春秋战国时期，百家争鸣，中国学术空前繁荣，主要由儒、墨、道、法、名、阴阳等家构成。虽经历秦朝焚书坑儒，但汉武帝推崇"罢黜百家，独尊儒术"，墨家和名家中绝，阴阳家思想被综合到儒家思想之中，阴阳家失去独立地位，法家遭受严厉谴责，一蹶不振。从此中华传统文化出现了显文化和隐文化之分。显文化即儒家思想，自汉武帝推崇"罢黜百家，独尊儒术"之后，儒家思想的主导地位在中国历史的 2000 多年中，没有发生变化。其"天人合一"的宇宙观、"贵和持中"的方法论、"三纲五常"的社会伦理，在中国历史上成为主导的思想和观念。隐文化即法家思想，法家虽然作为一个独立的、完整的思想体系在汉武帝"独尊儒术"之后被摧毁，但是法家的一些思想观念和行为准则在历史上仍然起着一定的作用。汉代之后仍然承袭了由法家创建的政治、法律、经济制度等思想，因为完全抛弃"法、术、势"的法家思想，是无法让这样一个庞大的君主制集权、庞大的国家机器正常、稳固运行的。法家思想中"法、术、势"是帝王统治国家必不可少的工具。法家提出的"以法为教""以吏为师"、奖励耕战、剪除私门势力、加强中央集权统治等的改革，都多多少少地被后世的统治政权所采纳。

第四，中华传统文化是庙堂与山林文化共存。道家虽经历汉武帝"罢黜百家"的摧毁，但却顽强地生存下来，并在魏晋南北朝时期声名鹊起，形成了儒家、道家、佛家三足鼎立之势。儒家、道家思想成为中华传统文化的主体和中国哲学的核心。清代王夫之曾说："得志于时而谋天下，则好管、商；失志于时而谋其身，则好庄、列。①"也就是入世时，做一个"先天下之忧而忧，后天下之乐而乐""国家兴亡，匹夫有责"的仁人志士；而出世时，超然物外，去做情欲沉寂、自甘落寞的隐士。儒家、道家两家各自的人格理想、人生态度，决定了在政治上的取向和人生的生存方式，由此，派生了庙堂文化与山林文化。庙堂文化是指官方文化，儒家、法家文化就是典型的庙堂文化，不仅是因为儒家和法家是统治者确立的官方文化，同时，特别是儒家思想中人生态度是积极进取，是"为天地立心、为生民立命、为往圣继绝学、为万世开太平"②的人伦理想，人们皓首穷经，走着读书、做官、尽忠的人生道路。这种入世态度与思想就是典型的庙堂文化。山林文化又称隐逸文化，以道家思想为核心。在中国古代，宦海沉浮、升迁不定、进退莫测，人们不但需要积极有为的儒家思想，也需要清静无为、顺遂自然的佛教、道家思想，在经历心态疲乏和消沉之后找到清静、无为的田园，隐逸山林就是最佳的选择。同时，归隐山林也可以有所作为，还可以成一代名家。历史上的道士、僧人也有不少是失意的士人，他们以很高的文化教养，在思想、文学、艺术等方面建立了精致的思想体系，有着很高的成就，形成了中国特有的山林文化。

五、中华文化的主要特征

中华文化的基本特征是源远流长、博大精深。源远流长是指与其他国家

---

① 王夫之. 诗广传 [M]. 上海：中华书局，1964.
② 张载. 横渠语录 [EB/OL]. 金锄头文库，2020 – 10 – 01.

短暂的历史相比，中华文化在 5000 多年的历史长河中一脉相承从未中断。博大精深是指中华文化的文化种类繁多、范围广泛且具有深度。

关于中华文化的主要特征，可以从不同的角度认识和理解。梁漱溟在《中国文化要义》中，曾提出中华文化的十四大特征；台湾学者韦政通在《中国文化概论》中总结出中华文化的十大特征。大多数学者在总结中华文化特征时都会提到中华文化的延续性、多样性、包容性等。接下来本书将从中华文化的精神价值层面概括中华文化的主要特征。首先，中华传统文化主要是一种农业文化，在以农业为生存根基的中国，很多思想理念都来源于农业生产。如"一分耕耘，一分收获"的务实精神、"安土重迁"的生活情趣、"循环与恒久"的变易观念等，影响着人们追求稳定、安宁、简单的生活方式。其次，从中国的发展历史来看，以血缘纽带维系奴隶制度，形成家国一体的格局。宗法理念根深蒂固，个人首要考虑的是责任和义务，如"父慈""子孝""臣恭"等，重集体而轻个人。再次，中国自古是个多民族国家，且历史上多次受到异族入侵。各民族文化相互碰撞、交流、融合，却最终被中华文化所同化，这足以见证中华文化强大的生命力和凝聚力。最后，中华文化还具有重人伦轻自然的特点。以历史上影响最深远的儒家思想为例，即使涉及自然科学的研究，但也是利用自然知识来说明政治、道德方面的主张，而并不是以自然本身为研究目的。即使到了宋代，理学的研究目的也不在于求知识之真，而在于求道德之善。在古代，只有身份较低的人才去研究自然科学。明朝以前，中国的科学还是遥遥领先的，但是随着西方科学文化的迅速崛起，中国的科学逐渐落后。新中国成立以来，中华文化体现出更大的开放性和包容性，不断推陈出新，增加新鲜活力。总而言之，我们应该要辩证地看待中华文化的主要特征，"取其精华，去其糟粕"，推动中华文化与时俱进。

第二节　中华传统文化的分类

中华文化博大精深，在发展过程中形成了千姿百态的不同文化类型，如一开始所提到的宗教、饮食、服饰、艺术文化等，其所蕴含的思维方式和价值理念不但具有强烈的历史性、遗传性，还具有鲜活的现实性、演变性，每时每刻都影响着当今中国人的思维与生活，但这种对中华传统文化的划分方式太细太散，缺乏统一的视角与规范性，因而不能满足本书研究的需要。

哲学家们从哲学文化的视角出发，将文化划分为精神文化、制度文化与物质文化三大类型，这是目前学术界普遍接受的文化分类方法。但这种划分方法相对于中华传统文化的庞大体系与内容来说，显得过于抽象和狭隘，不能满足对中华优秀传统文化研究的需要。

基于以上的认识，本书从实际需要出发，将中华传统文化划分为以下五大基本类型：中华精神文化、中华制度文化、中华科技文化、中华生态文化、中华历史文化资源，由此构成本书的出发点与研究基础。

一、中华精神文化

有关精神文化的界定，不同学者从其研究对象和研究目的出发，给出了不同的定义。许俊杰（1996）从物质和精神两个视角出发对文化进行研究，提出物质文化包含了人类生产生活实践中所创造并运用的全部衣、食、住、行所需要的物品和工具等有形器物，而精神文化则是人类思维活动过程及其成果的总和，其涵盖了诸如哲学、伦理学和文学艺术等无形财富。曾丽雅（2002）认为，精神文化反映出一个民族的性格特征，是该民族思维方式、价值取向、伦理观念、风俗习惯等精神成果的总和。精神文化是一个国家和民族在政治、经济领域的反映，是一定时期社会生活结构和经济发展状况的缩影，同时对政治、经济的发展具有导向作用。世杰（2005）则是从企业经营管理的角度对精神文化进行了解读，认为精神文化在企业文化层次中处于核心地位。当企业精神文化与经营管理实践、公司物质形态相适应，并被全体员工所认同时，作为一种无形而强大的精神力量，能够指导员工的思想，提升核心竞争力，从而促进企业的发展。栗志刚（2010）指出，民族的精神文化是一个由该民族的价值观念、心理情感等要素构成的文化系统，它具有相对独立性、自我修复性、交流开放性等特征。由此可见，人们对精神文化的内涵与外延的理解，随着时代的进步在不断拓宽与加深。

本书认为精神文化是一种人类特有的意识形态，是制度文化和物质文化的内在价值核心，是蕴含在物质文化、制度文化最深沉之处的、人类社群所独有的意识形态和价值观念的综合体。

中华精神文化具有历史继承性。中华精神文化根植于中华优秀传统文化最深沉之处，是中华优秀传统文化的灵魂所在和价值指南。中华精神文化是在长期社会实践中发展所形成的具有相对稳定性的思想观念，是在长期历史积淀中形成的理论观点、学术思想、风尚习俗、礼仪举止。中华精神文化对当今中国人民的生产生活方式、思维模式、价值取向以及中国经济社会的长远发展都有着先导作用。

中华精神文化具有相对独立性。文化的产生和发展都基于一定的时代背景，精神文化在每一个历史时期都会表现出鲜明的时代特征。在漫长的历史演化过程中，中华精神文化在保持其核心内涵不变的前提下，会结合时代的需求、反映时代的特点、尊重历史发展规律，添加新的内容或创新其表达形式。

中华精神文化具有自觉性。即中华精神文化的形成往往是一个无意识的过程。人们的文化意识、价值理念受到潜移默化的影响，价值选择就是价值认同的过程。

中华精神文化具有多样性和统一性。中华精神文化的多样性源于中国土地广袤，不同区域的自然环境形成不同的精神特征。统一性体现在随着社会的发展，距离障碍逐渐得到克服，不同区域文化进行交流融合，进而形成了一个完整的精神文化体系。

按照是否适应现代市场经济发展需要、是否符合社会主义精神文明建设要求，我们可以把中华精神文化从性质上划分为创新型精神文化和保守型精神文化两种类型。一般来说，具有冒险精神、创新精神、民主精神、科学精神和法治精神的、能够适应现代社会的需要、推动现代经济发展的文化，属于具有创新精神的文化范畴，是创新型中华精神文化。而风险规避型的、保守的、专制的、盲从的、与现代市场经济发展不相符的文化，则会阻碍经济的发展，属于保守文化的范畴，是保守型的中华精神文化。

社会主义精神文明建设，需要我们弘扬主旋律，提倡先进文化，要求我们对传统文化"取其精华，去其糟粕"，这构成了推进中华精神文化进行创造性转化与创新性发展的出发点。

二、中华制度文化

制度文化是人类为了自身生存、社会发展的需要而创制出来的有组织的规范体系。制度文化可以分为正式制度和非正式制度。正式制度是指人类有意识、有目的的理性设计和建构，使一些行为规范能够以一种明确的形式确定下来，如法律、政策、规章等，具有国家权力效应；非正式制度与正式制度相对，可以看作是一种自生自发的规范，并没有明确国家权力约束形式，表现为价值观念、道德伦理和风俗习惯等。中华制度文化是华夏民族在长期历史发展实践中所形成的，至今对中国人的思想观念和社会发展都具有深刻的影响。

首先，中华制度文化是由历史演化而形成的一套传统制度观念。在几千年的历史演进中，中华民族创造了独特的关于国家制度和国家治理的丰富思想，包括强调礼治和法治相统一，"大道之行，天下为公"的大同理想，"六合同风，四海一家"的大一统，"德主刑辅，以德化人"的德治主张，"民贵君轻，政在养民"的民本思想等。其次，中华制度文化也是人们长期生产和生活实践的产物。我国传统的习惯法活跃于民间，以乡规民约、家礼家法等形式规范社会公众的日用常行，是一种无处不在、无时不有的"无法之法"。例如，在我国的很多乡村，存在着禁止砍古树、红白喜事村民都要全套参与的乡规民约；家族邻里之间要互相帮助、生意场上要讲诚信等优良传统，这些思想理念与行为规范对于今天我们搞好制度建设具有重要的启示意义。

中华传统文化当中包含着许多优秀的制度文化，但同时也涵盖着一些较为保守的封建糟粕。例如，传统制度文化缺乏民主，存在权力至上的错误观念和升官发财的理念，利用政治权势谋求经济利益，意味着政治的价值观和制度必须屈从于经济的价值观和制度，腐化的滋生与蔓延加剧了社会的不平等，严重损害了群众利益，进而引发社会矛盾，妨碍了法规政策的实施，破坏了社会风气，严重恶化了政治生态，带来了严重的消极影响。

三、中华科技文化

科学通常是指人们关于自然现象和规律的知识体系，包括数学、物理、化学、生物学等学科；技术通常被理解为关于工具、物质产品以及被用来达到实用目的的方式的知识。科技文化是在科学理论知识积累和技术改进的结合下，人类认识和改造自然的制度体系、知识、思想、方法等的总和。

中国古代技术的伟大成就以四大发明为代表。火药、指南针、造纸术和印刷术作为伟大的技术成就，推动了整个世界的历史进程，改变了世界的面貌。

中国古代科学的伟大成就主要体现在天文学、数学和医学等领域。第一，中国古代在天象方面的研究，是世界上其他国家不可比拟的。目前，世界上公认最早的太阳黑子记录是在西汉汉成帝河平元年，"日出黄，有黑气大如钱，居日中央"①。世界公认的最早一次哈雷彗星记录，是在公元前613年，"有星孛入于北斗"。中国文献最早记录的新星被法国天文学家比奥编入《新星汇编》，列为世界第一颗新星。此外，中国对日月食的记载，也是世界上最早、最丰富的。第二，中国古代的数学也创造了世界一流的研究成果。十进位制成就了我们现在这个统一化的世界；《九章算术》记载了当时世界上最先进的分数四则运算和比例算法；第一次提出了极限思想，并首创了割圆术；最早精确 π 值到小数点后 7 位。宋元算学更是为世界作出了许多一流的贡献。第三，至今依然屹立现代世界科学之林的唯一传统科学——中医学。我国古代中医学博大精深，具有完整的系统。早在春秋战国时期，《黄帝内经》全面奠定了中医理论的基础。东汉时期的《伤寒杂病论》奠定了中医临床医学的基础。《伤寒杂病论》《金匮要略》《黄帝内经》《神农本草经》并称"中国医学四大宝典"。同时期华佗发明的"麻沸散"作为麻醉剂推动了外科大手术的进步，独特的针灸疗法适应证广泛，并为其他国家所采用。

中华科技文化是在科学理论知识积累和技术改进的结合下，中华先人认识和改造自然的制度体系、知识、思想、方法等的总和。中华科技文化源远流长、种类繁多，但总体上可以归纳为五大类型：农业科技文化、手工艺科技文化、宗教科技文化、中医科技文化和科技制度文化。

纵观中国科技文化的发展史，中国科技的发展形态、发展走向和发展特征都与中华科技文化的精神底蕴等特质密切相关。"重视人的作用"的思想同创新型科技文化"以人为本"的思想基本一致，充分发挥了人在科技创新中的主体地位。

---

① 班固．汉书［M］．上海：中华书局，2012．

　　但是，中国古代科学技术大多是对生产经验和自然规律的直接描述，缺乏规律和理论性的总结；中国古代科技文化用意会的方式判断事物，缺少对现实实践的指导作用，因而又具有保守型科技文化的特性。在 21 世纪知识经济发展的年代，中华科技文化也面临着理论创新与理念转化的历史重任。

四、中华生态文化

　　人类生活的环境包括自然环境和社会环境。文化是人们对于所处环境的适应性体系。生态文化最早起源于人类图腾时代，当时社会生产力低下，原始民族对自然事物认知匮乏，他们使用图腾来解释神话、记载古典和民俗民风。如中国的图腾一般是龙，俄罗斯的图腾为熊，印度的图腾为大象等，图腾是早期原始民族与自然关系的产物，是早期人类对于自然的意识表现。随着生产力的提高以及对自然认识能力、改造能力的加强，开始出现了儒家、道家的生化思想理念，如适时耕作、依靠自然等"天人合一"的思想。进入工业文明之后，环境危机凸显，人类意识到必须创造一种新的文明来保护环境，从而支撑人们的可持续发展，这种文明就是生态文明，而支撑这种文明的文化，也被称为生态文化。

　　生态文化是一种价值观、一种人文文化，以及一种先进的文化。首先，生态文化以一种文化形式传承和表达人类认识自然、改造自然的成果，凝结着人们实践的成功经验。其次，生态文化注重可持续发展，深刻体现了人类活动与自然间的关系。最后，生态文化倡导遵循自然规律，人与自然和谐相处，包含了如何解决自然生态问题以及由其引发的经济问题和社会问题的战略方法，是人类文明发展的智慧结晶。

　　按照文化学的分类标准，学术界普遍认同将生态文化划分为生态物质文化、生态制度文化和生态观念文化。生态物质文化是指人类与自然和谐相处中寓有生态理念的物质实体；生态制度文化是指保护生态环境、维持生态平衡的社会规范制约；生态观念文化是指人们尊重自然规律、爱护自然环境的价值理念和思想情感。

　　生态文化具有多种多样的形态，作为以农耕文明为主要特征的华夏文明，我国的生态文化可以归纳为农耕生态文化、草原生态文化、民俗生态文化、宗教生态文化、日常生活生态文化以及少数民族生态文化等基本类型。

中华民族在长期的历史演进过程中，依靠自然生存发展，在实践中探索自然规律和总结自然奥妙，不断形成丰富的生态文化。中华生态文化作为中华优秀传统文化的重要组成部分，涵盖了宇宙观和人与自然的相互关系等重要观念。从整体上看，中华传统生态文化思想的精髓主要有儒家"天人合一"的本体思想，佛家"珍爱生命"的博爱意识，道家"道法自然"的伦理价值，以及当代习近平总书记提出的"绿水青山就是金山银山"的生态发展理念。

在很久之前，我们的祖先就体悟到自然是一个多样性的大生命体。西周时期思想著作《周易》中提道："有天地，然后万物生焉。"① 认为宇宙是由天地万物构成的互相感应的生命系统，"生生之谓易"是指生命慈孕、繁衍不绝，生命运动永不停息。《老子》中道出"天地长久"；朱熹提出了万物恒久运动的自然之理。构成一体的天地万物，存在形态各异，又和谐共生。孟子的"夫物之不齐，物之情也"② 以及荀子的"万物同宇而异体"，讲的是自然界中无数生命体具有差异性和多样性，但又和谐共生。老子的"万物负阴而抱阳，冲气以为和"③ 和庄子的"将磅礴万物以为一"，也蕴含了万物和谐共生于一体的思想。荀子的"万物各得其和以生，各得其养以成"④ 和《中庸》的"万物并育而不相害"，阐明了世间万物各有其存在形态和生长之道，却能共同生成、发展而彼此不相害的道理。中国传统生态文化的宇宙观在认定"万物一体"的同时，也表明了这一大生命体运动的客观规律。"天行有常，不为尧存，不为桀亡。""天不为人之恶寒也，辍冬；地不为人之恶辽远也，辍广。"⑤ "流而不息、合同而化""春生夏长""秋收冬藏"等都强调了自然界运行有其自身的规律，而不会因为人类的干预而发生改变。

中华生态文化回答了人与自然之间的关系。道家庄周提出"天地与我并生，而万物与我为一"的极具深意的"天人合一"思想。老子提出"道法自然"应遵循自然规律。庄子提出"以道观之，物无贵贱"⑥，说明万物

① 杨天才. 周易 [M]. 上海：中华书局，2011.
② 孟子 [M]. 方勇，译注. 上海：中华书局，2017.
③⑤ 道德经 [M]. 张景，译注. 上海：中华书局，2021.
④ 荀子 [M]. 方勇等，译注. 上海：中华书局，2011.
⑥ 庄子今注今译 [M]. 陈鼓应，译注. 上海：商务印书馆，2016.

皆有尊严，人与自然应该和谐相处。儒家从仁爱出发，阐述人与自然之间的仁爱关系。张载的"民胞物与"强调人类要像对待亲人一样善待自然等。这些古代思想都体现了人应与自然和谐共生。主要体现为：第一，亲近和依恋自然。如张载提出"大人者，有容物，无去物，有爱物，无徇物，天之道然"。① 对待万物要感恩、亲和、怜惜。第二，敬畏和尊崇自然，如庄子提出"号物之数谓之万，人处一焉"② "吾在天地之间，犹小石小木之在大山也"。应该要敬畏自然，不可冒犯自然。老子的"生而不有，为而不恃，长而不宰，是谓玄德"③ 更加体现出不对自然进行干预，任其自由发展的理念。第三，合理利用自然。即对待自然资源要取之有度且遵循自然本身的发展规律。古代思想中的"取地之材而节用之"，表明对自然生物不可过度获取。合理利用并呵护自然，主动改善自然环境，才能保证自然永续发展并持久惠及人类生活。

中华民族历来都倡导与自然和谐共生。中国一直以来的主导产业是农业。农业发展离不开生态系统的支撑，因此我国不断强调自然健康持续发展的重要性。然而改革开放以来，中国经济虽然实现了高速发展，但生态环境遭受了严重破坏。党的十八大以来，党中央开始重视生态文明建设，强调绿色发展。"人不负青山，青山定不负人"的生态思想理念体现了人与自然要和谐相处，始终坚持可持续发展战略，以严格的法律制度规范生产活动。中华生态文化自古延续至今，都在强调人与自然和谐共生，未来这种思想观念也会继续传承下去，人类将不断探索人与自然共生的更好模式。

五、中华历史文化资源

文化资源是指人们在生产生活过程中创造出来的具有代表性的且有一定内涵的物质和精神成果。这种物质和精神成果能够通过一定方式转化为生产性资本，推动社会与经济发展。按照不同的标准可以对文化资源进行不同的划分。从历史性角度来看，文化资源包括历史文化资源和现实文化资源；按照有无实物形态，文化资源可以分成有形文化资源，如历史遗址、特色建

① （宋）张载. 张载集 [M]. 章锡琛，校. 上海：中华书局，2012.
② 庄子今注今译 [M]. 陈鼓应，译注. 上海：商务印书馆，2016.
③ 道德经 [M]. 张景，译注. 上海：中华书局，2021.

筑、服饰、手工艺品等；无形文化资源，如民风习俗、神话传说等；从可持续发展的角度来看，文化资源又可以分为可再生文化资源和不可再生文化资源；根据成因、形态和作用分类，文化资源可以分为：自然文化资源，如土地、水资源；传统文化资源，如文物、民俗；智力文化资源，如人的智慧、资本；信息文化资源，如信息网络、技术应用。

历史文化资源是指数千年来人类生产生活实践的沉淀，它以文化遗产的面目展现在世人面前。包括具有历史文化价值的遗址、建筑、书画等文物及人工物品或人工打造的自然产品。文化遗产是人类文明的重要载体，具有深刻的文化内涵和艺术价值，因此构成了文化资源的重要内容。按照我们的习惯，又将着重体现历史特性的文化遗产称为历史文化遗产，并且将其中重点强调民俗文化表达的部分称为民俗文化遗产。

中国作为一个有着上下5000多年历史的文明古国，拥有非常丰富的历史文化资源。中华历史文化资源是中华传统文化和精神文明成果的载体，是中华民族的财富。历史文化资源相对历史文化遗产的概念更大，其不仅包括已经开发得到充分利用的部分，还包括蕴藏已久尚未被开发的部分。中国的历史文化资源种类繁多，主要包括历史遗迹、古代建筑、古代陵墓、文化古城、宗教文化等。第一，历史遗迹是指人类活动的遗址、遗物和其他具有历史与纪念价值的遗迹。古人类遗址是指从人类起源到有文字记载以前的人类活动遗址。通过对古人类遗址的考察可获得有关人类起源与进化的生活生产等信息，如元谋人遗址、穿洞古人类遗址、蓝田人遗址。古代都城遗址是指在中国漫长的历史上，不同朝代历经风雨沧桑遗留下来的都城，如汉魏洛阳古城。古战场遗址是指我国历史上由于各派割据势力之间的冲突和新旧势力的争斗而进行战争的地方，如垓下遗址。名人遗迹包括历代名人故居、名人活动遗址以及相关的纪念性文物与建筑，如曲阜孔庙。近现代重要史迹主要为鸦片战争以来所留下的革命遗址遗迹、重要会议会址、烈士陵园、纪念性建筑物等，如井冈山革命遗址、圆明园等。第二，古建筑类是指具有历史意义的，新中国成立之前的民用建筑和公共建筑，也包括民国时期的建筑，如长城、关隘、城墙、民居、宫殿、园林、山庄等。第三，古代陵墓类主要分为帝王陵墓、名人陵墓、悬棺三类。帝王陵墓如秦始皇陵、明孝陵；名人陵墓如洛阳关林；悬棺是在悬崖高处凿孔，安设木桩，然后将棺木放在桩上，其中著名的悬棺地点有江西龙虎山悬棺、重庆小三峡等。第四，历史文化名城是指有悠久历史，在地面和地下保存有重要历史价值、艺术价值、科研价值的文物、建筑、遗址和优美环境的城市，如北京、陕西西安、河南开封、河南洛阳、甘肃敦煌、山东泰安、山东曲阜、西藏拉萨等。第五，宗教文化。包括宗教建筑、雕塑、绘画、音乐等，如佛寺、佛塔和石窟；道教宫观壁画；佛教雕塑等。

第三节 中华优秀传统文化创造性转化与创新性发展的必要性与意义研究

一、中华优秀传统文化的定性研究

有关中华传统文化的定义存在多种说法，基于不同视角得出的含义存在差异。本书将从文化本质的角度对中华传统文化进行界定。文化从本质上界定是人类进行社会实践的产物，人类主体的实践活动内在地决定了文化的性质、水平、内容和结构，如无产阶级实践创造的无产阶级文化等。不同时代主体实践创造的方式不同，创造出的文化水平也不相同。此外，主体实践是基于客观事实进行主观能动性的表现。个体主观能动性决定了文化的内容不同，而客观条件决定了文化结构的差异。

基于对文化本质的认识，我们可以从文化本质的角度对中华传统文化进行定性。从远古时期至今，中国历史上的人民是传统文化的实践主体，从统治阶层到普通百姓。实践类型包括生产活动、社会活动和精神活动，从而决定了中华传统文化是一种以农业文明为主导的多元化封建文化，内容丰富、结构复杂。所以，中华传统文化可以定义为：中国古代人民长期进行农业生产以及服务封建统治而形成的各种物质产品、价值理念、行为准则和制度规范等一切社会成果的总和。但是任何一种文化形态都包含优秀文化基因和保守文化基因两大不同属性，这就奠定了中华优秀传统文化创造性转化、创新性发展主题研究的基础和出发点。

二、中华优秀传统文化创造性转化与创新性发展的必要性

随着中国进入中国特色社会主义建设新时期，综合国力显著增强，华夏文明的影响力在国际上与日俱增，华夏文明的优秀传统也成为推动我国经济社会发展的内在动力源泉。但是，我们必须清醒地认识到，华夏文明由于经历了几千年封建社会的积淀，存在不少消极因素，而这些消极因素若不进行深入的改革创新，势必会成为我国经济社会发展的障碍。因此，确立中华优秀传统文化创造性转化和创新性发展的宏大目标，并将其提升为中华民族伟大复兴的基础条件，至关重要。

中华优秀传统文化是中华民族智慧的结晶。这些优秀的传统文化不仅在历史长河中发挥着至关重要的作用，直至今天，在情感表达、学术研究、文化发展等方面都具有重要的价值。中华优秀传统文化的思想体系中所蕴含的思维方式、价值理念至今在治国处世、科学认识的过程中都具有进步意义。广为流传的传统文学艺术至今仍散发着巨大魅力，成为国内外追求的美育资源。传统的生产生活方式、民俗传统、工艺技术等，是形成我们历史认同感的重要基础。

正如前文所提，中华优秀传统文化虽博大精深，但仍然不能全盘继承。首先，文化从来不是一成不变的，而是伴随着历史的进程随时发生着或快或慢、时隐时现、丰富多样的变化。不论是文化的内在含义、表达方式还是人们的解读等，变化都是文化的恒定存在方式，一成不变的文化是不存在的。其次，文化是人类社会实践活动的产物，社会在发展，文化就要随之相应发生变化。历史上众多改革乃至革命，都是革旧立新。一种文化被赋予了新的内容、新的属性，就是一种转化。

推动中华优秀传统文化创造性转化和创新性发展是历史的必然、新时代的需要。首先，从历史层面看，与时俱进实现文化自身现代化转型是华夏文明传承与发展的内在要求；其次，从文化层面看，中华文化竞争力与软实力的提升需要以中华优秀传统文化为基础；再次，从实践层面看，社会主义文化建设需要中华优秀传统文化的有力支撑；最后，从发展层面看，这种改革创新是顺应全球文化多元化发展趋势的，有利于促进中华优秀传统文化走出国门。

今天，新时代赋予了中华民族新的历史使命，我们不仅要做中华优秀传统文化的继承者和实践者，更要积极能动地推进中华优秀传统文化的变革和创新。

（一）华夏文明传承与发展的需要

在中国 5000 多年的历史长河中，中华优秀传统文化是历代中华儿女的智慧结晶，是传承中华民族精神的重要载体，其中所蕴含的价值观念、人文精神等是滋养当代中国人精神世界、提振当代中国人精神力量的源头活水和不竭动力。中华优秀传统文化起源于原始农耕社会，发展于历代封建社会，受创于近代中国社会，曲折的历程和辉煌的成就是其他国家短暂文明无法比拟的。但中华优秀传统文化自"轴心时代"至今，始终焕发着生机活力，从未中断，究其根源在于中华优秀传统文化强大的感召力、吸引力和影响力。其表现出的极强生命力为中华优秀传统文化与时俱进、生生不息提供了根本动力。

中华优秀传统文化命途多舛，从战国的百家争鸣到秦朝的焚书坑儒；从唐宋的繁荣昌盛、开放包容到明清的停滞衰落、闭关锁国；从民国时期遭遇外来文明冲击、岌岌可危到觉醒反抗、重获生机。中华优秀传统文化虽历经磨难但却顽强生存，在历史的发展长河中没有被淘汰，反而是得到了传承、弘扬和发展，这就足以见证中华优秀传统文化的重要价值。

中华优秀传统文化的基本精神在现代社会中依旧能够产生深远的影响、发挥重要的作用。中华优秀传统文化的基本精神有着巨大的思想统摄性，它可以超越地域、阶段、种族、时代的界限，使中华儿女凝聚一心，同心同德地为民族整体利益和长远利益而不懈奋斗。中华优秀传统文化的基本精神有着巨大的精神动力，它可以对中华民族的每一个成员发挥强烈而积极的精神激励作用。刚健自强的文化精神，无论在历史上还是在当代中国建设，一直激励着人们奋发图强、勇往直前，坚持与内部恶势力和外来侵略压迫者做不屈不挠的斗争；以人为本的文化精神，始终激励着人们尊重人的价值和尊严，努力在生活中挖掘人的价值和实现人的价值；天人合一的文化精神，可以激励人们自觉地维护整体利益、坚持集体主义的价值取向，对中华民族的壮大发展具有重要的积极意义。

习近平总书记明确指出："中华民族具有 5000 多年连绵不断的文明历史，

创造了博大精深的中华文化，为人类文明进步作出了不可磨灭的贡献。"① 中华文化中蕴含着许多人类共同遵循的普遍性生存智慧。"中国优秀传统文化的丰富哲学思想、人文精神、教化思想、道德理念等，可以为人们认识和改造世界提供有益启迪，可以为治国理政提供有益启示，也可以为道德建设提供有益启发。"②

中华优秀传统文化作为马克思主义中国化的重要本土资源，在文化建设和社会治理上都发挥了重要的积极作用。中华优秀传统文化之所以能够源远流长，是因为其能够顺应历史的发展不断演变。在新时代，中华文化的创造性转化和创新性发展就是其适应当代中国实际以实现自身延续发展的内在要求和科学选择。

（二）社会主义文化强国建设的需要

中华优秀传统文化蕴含着丰富的价值理念、完备的道德规范、高尚的精神追求和智慧的治国理念等。"民为邦本，本固邦宁""民贵君亲"等民本思想体现"以人为本"的思想观念；"因明致诚，因诚致明，故天人合一"等自然哲学表达了中国先辈"万物同源，和谐共处"的思想观念；"仁者爱人""推己及人"等相处原则小到家庭、大到国家，强调换位思考、和平相处。可以说这些中华传统文化至今都被运用到社会主义现代化建设中去，真正地证实了"文化是一个国家、一个民族的灵魂。文化兴国运兴，文化强民族强"。③

在新时代中国特色社会主义背景下，推动中华优秀传统文化创造性转化、创新性发展，有利于满足人民日益增长的文化需求，提升全民族文化生活。伴随着 2020 年底我国全面脱贫并建成小康社会，我国人民对文化的需求将越来越强烈，美好文化生活需要丰富且高质量的文化产品供给。中华优秀传统文化是中华民族在历史长河中积累的一笔宝贵精神财富。对中华优秀传统文化进行创造性转化、创新性发展，必将推动文化事业全面繁荣和文化

---

① 习近平. 在第十二届全国人民代表大会第一次会议上的讲话［N］. 人民日报，2013 – 03 – 18（1）.

② 习近平. 在纪念孔子诞辰 2565 周年国际学术研讨会暨国际儒学联合会第五届会员大会开幕会上的讲话［N］. 人民日报，2014 – 09 – 25（2）.

③ 习近平. 决胜全面建成小康社会　夺取新时代中国特色社会主义伟大胜利［N］. 人民日报，2017 – 10 – 28（1）.

产业快速发展，有助于创造出更多、更好的具有中国风格、中国气派的文化产品以满足人民高质量的文化生活需要。

在新时代中国特色社会主义条件下，推动中华优秀传统文化创造性转化、创新性发展，有利于筑牢坚定文化自信的根基。坚定文化自信是事关国运兴衰、文化安全、民族精神独立性的大问题，有利于推动建设社会主义文化强国。

因此，要想建设社会主义文化强国，必须不忘本来、吸收外来、面向未来。推动中华优秀传统文化创造性转化和创新性发展，激发全民族文化创新创造活力。既延续了中华民族的精神血脉，又推进了中华优秀传统文化的时代化，这必将为社会主义文化强国巩固根本。

（三）提高中华文化竞争力与软实力的需要

随着全球化不断推进以及和平与发展作为当今时代主题，文化越来越成为国际竞争的重要领域。正如习近平总书记强调，文化是一个民族的灵魂，是一个国家国际竞争的软实力，关系我国国际地位和国际影响力以及中国梦的实现①。中国优秀传统文化是我们提高国家文化软实力最深厚的源泉，是我们提高国家软实力的重要途径。

中华优秀传统文化是中华民族的精神命脉，是我们最深厚的文化软实力。体现着中华民族世代传承的价值理念，是中华民族立足于世界民族之林，枝繁叶茂、生生不息的文化之根。其中蕴含的思想道德理念已经流淌在了中华民族的精神血脉中，深入人心，成为团结和凝聚全体中华儿女的共同纽带。此外，战国时期的哲学理念、辩证思维；唐宋时期的文学艺术、科学技术等构成了光耀千秋的不朽文化经典，形成了中华民族独特的气节和品格。正是这些优秀的中华传统文化成为维系中华民族繁衍生息、历尽磨难却更加强盛的精神支柱，是中华软实力的力量根基。我国强大的文化底蕴能够使我们在面临外来强势思想文化的渗透和意识形态的灌输时，时刻保持自我、避免同化，同时在与世界优秀文化交流对话中能够积极对外传播。博大精深的中华文化之所以能够延绵不断，且在历史的长河中对周边他国产生深

---

① 习近平. 高举中国特色社会主义伟大旗帜　为全面建设社会主义现代化国家而团结奋斗［EB/OL］. 中华人民共和国中央人民政府，2022－10－16.

远的影响，必定有它的过人之处。

习近平总书记指出："核心价值体系和核心价值观是决定文化性质和方向的最深层次要素。"① 核心价值观作为一个民族的灵魂和标志，是人们普遍认识、长期遵循的基本价值理念原则。构建积极完善的价值体系可以更好地引导人们的思想、规范人们的行为。中国价值体系对于解决我国现代化社会主义建设过程中的难题，如思想道德滑坡、理想信仰缺失、社会诚信危机等具有重要的意义。我们在依靠今天发展力量的同时，也要深入思考，运用先辈的智慧成果。例如，《论语》中："志士仁人，无求生以害仁，有杀身以成仁"②；《孔子家语》："言必诚信，行必忠正"③。这就要求当代中国价值体系的建构必须要融入中华优秀传统文化。

中华优秀传统文化不论是作为中华民族的精神命脉，还是当今时代构建社会价值体系的重要历史依据，都对文化软实力的提升和竞争产生积极促进作用。然而由于中华优秀传统文化是一种历史文明，虽然具有超越时空、散发永恒魅力以及与当代社会价值相符合的宝贵内容，但是伴随着语言的发展、生产水平的提高以及社会的前进，中华优秀传统文化需要批判继承和创新而不能照搬硬套。

（四）中华文化"走出去"的需要

当今世界，经济全球化、世界多极化和文化多样化的趋势愈加突出，全球化的深入发展使各国的联系日益紧密。各国文化也在不断碰撞中，相互交流、相互渗透、相互融合。文化越来越成为国际竞争的重要组成部分。文化的魅力在于它能对一个民族产生潜移默化的影响，改变他们的思想理念和行为规范。主动扩大对外文化交流与合作，是提高我国文化软实力和国际影响力的重要途径。

首先，"拿什么走出去"，是我们推动文化走出去首要考虑的问题。在少部分人眼里，他们缺乏正确认识，视中华文化是封建糟粕、一无是处，主张全盘西化。这种自我轻贱、自我否定、自我殖民的文化奴性心态和文化虚无主义是绝对不可取的。回溯上下 5000 多年的中华文化，我们

---

① 习近平. 在庆祝中国共产党成立 95 周年大会上的讲话 [N]. 人民日报, 2016 – 07 – 02（2）.
② 论语 [M]. 陈晓芬, 译注. 上海：中华书局, 2016.
③ 孔子家语 [M]. 王国轩, 等译注. 上海：中华书局, 2022.

就会深刻地意识到"没有中华文化繁荣兴盛，就没有中华民族伟大复兴"。习近平总书记在《关于实施中华优秀传统文化传承发展工程的意见》中强调："中华文化源远流长、灿烂辉煌。在 5000 多年文明发展中孕育的中华优秀传统文化，积淀着中华民族最深沉的精神追求，代表着中华民族独特的精神标识，是中华民族生生不息、发展壮大的丰厚滋养，是中国特色社会主义植根的文化沃土，是当代中国发展的突出优势，对延续和发展中华文明、促进人类文明进步，发挥着重要作用。"① 中华优秀传统就是我们"拿出去"的"资本"。推动文化"走出去"，必须要充分挖掘中华文化的精髓。

其次，传承中华优秀文化不是生搬硬套，要有鉴别的加以对待，有扬弃的予以继承。我国现代文化在走出去的过程中面临着缺乏深度和创新的问题。目前，中华文化"走出去"主要以京剧、武术、瓷器等为文化符号以及儒家、道家等传统思想进行国际传播，缺乏更加深层次、更加系统的文化思想内涵和随着时代发展的文化价值理念，中华文化的精髓没有被深刻地展现出来。随着西方主义文化的全球霸凌、韩流文化和邻国日本文化的冲击，我国文化要想展现深层次的文化内涵并能够形象地表达出来，渗透到他国的文化生活中，为他国人民所接受、认可并主动推崇，那么就需要对我国优秀传统文化进行"创造性转化"。要从中华优秀传统文化本身入手，分析和解读传统文化当中具有当代价值的文化资源，对那些至今仍有借鉴价值的内涵和陈旧的表现形式加以改造，赋予新的时代内涵和现代表达形式，激活其生命力。文化的传播不能只停留在文化符号上，要将文化符号背后的文化内涵充分激发出来。就拿我国众多影片来说，对外文化交流选材千篇一律，逐渐形成审美疲劳；模仿优秀经典作品，缺乏创新意识；迎合流行文化，随波逐流，丧失自身特色。因此，中华优秀传统文化要想走向全世界还要进行"创新性发展"，既要立足中国，又要放眼世界，将中国文化放于世界多样文化的谱系之中。如果说"创造性转化"的优秀传统文化仍然是一种停留在思想理念层面的资源型存在，那么"创新性发展"就是让这些思想资源走进当代中国的社会主义实践中，走进寻常老百姓的生活中，走进每一个人

---

① 习近平. 关于实施中华优秀传统文化传承发展工程的意见［N］. 人民日报, 2017 – 01 – 26（6）.

的心中，通过与多样文明进行互动、交流、融合得到灵感，进一步升华，增强其影响力和感召力。

三、中华优秀传统文化创造性转化与创新性发展的意义

文化从本质上说是人类进行社会实践的产物，人类主体的实践活动内在决定了文化的性质、水平、内容和结构。中华优秀传统文化是在持续选择更新下民族智慧的结晶。这些优秀的传统文化不仅在历史长河中发挥着至关重要的作用，直至今天，在情感表达、学术研究、文化发展等方面都具有重要的价值。中华优秀传统文化的思想体系中所蕴含的思维方式、价值理念至今在治国处世和科学认识的过程中都具有进步意义。广为流传的传统文学艺术至今仍散发着巨大魅力，成为国内外追求的美育资源。

以马克思辩证唯物主义和历史唯物主义理论为指导，要以运动的、联系的、发展的眼光去看问题，任何一种事物都是一分为二的，既有好的一方面，也有不完善的一方面。对文化的性质评价，也应该是一分为二的，即任何一种文化形态都包含优秀文化属性和保守文化属性两大不同的属性，对中华传统文化的评价也不例外。按照毛泽东同志的观点，中华文化既有优秀的传统，但也有落后的一面，对待中国传统文化，正确的态度应该是"取其精华，去其糟粕"，推动中华文化与时俱进，以促进华夏文明的创新发展。

推动中华优秀传统文化创造性转化、创新性发展，在我国社会主义文化强国建设与华夏文明伟大复兴的征程中，具有重要的理论与现实意义。首先，这项具有历史意义的文化创新工程能够有效促进马克思主义与中华优秀传统文化相融合，推动中国特色社会主义基础理论形成；其次，能够不断激发中华优秀传统文化旺盛的生命力与创造力，赋予其鲜活的当代价值和意义，并融入当代文化的实践中去，有利于巩固和提升华夏文明的国际影响力和竞争力，推动中华文化走向世界舞台中心。

（一）理论意义

推动中华优秀传统文化创造性转化和创新性发展具有重大理论意义。第一，促进了马克思主义与中华优秀传统文化相融合，推动了中国特色社会主

义基础理论形成，用马克思主义的观点和方法挖掘中华传统文化中的优秀内容并将其发扬光大。如党的十八大提出"中国梦"，党的十九大强调我国"第二个一百年"奋斗目标。实质上就是将传统文化对"大同"与"小康"的追求创造性地转化为"为人民谋幸福、为民族谋复兴、为世界谋大同"；又如在中国特色社会主义新时代下，习近平总书记始终坚持人民立场，坚持人民主体地位，坚持全心全意为人民服务的宗旨。实质上就是将"民为贵，社稷次之，君为轻"的传统民本思想创新性发展为以人民为主体、以人民为中心。因此，推动中华优秀传统文化创造性转化和创新性发展为中国特色社会主义理论基础发展提供了丰富的内容。第二，有利于促进中国当代文化植根于传统文化之中，使中国当代文化基础越来越深厚、越来越扎实，且更富有鲜明的民族特色。过去我们一直强调对中华传统文化进行批判继承，然而这种抽象的理念并没有真正落到实处。

（二）现实意义

推动中华优秀传统文化创造性转化和创新性发展具有重大现实意义。首先，以古代政治文化为例，批判性继承传统文化中的礼治、德治、法治治理理念，将其发展为当代法德共治模式。中国古代注重礼治，并加以辅之德治和法治。改革开放之后，先后提出了依法治国和以德治国，党的十九大之后指出要坚持德治法治相结合，注重法律和道德各自调节的领域，促进二者相辅相成，共同作用于国家现代化治理过程中。第二，传统文化强调个人应该注重修养德性，完善人格，当代将传统文化中所注重的"修身成仁"创新性发展为"以不懈奋斗实现美好生活"。习近平总书记也多次强调，个人道德修养的完善对于人的全面发展具有重要的积极意义。从个人道德培养延伸到注重社会实践，针对社会主要矛盾，力求解决发展不平衡不充分问题，将满足人民日益增长的美好生活需要落到实处，强调艰苦奋斗、坚持不懈是实现美好生活的重要品质。第三，中国基于实际发展情况提出推动中华优秀传统文化创造性转化和创新性发展，向其他国家展示了中国的底蕴和智慧，为其他国家文化传承和发扬树立了典范，具有重要指导意义。推动中华优秀传统文化创造性转化和创新性发展不仅可以为其他国家在文化传承上提供理论依据和实践经验，还能够扩大中国当代文化影响力，推动中华文化走向世界舞台中心。

第四章

文艺复兴运动与近现代西方文明崛起的国际经验借鉴

文艺复兴（renaissance）是指 14～16 世纪在西欧各国所兴起的资产阶级新文化运动。它是从整理、研究和吸收古代希腊、罗马文化开始的，故称之为"文艺复兴"。文艺复兴运动动摇了神学观念的基干，冲破了封建主义的精神桎梏，解放了民众的思维，促进了科学文学艺术的繁荣，推动了近代文明的诞生，揭开了资产阶级反封建斗争的序幕，从此使西欧步入世界文化发展的前列，具有重要的进步意义。但正因为它是资产阶级的文化运动，所以也不可避免地具有时代和阶级的局限性。

文艺复兴运动从本质上来说是一场文化创新运动，与我国当前正在推进的中华优秀传统文化创造性转化、创新性发展运动的区别在于文艺复兴运动是欧洲新兴资产阶级主导的对西方传统文明的现代化改造，而我们今天推动的中华优秀传统文化创造性转化、创新性发展运动是在中国共产党的坚强领导下，以社会主义文化强国建设为抓手，对中华传统文化的一次现代化改造运动，其最终目标是实现华夏文明的伟大复兴。正因为如此，文艺复兴运动对中华优秀传统文化创造性转化、创新性发展运动的推进具有十分重要的借鉴作用。本章拟解决的主要问题是：文艺复兴运动的定性研究，文艺复兴运动与西方文明崛起的关系，文艺复兴运动对推动中华优秀传统文化创造性转化、创新性发展的借鉴作用。重点内容包括：文艺复兴运动爆发的时代背景、文艺复兴运动的定性分析、文艺复兴运动在资产阶级变革中的重要影响、文艺复兴运动在西方工业革命中的催化作用、文艺复兴运动与近代西方文化强势崛起的关系等。

在意大利兴起的文艺复兴运动标志着西方从"古代"到"现代"的历史转变，并促进了欧洲国家的政治结构和意识形态的改变。除了资本主义生产关系出现改变这一根本原因外，欧洲文艺复兴的出现也有具体的文化原因。这些具体的文化原因大致可以分为"一""四""三"。"一"是指起源于古希腊并在基督教文化中盛行的"逻各斯中心主义"思维方式；"四"是指中世纪留给文艺复兴运动的"四件礼物"（热爱艺术的城市和宫廷、为教育和人才培养而建立的大学、基于神学的自然科学和宗教内部人文思想的发展）；"三"是指文艺复兴的"三种可能性诱因"（黑死病、拜占庭的衰落和地理大发现）。众多文化因素结合在一起，催生了伟大的文艺复兴运动。

除去以上因素之外，尚有一些重要的影响因素。这便是来自古代欧洲的一系列小规模文艺复兴运动产生的作用。在 14 世纪以前的西欧已经爆发过两次文艺复兴运动，第一次文艺复兴出现于 8 世纪高卢王朝的法兰克帝国，被称为"高卢文艺复兴"。它是由查理曼大帝所开创的欧洲文艺复兴，在西欧确立了基督教思想的统一，从而促成了欧洲文明的复苏。此后出现了第二次文艺复兴，即"12 世纪西欧文艺复兴"，这场文艺复兴的最大功绩是把世俗元素杂糅进了基督教文化，并使基督教文化与世俗文化在人类历史上交相辉映、蓬勃发展。这两次文艺复兴运动预示着一场更具影响力的文艺复兴，为 14 世纪的欧洲文艺复兴运动奠定了基石。拜占庭（东罗马）帝国也经历了两次更为广泛的文艺复兴运动。第一次文艺复兴始于公元 5 世纪查士丁尼一世统治时期，也被称为"查士丁尼文艺复兴"，此次文艺复兴将拜占庭的"新雅典"之梦变为了现实。接踵而来的是第二次文艺复兴，即"科尼利亚文艺复兴"，它诞生于 11 世纪前后，是一场横亘整个中世纪欧洲的、对希腊文明的复兴运动。科尼利亚王权治理下的拜占庭诞生了不少优秀的史家，其中最有名的就是阿列克修斯一世的女儿安娜·科尼娜。安娜·科尼娜的最主要著作是《阿列克修斯传》，这也是研究阿列克修斯一世在位时代拜占庭帝国的最主要参考资料。安娜·科尼娜的妻子尼克尔夫·布雷尼乌斯同样撰写过重要的历史文献。而马努埃尔一世的私人秘书约翰奎·纳马（他详细描述了马努埃尔的执政情况）和尼基塔·科尔尼茨（他记录了从康涅狄格皇朝终结到十字军洗劫君士坦丁堡这段时间的历史）也是重要的历史学家。

此外，中世纪伊斯兰文化的兴起，尤其是 8 世纪前后，对西班牙文化产生了深刻的影响。在阿拉伯人从北非和直布罗陀抵达西班牙后的 700 多年里，出现了持续数百年的翻译运动，这同样是文艺复兴的阶段之一。亚里士多德倡导的古希腊哲学被翻译成阿拉伯语后，又花了100年时间将其从阿拉伯语翻译成拉丁语和其他欧洲文本。在接下来400年的中世纪中，它为将古希腊文化的最佳范例带到西欧作出了巨大贡献。斯堪的纳维亚文化对西欧文艺复兴的影响也可以用同样的方式描述。在维京人的时代之前，斯堪的纳维亚文化在自己独立的道路上发展，经过两个多世纪的掠夺和扩张，斯堪的纳维亚文化也进入了欧洲大陆。例如，当人们认为西欧人的创造性和冒险精神在经历了长期的基督教禁欲主义之后已经衰退的时候，却又在14世纪的欧洲出现了强烈的冒险和发现意识，这便可能与斯堪的纳维亚的"海盗文化"传入欧洲大陆有关。换言之，从10世纪开始，斯堪的纳维亚社会接纳了基督教，是斯堪的纳维亚文化基督教化的过程，正如斯堪的纳维亚的冒险和掠夺文化渗透到西欧文化中一样。在文艺复兴时期，促使新兴中产阶级对新世界进行探索或地理发现的文化因素主要来自斯堪的纳维亚文化。

综上可见，文艺复兴运动并不仅是由生产力的发展推动的，而是由各种文化因素共同推动的结果。

第一节　文艺复兴运动兴起的时代背景与发展历程

一、文艺复兴运动兴起的时代背景

文艺复兴运动是西方社会发展到资本主义时代的必然产物。中世纪晚期的欧洲仍处于神权的黑暗时代，正经历着许多社会、政治和经济的危机。面对封建生产方式的崩溃瓦解，人们迫切需要一种进步的文化来打破漫长的黑夜，这导致了文艺复兴运动的出现。15世纪前后，得益于对农产品的技术革新，社会生产力呈现爆发式发展，导致资本主义萌芽的出现；新生的资产阶级通过赎买和武装斗争获得了对土地的控制，现代城市中出现了政府和企业的结合体；教会奉行神权至上、教皇掌权的信仰与原则，与具有鲜明资本主义色彩的人文思想，两者之间的冲突与矛盾，进一步推动旧社会向新社会过渡；而14世纪侵袭欧洲大陆的黑死病使渴望求生的人们不再笃信教会权威，开始寻求其他救赎，这为现实主义、享乐主义和个人主义的出现提供了社会基础，在黑夜和晨曦相交之际，文艺复兴诞生了。

（一）资本主义萌芽

15 世纪前后，西欧通过农业领域的技术革新，推动了当时社会生产力的发展，导致剩余产品增加，社会分工扩大，手工业从农业中分离出来，大量产品进入流通环节，形成商品交易市场。随着经济与贸易的进一步发展，商品生产者内部逐渐分化出资本家和雇佣工人的雏形，资本主义生产关系初见端倪。15～16 世纪，《马可波罗行纪》的传播，掀起欧洲范围内渴望东行的"寻金热"。而奥斯曼土耳其对传统航路的切断，客观上为新航路的开辟提供了压力与动力。通过地理大发现，欧洲、美洲、亚洲三大洲被联入世界交通与贸易网络，商品经济规模进一步扩大，原始资本在欧洲对外的剥削中逐渐积累，资本主义萌芽也得以深化发展。资产阶级力量不断壮大后，不满于仅在经济领域中居于高位的状态，开始寻求从思想变革起步，继而对社会各领域产生辐射作用的方针路线。

（二）城市政权初建

中世纪末期，西欧贵族后裔对土地的不断瓜分，致使自身力量不断衰弱。大量农奴从庄园逃亡以追求自由身份，封建领主制式微。与此同时，统治阶级出于征伐和奢侈品的需要，频繁联络商人进行借贷，使商人进一步获得了社会财富的积累和政策的倾斜。在商业的蓬勃发展之下，商人和手工业者聚居于交通要道和城堡附近，通过赎买或是武装斗争的形式取得土地管理权，组建形成了兼具政府和行会职能的城市。该种治理形式率先出现在意大利中部和北部的一些发达地区中，如佛罗伦萨、威尼斯等。城市中的资本主义色彩更为鲜明，作为主要居民的商人在此制定价格机制、规范交易契约，货物与人力资源的频繁流动催生了围绕平等、契约、法律等展开的道德与文化倾向。城市中的新风向昭示着对封建思想的僭越，并在建筑、文学和宗教画等方面给予了艺术语言体系表达的反馈。

（三）宗教统治黑暗

文艺复兴前夕的中世纪奉行神权至上的宗教信仰，与王权合作的教权掌握着主流文化的动向和教育系统的运作。传统的基督教义强调人生来携带原罪，无法自我救赎，只能依靠神恩和天启。对尘世价值的追求会进一步造成人性的败坏，只有彻底摧毁肉体的情感和欲望才能避免污浊的诱惑，实现灵魂的清洁。刻板教条中渗透着对于人性和人的价值的否认，把愚昧和厌世的种子植入民众心底。此外，教会发明并苛施种种惨无人道的酷刑，打压反抗统治的异教势力，猎捕数十万计的女性巫师，加上民族国家间战火不断，无一不摧残着底层人民的身心。基督教会的愚行裹挟了这片病殃殃的大陆，与资本主义萌芽形成鲜明的对立与反差，两者间的不协调导致了新旧矛盾的进一步激化。

（四）黑死病的蔓延

14 世纪，一场名为黑死病（black death）的瘟疫在欧洲爆发，其以传染速度快、波及范围广、持续时间长、死亡人数多的特点，使整个社会笼罩在混乱和恐惧之中。由于无法解释为何上帝会对人间施行如此残忍的责罚，教会在这场瘟疫中采取了被动与冷漠的行为和态度，导致人们只能自己背负自己的命运。幸存者不再相信教会的权威，而是寻求其他形式的救赎，如非正统的玛丽亚主义和金钱与性的快乐。许多传教士的死亡也使教会削弱了其选择标准，这进一步削弱了信仰和纪律。黑死病席卷欧洲大陆，对传统思想和旧秩序造成了严重打击，并为现实主义、享乐主义和个人主义的崛起奠定了一些社会基础。

在一个黑暗与光明交织的时期，文艺复兴诞生了。

二、文艺复兴运动兴起的经济社会基础

贸易和城市工业的发展促进了资本主义经济关系的形成，以积极启蒙为导向的思想打破了中世纪的僵化传统，成为文艺复兴运动的经济与思想基石。古典希腊罗马文化提倡人文主义，反对神性和神职，为文艺复兴运动奠定了文化基础。

（一）经济基础：繁荣的工商业

文艺复兴运动兴起之初，欧洲正处于农业社会向工业社会转型的分野。

城市经济崛起，社会主要财富的创造者由农民过渡到产业工人群体。据记载，彼时的佛罗伦萨坐拥欧洲最繁盛的毛纺织业，执掌呢绒贸易的大局。14世纪时，佛罗伦萨就开设了200余家纺织工厂，细分20多道生产工序，产量达每年8万匹呢绒，价值120万佛罗林，这些产品绝大多数流入西欧和中东的国外市场。商业的发展离不开资金的融通，佛罗伦萨的银行和钱庄开遍西欧大陆的主要城市，借贷业务蓬勃发展，金币佛罗林也成为欧洲市场上信用度最高的国际货币。城市中工商业的繁荣，促进形成了资本主义形式的经济关系，积极入世的开明观念试图冲破中世纪的僵化传统，成为文艺复兴运动的经济基石。

（二）文化基础：希腊罗马的古典文化

古希腊文化造诣颇高，在文学方面，在氏族公社制向奴隶制过渡的"英雄时代"，西方文学史上最早的书面文学作品《荷马史诗》正式问世，史诗和神话勾勒出公共文化空间的轮廓。在哲学方面，不仅出现了以泰勒斯、阿纳克萨哥拉斯、德谟克里特为代表的用笃实推理探讨世界本原的一众哲学家，还有对人生、社会、真理展开思辨性论述的三位哲学家：苏格拉底、柏拉图和亚里士多德。在史学方面，希罗多德和修昔底德在传世巨著中阐述了对雅典历史的批判和对奴隶主民主政治的推崇。古罗马文化则是施行对前者的"拿来主义"，尊崇和效仿古希腊的语言文字、政治体制、文学艺术、宗教信仰等。法律可谓是罗马文化中的创新部分，区别于希腊零散的法律规定，罗马在民法、商法、司法等方面进行了集大成和系统化的编纂总结。此外，罗马的建筑艺术、工程技术、市政建设等，也为后世所称道。后来，十字军东征攻陷东罗马帝国的首都君士坦丁堡，大量学者携带典籍遗卷和艺术珍品逃往西欧，意大利等地继承了早前世纪的丰富文化基础，为新时代的征途牵起作为精神启迪和方向指引的马车。

对文艺复兴时代人文主义的一般观点认为，它偏重于人性而否定不可战胜，以人权问题来反驳精神主义，从而否定神权。但随着对文艺复兴时代人文主义研究的开展，研究者们也开始怀疑之前对人文主义的看法。因此，在探讨中国人文主义的上帝观念时，周春生（2009）认为，中国传统的人和神性的概念如何被以人为本的宗教统一体所代替，需要进一步追问；冯英（2012）认为，中国人文主义者对信仰的既爱又憎，表现出了理想和信仰之间的冲突；肖新（2014）认为，中国的传统人文主义思想和新教之间的联系是放弃、继承和超越的；孟广林（2002）指出，中国的人文主义批判和延续了基督教的文化传统，而人文主义则是用"上帝"来美化人，而用上帝权来否定人；赵立行（2006）指出，人文主义在信仰的道路上批评信仰，建立起追寻信仰本质的理想信仰方式，提倡信仰宽容，力图使信仰与世俗性相分离，达到对信仰和世俗性的和谐与互相制约。还有学者指出，文艺复兴时代的哲学并不是彻底否定神，更不是彻底宣扬理想，只是理性和信念在精神上并存，表明了转型期的转型性质。上述看法更多的是指文化批评，是对传统人文主义宗教观的传承，又或者仅是对传统观念的质疑，并未全面论述和探究人文主义精神和人的观念，也并未给出具体的看法和意见。

（三）阶级基础：觉醒的资产阶级知识分子

意大利商贾巨鳄美第齐家族通过执掌政务和垄断银行，控制了佛罗伦萨政治和经济的脉搏，其直接影响力长达 3 个世纪。这个慷慨而开明的家族酷爱艺术，积极建设学院，大胆招募学者，宣传和弘扬柏拉图等古希腊学者的精神果实。面对宗教神权的抵制和批判，高举人文主义旗帜，为文学、雕塑、绘画的发展提供了源源不断的资金支持和政策保护。美第奇家族作为觉醒的资产阶级知识分子的鲜明代表，对于文艺复兴的孕育和发展起着不可磨灭的关键性作用，文艺复兴的心脏正是家族所辖的佛罗伦萨，米开朗基罗等一众文艺复兴的杰出人物皆受到美第奇家族的长期资助，闻名遐迩的人文主义作品也大多出自家族的私人馆藏。[①]

三、文艺复兴运动的发展过程与特点

文艺复兴运动的发起是源于新兴的资产阶级借用恢复古典文化的名义而来的，这个运动导致了欧洲在文学、艺术、哲学、科学技术领域发生了巨大变化，催生了拥有巨大创造力的近代欧洲文明。

---

① 尼科洛·马基雅弗利. 君主论 [M]. 西安：陕西人民出版社，1953.

（一）文艺复兴运动的发展过程概述

文艺复兴发源于14世纪的意大利，古希腊和古罗马尘封的经典著作为意大利的先驱学者所注目，基于此进行了研究和再创作，是为文艺复兴的原始阶段。但丁撰写反对教会独裁的文学作品《神曲》（原名《喜剧》），遭受牢狱之灾郁郁而亡。彼特拉克受但丁作品启发，发表著名的叙事史诗《阿非利加》，首次提出与"神学"相对立的"人文学"，被誉为"人文主义之父"。在黑死病对欧洲大陆铺天盖地的死亡威胁下，薄伽丘写下欧洲文学史上第一部现实主义巨著《十日谈》，大肆批判教会守旧思想，弘扬"幸福在人间"的人文主义观念。以上3人被并称为文艺复兴"前三杰"。由此，从文学领域起步，文艺复兴以势不可挡的趋势在意大利传播开来，被称为"意大利路线"。

14世纪末至15世纪上半叶，雕刻家多纳泰罗、建筑家布鲁内莱斯基、画家马萨乔三位大师的辉煌成就，照亮了文艺复兴早期阶段的上空。多纳泰罗穷其一生，创作了大量富有创新意识和生气盎然的雕塑作品，古代裸体雕像《大卫》（与米开朗基罗作品同名）巧妙运用希腊的构图模式，展现出形体灵动的少年体魄。文艺复兴时期的标志性建筑多出于布鲁内莱斯基之手，或致敬了他的设计风格，其中以佛罗伦萨大教堂最为宏伟磅礴。马萨乔则将科学的精神与绘画的艺术相融汇，名作《出乐园》和《纳税钱》将透视知识和解剖学阐释得淋漓尽致。

15世纪后期，文艺复兴发展到了高峰阶段。达·芬奇、米开朗基罗和拉斐尔的艺术造诣达到了前所未有的高度，被并称作文艺复兴"后三杰"。达芬奇通晓绘画、写作、雕塑、建筑、数学、生物、物理、天文等诸多学科，是艺术与知识的集大成者。米开朗基罗是文艺复兴时期雕塑艺术的最高呈现，《大卫》《创世纪》是其工巧技艺的代表作。拉斐尔则达到了理想美的巅峰，笔下恬静柔和的圣母像散发着悲悯与博爱的光辉。后来意大利文艺复兴的风潮传入西欧国家，以英国、法国、德国、西班牙、尼德兰等更为昭彰。这与"意大利路线"一起，被并称为"英法路线"。

16世纪下半期至17世纪上半期，威尼斯画派四大名家：乔尔乔内、提香、委罗奈斯和丁托列托，连同3位著名的科学家和思想家：布鲁诺、伽利略和康帕内拉，为文艺复兴的晚期阶段再添一份余热。随着人文主义思潮深入人心，资本主义的影响也从思想领域蔓延到了政治领域。资产阶级革命的枪声打响，也昭示着文艺复兴运动的结束和使命的达成。

在学术界，文艺复兴一般被看作是一种较狭义的术语。换言之，出现于意大利的世俗文化解放运动可以被叫作"文艺复兴"。产生于南德意志、法兰西北部、瑞士和荷兰的信仰领域的宗教革命也被叫作"改革"。需要明确的是，这是一个运动，在世俗与信仰的领域之间互相补充。

南方文艺复兴可以看作是推动了这种伟大活动的开始。众所周知，文艺复兴的故乡是意大利，这表明它首先出现在拉丁世界。文艺复兴时期对南方神义论的主要攻击，最初是对教会的清教徒戒律和对僧侣的虚伪的批评。在复兴古代社会主义精神的大旗下，早期人文主义者们从世俗立场出发，选择了释放自我和享受现实的生活方式，尤其是反对从中世纪开始流行的禁欲主义神学教条。这些斗争的首要任务是把人从情欲中解放出来，并平等地接受现实生活。因此，早在"人文主义之父"彼特拉克的作品 *Cantico dei Cantici* 中，就表现出了对女劳拉的爱慕，甚至是情欲。比薄伽丘的著作更多的是关于女人和男人之间的爱情，以及男人如何利用他们的智慧和狡猾来满足他们的欲望。与其他国家不同的是，意大利人并不特别害怕当时的清教徒天主教，他们对天主教会的反抗是对阴险腐败的反抗，这种腐败主张用上帝代替人，用虚幻的天堂理想代替人类世界的真正幸福。这告诉我们一个真理：解放社会的伟大运动必须从解放每个人的特殊欲望开始。换句话说，在一定时期内，人类的普遍解放主要是通过个人的解放来体现的，人文主义主要是通过对个人欲望的肯定和促进来体现的。然而，这场以解放个人激情为核心的南方运动产生了两个积极的后果：首先，它暴露并瓦解了当时天主教会非人道和虚伪的精神统治；其次，它带来了社会道德颓废和腐败的次要后果。一些进步的思想家认为，对个人欲望的极端鼓励只会使运动浮出水面，给社会带来越来越多的欲望和混乱。因此，有必要从思想上和文化上深化文艺复兴运动。

直至 15 世纪末，南方文艺复兴的影响才延伸到了阿尔卑斯山以外。北方文艺复兴是在 16 世纪爆发于欧洲北部德语地区的一次文化改革运动，特别是在宗教领域。和南方世俗领域的文明变革一样，文艺复兴时期更加重视信仰问题。尽管在北方，文艺复兴时代的哲学家们有不同的主张，但在一个方面是相对统一的。他们都力图从思想情感解放和欲望的世俗方面走向宗教文化和精神体系的方面。也可以说，他们都力图从思想而非人类情感的方面来瓦解宗教神义论的教条。因此，马丁·路德的宗教改革思想，通过信仰机构为自己的宗教思想体系提供了依据。它以不同的方式反映了欧洲这个时期的宗教文化。新教思想方面以其精神上的"信仰"否决了天主教会的权力和罪孽的赦免，同时又以其表面上的"行为"肯定了人的物质欲望和自然品质，它对形成现代西欧文明的精神核心产生了关键作用。正是这种文化结构给欧洲人的心灵造成了巨大的冲击。在欧洲史上，宗教改革使人们精神解脱、认识提高，第一次促成了现代西欧资本主义思想的发展。从这个意义上讲，北方文艺复兴在推进这一思想上起到了划时代的意义，并第一次形成了后世西欧思想发展的理论体系。

我们要辩证地看待南北方文艺复兴二者之间的关系。可以说，如果没有早期南方人文主义者在情欲上、享受生活观念上的推动，就不会有文艺复兴运动的兴起；而若没有北方文艺复兴运动的发展，就不会有这一思想解放运动的深化，形成不了后来在欧洲和整个西方世界起到重要作用的思想文化体系，这是一个相辅相成的辩证关系。

（二）文艺复兴运动的特点

文艺复兴运动的内容广泛，其特点可以从经济、政治、文化、制度、国际交流、科学等方面全方位地体现出来。

经济上，文艺复兴的产生和发展根植于西欧时期的经济基础。商品经济的发展离不开等价交换、契约精神、财富导向等贸易往来的重要因素，由此萌生了平等、法制、自由等超前于时代的思想观念，一定程度上为文艺复兴的产生创造了条件和土壤。

政治上，文艺复兴为后来的资产阶级革命奠定了最初的思想基础。文艺复兴运动中大举反对经院哲学的权威教条，本质是通过束缚个人思想以拥护封建集权，在人文主义的馨风吹遍欧洲大地后，富有资本主义色彩的思想深入人心，资产阶级基础进一步扩大，为后来政治领域的掌权提供了助力。

文化上，文艺复兴的内核即人文主义精神，具体表现为以人为中心，反对封建神权、对人性的禁锢和先验论，重视人的个性和价值，寻求现世的幸福和财富，强调科学实验中采用逻辑推理和演算的方法。这一文化观念在意识形态领域掀起了一场思想革命的风暴，吹响了蒙昧一代觉醒的号角。文艺复兴时期人文主义尊崇基督教精神，将基督教伦理视为合理的道德规范。尽管人文主义猛烈地抨击教会和神职人员，认为教义可以修改，但它同时认为神圣性作为人文主义的宗教内核，绝对不容置疑，不容冒犯上帝的存在与尊严。彼得拉克把对上帝和基督教的信仰看作是最基本的美德，如果"没有它们绝对不可能有任何幸福""要对拯救有足够的认识"，为此目的，就要认识上帝，"这是真正的和最高的哲学"。自然之物"即使是真实的，对幸福生活也是无关紧要的。因为我了解动物、鱼类和蛇类的本性，却忽视或蔑视人的本性、人生的目的以及人的起源和归宿，这对我又有什么用处呢？"①除了灵魂之外，世界上没有任何东西值得赞赏，对于伟大的灵魂而言，亦没有任何东西能出其右者。正因为如此，他说当他在冥想和论述最高真理、真正幸福和永恒的灵魂拯救时，他肯定是基督徒。

人文主义在尊崇基督教精神和上帝至高无上的基础上，从人性论和知识论的立场出发认识神，把中世纪神学传统中否定现实世俗人生和惩罚人的上帝主宰，改造成为由人创造世界，并且由人支配和主宰世界的学说，并赋予人伟大力量与自由意志的神圣权威。

在人文主义看来，上帝创造人并不是为了奴役人，而是为了让人来统治并主宰神造的世界，代替神去完成未尽的事业——继续创世纪。人文主义认为人是整个物质世界的王，像上帝统治着整个宇宙一样统治着可见的物质世界，上帝创造人的目的是要他来统治万物，所以人是独立自治的，"任意自由，特立独行。如此意态，非王其谁"。曼内蒂（2006）指出，世界是由上帝创造出来并交给人去生活的，人又是上帝创造的万物之灵长。因此，人不仅有主宰管理和美化神造的世界的权力，而且这也是人所享有的平等权利和唯一责任。乔维尼·彼科·德拉·米兰都拉的著作《有关人的尊严的讲演》对此做了最精彩的表述："人是上帝的密友；人是低等动物的帝王。"②

它所依据的理念是：人处于世界主权的中心，必须允许他充分发展自己的个性，依靠自己的智慧和力量，完成上帝未完成的工作。人文主义把人提高到一个全新的水平，但又不放弃基督教的精神。也就是说，人是上帝创造的世界的主人和中心，"正是人有能力像上帝一样行事，才使他能够完成历

① 彼得拉克. 歌集［M］. 杭州：浙江大学出版社，2019.
② ［意］皮科·米兰多拉. 论人的尊严［M］. 北京：北京大学出版社，2010：92.

史和文明的创造工作"。

既然上天将人放在世界的中央，由人作为世界的主宰，从而掌管着世间，并完成了"上天"未完成的工作，使创造物永存，那么上天就必须赋予人以高贵和荣誉。在此基础上，人文科学理论充分肯定了人在"上天所创建的世界中的高贵和荣誉。"人文科学理论的鼻祖但丁颂扬了人的高贵，根据《圣经》，人作为创造物的守护者，被上天赋予了荣誉和尊重，其高贵程度"超越了天使"。人文科学理论之父彼特拉克指出，人在上天的创作中占有至高无上的位置，是"上天创建的众多美妙事物中最美妙的"。根据他的观点，人仅在某种程度上了解上帝，并把上帝作为崇拜的对象。人拥有一定程度的神性，人的高贵体现在上天在创世中所赋予他的一切权力就如同上帝主宰了全部宇宙一般，人是全部物质世界的国王。因为上天创立人是为了统治万物，所以人高于所有在他面前产生的东西。

芬诺克并不是否认神的优越性，只是重视人的自尊心，主张人将自己的基督教精神建立在爱和对神的深切理解之上，这也是他的个人优越感和民族自尊心的一部分，构成了独特的精神品质，弥补了他的许多缺陷和不足之处。

人文主义重新寻找了神圣的信仰依据，确认了人对社会的优越性，重新理解了人的自尊、高贵、权利和权力，重新尊重了信仰的神圣性、天主的伟大和基督教原则，并从原罪的枷锁和中世纪信仰神学的另类中拯救了人。它让人脱离了原罪的约束和中世纪宗教神学上的另类，所以它也隐含着"最崇高的人的概念"，体现了人文色彩的宗教概念。

在科学方面，文艺复兴时期的先进研究思想促进了现代自然科学的出现和发展。爱因斯坦认为，西方科学的发展是基于文艺复兴时期的一项重要成就：通过系统的实验寻找因果关系。这种务实的方法和客观的科学思维为17～19世纪物理学、化学和生物学的非凡进步奠定了坚实基础。

在国际交流方面，文艺复兴通过艺术和思想的渠道将西方大陆联合起来，将西方文化与古典文化和人文主义联系起来。意大利创造的诗歌、绘画、雕塑和建筑，以及中国新技术的发展和书籍的印刷，传播到以法国、英国和德国为代表的欧洲国家，并传播到世界其他国家，传播了人文主义的思想。

第二节　文艺复兴运动的定性研究

随着新兴资产阶级的出现，中世纪的神学已经不能适应社会发展的需要，亟须一种与资本主义生产方式相适应的新文化，于是先进的知识分子重新发现人的个性、生机活力和创造精神，在对传统批判继承的基础上阐释崭新的人文主义观念，以这种方式创造了资产阶级新文化，从而带动了资产阶级革命。

文艺复兴是一场西方文明的复兴与创新性发展运动。文艺复兴是对古希腊优秀传统文化的传承与复兴，它使古希腊和古罗马的优秀文化，在人文主义者的热忱中得到了传承和发展；文艺复兴反对中世纪禁欲主义，反对那种视现世的人生为罪孽和把全部希望寄托于来世的人生观，是在意识形态层面开启的一场与封建文明的决裂，在此基础上发展出了资本主义新文化与现代工业文明，是一场西方文明的创新性发展运动；文艺复兴开启了近现代文明的进程，把人从中世纪的神学统治和思想束缚中解放出来，以人为中心而不是以神为中心，充分肯定人的价值和尊严，在知识、科技、人文和社会等领域展开的一场新思想和精英文化运动，是一场影响深远的思想解放运动。文艺复兴运动本质上是一次文化创新运动，是一次影响深远的思想启蒙运动，是西方文化传承、创新与发展的必经阶段。文艺复兴运动是西方经济社会发展的前奏曲，是工业革命爆发的内在动力源泉。

一、文艺复兴是一场西方文明的复兴与创新性发展运动

（一）文艺复兴是对古希腊优秀传统文化的传承与复兴

文艺复兴是指 14～16 世纪欧洲创造性地复兴和吸收古典传统（尤其是文学和艺术）的文化运动或过程，它最初兴起于意大利，随后逐渐向其他国家扩散，推动了古希腊优秀传统文化的传承与发展。

文艺复兴初期三杰中，但丁在充分发挥浪漫精神之余，称赞罗马石刻上承载的法律精神亦值得尊敬。彼特拉克常和朋友一道，登临罗马遗址的穹顶

眺望，歌颂古城蕴藉的人本光辉。其他人文主义者同样继承和弘扬着优秀的传统文化。波吉奥撰写的《罗马城遗址述记》借助古迹和石碑研究古典文化的遗存。教皇尼古拉斯五世寻访古迹，从中体悟治国之道。除了对建筑遗迹的关注外，传世名著也在人文主义者之间被格外珍重。一本希腊语言编写的《荷马史诗》被彼特拉克收藏，即使他根本读不懂这种语言。当时，书稿多以人力抄写的方式传播，而抄写书稿的职业工作者被称作"抄书者"。在这类人中，懂得希腊文字的人更是被捧上高位，被冠名为"写本人员"，得到一笔不菲的收入。古希腊和古罗马的优秀文化，在人文主义者的热忱中得到了传承和发展。

（二）文艺复兴是一场西方文明的创新性发展运动

文艺复兴反对中世纪禁欲主义，反对那种视现世的人生为罪孽和把全部希望寄托于来世的人生观，是在意识形态层面开启的一场与封建文明的决裂，在此基础上发展出了资本主义新文化与现代工业文明。

在艺术刻画方面，古典文明通常围绕希腊神话或斗兽竞技展开，文艺复兴则在题材和技巧上进行了创新。雕塑不再局限于对十字架、上帝、天使等单一题材的刻画，而是创造性地出现了世俗的人体。绘画同样如此，且因为业内技术的进步，画具和画材的迭代使作品的色彩和情感表达更为充沛。

在哲学思考方面，古典文明并没有提出哲学的定义及明确范畴，可以被粗略地划归为人与自然的关系、政治体制两大方向。文艺复兴以来，对哲学进行了明确定义和系统归类，并划分出数学、物理等自然科学的分支，哲学思考在研究学者间获得了专业化的形式规范。

在个人表达方面，古典文明把奴隶与奴隶主割裂看待，强调奴隶主内部的享乐。而文艺复兴中，则以平等的视角概而观之，把人性的范畴无差别地扩大到所有人身上。且文艺复兴中倡导的享乐是具有反抗性质的，其批判教会的原罪论与禁欲清贫的生活态度，弘扬人的价值和追求，这一创新之处在古典文明中并无体现。

二、文艺复兴是一场影响深远的思想解放运动

文艺复兴开启了近现代文明的进程，把人从中世纪的神学统治和思想束

缚中解放出来，以人为中心而不是以神为中心，充分肯定人的价值和尊严，在知识、科技、人文和社会等领域展开了一场新思想和精英文化运动。

人文主义对欧洲人民的渗透，挑战着封建教廷和神权统治的权威。在文化阶层中广为传播的印刷术的辅助作用下，大量学者对《圣经》希腊语原本展开研究，他们敏锐地捕捉到了当前天主教会对于教条的解释与《福音书》中的记载相去甚远，进而对其治理教徒的组织形式提出了质疑，这为反对中世纪教会的荒蛮行径提供了理论基石。此外，在文艺复兴广为流传的诸多作品中，通过人本主义精神的表达，重申人的个性、价值与自由，将人们从蒙昧中唤醒，使其得以摆脱神学教条的桎梏，从情感层面恢复对现世生活的热情。文艺复兴实现了对于神权统治下广大人民的思想解放，促使人们积极进取，充分激发个人潜能，追求当下的幸福与人格的发展，怀着求知欲和探究的精神认识世界。人文主义将神理解为创造宇宙的神圣权威，将宇宙交由人去控制，从而赋予人伟大的权利，确立了人在社会上的核心地位和人的自尊、高贵与自主的权力。那么，神与人之间的联系又应该是什么样的呢？人文主义认为，神与人，或神性与人，并不是相互孤立的，而是和谐共存的。

众所周知，中世纪基督教上帝说把代表人的最根本力量的理性抽象化、绝对化了，而从理性中发现了一位超脱尘世的主灵，他掌握了我们所生存的整个宇宙，并把"上帝"放在起源之处，将"上帝"置于中心。根据基督教宗教神学，人的原始自由被人类的族长亚当滥用，他破坏和颠覆了理性的秩序，支持欲望的支配，剥夺了人判断、选择和控制自己活动的能力，失去了原始自由。以上帝意志为中心的神学观念，以法则和伦理决定的形式加强了人对上帝的单方面义务和责任，在上帝和人、上帝和卑微者、伟大者和渺小者、高贵者和卑微者之间形成了僵化的对立。于是，人成为神的仆人和工具，日常的世俗活动成为神谦卑的标志，人们的非理性被彻底否定成为"原罪"的根源，对神灵的盲目崇拜和无私奉献成为人类最大的美德与精神。除了传统宗教和永恒天堂的虚幻幸福，人早已没有了真实的自己和真实的生命。于是，神性已与人类完全对立，而佛教神学作为人们文化的障碍，已无法再作为恢复人的外在能力和保护心灵的有效方法。

透过理想与信仰之间的和谐融合，新人文主义学者指出，神性和人性之间并非是完全矛盾的，而是和谐共生的。在《论世界的国度》中，但丁解释道，"理并不仅由人类理性的智慧之光所发现，而且由上帝的伟大之光来揭示，因此，二者是和谐的，天地是相互协调的。"① 因此，他相信"理性和上帝的伟大的共同见证"。

三、文艺复兴是一次资产阶级工业革命的思想启蒙运动

文艺复兴奠定了资产阶级革命的思想基础。文艺复兴推动了信教伦理改革，解放了人们的思想，摆脱了封建蒙昧思想的束缚，孕育了资本主义精神，是一次资产阶级工业革命的思想启蒙运动，奠定了资产阶级革命的思想基础，进而推动了资产阶级革命的爆发，最终导致资本主义代替封建主义生产方式的历史进步。

（一）文艺复兴推动了信教伦理改革，孕育了资本主义精神

文艺复兴运动直接推动了西方的新教伦理改革，资本主义精神就是在此基础上形成的。

文艺复兴为宗教改革提供了内部取材和外部助力。文艺复兴思潮的兴起，促使大量希腊罗马的经典古籍得以重新进入知识分子的视野。其中，马丁·路德正是从《罗马书》中萃取了"因信称义"的准则，并丰富其内涵，衍生出宗教改革中重要的教义"唯信称义"。杰出的人文主义者拉斐尔通过为圣母形象赋予人间妇女的丰满身材和慈爱神态，运用图像把对神的歌颂投射到人的身上来，亦为对当时教会所刻画出的冷血刻板的圣母形象的嘲讽，掀起了反对教廷神学的浪潮。此外，人文主义者与统治者的沟通，削弱了国王、教皇、富贾对社会转型的阻力，在英国诞生的宗教改革更是在亨利八世的庇护和引导下展开。文艺复兴时期对于宗教神权、教会权威的猛烈抨击，把人们从传统宗教的枷锁中解放出来，为宗教改革奠定了思想基础和社会基础，进一步推动了资产阶级世界观的广泛传播。

（二）文艺复兴奠定了资产阶级革命的思想基础

文艺复兴运动解放了人们的思想，摆脱了封建蒙昧思想的束缚，进而推

---

① 但丁. 论世界的国度 [M]. 朱虹，译. 北京：商务印书馆，1985：35.

动了资产阶级革命的爆发，最终导致资本主义代替封建主义生产方式的历史进步。

文艺复兴爆发的根本性原因，是统治阶级对于财富的态度与新兴资产阶级相左，前者将其作为固定的资金而非流通增值的资本，严重阻碍了资本主义的发展，于是资产阶级借由改良中世纪宗教神学的名义，向陈腐的欧洲大陆渗透符合资本主义发展方向的先进思想。文艺复兴对于宗教神权的否定与改良，为资产阶级准确定位了代表封建势力的敌对力量。文艺复兴中的平等和法制精神，同样为资产阶级的革命诉求提供了探索方向。因此，文艺复兴究其实质，是一场资产阶级反对封建的文化革新运动。一方面，它使更多人理解和把握了资本主义色彩的新思潮，扩大了资产阶级的社会基础；另一方面，它使渴望获得社会地位的资产阶级获得了思想依托，进一步争取政治上的突破，推动了资产阶级革命在欧洲范围内的爆发。

四、文艺复兴是西方现代文明崛起的引擎与动力源泉

文艺复兴是一场思想启蒙运动，开启了现代工业文明。文艺复兴表面上复兴的是古希腊罗马文化，实质是在宣扬和挖掘更加适应新兴资产阶级成长的人文主义精神、创新精神、法治精神、公平正义精神以及公民意识，由此构成现代西方文明崛起的引擎与动力源泉。

（一）文艺复兴是一场思想启蒙运动，开启了现代工业文明

文艺复兴表面上复兴的是古希腊罗马文化，实质上是在宣扬和挖掘更加适应新兴资产阶级成长的人文主义精神、创新精神、法治精神、公平正义精神以及公民意识。

文艺复兴时期，基督教义仍然在彼时社会中占据主导地位，为了能使新潮思想顺利传播，人文主义者把目光投向同样体现人本色彩的古典文化，以此作为载体进行文化创新。文艺复兴运动中，投射在文学、艺术、哲学等诸多领域的思想内涵被统称为人文主义，其核心是对自我的发现和对人的发现。人文主义者指出，自然人区别于神，有自己独特的三大特点。首先，人的强烈荣誉感指引他们追名逐利；其次，人的幸福和价值来自现世，当下禁欲求来世福报并不可取；最后，人性在于个性，从众则会泯灭个体的光华。

基于人文主义对人的尊严、价值和个性的强调，传统的道德观和宗教观从内部瓦解，自由平等的精神得到了充分发展。

（二）文艺复兴是一次科学文化创新运动，带来了科学文明的进步

文艺复兴运动不仅带来了思想上的进步，同时也带来了科学文明的进步，古希腊的质疑精神和科学被接受、发展，为科学革命完成了思维方法的培训，由此，数学、物理学、化学等基础性学科纷纷走上独立发展的道路，推动了数学思想与科学文明的崛起。

文艺复兴时期的科学成果以两大主题最为著名：一为对宇宙的探索，二为对生命的关怀。一方面，哥白尼在对天象进行长期观测后，对权威的托勒密天文学大胆提出质疑，在他的著作《天体运行论》中，否认"地球中心说"，提出"太阳中心说"，在当时社会引起较大反响。后来，伽利略制造出第一架天文望远镜，发现了四颗木星的卫星，并指出地球绕日为圆形轨道，进一步发展了哥白尼的理论。另一方面，安德烈亚斯·维萨留斯率先对传统医学对血液的"肝脏形成论"产生怀疑，萨尔韦特把血液流动落实到右心室到肺部的通道中。最终，威廉·哈维系统准确地阐述了血液循环的逻辑，他指出动脉和静脉组成了人的身体，肺动脉为心脏左右的血液搭建了桥梁。以上逻辑推导和演绎法等理性的研究方法逐渐成为主流，推动了科学创新的突破性发展。

（三）文艺复兴开创了资产阶级文化新时代，推动了资本主义市场经济体制的建立与发展

文艺复兴开创了资产阶级文化的新时代，拉开了近代资产阶级革命的序幕，奠定了资本主义生产方式的发展基础。

中世纪时被奉为圭臬的《圣经》处处渗透着安于清贫的金钱观，传教者声称财富的积累会让世人与上帝渐行渐远，唯有恪行赤贫才是得到上帝之爱的先决条件。行至文艺复兴时期，以萨留塔蒂为首的人文主义先驱冲破了这一固有观念，对商贸和财富的价值给予积极肯定和高度评价。而后，对传统政权发动起义失败的托马斯·康帕内拉在狱中写下诸多学术著作，阐述了消灭奴隶制、科技提高社会生产力、教育与劳动相结合的先进经济学思想。文艺复兴除了推动经济学思想的进步以外，也从实质上促进了资本的原始积

累。人文主义中对人性和人的价值的认可、对现世财富的追求，推动了新航路的开辟与航海事业的大发展。商贸网络从欧洲内部扩大至全球各大洲，海上工商业繁荣发展，促进了资本主义生产关系的进一步演变和资产阶级力量的再壮大。

第三节　文艺复兴运动与近现代西方文明崛起的关系

文艺复兴运动与西方文明崛起的渊源研究：文艺复兴运动的启蒙作用，导致西方文明从蒙昧、黑暗的中世纪，踏向了征服世界的征程，并且成为当今世界的主流文明。诞生于黑暗中世纪土地上的这一思想，几乎已照亮了今后几百年内近现代工业文明的前进之途，为现代西方文明的崛起奠定了精神与物质上的基础。

一、文艺复兴运动解放了人们的思想，构成西方文明崛起的思想基础

文艺复兴是西方现代文明崛起的引擎，对近代西方的思想领域产生了深刻的影响，诞生于黑暗中世纪土地上的这一思想，几乎已照亮了今后几百年内近现代工业文明的前进之途。

文艺复兴运动对近代西方的思想领域产生了深刻的影响，遍及文学、艺术、哲学、宗教、科学、政治等诸多方面。虽然这一时期的先驱和学者并不完全反对神学，甚至多以宗教为题材，但其中的精神内核已悄然发生改变。宗教上，它对教条的释义给出新的解读，认为人性同神性一样值得重视，现世生活的幸福感被一再重申，人们破除了封建神学的封锁，萌生具有资本主义色彩的宗教思想。哲学上，它动摇了经院哲学体系的根基，打破了僵化死板的统一局面，世俗哲学名家辈出、纷纷著说，科学的研究风气得以滋长，为后世的思想进步夯实了基础。在文艺复兴的促进作用下，启蒙运动一脉相承地提出"理性崇拜"，直白透彻地对专制制度进行大举批判，对未来社会的蓝图进行展望。启蒙时代的学术讨论进一步扩大了其覆盖的知识领域，脱胎于宗教、艺术等承载体，以经验和理性思考形成了启迪蒙昧的理论体系，

再次完成了西方社会思想解放的任务。启蒙运动中被反复提及的天赋人权、三权分立、自由平等、民主法治等专题，为欧洲和美欧推翻专制统治、实现资产阶级革命的胜利提供了思想和理论基础。现代欧洲的思想仍然沿用了文艺复兴和启蒙运动的逻辑，奉行民主、权利分割、案例法制体系、性少数群体平权运动（LGBT）等，无一不反映出近代思想解放运动带给这片大陆的持续性影响。

二、文艺复兴运动推动了第一次科技革命的爆发，构成西方文明发展的动力源泉

文艺复兴时期的艺术与科学的相互作用推动了科学的进步。文艺复兴的理工型人才的作品体现了技术发明和艺术创新的完美结合，文艺复兴直接带来了技术的发明与进步，引发了科学技术的重大发展。

文艺复兴运动转移了人们对神的崇拜，使世俗关注的重点投向了对于人的认识上来。人文主义者对于古典名著的再研究，其中不乏科技领域的著作。文艺复兴中强调的智慧、知识与理性，以及对于迷信的批判，也恰恰是科学研究的宗旨所在。文艺复兴时期，著名的建筑学家布鲁内莱斯借助机械和数学原理，通过计算设计出了大教堂美观实用的承重柱和圆形拱顶。现实主义绘画流派的奠基人马萨乔，运用透视法则和几何结构还原真实的视觉效果，从艺术作品中展现了数理的魅力。杰出的人文主义者布鲁尼曾这样评价道："科学和文学是相得益彰的关系，没有科学的文学是虚浮空洞的，没有文学的科学是喑哑无光的，两者并非没有关联，而是互相成就……一个拥有智慧的人，懂得在这两个领域同时进行思考和修炼。"近代科学正是在这样的思想环境下诞生，第一次科技革命亦脱胎于文艺复兴的文化果实。新自然科学以天文学为发展的起点，哥白尼的"日心—地动论"挑战了传统基督教"上帝决定地球为宇宙中心"的主流观点。布鲁诺、第谷·布拉赫、克卜勒和伽利略基于这一观点，从不同角度补充了观测结果和科学见解。医学和生理学的创新紧随其后，帕拉塞尔苏斯提出病理"五要素"说，开创了医药化学时代。维萨留斯的《人体构造论》和威廉·哈维《心血运动论》更是在解剖学的道路上迈出了革命性的步伐。数学、物理学、应用科技与新哲学同样扩大了各门类的分支，迎来高速发展时期，最终实现第一次工业革

命的巅峰成就。工业革命是大机器生产成为工业生产的主要方式，极大程度提高了社会生产力，为资本主义的发展注入蓬勃动力，使近代的社会面貌发生了翻天覆地的变化。

三、文艺复兴运动促进了资本主义生产方式的确立，奠定了西方文明发展的制度保障

"乐善好施""安贫乐道"是中世纪的西欧教廷对于《圣经》中财富观的解读。信众不得占有过量社会财富，任何财富的积累都是罪孽的根源，阻碍人们前往天堂的道路，因此应当恪守禁欲的教条。随着文艺复兴的发展，人文主义者对于经济领域的神本主义思潮提出了质疑。他们肯定财富的意义，提出经济活动的主体应该明确到现世生活中的人身上，人之所以从事经济活动，是因为理性指引他们占有更多的财富和资金以纵欲享乐。文艺复兴的进一步扩大，使这些原本诞生于意大利的观点越过了阿尔卑斯山，传播到了西欧的其他地区。英国的托马斯·莫尔正是人文主义经济思想的集大成者，"人是社会生产的主宰，是社会财富的创造者"正是他的经典论述。近代经济学的萌芽由此产生，新型商贸城市佛罗伦萨、罗马、威尼斯、尼德兰等巩固了自己的地位，资本主义工商业在这些城市扎根落脚，资金的高速融通为资产阶级积累了大量原始资本，囊中优渥的财务状况为资产阶级革命提供了经济层面的保障，尼德兰、英国、法国、美国等国家陆续爆发了轰动世界的政治变革。革命推翻了封建专制统治，标志着西方社会迈入崭新的时代。西方文明的发展完成了制度建设的关键性环节，对后世资本主义的发展产生了深远的影响。

四、文艺复兴揭开了西方工业革命的序幕，确立了西方文明在近代社会的领导地位

文艺复兴所带来的"正外部性"成果，就是发生在 17～19 世纪的工业革命时期。在文艺复兴对近代科学发展的推动作用下，英国率先发生工业革命。纺织工人哈格里夫斯发明了珍妮纺纱机在先，瓦特改良蒸汽机在后，标志着人类进入"蒸汽时代"。生产方式实现由手工劳动向机器转变的重大突

破，大大提高了劳动人口的生产效率，带来了后期城市化和社会结构的一系列变迁。后来，德国与美国分别领导了第二、第三、第四次科技革命，人类进入电气与科技的时代，信息革命给整个世界带来剧变，全球被互联网连接起来。四次工业革命使生产关系发生深刻的变化，资本主义生产的社会化程度大大提高，垄断组织应运而生，使资本的积累速度达到空前水平。在经济基础决定上层建筑的基本规律下，资本主义逐渐建立起对于世界的统治，形成了西方先进、东方落后的格局，西方文明在近代社会的话语体系中占据无可否认的领导地位。

第四节　文艺复兴运动对我国优秀传统文化创造性转化与创新性发展的启示作用

文艺复兴运动对我国优秀传统文化创造性转化与创新性发展具有重要的启示作用。唯有积极顺应全球化语境下的文化传播规则，不断刷新并有效传承中华优秀传统文化的功能、内涵、传播方式与方法，方可实现建设社会主义文明大国与中华文明伟大复兴的宏伟目标。唯有如此，中华民族才能成为社会主义的民族大国，实现中华文明伟大复兴的崇高目标。

启示一：传统文化由于历史的沉淀，具有二重性的特征

对"文艺复兴"的阐发与把握是重要而又艰难的。美国学者玛格丽特（Margaret L. King）把此种困难归纳为两方面，"这不仅表现在学者们对文艺复兴的看法不同，而且表现在他们对文艺复兴于何时何地发生，甚至到底有没有发生过都缺少把握"。一方面，不应陷于某些学者质疑的"文艺复兴"在西欧历史进程中的真实存在性与重要性的问题中去。文艺复兴作为新时代和新文化运动，从历史角度而言，生活于我们所指称的文艺复兴初期（14世纪初）的人们就已然能够感受到他们自身所处的时代和文化在某种程度上的新变化，并且不断地为这一概念的形成赋予新的内涵。在《但丁传》中，薄伽丘（Giovanni Boccaccio）就充满激情地描述着但丁致力于古典诗艺再生的实践，"他全身心地去获取有关诗歌创作和诗歌艺术表现的全部知识。正是在这样的实践中，维吉尔、贺拉斯、奥维德、斯塔齐奥和每一个声誉卓著的诗人，都成为他最亲密的师长"；乔托·迪·邦多内在创作宗教叙事时，意识到人们的情绪和情感在宗教人物身上的自然流动。弗朗西斯科·彼特拉克是古典文化的热情追随者和探索者，尽管他经常抱怨生活在一个"黑暗的现在"。16 世纪，随着新文化的出现，出现了"文艺复兴"一词，法国美术史学家乔治·瓦萨利曾于 1550 年在谈及意大利的著名画家们时说，文艺复兴可以说是一个新时代。当美术史学家乔治·瓦萨利在 1550 年写成的有关一个意大利画家的传记中用了"rinascita"（重生）一词来描述一个新的艺术现象时，这个词立即被采用并被用来描述一个新的时代，从而导致了"文艺复兴"一词的首次形成，这就是"文艺复兴"一词的由来。在《自然科学辩证法》的前言中，弗里德里希·恩格斯说："'文艺复兴'这个名字并不能充分描述这个时代，但它至少表明，"文艺复兴'作为那个特定时代的名称，已经深入人们的头脑。这是一个深深扎根于人们头脑中的名字。"[①] 恩格斯指出，这个时期的主要特点是"人类有史以来最伟大和最进步的变革，这个时代要求并产生了伟人思想、激情和个性的伟人，多才多艺和博学的伟人"，它使人们更清楚地认识到了文艺复兴的重要意义。由此可见，文艺复兴不仅仅是一个接受的问题。

但是，引人注目的是文艺复兴历史进程上的动态变化。一般来说，在国外书籍上的"文艺复兴"一词指的是英文的"renaissance"，它实际上是法语，来自意大利语的"rinascita"，意思是"重生"或"更新"，特指古代希腊罗马文明在西欧的复苏，以及新兴中产阶级对新文化的创造。当瓦萨里在其作品中采用了"文艺复兴"一词时，他主要指的是新艺术；到 19 世纪初，这个词往往被视为丰富的文化运动的象征，到 1800 年，"文艺复兴"一词才在法国巴黎出现，所指的是 15 世纪末至 16 世纪初开始的文化、美术和科技运动。1855 年，法国历史学家儒勒·米歇尔斯泰特出版了《历史》第 7 卷：文艺复兴，其中文艺复兴被确立为历史学中这一时期的术语。该卷的副标题"文艺复兴"是一个新时代的名称，米歇尔施泰特描述了这一时期的特点"对世界和人类的发现，使我们的时代区别于以前的时代"，并给出文艺复兴时期一些新的、更宽泛的术语，包括了各民族的社会和精神生活，以及赋予人类的权利意义。1860 年，瑞士艺术史家雅各布·布克哈特（Jakob Burckhardt）在他的《意大利文艺复兴时代的社会历史文化》一书

---

① 恩格斯. 自然辩证法［M］. 北京：高等教育出版社，2020.

中，对"研究这个社会世界和人类"问题进行了比较全面、更详细的描述。在中世纪，人们认识的两种层面，即内在的思维与对外部事物的认识，都处在沉睡的同一面纱下。这层面纱从童年延伸到成年，包含了假设、幻想和偏见，而世界和它的历史则神秘地隐藏在外面。一个人只能通过某些一般的类别被了解，作为一个种族、一个国家、一个政党、一个家庭或一个协会的成员。在意大利，当这层面纱第一次被打开，关于这个国度和世界的一切信息都能够被客观地发现。同时，在实现的主体方面也被推向了前台，人作为精神上的个体，从而学会了认识自己。雅各布·布克哈特的这番话更加突出了当时的社会思想特征，即个人的自我认识以及社会对个人权利、尊严和价值的重视，这不但使文艺复兴的概念更加和现代社会有关，同时还凸显了文艺复兴与中世纪文明之间的强烈对比。后来，英格兰学者约翰·爱丁顿·西蒙兹在《意大利文艺复兴史》中强调了中世纪的黑暗，并指出正是文艺复兴将人类精神从中世纪的沉睡中唤醒。

1927年，美国科学家查尔斯·霍默·哈斯金斯发表了一份有关中世纪的分析论文，名为《十二世纪的文艺复兴》，他认为，在14世纪的文艺复兴以前，传统文明的复苏就在12世纪出现了。同时他还认为，传统文明的复苏从16世纪末就开始在法兰西和意大利之间出现了，这就意味着"中世纪和历史上所有伟大的时期一样，具有连续性和变化性的特点"。哈斯金斯的发现带来了两个时代。文艺复兴浪潮中的"发现"，许多学者认为文艺复兴开始于8世纪和10世纪。在《论中世纪西欧的三次文艺复苏》一文中，王亚平老师系统地研究并评论了8世纪、9世纪欧洲的文学复苏。他认为，"8世纪的文学复苏，12世纪的高卢文艺复兴和12世纪的西欧文化文艺复苏，这3次复兴之间存在相互影响的关系，并强调它们为14世纪的文艺复兴铺平了道路。从某种意义上说，这使人们对文艺复兴和中世纪之间的联系有了更加深入、更系统的了解，也使人们对文艺复兴作为一个新的时代和新的文化概念有了更深刻的认识。哈斯金斯的研究还强调了一种倾向，即不认为中世纪和文艺复兴之间有意义的区别。这些倾向都将导致人们否认文艺复兴作为一种新时代的客观存在的重要性，正如作者在玛格丽特（Margaret L. King）的研究中指出的那样，哈斯金斯强调的研究错误，是对概念理解的问题所固有的，但玛格丽特所强调的研究错误并无助于对中世纪和现代文艺复兴成就研究的合理评估。随着科学研究的进步与发达，人们必须对文艺复兴与中世纪之间的关系有一个更清晰的了解。而不要离开中世纪在多方面的贡献来重新审视文艺复兴，它当然是一种质的变化，而不仅仅是量的增加"。①

在文艺复兴时期，"西欧"一词获得了特定的文化内涵。然而，由于文艺复兴时期的"西欧"主要包括日耳曼人移民后居住的广大地区，包括英国、法国、西班牙、意大利和德国，因此我们在本书中主要关注地理边界。西欧文艺复兴时代的文学作品是指文艺复兴时代（14～16世纪）的西欧新文学，其思想最基本的特征为人文主义。人文主义以上帝为中心。第一，它确认了人们情感与愿望的合法性，并反对了禁欲主义；第二，感知世界和认识世界是它的两种主要目标；第三，它主张透过感知世界和认识世界使人脱离传统神学体系的羁绊。而文艺复兴时代人文主义思想体系的核心内容则是人类核心主义，它重视个人在宇宙中的主体性，肯定个人在社会发展中的主体作用，并重视个人的自尊与价值，强调个人的自主性。人文主义的本质是一个全新的、更重要的定义，即人是一个理性动物。这一概念传入了西欧，部分原因是经过古代希腊和阿拉伯文明的传播，并被西欧人文主义者接受和支持。换句话说，它是人类的本质和内容，因为它源于理性、道德和自由的精神。文学和艺术是培养人的新认识和新意识的最佳手段。文学和艺术也代表了文艺复兴思想中人类认识深化的动态变化，是人类创造力和活力的体现，是人类探索的新阶段。

综上所述，本书中的文艺复兴说的是14～16世纪的某个特殊发展阶段。它是一场从意大利传播到世界其他地方的历史运动，在其意义和传播方式上都在不断发展。因此，文艺复兴经历了某种文化吸收，许多文化元素的涌入是不可避免的。到目前为止，学者们很少在欧洲范围内研究文艺复兴。彼得·伯克（Peter Burke，2019）批评说，"埃及、奥斯曼土耳其和波斯对文艺复兴很重要，这虽然是夸大其词，但表明学者们一直对多元文化元素的入侵及其影响感兴趣"。彼得·伯克本人在批评布劳顿（Broughton）的过分关注的同时，讨论了多元文化对文艺复兴的影响，指出"学者们对阿拉伯文化对文艺复兴的影响更感兴趣"。"除了穆斯林世界这个重要的例外，几乎没有讨论其他文化对文艺复兴艺术、文学和思想的影响"。这表明，在

---

① 王亚平. 论西欧中世纪的三次文艺复兴 [J]. 东北师大学报，2001 (6)：1–8.

学习和研究文艺复兴和文艺复兴文学时，阿拉伯文化的影响太重要了，不能被忽视。

启示二：优秀传统文化基因的继承是文化创新发展的前提

文艺复兴运动对"民族复兴"和"中华民族复兴"等概念的产生具有重要影响。可以说，"民族复兴"和"中华民族复兴"这两个词是在 19 世纪末和 20 世纪初期提出的，更是在文艺复兴时期"民族"和"中华民族"概念的摩擦与碰撞中出现的。在民族复兴运动的主要刊物的标题中，"文艺复兴（renaissance）"一词已经不止一次地出现过，这同样说明文艺复兴运动影响了民族复兴概念的产生。文艺复兴运动对中华民族复兴概念的发展产生的重要影响，可在吴宓的日记中得知。

通过吴宓的日记可以知晓，他曾打算发行一本叫作《文艺复兴》的刊物。其中写道：拟议中的未来杂志的英文名称是 *Renaissance*，意思是"恢复民族的本质"，这是西方历史中常用的词汇。该词汇也被直接用于《新潮》等期刊的英文名称，该杂志在新文化运动期间由傅斯年和罗家伦等学生领袖创办。傅斯年记得这一点：子君和志喜都要把《文艺复兴》翻译成英文，把《新潮》译成中文。而据罗家伦在五四事件的演说中所提到的，新潮的英文名称即为 *The Renaissance*，我们的新文化运动和欧美的后文艺复兴运动十分接近。次年 5 月，国家社会主义党的第一本杂志《再生》出版，其宗旨是民族复兴。文艺复兴的影响甚至可以从杂志的标题中看出：第一期的"公告"指出，该杂志代表了国家"复兴"的精神，它希望"提出真正建设的具体计划，并展示与人民讨论的新方式"。该杂志的标题是"民族复兴"。一方面，它提出了基于历史教训的新方案；另一方面，它借鉴了世界上通行的做法，认为这是复兴中华民族的唯一途径。

文化恢复理论中的"文艺复兴"是复原与重建、重生与创新、继承与革新的有机统一体。文艺复兴是一场在传统文化重生的基础上创造新文化的运动。它是"创造现代文化"，而不是"复兴古典文化"，是"创新"不是"复兴"。梁启超把清朝科学发展与文艺复兴时期的相似之处理解为"重生和解放"，其中"重生"指的是形式，"解放"指的是内容。两者之间的关系是，通过"恢复过去"来寻求"解放"。

文艺复兴通过精神解放促进社会变革的历史经验，深深地指引着现代中国的先驱者们对民族复兴的实践。清末民初的同盟会主张复兴华夏文明，从文艺复兴的历史经验中吸取教训，主张保护民族知识，复兴古代知识，对民族的生存和发展至关重要。婆罗门教的古物在其他国家也在衰退。如果你想保护你的国家，你必须首先保护你的知识。西欧过去的古代知识复兴和日本的复兴，都是基于保护国家基础的理论，这不是遥远的过去的事件；它们是每个人都能看到的，而不仅仅是强者。

20 世纪 40 年代，周作人曾与顾毓秀共同论述中国文艺复兴，并指出文艺复兴必须是整体性的，不限于文学和艺术。周作人认为，欧洲的文艺复兴时期"在科技与文化的各个领域上都获得了提高，被称为欧洲文化的全面'复兴'"。事实上，这一时期不仅限于文学和艺术，它也是一个学术复兴和宗教改革的时期。文艺复兴建筑必须是个整体，而不仅仅是一个部分，国家文艺复兴运动包含了三个要素：政治革命、社会变革和文学复兴。这三种运动一样重要，不能分开。欧美的文化复兴运动由文艺复兴时期起步，经过了宗教改革后，以政治变革而告终。我国的中华民族振兴运动，是在孙中山先生领导的辛亥革命之后，以中国政治变革为起步的。

启示三：思想启蒙是传统文化创新发展的核心内容

在全球化深化的进程中，现代资本主义文化影响着中国传统文化，尤其以西方文化的冲击最为显著。西方的价值观和价值体系通过文化产品进入中国，现代资本主义文化的符号已经渗透到世界的各个角落。在这样的思潮下，部分群众开始怀疑中国传统的思想、基本价值、价值体系以及国家模式，这导致了文化的动摇和道德的冷漠等不良现象。在此情况下，文明全球化的潮流不断冲击着源远流长、博大精深的中华传统文明，试图打破中华民族的历史认知，企图抹杀中华民族的精神基因。一部分中国人开始产生文化上的问题与矛盾，例如，痴迷于庆祝西方节日而忽略了中国传统节日。由于缺乏对传统文化遗产的了解，中国优秀传统文化中的许多元素被西方侵占、歪曲、解释、包装和改造，赋予其自己国家和民族的意义和价值，最终成为自己国家的民族文化产品。

例如，由于缺乏对传统文化的了解，许多国宝都流向了国外。虽然敦煌在中国举世闻名，但对它的大多数研究却并不在中国进行，而是把以美国为代表的资本主义国家作为它的主要研究基地。韩国出于提高文化影响力与发展文化产业的需要，试图赶超我国，甚至谋算把我国的古老民族节日申请为全球非物质文化遗产，其中包括端午节和中秋节。中华民族历史的文化瑰宝正在被豺狼虎豹侵略与占领。相比之下，中国传统文化的一些消极方面反而被公开颂扬和神话化。例如，《周易》被等同于算命、风水和占卜，《孙子兵法》则被曲解为中国官方权力与商业斗争中的重要宝典。对企业文化遗产的无知，使对中国企业文化的研究与运用没有相对科学而合理的规定。

　　优秀传统文化的开发利用是一项系统工程，需要时间、精力、资金的大量投入。此外，由于地方保护主义、协调不力、规划笼统、缺乏对文化遗产的合理调控，导致优秀传统文化的经济价值得不到充分挖掘和合理转移，或者片面追求经济利益，被认为对传统文化遗产不利。

　　人才培养在优秀传统文化的弘扬中始终起着基础性的关键作用，人才培养也是影响中华文化弘扬与流失的关键原因。但是，中国传统文化教育的继承意识淡漠，弘扬环境欠缺，推广力量不足，教学也没有功利性与实用价值，整个社会没有弘扬中国优良传统文化教育的良好氛围，使中华优秀传统文化教育人才培养陷入困境。目前，我国传统文化教育还分为我国传统节日、经典剧目、中国特色建筑、传统医药、民间艺术、地方民俗、服装服饰、音乐、饮食等。随着中国社会的老龄化，一些典型的文化遗产已经处于灭绝的边缘，年轻一代的继承人很少。

　　文明冲突是构成现代世界的宏观背景，但在五四时期，东方社会和西方社会都将现代世界视为以西方为中心的世界体系。历史上将诞生在欧洲的西方文明视为世界的中心，是由于现代文明在欧洲成功地进行了全球扩张，特别是西方文明的自我中心主义。西方文明，或一般的现代文明，意味着整个世界的西化，以及全球对西方基本价值观、经济生活、政治体制和文化创造的接受。这本来就是一个非常错误的观点，因为现代化并没有西化的同义词，更不用说历史在西方结束。布罗代尔也指出，声称现代化的"单一"文明的胜利将会终结世界的伟大文明在过去数个世纪里所表现的经济发展与文明的多样性，这简直是"天真"。相反，现代化发展提高了西欧和它的文明。但同时，现代性提高了这些文明，也降低了西欧的相对力量。这个世界从根本上讲还在现代性，而不是"西方化"。如果全球现代化的后果不是普遍的西化，而是实现了一个更加多元化的世界，如果西方文明的跨国传播不是一个以西方为中心的同心世界，而是加强了人们对不同文明世界的自我认同感，那么诸如西方化理论、东西方和解理论和儒家复兴等认同话语就可以加强人们的自我认同感。这可能是中国在西方的反映，它也可能是中国在多元现代性中的反映。

在《共产党宣言》中，马克思和恩格斯严酷批评了由资产阶级主导的世界的出现，他们将其描述为"现代分权国家的开始"。生产力的不断转变，各类社会关系的不断动荡，恒久的不稳定和变化，是资产阶级时期区别于以往所有时期的原因。所有固定和僵化的关系以及滋养它们的思想和观点都被摧毁了，所有建立的新关系在它们能够立足之前就已经过时了。一切的等级制度和固定关系都被缩减为零，一切最崇高的价值都被亵渎，他们不得不清醒地看待他们在生活中的处境及其他们和别人的联系。在历史唯物主义看来，生产的转型、经济的发展和社会的变化导致了人类意识的革命。在资本主义经济的基础上，出现了理性批判的现代精神，导致了人类感知和再现世界的方式发生了根本性的变化。

启示四：与时俱进是传统文化创新发展的方向

教育是有效传播优秀传统文化的一个非常重要的工具。然而，优秀传统文化的传承在部分情况下被放在了次要位置，有些学校教育陷入了功利主义的漩涡。优秀传统文化的内涵不能被全面客观地理解。优秀传统文化的定义如何解读、优秀的标准从何而来，都没有被教授者较好地阐释。优秀传统文化的课程内容单薄而枯燥，优秀传统文化教育的师资力量相对薄弱，课程体系结构不合理，教师教学方式单一，教学方法落后，创新能力不强。

在工具理性主义的影响下，中国的教育不由自主地会受到功利主义的影响。高考作为大学入学考试已经成为教育的主要标准，大多数地区的教育形式、手段和方法都围绕着它来展开。整个教育过程以学习和工作为中心，"人文教育""社会伦理"和"国家责任"往往被看作是不必要的补充，忽视了公民和社会责任，没有将知识、感情和思想有机地结合起来。这使得中国在教育上的思维与心理惯性根深蒂固，在短时期内无法扭转，与文化相关的学术影响和发展比较薄弱。中国的文化与艺术没有形成独特、统一、完整的学术框架，长期以来主要依靠文艺、政治、美术、文化研究等其他学科。尽管这些课程为深入研究和弘扬我国优秀传统文化奠定了重要的专业基础和背景，但仍不能代表优秀传统文化教育的全部。社会生态学、艺术学、民俗学和人类学等专业同样是我国优良传统文化的背景与基石，在地位上与前者同等重要。尽管中国优秀传统文化教育课程有它自己的独特性，并与各个领域相互依存、共同支撑，但它在我国的教育学科分类系统中并没有取得过特殊的地位，也缺乏系统的中国优秀传统文化教育规划与人才培养。

费孝通先生曾言"21世纪是文化自觉的世纪。"① 文化自觉性首先是指人自我觉醒的文化意识，是人的主体能力在精神方面的具体反映，是人区别于动物的基本特性。这是基于人类历史漫长进程中对社会文化发展的整体、辩证、客观的判断和理解，同时也是对社会文化未来发展趋势的正确、清晰、客观的诠释和认识。而文化自觉，同样包括了国家、人民和政党从宏观方面对社会文化发展的自觉性理解和把握，包含了对传统文化在社会发展进步过程中的积极意义的全面理解，对社会文化自我运行与发展的客观规律的积极理解，对推动社会主义精神文明建设事业的主动承担与贡献，对文化在国家发展中的作用的积极认识，对推动文化事业与产业发展的责任与义务的主动履行，以此实现文化的自我调适、自我更新。

思维是行动的先导，而文明意识则是文明进步与发展的思维基石。人唯有在思想上保持清醒，并深切意识到文明的地位与作用，才能参与到文明发展与繁荣的建设之中。即使在外敌入侵的高压环境下，中华民族仍然是一个有着高度文明认同感与责任感的民族群体。如中国先秦的文明发展、春秋战国的百家争鸣、汉朝的兴起、宋朝的崛起，华夏儿女在辛亥革命和五四运动中表现出的深刻的文化自觉，以及新中国建立前和改革开放后的20世纪八九十年代的"中国文化热"，都充分体现了我国民众的历史文化信心与担当。

启示五：文化创新是推动现代文明发展的动力源泉

创新是人类社会历史发展和进步的驱动力，是一个民族的活的灵魂，是一个国家文化发展和持续繁荣的坚实基础。所以，对中国优秀传统文化的继承和创新原则是密不可分的。从思想角度看，对优秀传统文化的继承就是对民族文化中积极因素的肯定，而不断创新原则便是对传统文化中消极成分的否定；前者是传统文化革新的量变，后者则是传统文化革新的质变；前者是在实现传统文化革新的横向时间线上的延伸，而后者则是"发展在空间阶段的体现"。"传统文化革新"不仅代表了文化内容的复兴，还同样意味着

---

① 费孝通. 论人类学与文化自觉［M］. 北京：华夏出版社，2004.

文化解放，潜藏着整个系统范式转变的含义。它意味着破除旧的价值观念、精神定式和陈腐概念，构建新的思想、新的思维方式和新的规则，消解传统的惰性并重构其本质，改善社会生活，陶冶公民的身心。这是文化回归其本质的历史必然性。

推动文化发展，传承是基础，创新是关键。传承和创新是保持一个民族文化活力的两个重要引擎。文化是中华民族优秀传统文化在历史发展进程中时间积累与演变的有机组合。自古，中华民族就具有了"日新之谓盛德"的精神，而中华文化早在 5000 多年前就以从未间断的创新模式发展至今。例如，在整个春秋战国时代，随着中国生产力的蓬勃发展和社会关系的尖锐矛盾，客观上推动了百家争鸣这一文化盛景的呈现。儒家、释家、道家、墨家、名家、阴阳家、兵家、农家、纵横家等百花齐放，在彼此批判、互相借鉴、彼此吸纳、互相渗透、彼此互补的同时，也为中华民族文学发展提供了创新空间，共同形成了中华优秀传统文化的内核。明末清初，封建主义的专制枷锁和统治者强加的文字狱使大多数知识分子放弃了考据，思想讨论和文化创新便在这个时期逐渐式微。尽管在当下的中国，优秀传统文化中的价值观念、人文思想、制度结构、社会伦理、历史理性和磅礴的物质遗产仍有着不竭的吸引力，然而面对社会变化的冲击和影响，传统文化中的部分古老形象和观念已经不适应现代社会的发展。

中华民族优秀传统文化的延续与创新，大多依托我国建立与发展的特定历史背景与实际情况。今天，中华民族不可避免地卷入了国际化的漩涡，步入了一个充满风险与机会的时期。国际化正在不断影响着人们的日常生活，影响着人们与其他文化的交流与互动。因此，想要有效应对全球性的文化挑战，在国际化背景下自觉地、有意识地开展对优秀传统文化的弘扬，以达到建设社会主义先进文化的理想与目标，就需要在弘扬中国优秀传统文化的进程中采用打破常规的思维方式，创新性地发现传承中的问题，并找到解决这些问题的独特途径。在全球化背景下，当今世界各国竞争中的决定性因素是创新能力，只有拥有创新理念、创新思维、创新人才、创新制度和创新环境的国家才能在国际竞争中继续获胜。没有文化底蕴的国家和文化创新受阻停滞的国家将难以发展，难以证明自己在世界国家文化之林中的独特性。在国际化背景下，中华优秀传统文化必须与时并进，融合现代社会的科学理性、民主意志、法制精神、市场竞争、诚信正义等新理念，以完成中国优秀传统文明向现代文明的过渡。只有当人们有意识地将思想认识从一些不合时宜的传统观点、做法和社会制度的桎梏中解放出来，从对马克思主义的教条式理解和个别个体的认识误区中解放出来，中国传统文化才有可能创新发展。所以，我们既应该保护和弘扬祖国美丽的传统文化与民族精神，同时也要通过全球化来扩大传承的视野，强调个人与社会的整体发展，采用多元化的视角来保持文化的活力。

文化自觉是中华文化发展的重要基础，是中华文化创新的前提条件，唯有通过自发自觉的文化创新才能推动中华文化的继承与发扬。所以，人们应该提高自觉性，积极进取，发挥创造性，总结各种历史经验教训，冲破封闭落后的思想桎梏，摒弃教条主义和书本主义的思维枷锁。我们必须保持怀疑、批判、反思和实践的精神，拥抱理论、制度和文化创新。只有这样，我们最终才能实现传统文化传承的再发现与创造。换言之，只有全面尊重中华文化的规律，甚至在国际化语境下不断更新发展中国传统文化的意义、内涵、方式和手段，才能有效弘扬中国优秀传统文化，最终实现社会主义先进文化的目标。

第五章

中华优秀传统文化创造性转化与创新性发展
引领社会主义文化强国建设的理论机制研究

中华优秀传统文化创造性转化与创新性发展引领社会主义文化强国建设，是一项涉及多方面影响因素的系统工程，需要国家、企业和个人多方面的参与，如何使这些相关因素融为一体、形成合力，离不开对中华优秀传统文化创造性转化与创新性发展引领社会主义文化强国的手段、路径、平台等运行机制问题的研究，这构成本章研究的主题。

第一节　中华优秀传统文化创造性转化与创新性
发展的内涵、分类与原则

一、中华优秀传统文化创造性转化与创新性发展的内涵

中共中央宣传部编写的系列文献中明确指出：中华优秀传统文化创造性转化，就是要按照时代特点和要求，对那些至今仍有借鉴价值的内涵和陈旧的表现形式加以改造，赋予其新的时代内涵和现代表达形式，激活其生命力。创新性发展，就是按照时代的新进展、新进步，对中华优秀传统文化的具体内涵加以补充、拓展和完善，并发展出符合时代特点的表达形式进行传

播，从而增强优秀传统文化的影响力和感召力。①

中华优秀传统文化创造性转化与创新性发展包含相辅相成的两层意思：一是在文化自信的基础上，对中华优秀传统文化相对落后但仍有借鉴价值的内涵和陈旧的表现形式加以改造，对传统文化中有价值的东西进行修正、补充、丰富，赋予其新的时代内涵和现代表达形式，激活其生命力，以为社会主义文化强国建设奠定内生动力基础；二是需要对外来文化兼收并蓄、洋为中用，以更具前瞻性和开放性的态度，对传统文化中相对保守的文化理念进行改造，根据时代发展需要增添前所未有的新内容，与时俱进地驱动中华传统文化的现代化转型，增强优秀传统文化的影响力和感召力，以推动中华文化的传承、创新与发展，进而实现华夏文明伟大复兴的宏伟目标。

综上可见，中华优秀传统文化创造性转化与创新性发展是两个不同的概念，我们不能将创造性转化与创新性发展混为一谈，但也不应割裂两者之间的关系，二者是相辅相成、辩证统一的关系。一方面，传统文化的创造性转化是其创新性发展的前提条件和基础，是创新性发展的实现形式。另一方面，传统文化的创新性发展是其创造性转化的飞跃，是创造性转化的价值指向、必然结果和逻辑递归。

二、中华优秀传统文化创造性转化与创新性发展的分类

按照中华传统文化的分类标准，可以将中华优秀传统文化创造性转化与创新性发展分为五大类型：中华精神文化的创造性转化与创新性发展、中华制度文化的创造性转化与创新性发展、中华科技文化的创造性转化与创新性发展、中华生态文化的创造性转化与创新性发展、中华历史文化资源的创造性转化与创新性发展。

（一）中华精神文化的创造性转化与创新性发展

中华精神文化的形成源远流长，是华夏文明发展的主体与基石。自盘古开天辟地的传说开始，中华传统精神文化就处于一种绵延不断的良性发展之

---

① 中共中央宣传部. 习近平新时代中国特色社会主义思想学习纲要［M］. 北京：学习出版社，2023.

中，周王朝的周礼大典，春秋战国的百花齐放、百家争鸣，西汉的独尊儒术，唐汉盛世的汉学崛起，五代十国的玄学，两宋时代的诗词歌赋，明清时代的小说繁荣，无一不包含着中华传统文化的精髓与华夏文明的优秀基因。正是在中华精神文化共同信仰的引领下，华夏民族繁衍生息、绵延不绝，发展成为东方文明的主体，使中华民族巍然屹立在世界东方，成为四大文明古国之一。

　　任何事物都是一分为二的，在看到中华传统文化优势的同时，也必须看到中华传统文化存在的一些弊端。由于长期处于农耕文明的熏陶之下，传统农业生产方式的局限性也使中华精神文化不可避免地被深深打上了小农经济的烙印。小农经济的封闭、保守、懒散、谨小慎微等行为也对中华精神文化的形成与发展产生了深远的影响。在中国历史上占统治地位的儒学宣扬"三纲""五常"，主张崇古尊经，先人便是权威，提倡"中庸之道"，推崇"学而优则仕"的"官本位"价值取向，反对革新与革命。与西方文明相比，华夏东方文明最大的缺陷体现在缺乏创新与冒险精神，人们在日常生活中容易满足现状、不思进取，由此导致中华精神文化数千年来循环往复、停滞不前，终于在工业革命后落后于时代发展潮流，由世界先进文化沦落为相对弱势文化，在国际社会失去话语权。

　　基于中华精神文化在近代社会落伍于时代潮流的现实，中国的少数忧国忧民的先进知识分子在鸦片战争后开始呼吁改造中国传统文化，早期的代表人物有魏源和郑观应，他们大声疾呼要睁开眼睛看世界，不拘一格降人才，与先进文明接轨，融入世界发展潮流。到了五四时期，以李大钊、陈独秀、胡适等为代表的先进知识分子，更是看到了传统文化是影响中国在现代社会前进的最大障碍，因而发动了五四"新文化运动"，提出了通过引进"德先生"和"赛先生"来改造旧文化的主张，为中国精神文化创新打开了一扇窗户。五四运动的最大成果是在中国引进了马克思主义，在这种先进思想的指导下，中国共产党人带领广大劳苦大众经过艰苦卓绝的努力，取得了革命的成功，建立了新中国。在社会主义建设时期，我们党继续领导全国人民进行思想改造与建设，对中华传统文化进行改造与创新，特别是1978年以来我国开始实行对外开放政策，提出了"解放思想"的主张，加强与国际社会的经济和文化交流，在各个方面与国际先进文化思想和潮流接轨，大大加快了我国对传统文化的改造步伐，进而从整体上跟上了时代潮流的发展。

综上可见，近代以来，包括共产党在内的中国先进政党与知识分子对中国传统文化进行了无数次的改造与创新，但是毋庸置疑，时至今日，对中华传统精神文化进行与时俱进的改造任务没有彻底完成，与社会主义、共产主义的精神文明的高要求相比、与世界上的先进文明相比，我们都还存在着很大的差距与不足，无论是在精神文化的内容建设和文化软实力的提升上，我们都还有许多有待完成的任务。加强对中华精神文化的创造性转化与创新性发展，是推动华夏文明伟大复兴的思想基础与动力源泉。

（二）中华制度文化的创造性转化与创新性发展

中华制度文化是中华传统文化的主要载体与表现形式。作为具有 5000多年历史的华夏文明，从它诞生的那一天起，就形成了独具特色的制度文化。中华制度文化产生于早期的原始部落时期，从早期的山顶洞人和北京猿人时期，我们可以发现那时候的人们为了维持部落正常的生产和生活活动，便形成了一套朴素的管理规则和社会分工，如男人负责出去打猎，女人主要从事耕作生产。由于耕作生产的稳定性，女人承担了大部分生活资料的来源，由此导致人类首先进入母系氏族社会，掌握原始公社部落的主要权力，进而形成以女性为主体的早期制度文化的主要框架和理念。随着社会生产力的发展，社会分工的出现，男性逐渐取代女性成为主要的劳动者，人类社会就进入了以男性为主体的父系氏族社会，进而进入以男性为主体的制度文化时代。从制度形态看，早期的舜尧禅让制度造就了"贤者为王"的权利交接制度文化。后来的周朝，更是形成了一整套成熟的国家管理制度，其核心思想是"礼"文化，主张以礼治国，天下为公，至于到了春秋，我们的先圣孔子还念念不忘"克己复礼"。从秦王朝开始，我国进入封建社会，形成了大一统的封建国家，由此形成了以君权为主体的封建管理制度，其核心思想是君权神授，进而形成的是以忠君报国、三纲五常、集体主义等为核心内容的制度文化，并且绵延发展数千年，具有超强的稳定性与扩展性。

从历史发展的脉络来看，以秦王朝建立的封建专制为主体的中华传统制度文化萌芽于周天子时代，形成于春秋战国的孔圣人时代，最终在我国进入封建社会后成为主流的社会意识形态。作为一种非正式制度，中华传统制度文化对于维持封建社会统治、传承华夏文明、维护国家统一、培养爱国主义思想起到了十分重要的作用。从世界范围来看，四大文明古国唯有华夏文明从没有中断过，这与中华传统制度文化的"大一统"主体思想的统治地位是密不可分的。"天下大势、分久必合，合久必分"，每当在中华民族的历史转折点，都会涌现出大批的民族英雄，他们力挽狂澜，扶大厦于将倾，使华夏文明始终保持世界领先水平。

但是，不得不承认，中华传统制度文化也存在着很多糟粕的东西。华夏制度文化主要诞生于封建社会的温床，也不可避免地染上了封建专制社会很多不良的习气。社会存在决定社会意识，封建社会的专制统治，从政治、经济、伦理和宗教等全方位影响了我国传统制度文化的形成与发展。在政治上，导致人们的意识里存在着大量的愚忠、盲从等不良思想，人们习惯于逆来顺受、不思进取、缺乏开拓精神；在经济上，天下之大，莫非王土，形成了以一家一户为主体的小农经济发展模式；在伦理上，形成的是以家族为中心的圈层人际伦理关系；在宗教上，形成的是以封建迷信为宗旨的听天由命的宿命思想。

传统的制度文化伴随着封建社会的发展，长期统治着人们的思想，一直到封建社会的末期，伴随着戊戌变法和旧民主主义革命的爆发，西方文明的一些先进思想传入中国，人们才开始接触到一种新的社会制度和先进理念。特别是通过五四新文化运动的熏陶和马克思主义的传播，一大批先进的知识分子通过广泛的新思想、新制度的宣传活动，使人们对社会制度的发展规律有了一个比较全面的了解，广大的热血青年树立革命理想，追求新社会，并且在中国共产党的领导下胜利完成了新民主主义革命的任务，建立了一种全新的社会制度：社会主义制度。

新中国成立后，中国共产党人在社会主义公有制的基础上，建立了一整套与社会主义建设目标相适应的制度文化体系，人们形成了大公无私、集体主义、相互帮助、学雷锋做好事等一系列全新的社会主义道德标准与社会规则，用以指导人们的日常行为与人际关系，从而使中华制度文化建设进入了一个全新的时期，达到了道德文明的新高度。

但是从总体上看，社会主义制度文化建设的任务远未完成，主要表现在人们的封建特权思想尚未完全消除，官商勾结造成的腐败现象普遍存在，家族裙带观念、狭隘乡土意识流行，封建邪教时不时会蛊惑人心，所有这些现象都充分说明，几千年的封建遗毒还在影响着一些人的思想与意识，想要彻底消除绝非易事。因此，在社会主义新时代，我们在推进社会主义政治体制改革的同时，还需要相应地加强对中华制度文化的创新发展，最终实现制度自信的目标，引领世界文明发展潮流。

（三）中华科技文化的创造性转化与创新性发展

在漫长的农耕文明时期，中国的科技文明成就是令人赞叹的！在中国古代科学思想与有机自然哲学思维的指引下，创造了我国古代高度发达的农业文明。以指南针、造纸术、火药和活字印刷术为代表的四大发明是中国科技发展的突出代表，成为近代西方"科学复兴的手段"，是推动近代科学发展"最强大的杠杆"，对推进人类文明发展起到了重要的作用。而这一切成就的取得，都是建立在中华科技文化基础之上的。

作为中国科技文化的萌芽，早在远古时期，我国就有嫦娥奔月、精卫填海的民间传说。在我国最早的科技奇书《山海经》里，有大量的华夏先祖战天斗地的动人故事，其中蕴含着大量的科技文化思想；一部《周易》，其所阐述的科学原理，对今人来说，也有很多需要深入研究；在我国大量的中医药著作里，也体现出辩证治疗的科技文化思想；此外，中国的稻作文化、民间技艺等领域，也包含着大量的科技文化思想，由此成为华夏文明的重要组成部分。从文化精神的层面来看，中国传统文化主张自强不息，勤奋刻苦，刚健有为，鞠躬尽瘁。《易经》曾说"天行健，君子以自强不息"。①提倡发挥人的主观能动性，要有积极上进、努力拼搏的精神和积极的人生态度。自强不息的精神驱使我们的科技创新主体勇攀高峰，扫除前进中的障碍，克服失败和挫折②，有利于发挥人的主体作用，给科技创新注入动力和活力，走向成功的彼岸。

英国李约瑟博士曾经提出这样一个问题：在上古和中古时代，中国科学技术一直保持着一个很高的水平，让西方世界望尘莫及，远超同时代的欧洲。中国的四大发明成为构成近代世界秩序的基本因素之一。但是进入近代工业社会之后，中国的科技发展却戛然而止，没有取得什么令人瞩目的新成就，没有能够在亚洲产生出现代科学，造成这种局面的阻碍因素是什么？由此形成了著名的"李约瑟之问"。要回答这个问题，还得从中国科技文化本

---

① 易经 [M]. 周鹏鹏，译注. 北京：北京联合出版社，2015.
② 邓旭霞，欧庭高. 中国传统文化对科技创新文化的影响 [J]. 科技情报开发与经济，2007，161（20）：169－170.

身的局限性去寻求答案。

从科技发展的需要出发，中华科技文化主要存在以下五个方面的局限性。

第一，天人合一的文化理念导致科学精神的缺乏。天人合一的世界观是中国传统文化的基本精神。这种天人合一观，片面强调人对自然的和谐适应，安于现状，反对创新与变革，所以孕育不出真正意义上的科学，更谈不上科学精神的培养。

第二，泛道德主义的世界观导致科学精神的缺乏。中国文化属于伦理政治型文化，重经验、偏伦理，重在培养有道德、有修养的理想人格，重在调整人际关系。崇尚礼义和人情，鄙视世俗的"奇技淫巧"，构成中国社会大众的文化心理；废万机之务用心于技巧，必然会使人心学坏，进而贻误大事，因而需"绝巧弃利"。中国文化由于重伦理、轻技艺，缺乏在外界事物中探索和追求的动力，因而没有发展起来系统的认识论。

第三，重直觉悟性思维，轻理性逻辑思维方式。中国古代的思维方式本来是多元多向发展的，不但有直觉的辩证思维，而且不缺乏理性的逻辑思维。但在魏晋以后，"名学"开始衰落，由此导致逻辑思维开始让位于直觉辩证思维。儒道释三家文化独霸天下，成为中国传统文化的主流，其思维方式的共同点主要是直觉辩证思维，由此导致中国文化重直觉思维、轻逻辑思维的特点，这让人们不容易建立起对世界、对事物有理有据的科学认识，使中国人在社会大变局到来的时候缺乏积极主动的应对态度。在近代西方科技浪潮的攻势面前，中国的传统科技显得跟不上历史潮流，这是造成中国近代科学不发达的重要原因之一。

第四，重视整体思维，忽视逻辑推理的思维方式。中国人的思维是笼统性的，善于从全局和整体上去把握事物，探索事物的整体布局和概况，忽视从微观和细节上对事物进行辨别，难以上升到理论的分析和细节的阐述上。大多数中国人不善于逻辑推理、不善于抽象思维，依靠直觉和领悟去把握世界，忽视了对于事物深层次内涵的挖掘，难以发现和掌握事物的深层原因和事物发展的系统性规律，其结论无法为现代科学方法证真或证伪。

第五，重群体、轻个体的社会意识。中国传统文化强调以家族为本位，提倡集体主义精神，长久地笼罩在父系家长制的阴影之下。宗法关系渗透到社会生活的最深层，宗法群体的观念深入人心，个人的意志、思想是被禁锢的。因为它必须符合群体的意志和利益，一旦它不符合群体的观念就会受到打压。儒家"礼治"的基本要求是"克己复礼"，就是用群体的"礼"压抑和限制个体的自由、个体的意志，"木秀于林，风必摧之""枪打出头鸟"。在这样的环境中何来自由和创新呢？没有自由和创新，科学就不会产生。

由此可见，正是由于中华传统科技文化存在着阻碍现代科技发展的因素，进入近代工业社会后，中国的科技发展不可避免地落后了。在洋务运动时期，为了弥补与西方国家的技术差距，洋务派喊出了"中体西用"的口号。五四运动时期"赛先生"被人们喊出口号，并作为一种普遍的科技文化价值取向得到承认。当时的中国先进分子把科学视为自然界和社会的普遍规律，全面探讨了科学的内涵、科学方法和科学的内在精神，主张以科学的求实精神，来改造中国人的国民性；他们倡导树立自然的、普遍的、永久的科学和理性，科学被奉为"至尊"，成为信仰的对象，促进了中国传统科技文化在吸收西方科学文化基础上完成了跨世纪转化。新中国成立后，中国共产党人以实现"四个现代化"为目标，将实现科学技术现代化作为核心目标提出来，尤其是邓小平同志还提出了"科学技术是第一生产力"的口号，将科学技术发展提升到前所未有的战略高度，形成了全民创新的浪潮，大大推进了中国科学技术的进步与发展。在这个过程中，中国传统科技文化与时俱进，也达到了脱胎换骨的改进与发展。但是与发达国家相比，我国的科学技术无论是在发展水平上，还是在发展理念上，仍然存在着较大的差距，因而中国的传统科技文化仍然面临着创新与发展的任务。

（四）中华生态文化的创造性转化创新性发展

习近平总书记在全国生态环境保护大会上的讲话中指出："中华民族向来尊重自然、热爱自然，绵延5000多年的中华文明孕育着丰富的生态文化"①。中华生态文化是以"尊重自然、顺应自然、保护自然的生态文明理念"为核心内容的价值观体系，这主要体现在以下四个方面。

---

① 张宏斌，黄金旺. 中国传统生态文化及其现实意义［J］. 中共石家庄市委党校学报，2020，22（5）：25－30.

第一，"天人合一"的思想。源于我国传统农耕文明的"天人合一"思想，是我国传统生态文化的核心内容。《周易·序卦》中说"有天地，然后万物生焉"，认为世间万物都源于天地，同时"有万物然后有男女"，人也是天地滋养而生，是天地之子。① 道家代表人物老子在《道德经》第四十二章中说，道生一，一生二，二生三，三生万物，体现出道生万物、万物一体的生态文化思想。从"道法自然"的生态平等观出发，道教主张让自然万物以自己固有的方式生存和发展。"天人合一"思想，探究了人与自然和谐相处的本质关系，重视人与自然之间的协调和平衡，提倡保持生态平衡，实现经济社会的可持续发展。

第二，"敬畏生命"的思想。传统生态文化提倡"以人为本"，敬畏生命、仁爱万物，不但要求人与人之间要相亲相爱，而且对天地万物也要充满仁爱之心，从"仁民"而"爱物"。儒家文化禁止人类破坏自然和生态的行为，在捕猎时要求人们不能采用灭绝动物物种的方式，不能有灭绝动物物种的行为，以便维护生物的长期可持续性生存，只有这样，物产才能丰富不缺用，人类才能获得持续的生存发展。汉代《淮南子·主术训》主张"不涸泽而渔，不焚林而猎"②，人类活动要尊重生态环境的多样性，反对肆意破坏自然规则、随意剥夺其他生命的生存空间和生存权利。

第三，节制物欲的思想。中国传统生态文化倡导"取用有节"，反对奢靡浪费，防止人类过度破坏自然资源。法家学派代表人管仲在《管子·八观》中说："山林虽广，草木虽美，禁发必有时。"这里强调的就是"取用有节"，不能随心所欲，任意索取。儒家主张"取用有节，物尽其用"。③ 从爱护自然的观念出发，道家坚决反对人类过分向自然索取，提倡让万物生长繁殖。中国传统生态文化中的"取用有节"思想告诉人们，人类可以利用自然资源来谋求人类自身的生存和发展，但不能随心所欲、贪得无厌、攫取无度。④

第四，"乐山乐水"的思想。即尊重生命的生态文化理念。在对待生命的问题上，儒家传统思想提出了尊重生命的生态伦理原则。"天地是万物之

---

①④ 张宏斌，黄金旺. 中国传统生态文化及其现实意义［J］. 中共石家庄市委党校学报，2020，22（5）：25 - 30.
② 刘安. 淮南子［M］. 上海：中华书局，2022.
③ 高志民，谭白.《管子》中的生态保护思想（二）［EB/OL］. 新华网，2015 - 07 - 02.

母""与天地合其德""天地合气，万物自生"。认为万物生生是自然生态的自身功能，人自身也是自然界的一部分，肯定人类也是天地的产物即自然的产物。既然天地是万物之母，人们就应该"乐知天命"，发挥德行的作用，使人与自然生态双方和合而生生不息。①

中国传统生态文化源远流长，博大精深，蕴涵着许多至今仍然闪烁着耀眼光芒的生态环境建设和保护的思想智慧。但我们也可以看到，中华传统生态文化也存在着一些与可持续发展观不相容的理念，主要表现在以下三个方面。

第一，人类中心主义的价值观。工业化社会出现的"人类中心主义"把人类置于中心的位置，追求的是以物质为本的目标，其主要手段是通过知识、能力和技术水平的提高，来展示人征服自然的力量。从表面上看，这种生产力的进步最大限度地实现了人的自由，但其实质是追求物质财富的丰富，由此导致人与世界之间的和谐关系被破坏，最终必将损害人自身的自由发展。自然界作为人类赖以生存的物质生活资料的母体，其所承载的资源并不是取之不尽、用之不竭的，是有限度的，人类不能竭泽而渔，过度开发，否则只能造成对自然界的严重破坏。

第二，不平等的生物伦理价值观。地球上所有的生物物种都是生物世界大家庭的一员，都享有栖息地不受污染和破坏、维持彼此生存的权利。在地球上，人与自然构成的是一种平等的、互为主客体的关系。文明应该在尊重自然规律的基础上，通过劳作去实现人的需要的多样性，而不是对自然界巧取豪夺。如果人类为了一己私利，不顾动物伦理与生态伦理去从事生产和经营活动，不断地侵犯生物的生存权利，违背人与自然的平等和谐关系，就会打破自然的生态平衡，这是不道德的。最终都会遭受自然的报复，进而危害到人类自身的健康与幸福。

第三，不健康的生态消费文化。消费主义认为，消费是经济发展的根本动力因素，消费决定一切；在消费的价值取向上，主张消费就是一切，甚至盲目攀比。在衣食住行中的炫耀消费不胜枚举，到处可见金碧辉煌的豪宅、灯红酒绿的豪宴、风驰电掣的名车以及价格不菲的服饰等。这种陈旧的消费

---

① 李家寿. 中国生态文化理念发展现状及其生成路径 [J]. 广西民族大学学报（哲学社会科学版），2008（4）：102－106.

习俗和单一的消费方式造成了肉体上的无限贪欲，形成了众多的"为消费而消费"的异化消费现象，制造着大量的消费垃圾，浪费着有限的自然资源。这不仅引起了生态的失衡，而且因为过度消费还产生了一系列全球性问题，最终摧毁人类生存的基础。

（五）中华历史文化资源的创造性转化与创新性发展

作为世界四大文明古国之一，中华民族具有5000多年的历史，拥有丰富的历史文化资源，仅各类文物就有1000多万种，各地戏剧艺术多达360多种。此外，我国56个少数民族地区也蕴藏着丰富多彩的民族文化，这构成了世界文明的宝贵财富。

在历史文化资源的开发上，以我国的万里长城、桂林山水、北京故宫、杭州西湖、苏州园林、安徽黄山、长江三峡、台湾日月潭、承德避暑山庄、西安秦兵马俑十个风景名胜区为代表，这些景区目前都做到了在文化资源保护的基础上，进行了适度的产业化开发，以满足人们日益增长的文化消费需求。

除了对历史文化资源中物质文化资源的开发以外，近年来，我国还加大了对非物质文化遗产的保护和开发。如川剧、昆曲在国内外的大规模演出，剪纸、杨柳青年画的热销等。目前，我国已经建立了大量非物质文化遗产数字博物馆，对我国的非物质文化遗产进行宣传、保护。除此之外，还设立了文化传承人保护工程，主要是开展对非物质文化遗产传承人的保护，主要涉及民间文学、民间美术、传统手工技艺、传统医药等5大类134个项目。

自改革开放以来，随着我国经济社会的发展，人们的精神需求日趋增长和高端化，这直接推进了我国各项文化产业和文化事业的发展，进而促进了我国文化资源的产业化开发。目前，文化产业已经成为我国发展最快的产业之一，华夏文明的影响力在国际上也得到大幅度的提高。但是，与发达国家相比，我国的文化产业发展仍然存在着不小的差距，我国的文化服务贸易还处于逆差的水平。我国拥有的历史文化资源丰富，世界第一，开发潜力巨大，但我国的文化产业发展并不是世界第一，可谓是"文化资源大国，文化产业小国"。

我国的传统文化资源具有数量大、种类多的特点，但存在开发不充分、利用不科学，过分注重形式而轻视文化内涵、不能充分体现传统文化的历史感和价值等问题。与此同时，我国文化资源的开发还处于刚刚起步的阶段，存在急功近利、简单粗暴的问题，导致现代文化资源的开发具有不可持续性。重开发、轻保护，在开发文化资源的产业化过程中，以牺牲文化生态环境为代价片面追求经济效益。总体上看，我国的文化资源得到有效开发的资源数量少、种类单一、形式不够丰富、受众群体有限，创造的经济价值相对较低。

因此，如何兑现中华优秀历史文化资源的价值，以文化资源的创造性转化与创新性发展推动我国文化产业的发展，推动中华文化走出去，提升中华文化的软实力和竞争力，是我国目前面临的一个主要文化发展任务。

三、中华优秀传统文化创造性转化与创新性发展的原则

中华优秀传统文化创造性转化与创新性发展，与其他生产要素开发存在着根本的区别，即其他生产要素开发的结果，就变成了产品的一部分，随着人们的消费而消失了。而中华优秀传统文化创造性转化、创新性发展的过程，只是其价值呈现的过程，只要不破坏，就具有传承与发展的特性，这就决定了中华优秀传统文化创造性转化、创新性发展需要遵循自己特性的一些基本原则，以达到中华传统文化传承、创新与发展的目的。

推动中华优秀传统文化创造性转化与创新性发展应该遵循以下五大基本原则。

（一）传承发展原则

中华优秀传统文化创造性转化与创新性发展的最终目标，是促进华夏文明的传承、创新与发展，进而达成中华民族伟大复兴的宏伟目标。基于此，要深入挖掘中华传统文化的优秀文化基因，继承和发扬其符合时代潮流的文化元素，构成社会主义核心价值观的基本内核，以文化自信的面貌展现在世人面前；同时，也要与时俱进，对传统文化不适应现代社会发展的落后观念进行改造，融入现代世界先进的文化理念和优秀文化元素，使中华传统文化在新的时代焕发青春，以增强中华文化的国际影响力和竞争力。

（二）特色发展原则

在成千上万年的历史发展演化过程中，传统文化不管是有形的还是无形的，都烙下了独一无二的历史印记。例如，内蒙古的草原文化、云南的少数

民俗文化，这些在全世界都是绝无仅有的。对于当地文化消费者来说，消费文化产品主要是为了追求一种熟悉的归属感，满足一种淳朴的家乡情结；对于外来消费者来说，消费文化产品主要是为了观新赏异，享受一种新鲜、新奇的当地风情。特色是文化发展的生命力所在，也是其拥有强大吸引力的基础。文化资源的产业化开发，应充分发展最富有特色和魅力的景观、原汁原味的生产生活方式和文化习俗，形成鲜明主题，保持其"人无我有，人有我特"的垄断性地位。

（三）开放发展原则

从世界范围来看，凡是民族的就是世界的，好的文化遗产在世界范围内都是受欢迎的。但是，从目前来看，文化产业的发展在国际国内市场都是不平衡的，以美国为代表的一些发达国家掌握着文化产业发展的高科技手段，以及文化创意的先进理念，但却缺乏深厚的历史文化资源积淀；而以中国、印度等为代表的历史文明古国，有着丰富的历史文化资源，但却缺乏将其转化成为高品质的文化产品的手段。这就要求我们在发展文化产业的过程中，要加强国家与国家、企业与企业之间的合作，相互沟通、互通有无、加强合作，创新文化产业协作体制，在充分利用世界文化资源的基础上，打造新的文化产业合作发展模式，共同推进世界范围内的文化资源产业化开发进程，共同促进世界文化产业与文化贸易的发展，充分满足世界范围内人们对精神文化产品消费的需要。

（四）创新发展原则

传统文化资源的创新发展，离不开与高科技手段的结合，要对文化资源的历史文化价值进行深入挖掘，使之成为文化创意源源不断的动力来源。文化产业作为一种新型的现代服务产业，要从各方面满足人们的精神文化需求，这就需要不断地推陈出新，生产出更多更好的文化产品，而要实现这一点，就离不开文化创新。要通过文化创新的手段，打造文化产品品牌、提升文化产品质量，形成文化产品产业链，提升文化产品的国际竞争力。

（五）可持续发展原则

可持续发展就是要做到社会、经济、自然与环境保护的协调发展，它要求人类从向大自然过度索取向人与自然和谐相处方向转变。传统文化的创新发展，要以文化保护作为出发点，以可持续发展的眼光来对待文化资源，实现文化资源的永续利用。传统文化资源的保护原则，既包括对有形文化资源的物理保护，也包括对无形文化资源的产权保护。文化资源具有脆弱性和无法复制性，一旦被破坏，就相当于永远流失，文化产业要长久持续发展，一定要做好文化资源保护工作。

第二节　中华优秀传统文化创造性转化与创新性发展引领社会主义文化强国建设的运行机制研究

中华优秀传统文化创造性转化与创新性发展引领社会主义文化强国建设的作用机理，需要从理论上构建一套结构完善、功能齐全、内外协调、有利于促进文化强国建设的完整系统，为 2035 年建成我国社会主义文化强国提供理论指南。

一、文化创新、社会主义文化强国建设与华夏文明伟大复兴的辩证关系

中华优秀传统文化创造性转化、创新性发展，社会主义文化强国建设与华夏文明伟大复兴是相辅相成、相互促进、三位一体的辩证统一关系。

（一）社会主义文化强国建设是推动华夏文明伟大复兴目标实现的必经阶段

推动中华民族伟大复兴的进程，从本质上讲就是实现华夏文化伟大复兴的进程，这里的文化复兴指的是通过创造性转化、创新性发展的路径，推动历史悠久的华夏文明全面实现现代化发展的过程。在这一历史进程中，相较于经济和政治因素，文化的影响更加深远、更加持久。社会主义文化强国建设关系到能否为民族复兴提供思想指引与精神支撑，是实现华夏文明伟大复兴的必经阶段。社会主义文化强国建设是华夏精神文明全面提升的重要途径，是华夏政治文明不断进步的重要引领，是华夏科技文明发展的创新动

力,是华夏生态文明高效建设的重要动力,是华夏物质文明持续发展的重要保障。

(二) 中华优秀传统文化创造性转化、创新性发展是社会主义文化强国建设的必由之路

社会主义先进文化植根于中华优秀传统文化之中。无论从表现、特征还是价值内核的角度看,中国社会主义先进文化都与中华优秀传统文化关系紧密。作为对中国特色社会主义现代化建设具有重大价值的文化形态,中国社会主义先进文化是中华民族 5000 多年文明成果的现代转化和集大成者。中华优秀传统文化的创造性转化、创新性发展不是中国传统文化在当代中国的简单"再版",而是中华传统文化在新的时代背景下和新的实践基础上,以马克思主义文明观为引领的不断发展,是批判性继承了传统文化的思想精华,发扬科学内涵和时代特征的现代化发展。这一进程的持续推进,将源源不断地为我国社会主义先进文化的发展提供思想资源,是社会主义文化强国建设的必由之路。

中华优秀传统文化的创造性转化、创新性发展是培育社会主义核心价值观的重要途径。中华优秀传统文化中包含深厚而博大的哲学思想、处世理念、人文智慧,蕴含着丰富而深刻的伦理道德和价值观念。在长达 5000 多年的历史长河中,具有独特价值体系的中华文明,始终对中国人的思维方式和行为方式的选择发挥着不可替代的作用与影响。社会主义核心价值观正是中国共产党人在中华优秀传统文化的基础上,根据时代要求而提炼出来的基本遵守和价值准则,体现出鲜明的时代特色、民族特色与中国特色,它同社会主义核心价值观一脉相承、本质相通。[①] 社会主义核心价值观的形成就是中华优秀传统文化的价值追求、人文精神在创造性转化与创新性发展中的全新凝练。要大力弘扬社会主义核心价值观,就必须将中华文明的精神特征与优势突显出来。

中华优秀传统文化的创造性转化、创新性发展就是在继承优秀的传统道德价值、伦理规范中,教育人们从我做起,自慎自律,把传统文化当中的

---

① 沈阳. 中国特色社会主义与中华优秀传统文化深度结合的必要性 [J]. 广西社会科学,2021 (2):144-150.

"精华"渗透到人们的文化认同和行为实践中，形成自我约束机制和营造良好的道德氛围，提升中华民族的文化自信，进而构成社会主义文化强国建设的强大内生动力源泉。

（三）文化创新、文化强国建设与华夏文明复兴是三位一体的辩证统一关系

华夏文明的伟大复兴是中国精神文明、政治文明、科技文明、生态文明和物质文明的全方面复兴，是社会主义现代化国家建设和中华民族伟大复兴的根本追求和重要标志。这一进程离不开以社会主义文化强国建设为重要途径的先进文化的推动作用，关系到民族复兴能否获得思想指引与精神支撑。而社会主义文化强国建设的直接目标在于构建和发展中国特色社会主义先进文化，进而有效提升我国文化软实力、国际话语权及国际影响力，它离不开中国特色社会主义先进文化的滋养。中国特色社会主义的先进文化是由华夏先民在悠久灿烂的中华文明史中传承而成的中华优秀传统文化、党和人民在新民主主义革命和社会主义革命伟大斗争中淬炼而成的革命文化，以及中国人民在社会主义建设中所创造的时代文化共同组成。其中，中华优秀传统文化作为中华民族的文化源泉，是中国人民所认同的历史文化根基，是维系国家统一和民族团结的重要支撑与纽带，更是中华民族生生不息的强大精神动力。中华优秀传统文化的创造性转化与创新性发展是构筑中国特色社会主义先进文化的关键所在，也是推动社会主义文化强国建设的必由之路。

社会主义文化强国建设的直接目标在于构建和发展中国特色社会主义先进文化，进而有效提升华夏文明的软实力以及国际影响力，它离不开对中华优秀传统文化的传承、创新与发展。在复兴华夏文明的历史征程中，传承是根本、创新是手段、发展是目标，其内在的逻辑关系是：华夏文明的伟大复兴必须在社会主义文化强国的建设中得以实现，社会主义文化强国建设离不开对中华优秀传统文化的传承、创新与发展，而中华优秀传统文化创造性转化、创新性发展离不开社会主义核心价值观与华夏文明伟大复兴目标的方向引导与内生激励，三者一脉相承、不可分割，共同构建起相互作用、相辅相成的辩证统一关系。

二、中华优秀传统文化创造性转化与创新性发展的目标：华夏文明的伟大复兴

推动中华优秀传统文化创造性转化与创新性发展，从长期来看，就是为了传承华夏文明，使中华古老文化在世界范围内发扬光大，提高东方文化的国际竞争力与影响力。在复兴华夏文明的历史征程中，传承是根本、创新是手段、发展是目标，三者之间是相辅相成、相互统一的辩证关系，其终极目标是促进华夏文明的伟大复兴，使中华文化重新屹立于世界文化强国之林。

为了促进中华优秀传统文化的传承、创新与发展，需要分步骤、分阶段实施，一步一步脚踏实地去完成。于是，需要对实现中华优秀传统文化创造性转化与创新性发展的目标从时间上进行界定与分类，以保证该工程的顺利实施。从任务的艰巨性与复杂性来看，可以习近平关于新时代文化的论述为指针，充分借鉴西方文化复兴运动推进西方文明发展的成功经验，将推动中华优秀传统文化创造性转化、创新性发展的目标分为近期目标与远期目标两大类型：近期目标是在2035年建成社会主义文化强国，远期目标是实现华夏文明的伟大复兴。2035年建成社会主义文化强国是推进华夏文明伟大复兴进程，实现中国梦的最重要一环，而文化创新与发展是推进社会主义文化强国建设的动力源泉。

（一）近期目标：2035年建成社会主义文化强国

党的十九届六中全会首次明确提出，到2035年建成社会主义文化强国。这标志着党对文化建设重要战略地位及其规律的认识提到了新的高度。建设社会主义文化强国的本质是实现中国文化现代化，它既是中国特色社会主义现代化的重要组成部分，又是推进中华民族文明进步和人类文明新形态发展的动力源泉。[①] 而要实现这一梦想，从根本上来说离不开推动中华优秀传统文化创造性转化、创新性发展工程的实施，这构成了2035年建成社会主义文化强国的基本途径和实施平台。

---

① 陆卫明，刘艺娃. 新时代建设社会主义文化强国的理论意涵与实践路径 [J]. 中州学刊，2021（8）：76 - 82.

中国道路的成功奥秘就蕴藏在独特的文化精神之中。实现"两个一百年"奋斗目标和中华民族伟大复兴的中国梦，归根结底靠共同的价值信仰和精神追求。一个国家的强盛离不开精神的支撑，一个民族的进步有赖于文明的成长。党的十八大提出，倡导"富强、民主、文明、和谐"，倡导"自由、平等、公正、法治"，倡导"爱国、敬业、诚信、友善"，积极培育和践行社会主义核心价值观，与中国特色社会主义发展要求相契合，与中华优秀传统文化和人类文明优秀成果相承接，是我们党凝聚全党全社会价值共识作出的重要论断。① 中国要完成现代化任务，必须坚持走中国道路，中国道路就是建设中国特色社会主义，就是既坚持发展以经济建设为中心的物质文明，又全面推进政治建设、文化建设、社会建设、生态文明建设以及其他各方面的精神文明建设。而 2035 年建成社会主义文化强国，则是推动我国社会主义精神文明建设的内生动力和重要标志，它也构成了推动中华优秀传统文化创造性转化、创新性发展的近期目标。

（二）远期目标：华夏文明伟大复兴的中国梦的实现

作为具有 5000 多年文化传承史的四大文明古国之一，中国在世界史上的大部分时间里引领着世界文明发展潮流，成为东方文明乃至世界文明的杰出代表。但由于历史包袱太重、文化观念转变缓慢，进入近代工业社会后，华夏文明没有跟上时代发展的步伐，毋庸置疑地衰退了，令人痛惜不已！但随着 1949 年新中国的成立，使中国人民摆脱了半殖民地半封建社会的统治，独立自主地建成了社会主义制度。经过几代中国人的不懈努力，特别是以习近平同志为核心的党中央团结各族人民，同心同德、一心一意谋发展，使今天的中国进入社会主义新时代，一跃成为世界第二大经济体，使中国彻底摆脱了贫穷落后的面貌。目前的中国，已经进入数千年以来最好的时代，以华夏文明伟大复兴作为核心内容的中国梦，理所当然地应该再一次被提上日程！

相较于 2035 年建成社会主义文化强国的近期目标，华夏文明伟大复兴中国梦，其所包含的内容更广泛、更深入，成为推动中华优秀传统文化创造性转化、创新性发展的远期目标。华夏伟大复兴的梦想凝聚和寄托了几代中

---

① 胡锦涛．坚定不移沿着中国特色社会主义道路前进　为全面建成小康社会而奋斗［N］．人民日报，2012－11－18（1）．

国人的夙愿，是中华儿女的共同期盼。在经济全球化深入发展的今天，中华民族伟大复兴不仅会极大地改变中国，还会深刻地影响世界，具有深远的世界意义。2020年11月24日，习近平总书记在全国劳动模范和先进工作者表彰大会上的讲话中指出：实现我们的发展目标，不仅要在物质上强大起来，而且要在精神上强大起来。华夏文明伟大复兴绝不仅仅意味着经济体量的壮大，还包含文化、价值观和精神等软实力的增强。中国的文化、价值观和精神就是我们对人类的贡献。这样一种新型文化、价值观和精神，源于马克思主义的价值立场，源于社会主义的价值追求，源于中国传统文化的优秀基因。进入有中国特色的社会主义新时代，以习近平同志为核心的党中央对内积极倡导社会主义核心价值观、生态文明发展理念，对外秉持"文明互鉴"原则，倡导人类命运共同体发展理念，构建以合作共赢为核心的新型国际关系，推进"一带一路"建设，最终目标是实现中国与世界各国共同繁荣发展、共享世界和平。以中华优秀传统文化创造性转化、创新性发展为动力，推动华夏文明的伟大复兴，是中国为维护人类文明多样性作出的伟大贡献，也是中国人民奉献给全人类的宝贵精神财富。

三、中华优秀传统文化创造性转化与创新性发展引领社会主义文化强国建设的运行机制总体构思

以中华优秀传统文化创造性转化与创新性发展为动力，推进社会主义文化强国建设，需要从理论上构建一套结构完善、功能齐全、内外协调、有利于促进文化强国建设的完整系统，这是一项复杂的系统性工程，离不开对华夏文明的传承、创新与发展，涉及对中华优秀传统文化创造性转化与创新性发展的手段、路径、平台、协作机制与政策保障等问题，如何将这些要素融合成一个有机的整体并形成合力，构成以文化创新推动社会主义文化强国建设的运行机制问题？

从哲学文化视角出发，可以将中华优秀传统文化划分为中华精神文化、中华制度文化、中华科技文化、中华生态文化、中华历史文化资源五大类型。任何一种文化有优秀因素与保守因素之分，其中优秀文化构成文化自信的基础，需要发扬光大；而保守文化根据时代发展的潮流，需要创新与发展的改造，以构成社会进步新的精神动力支撑。以社会主义文化强国建设为目

标，中华优秀传统文化创造性转化与创新性发展可以归纳为以下五大路径：中华精神文化创新性发展促进社会主义核心价值观形成，进而推进我国精神文明建设；中华制度文化创新性发展助力我国政治生态环境优化，进而促进我国政治文明建设；中华科技文化创新性发展助力我国科技创新动力形成，进而促进我国科技文明建设；中华生态文化创新性发展促进我国绿色发展理念升华，进而推动我国生态文明建设；中华历史文化资源创造性转化，推动我国文化事业繁荣、文化产业发展以及国际文化贸易发展，进而推动我国物质文明建设。以文化创新为动力、以文化资源转化为手段，社会主义精神文明、政治文明、科技文明、生态文明和物质文明五大文明齐头并进、协调发展，全方位提升我国文化软实力和国际竞争力，为华夏文明的传承、创新与发展注入内生动力，进而促成 2035 年建成我国社会主义文化强国和华夏文明伟大目标的实现。

立足于华夏文明复兴的宏伟目标，厘清中华优秀传统文化创造性转化与创新性发展的路径与运行机制，构建"中华优秀传统文化创造性转化与创新性发展引领社会主义文化强国建设"的基本理论框架，其可用图 5 – 1 勾勒出来。

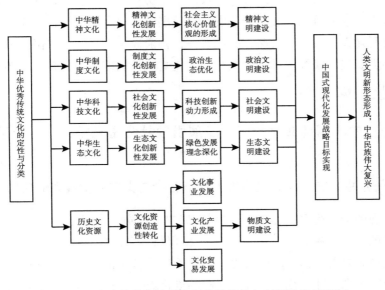

**图 5 – 1 中华优秀传统文化创造性转化与创新性发展引领
社会主义文化强国建设的运行机制**

第三节 中华优秀传统文化创造性转化与创新性发展引领社会主义文化强国建设的路径选择

推动中华优秀传统文化创造性转化与创新性发展的路径很多，各学科学者都可以从本学科的视角出发，提出不同的发展道路，有的是研究中华优秀传统文化创造性转化与创新性发展应该包括哪些内容、有的是从形式出发来研究中华优秀传统文化创造性转化与创新性发展包括哪些模式或渠道。从推进华夏文明伟大复兴的目标出发，可以将中华优秀传统文化创造性转化与创新性发展引领社会主义文化强国建设的道路归纳为五大路径：中华精神文化创新性发展促进社会主义核心价值观的形成，进而推进了我国精神文明建设；中华制度文化创新性发展助力我国政治生态环境优化，进而促进了我国政治文明建设；中华科技文化创新性发展助力我国科技创新动力形成，进而促进了我国科技文明建设；中华生态文化创新性发展促进我国绿色发展理念升华，进而推动了我国生态文明建设；中华历史文化资源创造性转化，推动了我国文化事业繁荣、文化产业发展以及国际文化贸易发展，进而推动我国物质文明建设。以上五大路径凝成合力，构成社会主义文化强国建设的五大内生动力源泉，最终推进了我国社会主义文化强国建设与华夏文明伟大复兴目标的实现。

一、中华精神文化创新性发展引领社会主义精神文明建设

（一）中华精神文化创新性发展与社会主义核心价值观形成的关系

纵观中华民族 5000 多年的文明发展史，以黄河流域、长江文明为主体的中华民族逐步融合，文化全面发展和积累，由此构成"中华精神"的基础，其内涵主要包括：刚健有为、自强不息的奋斗精神，贵和尚中、崇德重义的价值观念，守成创新、开拓进取的进化观念，勤俭节约、艰苦奋斗的生活理念，爱国主义、团结统一的家国情怀。

党的十八大提出，要倡导"富强、民主、文明、和谐"，倡导"自由、

平等、公正、法治",倡导"爱国、敬业、诚信、友善",积极培育和践行社会主义核心价值观,这体现了社会主义核心价值体系的根本性质和基本特征,反映出社会主义核心价值体系的丰富内涵和实践要求,是社会主义文化强国建设的高度凝练和集中表达。①

从以上中华精神文化的表述与社会主义核心价值观的内容来看,中华优秀传统精神文化与社会主义核心价值观一脉相承、具有内在的渊源关系。中华精神文化是社会主义核心价值观形成的重要源泉与历史积淀、是社会主义核心价值观形成的思想来源,社会主义核心价值观的形成植根于中华精神文化的深厚底蕴,是对中华精神文化的创造性转化与创新性发展,社会主义核心价值观是中华精神文化的时代彰显与华夏文明在新时代的发扬光大。

(二) 中华精神文化创新性发展引领社会主义精神文明建设的路径选择

以中华精神文化创新性发展引领社会主义精神文明建设,主要包括以下五条渠道:一是以社会主义核心价值观为引领,推动社会主义精神文明发展;二是传承中华优秀精神文化,构筑社会主义精神文明建设的核心内容;三是充分调动人民群众的积极性,构建中华精神文化创新性发展的主体力量;四是坚持民族平等团结方针,推进全国各民族优秀文化融合发展;五是秉持人类命运共同体理念,加强国际文化交流,引领先进文化发展潮流。

二、中华制度文化创新性发展引领社会主义政治文明建设

(一) 中华制度文化创新性发展与社会主义政治生态优化的关系

政治生态是各类政治主体生存发展的环境和运行状态,是一个国家或地区的政治团体、政治制度、政治文化、政治生活等各种相关要素相互作用、相互影响的结果,政治生态的好坏最终可以从一个地区的党风、政风、社会风气等综合反映出来。

中华民族5000多年文明史所积淀的深厚制度文化是我国政治生态建设

---

① 中共中央办公厅. 关于培育和践行社会主义核心价值观的意见 [N]. 人民日报,2013 - 12 - 24 (1).

的重要文化根基。传统文化中丰富的制度典章，涉及文化制度、社会规范、刑罚政令、行为方式等多方面的政治生态内容；传统制度文化当中的为政以德观念，注重操守、为官干净等道德规范，有利于我国的政治生态建设；传统制度文化当中丰富的法制思想，具有礼治与法治相统一的特质，礼治重在防患于未然，法治则重在事后惩戒，这构成具有中国特色的法制精神的重要源泉。

社会主义政治生态离不开对我国优秀制度文化的传承与发展。筑牢政治生态建设的文化根基要坚持"文化传承与创新"的原则，既要破除传统政治文化中的落后腐朽因素，更要营造积极健康的政治文化。破除政治文化中的庸俗腐朽因素、营造积极健康的政治文化离不开对我国优秀制度文化的传承与发展。

中华制度文化创新性发展对社会主义政治生态优化具有基础性的影响作用。中华优秀传统文化中蕴含了许多有借鉴意义的优秀传统制度文化，通过推动制度文化的创造性转化与创新性发展，有助于优化我国的政治生态，坚持和完善中国特色社会主义制度、推动国家的治理体系完善和治理能力现代化。

（二）中华制度文化创新性发展引领社会主义政治文明建设的路径选择

中国社会主义政治文明建设是一个系统性工程，是在吸收中国古代制度文化的精华与西方制度文化的合理要素的基础上发展起来的，进而形成具有中国特色的社会主义制度体系。

以社会主义文化强国建设为目标，中华制度文化创新性发展引领社会主义政治文明建设的路径可以归纳为以下四个方面：第一，以经济制度文化创新促进我国的经济体制改革。经济制度文化的创新能够带动人们创业，培养勇于创新、勇于冒险的人群，能以较低的成本集聚人才，在较短时间获得竞争优势，进而节约经济体制改革的成本；同时，经济制度文化创新还有助于破除不合理的体制机制障碍，推动经济体制改革的顺利进行。第二，以政治制度文化创新促进我国的政治体制改革。政治制度文化创新既是我国政治体制改革的核心内容，也是实现政治体制现代化的必由之路。通过文化创新，可以消除传统思想中浓厚的特权意识、专制主义、等级观念、官僚作风等，树立自由、民主、平等、法制的意识，调动人民群众依法参与政治事务的主动性与积极性，为推进政治体制改革创造一个良好的文化生态环境。第三，以伦理制度文化创新促进我国的营商环境优化。营商环境是指市场主体在市场准入、生产、经营、退出等过程中所涉及的服务环境、政务环境、市场环境、法治环境、人文环境等相关外部条件和影响因素的总和。营商环境的优化需要公平、自由、诚信的市场竞争环境来支撑。伦理制度文化创新能够节约政府和企业间的交易成本，为市场经济创造良好的、自由的、公平的竞争环境，从而实现营商环境的优化；伦理制度文化创新能够节约企业之间的交易成本，加强企业间的信任度，提高各个企业的竞争力；伦理制度文化创新还能够节约企业和消费者间的交易成本，促使企业诚信经营，保护消费者的权益，规范营商环境的建设。第四，以宗教制度文化创新促进我国创新动力的形成。宗教是人类理性精神、伦理精神、美学精神的升华和文化结晶，是人类崇高精神的结晶，世界上的绝大多数宗教都注重处理人与自然的关系、主张天人合一的思想，关爱自然，关爱生命。宗教文化对人们世界观的形成具有深远的影响，马克斯·韦伯在《新教伦理与资本主义精神》一书中认为，西方现代文明和西方新教文化改革是分不开的。应该通过加强对我们国家儒教、道教等宗教文化的改革，使广大教民专注于经济社会发展，从而为推进我国的创新发展注入新的能量与动力。

综上所述，制度文化是一个地区市场经济环境建立和经济快速增长的重要源泉。政治文化、经济文化、伦理文化、宗教文化等制度文化，通过促进一个区域政府职能的转变、经济组织的创新、诚信和谐竞争环境的建立和科学意识的培育等途径，最终构成了市场经济环境形成和发展的基础。

三、中华科技文化创新性发展引领社会主义科技文明建设

（一）中华科技文化创新性发展与我国科技创新动力形成

在农业社会，中国科技文化通过与科技实践结合，曾经创造出举世闻名的"四大发明"，使中国长期保持在世界科技发展的前列，中华先民所创造的科学技术文化成果，既为中华民族的文化长卷添上了浓墨重彩的一笔，也丰富了人类文化宝库；既造福于我们自己的国家，也为世界他国所共享。但是进入工业社会后，由于中国科技文化先天不足，不重视科学理论研究，忽

视逻辑思维能力的锻炼，以及对物理与数学研究的长期不重视，使我国的现代科学发展与西方相比出现了明显的差距，需要通过科技文化的创新性发展，才能为我国的现代科技发展增添新的发展动力。

目前，我国的科技创新动力不足，既有科学技术发展水平的差距，也有科技文化观念相对落后与科研体制改革滞后等方面的原因，"钱学森之问"值得我们深刻反思。当今世界，新一轮的科技革命已经蓄势待发，意识本质、生命起源、宇宙演化、物质结构等一系列的重大科学问题正在寻求突破，开辟新方向、新前沿；一些重大的、具有颠覆性意义的科技创新也推动了一批新业态、新产业的萌芽与发展，技术的更新换代以及科技成果的转化变得更加快捷。只有以中华科技文化创新为动力，才能推动我国科学技术不断进步。

（二）中华科技文化创新性发展引领社会主义科技文明建设的路径选择

以推进我国社会主义科技文明建设为目标，中华科技文化创新性发展的道路可以归纳为以下五个方面的内容：第一，对不适应现代科学技术进步的传统科技文化观念进行改造，用先进科技文化理念代替相对落后的科技文化理念；第二，积极学习一切先进的科技文化理念，加大科学文化普及力度，厚植科技创新的文化土壤；第三，坚持以科技文化为指导，构建中国特色的科技文化发展体系；第四，坚持创新驱动发展，用自主创新推动科技文明建设；第五，发展科技文化教育与产业，加强科技文明建设创新的供给侧结构性改革。

四、中华生态文化创新性发展引领社会主义生态文明建设

以生态文化创新为抓手，深化绿色发展理念，是推进我国社会主义生态文明建设的基本途径。

（一）中华生态文化创新性发展与华夏文明绿色发展理念的升华

过去旧的发展理念中将人置于自然界之上，将自然界定位为人类征服和改造、获取物质财富的对象，"环境掠夺式"的经济增长方式就是这种发展观念的结果，在快速发展中积累了大量生态环境问题。正是基于这种客观现

实和突出问题，党中央与时俱进，提出了绿色发展理念，并且倡导绿色生活方式和生产方式。

践行绿色发展理念是对可持续性发展观的深化，是旧理念、旧利益与新发展理念的博弈。倡导绿色发展理念，需要全社会对绿色理念达成一致共识，并且在实践中践行，进而达到环境友好、资源节约的社会发展目的，实现可持续发展。

倡导绿色发展理念，离不开从中华优秀生态文化中去吸取丰富的营养，中华生态文化中包含有大量的生态文明元素与可持续发展理念，这构成了推进我国生态文明建设的动力源泉。但是，在我们的传统文化中也存在着一些与生态文明不相适应的落后理念，如过度开垦土地，放火烧荒，乱砍滥伐、铺张浪费等，以上种种不良现象的存在，又决定了中华生态文化面临着观念变革与绿色发展理念升华的任务。

（二）　中华生态文明创新性发展引领社会主义生态文明建设的路径选择

以中华生态文明创新性发展为动力，以绿色发展理念为引领，加速推进我国社会主义生态文明建设的路径设计如下：第一，传承与发扬优秀传统生态文明理念，构建具有华夏文化特色的生态文明发展观；第二，以习近平总书记的"两山理论"为指针，培育社会主义生态文明观念；第三，健全完善生态文明制度，推进可持续发展体制改革；第四，加强生态科技创新，为生态文明建设注入内生动力；第五，立足于人类命运共同体发展理念，携手世界生态合作。

五、中华传统文化资源创造性转化引领社会主义物质文明建设

（一）　中华优秀传统文化资源创造性转化对社会主义物质文明建设的促进作用

中华传统文化资源创造性转化对于促进我国社会主义物质文明建设具有内源性的影响。通过文化创意与高科技相结合的手段，全面兑现其历史文化价值，中华传统文化资源创造性地转化为文化产品，全面推动我国的文化事业繁荣、文化产业以及文化贸易发展，进而促进我国物质文明的发展，充分

满足人民日益增长的精神和文化生活需要。

（二）中华优秀传统文化资源创造性转化引领社会主义物质文明建设的路径选择

中华传统文化资源创造性转化通过各种形式的文化创意手段，主要从三个层次推进区域经济的转型发展，进而推动我国的社会主义物质文明建设。第一，产业经济文创化：结合文化资源禀赋，以创意为手段，打造独具区域特色的文化产业链，推动区域产业结构转型升级；第二，城市经济文创化：基于城市文化底蕴，通过文化创意，打造创意城市与智慧城市，塑造城市形象，形成品牌效应；第三，区域经济文创化：以文化创意为手段，兑现地域历史文化价值，明确经济发展方向，形成独具特色的经济增长模式，推动区域经济转型发展。中华优秀传统文化资源通过三大路径实现创造性转化，充分兑现其历史文化价值，形成合力，最终从促进我国文化软实力提升与文化经济发展两大层面，全方位地推进了我国的经济社会发展与物质文明建设。

第六章

中华精神文化创新性发展与社会主义精神文明建设

作为一种追求内在价值和道德楷模的东方文化代表，中华传统文化蕴含着丰富的精神文化思想。推动社会主义精神文明建设需要我们从传统文化中吸取优秀传统精神文化遗产，传承华夏文明基因，大力弘扬主旋律，提倡先进的文化理念，需要对传统文化采取"取其精华、去其糟粕"的传承发展态度，由此构成了推进中华优秀传统文化创造性转化与创新性发展的出发点。

第一节　中华精神文化的界定与分类

一、中华精神文化的界定

（一）精神文化的概念

有关精神文化的界定，不同学者从其研究对象及研究目的出发，给出了各不相同的定义。许俊杰（1996）从物质和精神两个视角出发对文化进行研究，提出物质文化包含了人类生产生活实践中所创造并运用的全部衣、食、住、行所需要的物品和工具等有形器物，而精神文化则是人类思维活动过程及其成果的总和，其涵盖了如哲学、伦理学和文学艺术等无形财富。曾丽雅（2002）认为，精神文化反映出一个民族的性格特征，囊括了该民族思维方式、价值取向、伦理观念、风俗习惯等精神成果的总和。精神文化是一个国家和民族在政治、经济领域的反映，是一定时期社会生活结构和经济发展状况的缩影，同时对政治、经济的发展具有导向作用。世杰（2005）则是从企业经营管理的角度对精神文化进行了解读，认为精神文化在企业文化层次中处于核心地位。当企业精神文化与经营管理实践、公司物质形态相适应，并被全体员工所认同时，作为一种无形而强大的精神力量，能够指导员工的思想，提升核心竞争力，从而促进企业的发展。栗志刚（2010）指出，民族的精神文化是一个由该民族的价值观念、心理情感等要素构成的文化系统，它具有相对独立性、自我修复性、交流开放性等特征。由此可见，人们对精神文化的内涵与外延的理解，随着时代的进步而不断拓宽与加深。

综上所述，本书认为精神文化是一种人类特有的意识形态，是制度文化和物质文化的内在价值核心，是蕴含在物质文化、制度文化最深沉之处的、人类社群所独有的意识形态和价值观念的综合体。具体而言，精神文化包括了一个民族的思维方式、伦理观念、价值追求、风俗礼仪、思想理论、行为准则等。根据精神文化的表现形式，又可以将其分为两大类：一是尚未理论化、规范化的价值形态，这一部分精神文化常常贮存于人的内心深处，通常表现为一个群体的心理心态、风俗习惯、价值信仰、行为举止；二是已经理论化、规范化的思想理论体系，这一部分精神文化往往来源于历代先哲的总结提炼，通常以思想理论的形式世代相传。

中华精神文化根植于中华优秀传统文化最深沉之处，是中华优秀传统文化的灵魂所在和价值指南。中华精神文化是在中华儿女长期社会实践中发展形成的、具有相对稳定性的精神思想、观念文化，是在长期历史积淀中形成的理论观点、学术思想、道德观念、风尚习俗、礼仪举止。中华精神文化对当今中国人民的生产生活方式、思维模式、价值取向以及中国经济社会的长远发展都有着规制作用。

（二）精神文化的特征

中华精神文化作为一直独立于物质文化而存在的理念形态，在时间维度上表现出历史继承性与相对独立性，在空间维度上展现出统一性与多样性共存的关系，中华精神文化就是在这样一种时空交织的状态下不断地向前发展演化。

1. 历史继承性

精神文化是在一定历史时期、一定地域上生活的民族或群体的长期生产生活实践基础上形成和发展起来的。正如英国学者安东尼·史密斯所言，"民族主义的力量正是根植于该民族的历史积淀"。① 正因为如此，我们可以得出精神文化具有历史继承性，其形成并成功传承至今得益于本民族独特的自然环境和文化环境。中华精神文化的后续发展，都是中华民族文化系统的延续，不管外部环境如何变化，它都内生地包含着最初始的基因。由此，中华精神文化的形成可以被视为一个"自觉的"历史继承过程。人们的文化意识、价值理念受到传统文化基因潜移默化的影响，价值选择就是价值认同的过程。

2. 相对独立性

正因为文化的生产与发展都是基于一定的时间和空间，因此，精神文化除了具有历史继承性之外，还有相对独立性。在每一个历史时期，精神文化都会表现出强烈且鲜明的时代特征。中华精神文化的相对独立性实质上指的是中华民族精神在不同历史时期的具体表现，这体现出中华精神文化具有阶段性的特征。中华精神文化在其漫长的历史演化过程中，在保持其核心内涵基本不变的前提下，根据时代的变化加入了反映时代发展要求、符合历史发展规律的内容。翻开历史的画卷，我们可以看到：魏晋时期的民风普遍飘逸、洒脱；唐宋时期的精神文化更加包容、高贵；近代以来，由于中华民族饱受列强凌辱，中华民族的爱国主义精神空前高涨；改革开放以来，追求个性、求真务实、敢于创新成为时代的最强音符。

3. 多样性

中华精神文化表现出多样性的特点，这是由于中华民族的历史地理和社会人文所导致的。中国土地广袤，地理环境起伏多变，不同区域的自然环境形成不同的精神特征。正所谓"一方水土养一方人"，每个地区的人呈现出不同的社会风俗、精神价值。也正是由于山川大河的阻隔，中华民族作为一个多民族的大家庭，各民族在其长期生产生活实践中产生了具有本民族特色的精神文化，使中华民族精神文化呈现出多元化的特征。在土壤比较贫瘠、

---

① 叶江，沈惠平. 民族主义：过去，现在和未来——安东尼·史密斯《民族主义：理论，意识形态，历史》一书的启迪 [J]. 上海师范大学学报，2008（1）：46.

自然环境恶劣的地方，社会成员为了谋求生存和发展，培育出了团结合作、艰苦朴素的优良传统，促使中华民族形成了热爱国家、团结统一的思想品质，各民族、各区域的文化共同交融铸就了伟大的中华精神文化。

4. 统一性

中华精神文化的统一性来源于中华民族的群体性和中华民族精神的群体性。首先，中华民族的群体性决定了中华精神文化必然带有统一性。随着社会历史进程的推进，统一多民族国家的建立，距离障碍逐渐得到克服，不同区域、不同民族文化之间进行交流融合，相互取长补短，逐渐形成一个完整的精神文化体系。其次，中华民族精神的群体性也决定了中华精神文化的统一性。中华民族精神并非为某一个体所特有，而是由全体中华儿女这一共同体所认可和遵循。正因为如此，作为中华民族精神母体的中华精神文化，集中体现了中华各族人民共同的价值理念、思想观念、风俗习惯、心理心态。

二、中华精神文化的发展历程

在历史演进过程中，不同的历史阶段存在着当时特殊的历史文化基础和社会经济背景，这也铸就了不同历史时期的不同时代精神。从历史发展的长河中去考察，世界范围内不同国家或地区的每一个历史时期的时代精神的汇总凝结，构成了该国或该地区的精神文化。中华民族拥有源远流长、博大精深的精神文化财富。纵观长达 5000 多年的中华民族发展史，以黄河流域、长江流域为基础发展起来的大河文明逐渐形成与稳定，中华民族、中华文化在分分合合的历史进程中走向成熟。但是自 1840 年以来，西方列强的坚船利炮不断地蚕食华夏领土，在西方资本主义思想的影响下和国内社会经济结构的演变下，中国社会发生了翻天覆地的变化。经过一代代中华儿女艰苦卓绝的抗争，终于迎来了新中国的成立。在浩浩荡荡的社会主义革命、建设和改革开放进程中，中华精神文化得到了新的补充与延展。中华精神文化的发展历程可以分为以下三个阶段。

（一）中华精神文化的积淀和发展（公元前 3000 年左右～公元 1840 年）

第一，以"三纲五常"为主要内容的儒家思想。春秋时期，孔子在经历了长期政治生涯、教育生涯后，汲取古代先哲的智慧，创立了儒家学说。

汉武帝时期，董仲舒提出"罢黜百家，独尊儒术"的政治观点，自此儒学逐渐成为中国古代封建王朝实施统治的正统思想。"君君，臣臣，父父，子子"和"仁义礼智信"成为人们追求的精神信条。具体而言，儒家强调"仁义"和"人为贵"。儒家思想经过历朝历代的丰富和发展，其思想内涵不断凝练和扩大，涉及友谊、健康、公平、正义，尤其是诚信、创新、文明、和谐、民主、法治等思想逐渐演变成当代的核心价值观念。儒家思想作为 2000 多年来的主导思想，在今天得到越来越充分的继承和发扬。

第二，以"道法自然""无为而治"为核心内容的道家思想。春秋末期，老子创建了道家学说，其主要思想就是"天道无为"，强调追求人的价值和精神解放。老子提出"无为而治"，指出天地万物皆由道而生，为人处世皆可自然无为，切不可妄为。此外，道家学说强调人生价值的实现，追求人的自由与精神的解放，具体表现在"柔""坐忘""化蝶""天人相应"等思想理念，道家思想对当今中国精神文化的演化发展也发挥着重要作用。

第三，尊重生命和自然的佛教文化。自西汉末年佛教从古印度经西域传入我国以来，凭借其尊重生命、慈悲为怀的教义，在中国进行了本土化和世俗化的发展。佛教在我国能够成功地进行本土化、世俗化改造，一方面显示了其与中华文化天然的契合性和适应性，另一方面也展示了中华精神文化具有强大的包容性。到了北宋时期，儒释道三教合流，佛教文化与中华传统文化相互影响、相互交融，其尊重生命价值和自然平等的思想，对中华民族和中华文化有着深远的影响。

第四，以其他各种学说和少数民族文化为主要内容的精神文化。中华上下五千年历史文化，不仅包含了儒释道三家主流文化，还存在着诸多民间信仰和少数民族文化，这些都是中华传统文化的重要组成部分。散落于中国民间的祖先信仰、宗庙祭祀、年度祭祀等文化形式，以及各民族地区的原始巫术、万物有灵论等地方文化，都与华夏儿女的日常生产生活实践密不可分。这些民间文化至今仍存在着潜在影响，是中华精神文化不可或缺的构成要素。

（二）中华精神文化的变迁与转折（1840～1919年）

鸦片战争是中华民族和中国社会发生重大变革的历史转折点。西方列强用坚船利炮打开了中国的国门，中华民族面临着前所未有的亡国危机和民族危机。在这一历史时期，中华精神文化增添了新的时代元素，反映了社会历史变革的要求。

一是励精图治、发愤图强的自强精神。面对当时社会即将分崩离析、国家在风雨中飘摇的危机，农民阶级、地主阶级洋务派和资产阶级维新派、资产阶级革命派以励精图治、发奋图强的精神，力求力挽狂澜，救国家与民族于水火。从太平天国运动到义和团运动，从洋务运动到戊戌变法再到辛亥革命，最后到五四运动，都体现了这种民众的呼声和行动。

二是变革创新、敢为人先的首创精神。变革创新精神自古以来是中华民族的优良品质。在近代，面临亡国灭种的危机，一批批精英人物和接受了先进思想的知识分子挺身而出，从林则徐、魏源到康有为、梁启超，再到孙中山、李大钊，近代的先进知识分子逐渐登上历史舞台，引领了一个伟大领域或者潮流的开启。

三是不屈不挠、艰苦奋斗的奋进精神。近代以来，中华民族的梦想就是国家统一、民族富强，这一理想是刻在了中华民族基因里的。中国自古以来是一个爱好和平、团结统一的民族，无数仁人志士为完成反帝、反封建的事业，建立一个国家统一、民族富强的国家而抛头颅、洒热血，进行了百折不挠的抗争。正是这种强大的精神力量使任何企图征服或分裂中华民族、华夏大地的阴谋都不能得逞。孙中山先生为振兴中华而奋斗了一生，是这一历史时代的优秀代表。

（三）中华精神文化的新生和焕发（1919 年至今）

1921 年夏天，中国共产党成立以后，开启了中国革命、建设和改革的奋斗新征程，培育形成了一系列彰显和反映民族精神、体现时代要求、凝聚各方力量的红色精神文化，极大地丰富和发展了中华精神文化。

第一阶段（1921 年中国共产党成立至 1949 年新中国成立），新民主主义革命时期。这一时期形成了建党精神、井冈山精神、长征精神、延安精神、抗战精神以及西柏坡精神等。自从红色基因诞生以来，革命精神文化在曲折、困境中不断发展壮大。以科学社会主义指导中国革命，让民族精神展现时代风貌，使革命情怀融入中国人民内心，最终实现民族独立、国家富强的百年夙愿。以民族自尊心、自信心提振中国精神，以宣传教育主动性、针对性塑造中国精神，是这一时期中华精神文化的时代表现。

第二阶段（1949 年新中国成立至 1978 年党的十一届三中全会召开），社会主义建设时期。新中国成立极大地激发了广大劳动人民的建设热情，面对一穷二白的国家，他们不惧艰难、昂首挺胸，吃苦在前、享乐在后，铸就了一个个可歌可泣的伟大创举。在这一时期形成的包括以爱国主义和国际主义为核心的抗美援朝精神、大庆精神、雷锋精神、焦裕禄精神、"两弹一星"精神等，无一不体现着爱国主义的高尚情怀，无一不体现着自力更生、艰苦奋斗、独立自主、大公无私、勇于创新的美好品质。

第三阶段（1978 年党的十一届三中全会召开至今），这一时期的精神主要体现为以改革创新为核心的时代精神，具体内容包括载人航天精神、女排精神、抗洪抢险精神、抗震救灾精神、北京奥运精神和抗疫精神等。十一届三中全会的召开，标志着中国进入社会主义改革时期，中华精神文化得到进一步的凝练和提升。中国共产党带领中国人民从站起来到富起来再到强起来的百年历程中，逐步积淀和构筑了体现民族性、先进性和社会主义核心价值观的中国精神谱系。

三、中华精神文化的分类

精神文化作为各种文化具体表现（如器物、制度、习惯等）的内核，是所有文化现象中最深层次的内在动力和思想渊源，是指导和推动民族文化不断与时俱进、开拓创新、充满生机与活力的基本思想和基本观念。作为中国文化基本精神的思想观念或文化传统，中华精神文化具有广泛影响和积极作用。一方面，中华精神文化在世世代代中华儿女的社会实践中不断凝练和升华，并为全体中华儿女所认同和接受，同时中华精神文化感染熏陶着绝大多数人民群众，成为他们人生的处世准则和自觉的价值追求；另一方面，中华精神文化作为中国文化发展的正确方向、体现中华民族蓬勃向上精神的代表，具有维系中华民族生存与发展、推动社会前进与历史变革的积极作用。通过梳理相关历史典籍，结合古今学者的研究总结，中华精神文化的基本内涵可以概括为以下五个方面。

（一）刚健有为、自强不息的奋斗精神

刚健有为、自强不息是中华精神文化的基本要义之一，是华夏儿女对待

人与自然、人与人关系的总的原则，也是中华民族积极乐观的生活态度的凝练表达。《象传》说："天行健，君子以自强不息。"① 天体运行，永无已时，故称为"健"。健含有主动性、能动性，以及刚强不屈之义。君子法天，故应"自强不息"。"自强不息"也就是努力向上，绝不停止。《周易大传》所说的"刚健"，除了有发挥主动性、能动性、努力向上、绝不停止的意思外，还有"独立不惧""立不易方"之义，"独立不惧""立不易方"也就是孟子所说的"富贵不能淫，贫贱不能移，威武不能屈"的独立人格，还有老子"自胜者强"之义，刚毅和有为是不可分割的。有志有德之人，既要刚毅，又要有历史责任感和时代使命感。《论语》中讲：士不可以不弘毅，任重而道远。仁以为己任，不亦重乎？死而后已，不亦远乎？这便很精准地强调了知识分子要有担当道义和不屈不挠的奋斗精神。中国传统文化中所具有的刚健有为、自强不息的精神一直是中华民族奋发向上、蓬勃发展的动力，体现在人民生活的方方面面。刚健有为、自强不息的精神，不仅在我们民族兴旺发达时期起到过巨大积极的作用，而且在民族危难之际，如外族入侵，政权易手之时，也总能成为激励人们进行反侵略反压迫斗争的强大精神力量。

（二）贵和尚中、崇德重义的价值观念

"和"是中国古代哲学的一个重要范畴，在中国文化的发展过程中起着独特的作用，它不仅是一种思想观念，而且也是中华民族的基本精神。中华民族历来强调"和为贵""贵和尚中""如乐之和，无所不谐"，这是中华民族的基本文化精神。"和"在古汉语中表示协调不同的人和事并使之均衡，就是指不同事物之间的协调、和睦、融洽。贵和尚中的文化精神，可以超越地域、阶级、时代、种族的界限，哺育每一个中华儿女，使其凝聚为一体，同心同德为民族的利益和长远利益不懈奋斗，可以激励人们自觉地维护国家与集体的利益，坚持集体主义价值取向。

崇德重义强调修身自省，崇尚道德，注重大义，是中华精神文化的灵魂之一。历代优秀中华儿女始终把崇德重义作为一种人生准则，即做人要刚正不阿，不为五斗米折腰，做事要廉洁自律，不坠青云之志，不为私利而有损

---

① 杨天才. 周易 [M]. 上海：中华书局，2011.

气节，崇德重义具有鲜明的民族印记和独特的道德情操。

（三）守成创新、开拓进取的进化理论

尊重传统必然崇尚守成，中国文化历来看重守成，尊重前人的创造成果，不简单否定前人的成就，所谓"祖述尧舜，宪章文武"，本质上是一种尊重前人思想、继承前人的守成思路。孔子曾经表示："周监于二代，郁郁乎文哉，吾从周"①，孟子"言必称尧舜"②，这些都是守成思想的明证。以注释为基本方式和外在特征的中国古代经学，也是典型的守成思想的体现，无论古文经学还是今文经学，尽管他们之间对于经典的理解有着严重的分歧，但从思维方式和价值取向来看，都是在保守、认同前人成果的基础上推进学术的发展，进而推动社会的发展。尊重传统、重视常道、礼尚守成，都是中国传统精神文化中守成创新的进化意识的体现。这种在守成中创新的进化意识，具有鲜明的中国特色，即用渐进的、温和的、尊重前人的方式解释世界、改造世界，充分尊重历史，强调精神文化发展的历史继承和世代延续。开拓进取、求实创新，是时代的需要，是发展的需要，也是社会进步的表现。

（四）以人为本、重视人伦的道德理念

以人为本指的是以人为考虑一切问题的根本，就是在天、地、人之间，崇尚以人为中心，在人与神之间，以人为中心。《孝经》中说，"天地之性，人为贵"是构成中国传统文化的基调，它有利于人们正确处理人与神之间的关系，增强人的主体意识，有益于人们抵制宗教神学。儒学中的人本主义着重强调把人放在一定的伦理政治关系中加以考察，把个人价值的实现、个体道德精神的升华，寄托于整体关系的良性互动。《诗经》中记载"质尔人民，谨尔侯度，用戒不虞。"③《管子·霸业》中说："夫霸王之所始也，以人为本。"④ "民惟邦本""民贵君轻""立君为民"等古训体现了古代统治者对人民大众的重视。当然，中华传统精神文化中的人本主义重人伦轻自

---

① 论语 ［M］. 陈晓芬，译注. 上海：中华书局，2016.
② 孟子 ［M］. 方勇，译注. 上海：中华书局，2017.
③ 诗经 ［M］. 王秀梅，译注. 上海：中华书局，2015.
④ 贾太宏. 管子 ［M］. 北京：西苑出版社，2016.

然、重群体轻个体，只强调个人义务与道德人格的独立性，而不重视个人的权利和自由，这是需要改进的地方。

（五）天人合一、协调共存的自然思想

天人关系问题，也就是人与自然的关系问题，是中国传统哲学文化的基本问题之一。中国传统文化历来比较重视人与自然的和谐统一，不像西方文化那样强调征服自然、改造自然。《周易大传》中提出：夫大人者，与天地合其德，与日月合其明，与四时合其序，与鬼神合其吉凶。先天而天弗违，后天而奉天时。所谓先天，即引导自然；所谓后天，即顺应自然。在自然变化未萌之先加以引导，在自然变化既成之后注意适应，做到天不违人，人亦不违天，即达到天人合一、协调共生的境界。孟子提出"尽心知性知天"，庄子认为"天地与我并生，而万物与我为一"，董仲舒提出"天人感应"，这些都是天人合一、和谐共生思想的体现。过分强调征服自然、战胜自然，"人定胜天"，而不注重生态平衡、环境保护，也会受到自然的惩罚。因此，改造自然是必要的，破坏自然则必定会自食其果。天人合一思想充分体现了中国古代思想家对于主客体之间、主观能动性与客观规律性之间关系的辩证思考，对当今社会经济发展有着重要的启示意义。

四、中华精神文化的性质分析

按照是否适应社会主义市场经济发展需要、是否符合社会主义精神文明建设要求，我们可以把中华精神文化从性质上划分为优秀传统精神文化和保守传统精神文化两种类型。一般来说，具有冒险精神、创新精神、民主精神、科学精神和法治精神，能够适应现代社会的需要、推动现代经济发展的文化，属于优秀传统精神文化的范畴，是创新型文化。而风险规避型的、保守的、专制的、盲从的，与现代市场经济发展不相符的文化则会阻碍经济的发展，属于保守传统精神文化的范畴，是保守型传统精神文化。

创新型精神文化和保守型精神文化两者的最主要区别，就在于其对待社会主义精神文明建设的不同态度上。弘扬主旋律，提倡先进文化，势必需要对原有的中华精神文化进行创造性转化与创新性发展。

（一）优秀传统精神文化及其功能

一般来说，具有创新精神、科学精神，能够适应社会主义现代化发展需要，推动社会主义精神文明建设的文化，属于创新型精神文化。具体来说，创新型文化是指与创新有关的社会意识形态、文化氛围，它包括人们在追求财富、创造价值、促进生产力发展的过程中所形成的思想观念、价值体系和心理意识等内容，它主导着人们的思维方式和行为方式。创新型文化是一个国家、一个地区发展最深厚的底蕴，它营造经济发展的社会氛围，激发经济发展的内在活力。推动精神文明建设需要我们大力挖掘中华精神文化中积极的、有益的成分，进行适合现代社会生活理想、符合社会主义核心价值观的改造。例如，中华精神文化中的守成创新、开拓进取的进化观念是一种创新型精神文化。

优秀传统精神文化的功能主要体现在三个方面：首先，优秀传统精神文化具有民族凝聚功能。中华精神文化具有强大的思想统摄性，它可以超越地域、阶级、种族、时代的界限，运用深沉而广泛的共同价值观念熏陶哺育每一位中华儿女，使全体中华儿女凝聚为一体，同心同德地为民族整体利益和长远利益而不懈努力奋斗。其次，优秀传统精神文化具有精神激励功能。这种精神激励功能表现在生活的方方面面，比如中华精神文化中体现的刚健自强精神，在几千年的历史发展过程中，一直激励着人们奋发向上、不断前进，坚持与内部的邪恶势力和外来的侵略压迫者做百折不挠的斗争。又如，中国传统文化中"以人为本"的精神，激励着人们尊重人的价值和尊严，努力在生活中发现和实现人的价值。再如，中国文化中"天人合一、以和为贵"的精神，激励人们自觉维护整体利益，坚持集体主义价值取向。最后，优秀传统精神文化具有整合创新功能。该整合创新功能深植于古代哲学的辩证思维之中。从古代先哲的观点来看，"和"是创新的源泉，世间万物生生日新，是统一体中"不同"、对立的方面相整合的结果，故有"日新之谓盛德，生生之谓易"。

（二）保守传统精神文化及其负面影响

保守型精神文化具有风险规避的、因循守旧的、专制盲从的特点，总体上与现代文明发展不相符，会阻碍社会经济的可持续发展。保守型精神文化具体表现为厌恶风险、缺乏创新、因循守旧、安于现状、官本位、轻创业等。中华传统文化创新性发展要摒弃传统文化中的依附、无为、中庸、崇古等消极人格特质。经过现代化的洗礼和改造，融入当代中国人的现代因子，比如开拓创新、独立自主、勇于竞争等人格越来越成为大多数中国人的普遍精神。

保守传统精神文化的负面影响有以下三个方面：第一，宗法性因素的负面影响。过度保守的精神文化将伦理关系凝固化、绝对化，在一定程度上成为人身压迫、精神虐杀的思想渊源。在我国古代封建社会，一直强调家庭本位思想，社会秩序和人伦秩序以"三纲五常"为依据，具有强烈的等级观念。中国传统文化中的这种家长制作风、等级观念、独裁制度，与"人人生而平等"的现代民主观念、民主制度针锋相对，潜在地阻碍了群众民主意识的觉醒和社会民主风尚的形成。第二，非理性因素的负面影响。古代封建统治集团大多将自然科学、技术发明当作奇技淫巧，正是这种只注重经文伦理而轻视科学技术的观念的盛行，使科学技术的发展失去了内在驱动力。同时，中国传统的思维方法重直觉、重经验，忽略了抽象的思维和理论的创造，不利于科学精神的培育和科学素养的提高，也不利于我国科学技术的发展。第三，保守性因素的负面影响。在中国传统文化中，虽然也时常闪耀着强调变革进取的思想火花，但古人总体上或许在绝大多数时间段里认为世界是"天不变，道亦不变"。崇古薄今，往往表现出对传统的盲目尊崇，而轻于创新。在中国古代，"标准立异"往往被斥为"离经叛道"。中国传统文化中这种反进步性的因素，造成了国民因循守旧、故步自封、盲目排外的心理。

第二节　中华精神文化创新性发展与社会主义核心价值观的形成

一、中华精神文化创新性发展的必要性分析

（一）弘扬时代精神，适应国内发展

纵观 5000 多年中华文明史，中华文化历经先秦的灿烂辉煌、唐宋的群

星闪耀、明清的封闭僵化，最终在不断地创新变革中实现了国家的新生和文化的嬗变。毋庸置疑，中华优秀传统文化世代相传，为中华民族提供了生生不息、发展壮大的丰厚滋养，为人类文明进步作出了不可磨灭的贡献。然而传统文化毕竟是前人遗留下来的文化遗产，其中不少思想观念到了今天已面临新的考验，因而难免同当今我们所要建立与弘扬的社会主义意识形态相抵牾，若想继续发挥传统文化的现代价值，需要对其进行创新性改造，使之在现代再立新功。

（二）树立文化自信，应对外来挑战

全球化是现代社会不可避免的发展趋势，世界逐渐变成一个共同体，国与国之间在政治、经济贸易上相互依存、相互影响，随之而来的便是文化的全球化。在文化的传播交流过程中，大量外来文化涌入中国，影响着人们的生活习惯与思维方式，对中国人的传统观念产生了十分强烈的冲击，给我国的传统文化带来了巨大的挑战。如今，综合国力的竞争便是各国文化的竞争。文化竞争力是国家凝聚力和创新创造力的重要源泉，是人民的精神支柱。在文化竞争日益激烈的国际社会中，我们要对传统文化进行"现代诠释"，赋予其新的时代内涵，促进传统文化创造性转化和创新性发展。

二、社会主义核心价值观的概念与内容

（一）社会主义核心价值观的概念

核心价值观是一定历史时期、一定社会群体在社会实践中发展并逐渐成熟的、用于评价事件是非曲直所使用的根本价值观念。它被群体中绝大多数成员所认同并遵循，是群体成员共同追求的信仰或价值。社会主义核心价值观是社会主义核心价值体系的内核，体现社会主义核心价值体系的根本性质和基本特征，反映社会主义核心价值体系的丰富内涵和实践要求，是社会主义核心价值体系的高度凝练和集中表达。

（二）社会主义核心价值观的内容

党的十八大提出，倡导"富强、民主、文明、和谐"，倡导"自由、平

等、公正、法治",倡导"爱国、敬业、诚信、友善",积极培育和践行社会主义核心价值观。富强、民主、文明、和谐是国家层面的价值目标,自由、平等、公正、法治是社会层面的价值取向,爱国、敬业、诚信、友善是公民个人层面的价值准则,这 24 个字是社会主义核心价值观的基本内容。

"富强、民主、文明、和谐",是我国社会主义现代化国家的建设目标,也是从价值目标层面对社会主义核心价值观基本理念的凝练,在社会主义核心价值观中居于最高层次,对其他层次的价值理念具有统领作用。富强即国富民强,是社会主义现代化国家经济建设的应然状态,是中华民族梦寐以求的美好夙愿,也是国家繁荣昌盛、人民幸福安康的物质基础。民主是人类社会的美好诉求,我们追求的民主是人民民主,其实质和核心是人民当家作主,它是社会主义的生命,也是创造人民美好幸福生活的政治保障。文明是社会进步的重要标志,也是社会主义现代化国家的重要特征,它是社会主义现代化国家文化建设的应有状态,是对面向现代化、面向世界、面向未来的,民族的、科学的、大众的社会主义文化的概括,是实现中华民族伟大复兴的重要支撑。和谐是中国传统文化的基本理念,集中体现了学有所教、劳有所得、病有所医、老有所养、住有所居的生动局面,它是社会主义现代化国家在社会建设领域的价值诉求,是经济社会和谐稳定、持续健康发展的重要保证。

"自由、平等、公正、法治",是对美好社会的生动表述,也是从社会层面对社会主义核心价值观基本理念的凝练。它反映了中国特色社会主义的基本属性,是我们党矢志不渝、长期实践的核心价值理念。自由是指人的意志自由、存在和发展的自由,是人类社会的美好向往,也是马克思主义追求的社会价值目标,平等指的是公民在法律面前一律平等,其价值取向是不断实现实质平等。它要求尊重和保障人权,人人依法享有平等参与、平等发展的权利。公正即社会公平和正义,它以人的解放、人的自由平等权利的获得为前提,是国家、社会应然的根本价值理念。法治是治国理政的基本方式,依法治国是社会主义民主政治的基本要求,它通过法制建设来维护和保障公民的根本利益,是实现自由平等、公平正义的制度保证。

"爱国、敬业、诚信、友善",是公民基本的道德规范,是从个人行为层面对社会主义核心价值观基本理念的凝练,它覆盖社会道德生活的各个领域,是公民必须恪守的基本道德准则,也是评价公民道德行为选择的基本价值标准，爱国是基于个人对自己祖国依赖关系的深厚情感，也是调节个人与祖国关系的行为准则。它同社会主义紧密结合在一起，要求人们以振兴中华为己任，促进民族团结、维护祖国统一、自觉报效祖国。敬业是对公民职业行为准则的价值评价，要求公民忠于职守、克己奉公、服务人民、服务社会，充分体现了社会主义职业精神。诚信即诚实守信，是人类社会千百年传承下来的道德传统，也是社会主义道德建设的重点内容，它强调诚实劳动、信守承诺、诚恳待人。友善强调公民之间应互相尊重、互相关心、互相帮助、和睦友好，努力形成社会主义新型人际关系。

三、中华精神文化与社会主义核心价值观形成的关系

（一）中华精神文化是社会主义核心价值观的历史积淀

中华精神文化是中华民族的"根"与"魂"。习近平总书记强调，"文明特别是思想文化是一个国家、一个民族的灵魂。"① 中华民族 5000 多年文明历史所孕育的中华精神文化，是中华民族独特的精神标识，是中华民族生生不息发展壮大的丰厚滋养。抛弃传统、丢掉根本，就等于割断了自己的精神命脉，社会主义核心价值观充分体现了对中华精神文化的继承和发展。中华文明绵延数千年，有其独特的价值体系。中国古代历来讲格物致知、诚意正心、修身齐家、治国平天下，这种以天下为己任的责任伦理，强调个人、家庭的命运与社会、国家、天下的命运紧密相连，要求每个人必须承担个人、社会与国家的多重责任。中华文化强调"民惟邦本""天人合一""和而不同"；强调"天行健，君子以自强不息"②"大道之行也，天下为公"③；强调"天下兴亡、匹夫有责"④；强调"君子喻于义""诚者，天之道也；思诚者，人之道也"⑤"言必信、行必果，人而无信，不知其可

---

① 习近平. 在庆祝中国共产党成立 100 周年大会上的讲话［N］. 人民日报，2021 - 07 - 02（2）.
② 杨天才. 周易［M］. 上海：中华书局，2011.
③ 戴圣. 礼记［M］. 上海：中华书局，2017.
④ 顾炎武. 日知录［M］. 北京：团结出版社，2022.
⑤ 孟子［M］. 方勇，译注. 上海：中华书局，2017.

也"①；强调"仁者爱人""己所不欲，勿施于人""老吾老以及人之老，幼吾幼以及人之幼""出入相友，守望相助""扶贫济困""不患寡而患不均"等，这些具有鲜明民族特色的思想和理念，对社会主义核心价值观的不同层面都有着深刻影响。

（二）社会主义核心价值观是中华精神文化的时代彰显

社会主义核心价值观是当代中国精神的集中体现，凝结着全体人民共同的价值追求。习近平总书记指出："核心价值观是一个民族赖以维系的精神纽带，是一个国家共同的思想道德基础。"② 从时代发展的角度来看，社会主义核心价值观是我们党团结带领人民在开创中国特色社会主义的伟大实践中形成的，是中国特色社会主义的价值表达。社会主义核心价值观作为当代中国国家、社会、公民层面的实践要求，有着丰富的历史底蕴和强大的时代感召力。中华精神文化是社会主义核心价值观的深厚土壤，社会主义核心价值观体现了社会经济发展要求，是中华精神文化的时代彰显。因此，要充分利用传统文化资源，挖掘具有时代价值的"文化观念"。

社会主义核心价值观推动中华精神文化的现代转化。每一历史时代的经济生产以及必然由此产生的社会结构，是该时代政治的和精神的历史的基础。社会主义核心价值观就是新时期中国人民精神动力的凝练和汇聚，由于中华精神文化与社会主义核心价值观的产生背景存在很大不同，这在客观上决定了社会主义核心价值观在继承中华精神文化精华时需要对其进行现代转化。这种现代转化是增强中华精神文化生命力、培育和弘扬社会主义核心价值观、提高中华文化软实力的需要。社会主义核心价值观对中华精神文化进行现代转化的关键在于，要推动中华精神文化转化成为更加有利于民族进步的价值观念，彰显民族精神；转化成为更加适合社会主义市场经济的价值准则，促进社会发展；转化成为更加匹配现代社会生活秩序的道德准则，提高公民素质。

---

① 论语［M］. 陈晓芬，译注 . 上海：中华书局，2016.
② 习近平. 在文艺工作座谈会上的讲话［N］. 人民日报，2015 – 10 – 15（2）.

四、中华精神文化创新性发展对社会主义核心价值观形成的促进作用

（一）中华精神文化是社会主义核心价值观形成的思想来源

中华精神文化为社会主义核心价值观的形成提供了丰厚的土壤。习近平总书记指出："一个民族、一个国家的核心价值观必须同这个民族、这个国家的历史文化相契合，同这个民族、这个国家的人民正在进行的奋斗相结合，同这个民族、这个国家需要解决的时代问题相适应。"① 中华精神文化作为中华民族精神的灵魂，是中华民族最根本的文化基因，潜移默化地影响着中国人的思想方式和行为方式，决定了中国独特的历史传统、文化积淀、基本国情。社会主义核心价值观只有植根于中华精神文化的土壤中，才能被人们普遍理解和接受，才能被人们自觉遵守和奉行，成为中国人民的价值追求和行为规范。

（二）中华精神文化是社会主义核心价值观弘扬的故事载体

每一种具体的精神文化背后，都有着世世代代中华儿女的生动实践。从神农尝百草到大禹治洪水，从越王勾践卧薪尝胆到范仲淹"先天下之忧而忧，后天下之乐而乐"；从岳飞精忠报国，到林则徐虎门销烟；一个个生动活泼的案例无一不是中华精神文化的具体表现。习近平总书记指出："优秀传统文化是一个国家、一个民族传承和发展的根本，如果丢掉了，就割断了精神命脉。"② 新时代弘扬社会主义核心价值观，我们要从这些历史典故、精神文化中汲取养分，在此基础上进行阐述、发展。

（三）中华精神文化是社会主义核心价值观发展的创新基础

习近平总书记提出，"不忘本来才能开辟未来，善于继承才能更好创新。"③

---

① 中共中央办公厅. 关于培育和践行社会主义核心价值观的意见［N］. 人民日报，2013－12－24（1）.
②③ 习近平. 在纪念孔子诞辰 2565 周年国际学术研讨会暨国际儒学联合会第五届会员大会开幕会上的讲话［N］. 人民日报，2014－09－25（2）.

社会主义核心价值观的形成与创新,都需要深厚的中华精神文化。培育和践行社会主义核心价值观要扎根中华精神文化。任何价值观的形成,都与特定地域和民族的文化有着深切的联系。社会主义核心价值观的形成根植于中华精神文化的深厚底蕴,是对中华精神文化的创造性转化、创新性发展。优秀传统文化与社会主义核心价值观的耦合转化主要表现为源与流的历史际会、实践中的血脉相连、逻辑上的环环相扣。坚持社会主义核心价值观的引领要求,将社会主义核心价值观作为标准对传统文化进行选择、作为标杆对传统文化进行改造、作为素材赋予传统文化新的内涵与形式。增强文化自信、推进社会主义核心价值观建设,既要充分运用中华精神文化涵养社会主义核心价值观,又要以社会主义核心价值观引领中华精神文化的创造性转化和创新性发展。

第三节　中华精神文化创新性发展引领社会主义精神文明建设的路径选择

中华精神文化创新性发展引领社会主义精神文明建设的主要路径可以从以下五个方面进行选择:一是以社会主义核心价值观为引领,推动社会主义精神文明发展;二是传承中华优秀精神文化,构筑社会主义精神文明建设的核心内容;三是充分调动人民群众的积极性,构建中华精神文化创新性发展的主体力量;四是坚持民族平等团结方针,推进全国各民族优秀文化融合发展;五是秉持人类命运共同体理念,加强国际文化交流,引领先进文化发展潮流。

一、以社会主义核心价值观为引领,推动社会主义精神文明发展

以社会主义核心价值观引领社会主义精神文明建设是马克思主义科学方法论的内在要求。作为一个庞大的系统性工程,社会主义精神文明建设需要运用矛盾分析法。其中,两点论和重点论辩证统一的观点要求我们在分析和解决问题时要抓住主要矛盾、把握矛盾的主要方面,要分清轻重主次,不能

胡子眉毛一把抓，避免落入片面主义和均衡主义的陷阱。社会主义核心价值观是社会主义核心价值体系的内核，凝结着全体中国人民共同的价值追求。只有抓住社会主义核心价值观这一关键，才能更好地以点带面，从全局高度突破重点。因此，推动社会主义精神文明发展，就必须以社会主义核心价值观为引领。

以社会主义核心价值观引领社会主义精神文明建设是中国共产党对精神文明建设规律性认识的不断深化。从历史进程中考察社会主义精神文明建设，可以发现我们党对精神文明建设的规律性认识存在一个不断丰富、完善、深化的过程。1982 年，中共十二大提出物质文明和精神文明协同推进的要求。1986 年，党的十二届六中全会通过了我们党历史上第一个专门阐述社会主义精神文明建设的决议，提出了社会主义精神文明建设的根本任务。1996 年，党的十四届六中全会进一步完善了社会主义精神文明建设的有关表述。2006 年，党的十六届六中全会首次提出"建设社会主义核心价值体系"的重大命题，明确指出"社会主义核心价值观是社会主义核心价值体系的内核，体现社会主义核心价值体系的根本性质和基本特征"①。2012 年，中共十八大第一次对社会主义核心价值观进行提炼概括，至此形成了以"三个倡导"为基本内容的社会主义核心价值观。社会主义核心价值观不仅是社会主义精神文明建设的核心灵魂和根本所在，同时也为社会主义精神文明建设指明了方向。因此，在新时代推进社会主义精神文明建设，必须大力培育和践行社会主义核心价值观。

二、传承中华优秀精神文化，构筑社会主义精神文明建设的核心内容

中华优秀精神文化是社会主义精神文明的核心内容。中华精神文化深植于中华优秀传统文化的肥沃土壤，同时也是中华优秀传统文化的灵魂所在和价值指南。中华优秀精神文化源远流长、博大精深，并且具有超越时空、与时俱进、开拓创新的强大精神魅力。"人德共生"突出强调了中华精神文化的鲜明特征，这也是中华文明积厚流光、历久弥新的重要原因。

---

① 中共十六届六中全会在京举行 [N]. 人民日报, 2006 – 10 – 12 (1).

良好的道德品质是为人处世的"金名片",是构筑人的精神家园的深层因素。中华精神文化对当今中国人民的生产生活方式、思维模式、价值取向以及中国经济社会的长远发展都有着先导作用。推动社会主义精神文明建设需要汲取世界各族人民精神文明建设的经验教训,充分利用中华优秀精神文化,并加以现代化的改造,使其回应时代发展潮流,构筑起社会主义精神文明的核心内容。

弘扬中华精神文化是新时代精神文明建设的发力点。社会主义精神文明建设包括思想道德建设和教育科学文化建设两个方面。具体来说,思想道德建设是精神文明建设的灵魂,决定着精神文明的性质和方向,着力解决整个民族的精神支柱和精神动力问题;而教育科学文化建设是精神文明建设不可或缺的重要抓手,是提高人民群众思想道德水平的重要条件,着力解决整个民族的科学文化素质的智力支持问题。中华精神文化既是中华文明成果的结晶,也是中华民族思想道德的精华。正因为如此,中华精神文化作为中华民族的文化基因,是中华民族屹立于世界民族之林、凝聚中华民族共识并不断向着新的胜利持续推进的强大动力,是中华各族人民共同享有的精神财富。习近平总书记特别强调,"抛弃传统、丢掉根本,就等于割断了自己的精神命脉。博大精深的中华优秀传统文化是我们在世界文化激荡中站稳脚跟的根基"①。基于此论断,我们在推进新时代社会主义精神文明建设过程中必须大力弘扬中华精神文化,培育全体中国人民"明大德、严公德、守私德"的良好品质,使全体中华儿女满怀家国情怀、坚定理想信念、勇担责任使命,为中华民族持续进步提供不竭的精神动力和智力支持。

三、充分调动人民群众的积极性,构建中华精神文化创新性发展的主体力量

充分调动人民群众的积极性,首先要坚持以人民为中心的发展思想。根据历史唯物主义的观点,人民群众是物质财富、精神财富的创造者,是社会变革的决定力量。"人的自由而全面发展"是马克思主义的最高价值追求,

---

① 中共中央关于繁荣发展社会主义文艺的意见 [N]. 人民日报, 2015 - 10 - 20 (2).

中国共产党也始终践行"以人民为中心"的发展理念。因此，在文化建设领域，要牢固树立人民群众的主体地位，充分发挥人民群众的首创精神，真正做到文化创新发展为了人民、依靠人民，精神文明建设成果由人民共享。充分调动人民群众的积极性和主动性，在中华优秀传统文化创造性转化、创新性发展的过程中，不断丰富人民群众的精神文化世界，同时以中华优秀精神文化最新表现形式为中华儿女提供精神指引，构筑起每一位中国人的精神港湾。

充分调动人民群众的积极性，还需要在全社会形成有利于文化创新的良好氛围。首先，中华精神文化根植于人民群众的日常生产生活实践，要因势利导，充分利用实践中的各种载体，拓宽中华精神文化创新性发展的载体，使之在保留核心内涵的同时，反映出时代精神的追求。其次，要注重均衡发展的价值诉求，不仅要推动发达地区、先进群体、城市文化的繁荣昌盛，还有注重补齐短板、统筹兼顾，发挥欠发达地区、普通群体、农村的"后发优势"，推动中华精神文化的创新性发展，优化文化资源在各地区、各群体以及城乡之间的配置，激发华夏儿女的积极性和创造性。此外，要强化文化创新行为及创新成果的规范。这就要求在中华精神文化创造性转化、创新性发展过程中关注民众需求，充满人文关怀，使文化创新成果与人民群众的精神文化需求相匹配，使文化创新目标同人的全面自由发展目标相一致。只有积极运用各种文化创新条件，协调推进各方面的创新需求，不断加强对创新过程及创新结果的规范，才能在全社会充分调动人民群众的积极性和主动性，充分发挥人民群众的主体力量。

四、坚持民族平等团结方针，推进全国各民族优秀文化融合发展

坚持民族平等团结方针是我国政府处理民族问题所采取的一项基本政策。辩证来看，民族平等是民族团结的前提和基础，民族团结是民族平等的必然结果。推动全国各民族优秀文化融合发展，传承中华优秀精神文化，理应坚持民族平等团结的方针。在朝代更迭的历史演进中，华夏各族人民在交往中平等相待、友好相处、互帮互助，各民族不断交流融合，形成了统一的多民族国家。各民族之间虽然有人口多寡、经济社会发展程度高低、风俗习惯与宗教信仰不同等各方面的差异，但各民族的传统文化一

起构筑成了源远流长、博大精深的中华文化。全国各民族优秀文化既是中华文化重要的组成部分，也是维系民族关系、促进民族团结的精神纽带，同样也为新时代进行中华精神文化创新性发展，推动社会主义精神文明建设提供了肥沃土壤。

坚持民族平等团结方针是弘扬中华民族精神、促进民族地区文化繁荣发展的前提条件。中华精神文化是中华民族精神的灵魂，而弘扬中华民族精神就需要构筑起中华民族的精神家园、不断增强中国人民的凝聚力和认同感。中华民族的共同体意识是华夏儿女共筑精神家园的内驱力，而中华各民族间的民族情感则是共筑精神家园的润滑剂。在多元一体的中国，坚持民族平等团结方针能够强化民族意识、增进民族情感，有助于培育和弘扬中华民族精神。同时，坚持民族平等团结方针是促进各民族优秀文化繁荣发展的保证。推进全国各民族优秀文化融合发展，既可以消除各民族文化间的隔阂，促进汉族与少数民族之间的关系，增进民族团结，维护各地区经济社会平稳发展，又有利于在世界民族之林坚定文化自信，弘扬中华精神文化，推动社会主义精神文明建设。

五、秉持人类命运共同体理念，加强国际文化交流，引领先进文化发展潮流

秉持人类命运共同体理念是社会主义精神文明建设的必由之路。伟大的思想对社会实践具有引领作用，人类命运共同体理念是中华精神文化的当代体现，对于促进世界文化"百花争艳"、保持人类文化多样性具有重要作用。中国传统文化所倡导的"以和为贵""和而不同""义利统一"等思想正是破解当今世界思想意识极端化、经济逆全球化、超级保护主义的积弊所急需的，与人类命运共同体理念存在相通之处，也符合人类共同发展的时代潮流。虽然在全世界构建人类命运共同体可以称为"道阻且长"，但这是一个非常远大且有前景的理想，它指明了人类社会未来的发展方向。在全球文化竞争领域，搞保护主义和单边主义是没有出路的，更不利于全人类的共同发展繁荣。秉持人类命运共同体理念有利于中华优秀传统文化与世界各民族优秀文化相互学习、相互借鉴，有助于社会主义精神文明建设。

加强国际间文化交流融合是建设社会主义精神文明的重要途径。文明因交流而多彩,文明因互鉴而丰富。文艺复兴运动以来,在西方先进知识分子中产生了资本主义思潮,逐渐形成了自由、平等、博爱、民主等核心价值观念。近代西方资产阶级在这些价值观的熏陶下反对封建势力,建立资产阶级民主国家。同样地,这些价值观念也在一定程度上促进了无产阶级的觉醒,成为广大劳动人民进行阶级斗争的思想武器。此外,全世界各民族国家都有其优秀的民族文化,通过中华文化与古今中外各个时期、各个民族国家文化的交流碰撞,有利于加深彼此之间的了解,同时激发新的思想火花;通过汲取人类优秀的思想资源,有利于革除狭隘的民族自大意识,增强中华文化的影响力,提升中国文化软实力,推进先进文化的发展潮流,构建社会主义精神文明。

第七章

中华制度文化创新性发展与社会主义
政治文明建设

制度文化是一个国家和地区政治文明建设的重要源泉，制度文化中的政治文化、经济文化、伦理文化、宗教文化等，能够通过组织、建立和谐诚信的竞争环境、改善政府职能等形式，构建文明的国际政治环境和优越的经济市场环境来建立。我国的社会主义政治文明建设是一项系统的、庞大的工程，需要吸纳传统的中华优秀制度文化基因，从而形成具有我国特色的、符合我国国情的社会主义制度文化体系，推动我国社会主义政治文明建设。

第一节　中华制度文化的界定与分类

一、中华制度文化的内涵与特性

制度文化是社会群体为了生存和发展而主动创造出来的具有规范性、组织性的体系，规范性是制度文化的根本属性。制度文化是指同器物层文化相适应的社会政治法律制度和组织结构与形式，它是精神文化的外显，是深层文化心理结构在规范层次上的体现。制度文化主要包括民间礼仪俗规等内容，是人类在物质生产过程中所结成的各种社会关系的总和。从内容上看，可以把制度文化划分成正式制度与非正式制度两个层面，正式制度是以成文的、明确的形式确定，用强制力来保证实施，例如，成文的法律、政策和规章制度等。非正式制度则是指对人的行为不成文的限制，与正式制度相对，如价值信念、道德观念、伦理规则以及风俗习惯等，可以将其划分为政治文化、经济文化、伦理文化、宗教文化等。由此，制度文化能够反映社会的法律、经济、政治等各种人与人之间相关联的制度准则。制度文化作为精神文化与物质文化之间的中介文化，能够协调与稳固我国各群体与社会之间的关系，增强社会各界的凝聚力，对我国的物质生活与精神生活有着深刻的作用。

中华制度文化是由历史演化而形成的一套传统制度观念，包括各种成文的和习惯的思维方式与行为规范，凝聚了社会主体的政治智慧，并通过社会实践的延续而世代相传。在数千年的历史进程当中，中华民族创造了丰富的治国理念，为我国后续的政治制度发展奠定了坚实的基础。

（一）中华制度文化的内容

中华制度文化包含着三个方面：一是制度文化的基本层面，包含着由传统、经验、习惯等方面积累的制度因素。该层面是一种自生的层面，包含着我国的风俗习惯、价值观念等方面的文化因素。二是制度文化的高级层面，该层面是由理性的设计与建构所构成的制度层面。该层面是有目的、有意义的理性设计与建构的制度层面，反映着经过我国法律制度认定的政治、经济、社会、文化、生态等正式制度。制度文化的这两个层面是互相协调、统一的，是我国实现制度文化相关功能的基础与关键。三是制度文化的具体实施层面。制度文化作为文化的规则、秩序层面，能够反映文化不只是社会成员精神层面的活动，而是各种活动统一的整体。因此，对社会成员而言，个体的心理、精神活动必然需要一个良好的制度环境，来保障精神文化的生存环境。这个环境便是社会群体之间反复博弈、由自然筛选留下的秩序与规则，而这种良好有序的秩序与规则，只有通过制度文化的维系才能够得以实现。

（二）中华制度文化的特征

中华制度文化具有五大特征：（1）包含着各种已成文的行为规范和模式。（2）凝聚着社会各主体的智慧，并能够通过社会实践得以延续，最终成为社会群体的制度成就。（3）通过自然、历史演化和形成的传统、系统的价值观念，也是制度文化的核心特征。（4）两重性。一方面是社会成员活动的产物，另一方面是限制社会成员不规范活动的因素。（5）以物质为基础，受社会成员的经济社会活动所限制。由此，社会成员在社会实践活动中所形成的制度文化，会受到地域、历史、文化、风俗等各个方面的影响，从而表现为制度的多样性。

二、中华制度文化的形成与发展史

（一）中华传统制度文化的发展历程

中华优秀传统文化中有着丰富的典章制度，涉及社会规范、文化制度、刑罚政令、行为方式等方面，蕴含着许多具有重要借鉴意义的优秀传统制度文化，中华优秀传统制度文化具有礼治与法治相统一的特质。礼治主要是道德规范，法治主要指刑罚。在我国传统社会治理中，礼治重在防患于未然，法治则重在事后惩戒，即"礼者，禁于将然之前；法者，禁于已然之后"①。

中华传统制度文化拥有几千年的渊源历史，早在几千年前，我国先民就提出了"周虽旧邦，其命维新"的制度建设理念。广义上讲，礼法是礼乐刑政的统称，具有整饬社会秩序、维护长幼之序、节制骄奢淫逸等作用。而在不同历史时期，人们关于礼法的认识不尽相同。自夏商时期以来，制度文化在朝代之间的重要性逐步萌芽，西周、春秋时期存在着一套颇为严格的宗法制度。西周时期，周公应当时社会需要，增删和厘定夏、商两代的典章制度制礼作乐。孔子不固执于过时的礼，主张因革损益，力图拯救礼乐中所包含的道德精神，强调仁德是礼乐制度的真实内涵与精神。而后，秦国起初并非强国，其生产力发展水平和文化发达程度远不如中原诸国，但秦国崇尚法治、励精图治，特别是通过商鞅变法，终于由弱变强。魏晋南北朝至唐朝这一时期，各个朝代的制度领域中弥漫着神学、儒、道、玄、佛等各类礼法制度文化，相关礼法制度推动着各朝代的发展。

我国古代政治制度的发展也是如此。2018年，习近平总书记在主持集体学习时强调："我国历朝历代都重视官吏选拔和管理，强调'为政之要，

① 贾谊. 治安策 [M]. 北京：人民出版社，1975.

惟在得人''育才造士，为国之本'。我国历朝历代官吏选拔和管理既积累了丰富的治吏经验，也带有明显的历史局限。"① 以历史上选拔人才的制度变迁史为例。孔子的"有教无类""举贤才"等理念，表达了民间从教育开放到政治开放的心声。汉代选拔人才，以荐举制取代世袭制，以察举、征辟、铨选制度选拔德才兼备的人才，在一定程度上满足了当时社会的需求，但仍然存在着一定的局限性。魏晋南北朝时期改为九品中正制，这一制度把选才权收归朝廷，把人才分为九等，选才标准规范、缜密，在当时具有积极意义。东晋之后，该制度弊病日深，门阀世族把持、垄断选举，庶族寒门子弟无缘仕途，使此制度逐渐走向反面。到隋唐时代推行科举制，就是通过考试选拔官吏，采用分科取士的办法，考生自由报名，布衣之士有了为官的机会。从隋代到清代的 1300 多年间，科举制选拔出大量文武官员与后备人员，给社会与国家治理队伍注入了活力。但自明代后期至清代，科举制运作逐渐僵化，于清代末期被废除。中华优秀传统制度文化具有礼治与法治相统一的特质，礼治主要是道德规范，法治主要指刑罚。在我国传统社会治理中，礼治重在防患于未然，法治则重在事后惩戒，即"礼者，禁于将然之前；法者，禁于已然之后"。明末之后，我国文化第一次遭遇到"高势位"文化的入侵，我国制度文化在同西方制度文化的冲突、调适、融合过程中，发掘了制度文化新的发展际遇，中国制度文化由此进入了现代转型期。

在数千年的历史发展进程中，中华民族还形成了属于我国独特的思想理念，包括四海一家的大一统理念，"等贵贱均贫富、损有余补不足"的平等观念，任人唯贤的选才理念，礼义廉耻的道德理念，"苟日新、日日新"的创新与改革理念，以和为贵的和平理念，亲仁善邻的社交理念等。自改革开放以来，我国开辟了中国特色的社会主义道路，形成了中国特色的社会主义制度文化理论，实现了从传统向现代、从革命到建设、从计划到市场、从贫困到小康、从封闭到开放的社会转型。

（二）中华现代制度文化的形成

文化是制度发展的基础。中国选择中国特色社会主义制度，是由中国5000 多年的历史文化决定的。5000 多年的历史实践创造了体系化的制度文

---

① 习近平主持中共中央政治局第十次集体学习并讲话［R］. 中国政府网，2018. 11. 26.

中华优秀传统文化创新与社会主义文化强国建设

化传统。自新中国成立以来，我国的制度文化建设开启了全新篇章。中国的历史文化引领着制度文化不断创新与发展。中国特色社会主义制度体系合理吸纳了自古以来中国传统制度文化的精华，形成了符合我国发展特色、符合我国现实国情的社会主义制度。我国制度文化建设体系内容丰富，遵循着制度文化的理论体系，包括了从政治、经济、社会、法制等方面的正式制度到风俗、价值、习惯、观念等方面的非正式制度。就当代而言，我国制度文化仍具有调治人心、惩恶扬善、保护生态等价值。总的来说，我国的制度文化建设是一个系统的、长期的过程，既需要从文化层面的传统因素入手，又要包含社会群体生存所需的各种法规、体制等主观因素，实现主观与客观两个方面的辩证统一，最终实现文化与制度的良性互动、发展。

因此，我国在构建现代制度文化的过程中，既受制于当代中国文化建设的实践探索，把握中华优秀传统制度文化的特质，从中汲取制度建设、道德建设的丰富养分，又在文化建设的成效当中不断深化与优化，从而推进社会主义制度建设不断完善。

三、中华制度文化的构成要素与分类

从文化哲学出发，可以将中华制度文化划分为经济制度文化、政治制度文化、伦理制度文化、宗教制度文化和其他制度文化等。

（一）经济制度文化

经济学家通常从"经济人"这一角度来探讨经济的相关问题，新古典经济学家将文化与制度归为外生变量，从而来研究文化制度对经济效应的影响。从概念上来讲，经济制度文化是指将文化当作重要的资源来开发，同时大力推进相关事业的发展，以此来带动社会经济的发展。文化蕴藏着巨大的经济潜力，开发和利用这些文化是整个国民经济的重要组成部分，对推动整个国民经济发展具有重要作用，开发利用文化产品是国家积累资金的一条重要渠道。开发和利用各种文化产品，具有特别好的经济效益，能以较少的投资取得巨额的利润。此外，开发利用文化产品还能够解决我国的就业问题，能以较少的投资创造出较多的就业岗位，对劳动力资源丰富的国家意义尤为突出。开发利用文化，有利于推动与之有关的其他各类经济事业的发展。

146

（二）政治制度文化

政治文化最初来源于柏拉图和亚里士多德的思想。该文化是一种主观的价值范畴，是指社会成员的政治价值取向，包括政治方面的感情、价值观、态度等心理层面的要素。政治学家对政治文化从不同的层面下了定义。阿尔蒙德认为，政治文化是一个民族对政治的态度、信仰与感情，由民族的历史、经济、政治等方面的文化所促成。派伊认为，政治文化是政治系统的主观因素，包含了民族精神、群众价值观、社会舆论、政治传统与意识等方面，这些方面赋予了整个政治系统的价值取向，能够规范社会成员的行为，使各成员行为同政治系统相统一。维巴认为，政治文化是由一系列信念、符号、价值所形成的，这些因素是基于政治经验基础，决定了社会成员的行为，为成员提供了参政的主观条件。根据各学者的观点，我们可以将政治文化定义为：社会长期形成的、较稳定的，与社会生活、成员所承担的政治角色、社会成员的情感与态度、政府组织等制度结构相对应的主观因素。

（三）伦理制度文化

伦理文化有狭义与广义之分，狭义的伦理文化是指尊卑长幼之间的关系，是君臣、父子、夫妇、兄弟、朋友等之间的关系。广义的伦理文化是在社会实践的基础上所形成的人与人之间、人与自然之间的伦理关系和道德原则的总和，该文化通常从人性善恶、道德等方面来规范个人行为。伦理文化在某种意义上是一种刚性的制度，规范了社会成员的行为，是社会各成员行为的参照准则。中国传统文化是一种伦理文化。中国传统文化最重要的社会根基是以血缘关系为纽带的宗法制度，其中"孝"是最基本的原则。"孝"这一理念被社会传承，延伸到了社会群体各组织当中，古时著名的"君为臣纲"理念，就是建立在"孝"这一文化当中，这种道德信念转化成为古时的治国之道。无论是从儒家、法家抑或是道家，数千年来，中国社会一直是受这三种学派的支配，其中又以儒家和法家为主，"外儒内法"一直是中国专制主义中央集权者所惯用的手法。

（四）宗教制度文化

宗教是人类社会文化当中的重要部分，是社会发展进程当中特殊的文化层面，是一种群体性的社会行为与理念。宗教文化包含了指导思想、组织结构、文化内容等。其中，指导思想主要是指宗教信仰，组织结构包括教会等宗教组织，文化内容包含了宗教建筑、绘画、音乐等。宗教文化是社会成员在获取了社会组织结构之后，有意识形成的一种社会行为，能够影响社会成员的思想、意识、习惯等，该文化的根本目的是培养人的社会性，维护社会群体的正常、有序运行。此外，宗教还能对世界进行解释，起到道德培养、心理慰藉等作用。在人类发展进程当中，宗教的形成受到社会、精神等方面的影响，但该文化存在时间之久、影响范围之广的根本在于：宗教契合了人类这一群体生活的生物，是一种能够加强人的社会性、有力规范人的行为的一种社会性文化。尽管世界各个地区、各个民族有着不同的宗教信仰，但是能够培养和强化人的社会性作用是所有有益的宗教文化的共性。有益的宗教文化能够很好地适应人类社会的发展，拥有着与人类社会相适应、共存的宗教理论、宗教仪式、宗教规范。广义地说，宗教既是一种以信仰为核心的文化，也是构成整个社会文化的重要组成部分的文化。

（五）其他制度文化

制度文化除了涵盖政治文化、经济文化、伦理文化和宗教文化四个方面，还包括如民俗文化、哲学文化、艺术文化等方面的文化，这些方面的文化也是制度文化的重要组成部分，对我国市场经济环境的影响不容小觑，其他制度文化所蕴含的各种价值观、哲理、理念、思想规范着个人的精神文化的形成，助力社会成员追求向上的生活目标，对群体的生活产生了不容小觑的积极影响。这些不同的制度文化最终共同构成了人类社会文明的基础，不断推动着人类社会的发展。

四、中华制度文化的性质分析

（一）优秀传统制度文化

中华优秀传统制度文化是我国传统文化的重要组成部分，不仅包含丰富的道德资源，而且包含丰富的制度和法治思想，是涵养制度意识、法治精神的重要源泉。中华优秀传统文化中蕴含了许多有借鉴意义的制度文化，这些制度文化对完善我国特色的社会主义制度、推动我国治理能力现代化有着深远意义。

以孔子为代表的儒家学说，主要思想是"仁义"和"仁政"学说。在儒家看来，人们正当的物质欲求应当得到满足，但在一定历史时期内，社会物质财富是有限的，这就需要礼制来调节社会秩序，维系社会正常运转。孔子的"有教无类""举贤才"理念，集中表达了民间从教育开放到政治开放的心声。汉代选拔人才，以荐举制取代世袭制，以察举、征辟、铨选制度选拔德才兼备的人才，在一定程度上满足了当时社会的需求。魏晋南北朝时期改为九品中正制，这一制度把选才权收归朝廷，把人才分为九等，选才标准规范、缜密，在当时具有积极意义。隋唐时代推行科举制，就是通过考试选拔官吏，采用分科取士的办法，考生自由报名，布衣之士有了为官的机会。

中华优秀传统制度文化具有礼治与法治相统一的特质。礼治主要是道德规范，法治主要指刑罚。在我国传统社会治理中，礼治重在防患于未然，法治则重在事后惩戒，即"礼者禁于将然之前，而法者禁于已然之后"。礼治与法治相统一，主要体现在"以礼入法"上。我国古人之所以强调礼治与法治相统一，是基于重道德教化、重调治人心的考虑。礼中蕴含和谐、亲民、仁爱、慈惠的精神，体现和而不同的理念。我国历史上成文法的公布，一般以春秋时期郑国的"铸刑书"和晋国的"铸刑鼎"为标志，而其滥觞可溯源至《周礼》中记载的"悬法象魏"之制。传统礼法中，有礼典、律典、习惯法之分。《尚书》与《周礼》主要是礼典而非律典，前者大致相当于礼，后者相当于法。习惯法活跃于民间，以乡规民约、家礼家法等形式规范社会公众的日用常行，是一种无处不在、无时不有的"无法之法"。我国古代法律系统相对独立，秦、汉以后，法典大多出于儒者手笔。法律的系统化自曹魏时期始，当时儒家思想在法律上一跃成为最高原则，与法理几乎无异。例如，魏以八议入律，晋创依服制定罪，《唐律疏议》中充溢着礼的精神，后世有唐律"一准乎礼"的说法。儒家强调对人尤其是人民的尊重，其天下为公的社会理想与仁爱、民本、民富、平正、养老、恤孤、济赈、民贵君轻、兼善天下等思想理念，都渗透到古代社会治理各种制度中，对于今天社会治理仍有一定启发意义。

（二）保守传统制度文化

习近平总书记多次强调，我们应当牢记历史，借鉴古代成功经验，牢记古代错误教训。中华优秀传统文化当中包含着丰富的制度文化，但同时也涵盖着一些较为保守的制度文化。尽管部分制度文化的目的是稳中求变、促进发展，但一味墨守成规的保守制度文化终归会跟不上时代发展的步伐，被时代所淘汰，因此我们需要以辩证的态度来对待我国传统的制度文化。

从周朝开始的封建社会在中国延续了3000多年，既创造过辉煌的成就，也由于其强大的保守势力，严重地阻碍了中国发展的进程，最终落后于世界，导致了百年的屈辱。在这几千年里，政治制度大同小异，一脉相承，均采取的是高度专制的中央集权制度，对应于保守的政治制度。保守的制度文化对于我国社会主义政治文明建设具有明显的阻碍作用。就当今的市场经济社会而言，我国各地区的制度发展程度也依旧不同。可以将区域制度文化从性质上划分为保守型制度文化和创新型制度文化，保守型制度文化是风险规避的、保守的、安于现状的，而创新型制度文化则是具有冒险精神、创新精神和科学精神的文化。改革开放后，东南沿海地区不断推行政策、提供良好的营商环境来推动地区的创新发展，大家纷纷抛弃小农意识，投资创办民营企业，改变生产方式，实现地区经济高速发展，这是典型的"创新型制度文化"范畴。反观西部等地区，推行的是较为保守的制度，企业创业成本高，人们改变生活方式的成本高，当地人观念较为保守，最终导致区域发展不平衡。

第二节　中华制度文化创新性发展
与社会主义政治生态优化

我国的政治生态是各政治主体生存的生态环境，反映了我国的党风、政风和社会风气。社会主义政治生态离不开对我国优秀制度文化的传承与发展。筑牢政治生态建设的文化根基要坚持"破立结合"，既要破除政治文化中的庸俗腐朽因素，更要营造积极健康的政治环境。

一、中华制度文化创新性发展的必要性分析

以孔子为代表的儒家学说，主要思想是"仁义"和"仁政"，其"有教无类""举贤才"理念，集中表达了民间从教育开放到政治开放的心声；在我国传统社会治理中，礼治重在防患于未然，法治则重在事后惩戒，强调礼治与法治相统一，是基于重道德教化、重调治人心的考虑；我国传统的习惯法活跃于民间，以乡规民约、家礼家法等形式规范社会公众的日用常行，是一种无处不在、无时不有的"无法之法"。

中华传统文化当中包含着许多优秀的制度文化，但同时也涵盖着一些较为保守的制度文化，毋庸置疑的是我国的制度文化也存在着许多封建糟粕。传统制度文化缺乏民主、权力至上的错误观念，利用政治权势谋求经济利益，意味着政治的价值观和制度必须屈从于经济的价值观和制度，腐化的滋生与蔓延加剧了社会的不平等，严重损害群众利益，进而引发社会矛盾，妨碍了法规政策的实施，破坏了社会风气，严重恶化了政治生态，带来了严重的消极影响。

（一）中华正式制度文化创新性发展的必要性分析

正式制度主要是指一些成文的规定，包括中央和地方的法律、法规、合同、企事业部门的规则规定等。健全的制度是市场经济环境完善的内在要求，是社会主义政治生态优化的必要前提。健康的市场环境需要有制度的保障，健全的制度能够促进市场发挥优化配置社会资源的有效作用。经济社会的稳定才能带来社会主义政治生态的优化。正式制度文化创新对市场经济的作用主要体现在以下四个方面。

第一，正式制度能够有效降低社会交易成本。正式制度能够有效引导社会成员进行交易，通过降低机会主义等行为的发生来降低交易成本。比如，通过规范社会相关制度（如政治、法律等制度）来保障社会环境，规范法制、保护与改进民生，从而降低社会环境中的交易成本。

第二，正式制度为各经济活动带来了便利。正式制度能够保障我国社会各市场活动的有序进行，保证各类资源在市场活动中自由流动。例如，银行等金融机构能够通过完善金融服务来提供更具效率、更优化、更便民的合

约。同时，正式制度能够有效减少信息不对称，保障信息的流通，促进各经济主体的良性与自由竞争，推动、便利各类市场经济活动。

第三，正式制度能够为社会各经济主体提供良好的合作条件。不管是企业之间还是企业和消费者之间，都需要一个平等、自由、公正的合作条件。制度可以有效规范各个主体间的关系，减少了信息不对称现象，增强了各个主体之间的信任度，保证了经济社会有序运行，从而推进合作。

第四，正式制度可以实现外部收益内部化。产权明晰等方式可以实现花费很低的成本就解决外部性问题。产权的明晰保障了市场经济制度，改善了市场经济环境，促使外部收益内部化。综上，正式制度能够通过降低交易成本、便利经济活动、提供合作条件、减轻外部性问题等方式完善社会主义经济环境，从而进一步促进优良的政治环境的建立。因此，正式制度文化的创新性发展对于整个市场经济乃至社会而言都是至关重要的，致力于实现正式制度文化的创新性发展是必要的。

（二）中华非正式制度文化创新性发展的必要性分析

非正式制度是指在社会成员进行的长期社会行为当中形成的，并且能够获得社会大众认可的、约定俗成的、共同遵守的制度准则，包括了意识形态、风俗习惯、道德伦理、观念意识、价值理念等方面，非正式制度又称为非正式约束、规则。在这个制度中，意识形态是最核心的理念。意识形态不仅包含了价值、伦理、道德、风俗等内容，还能够在形式上构成正式制度的"先验"模式。对于一个先进的国家或民族而言，意识形态是能够帮助国家和民族获取优势地位的指导性思想形式，因此，意识形态这一理念构成了非正式制度的理论基础。非正式制度文化对完善社会市场经济体系，优化政治生态环境有着举足轻重的作用。一个地区的市场经济环境的发展通常与地区主流文化的发展息息相关，非正式制度对地方经济与政治建设的影响主要体现在以下三个方面。

第一，非正式制度同正式制度一样，均能够降低社会交易成本。以我国民营企业为例，自改革开放以来，东南地区大量民营企业兴起，极大地加速了当地工业化的发展。与其相反，西部地区的工业化在国家政策的大力支持下，依旧发展不明显，地区的差异很大一部分归咎于非正式制度的区别。其能够减少"搭便车"等不良行为的发生，减少信息不对称现象，节省人们必须拥有的信息数量，从而节约交易成本，促使地方经济的兴起。

第二，非正式制度可以有效降低委托代理的监督成本、强制执行或法律实施等制度的成本。以我国东部地区为例，我国东部部分地区民营企业发展迅速，当地企业家具备冒险、创新精神，这大大减少了当地人民委托代理的监督成本。除此以外，东部地区人民的理论意识也较为先进，在纠纷发生之时，能够较好地利用法律程序，拿起法律"武器"进行自我保护，使纠纷按照正规法律程序顺利解决，大大减少了各方面的成本，实现经济松绑。

第三，非正式制度能够减少文化形成进程中的成本。文化的形成成本是人们放弃某种文化理念、价值而选择其他文化理念、价值所付出的代价成本，包含了认知、信仰、心理成本等内容。对于具有创业精神、具有深厚文化观念的地区而言，与创业成功的收益比较，创新观念、改变观念、替代保守观念所获得的收益远大于成本。而对于缺乏创业精神、缺乏文化底蕴的地区而言，对冒险往往是深恶痛绝的，他们认为因冒险而必须改变生活方式的成本是巨大的，最终导致了地区的落后。

综上所述，先进的非正式制度文化能够不断作用于外部环境，从而推动整个市场向更加完善的方向发展，非正式制度文化对一个区域的市场环境的发展具有长期的、根本性的影响。因此，创新发展非正式制度对整个市场经济发展环境是至关重要的，致力于实现中华制度文化的创新性发展是必要的。

二、我国政治生态发展现状及其面临的问题分析

（一）我国政治生态发展的现状

关于政治生态这一词，学界并没有给出统一的概念，但不同的解释中都存在着共同点，认为政治生态是一种不同于经济、自然、环境等生态的状态。大多数学者认为政治生态是政治系统当中的各类要素互相促进和作用过程当中显示出的状态。政治生态的相关问题研究已拓展至对社会政治风气、社会环境等领域的研究当中。习近平总书记多次强调政治生态的重要性，并且多次表示政治生态环境的好坏会直接影响党的作风建设等方

面，会影响我国广大人民群众的利益，影响我们党以及国家的长久发展。因此，不断优化政治生态环境能够为党与国家事业、人民群众的利益提供根本保障。

我国的政治制度具备着强有力的国际竞争力，是独一无二的、创新的、符合中国特色的制度。我国特色的政治制度形成了特色的政治生态，包含执政党制度、政治协商制度、国家制度以及军事制度这四个方面。当前，我国政治生态环境总体良好，但仍然会存在部分偏离党规的现象。因此，净化政治生态环境、规范党内政治生活、严肃党内纪律仍旧是重中之重。

（二）我国政治生态发展面临的问题

党和国家多次表示优化政治生态环境是当前重要的发展战略，应当全面开展净化政治生态的工作，纠正、改善不良风气。但在实际生活中，仍然存在着一些不良的政治风气。

首先，我国政治生态发展环境存在着部分党员干部不作为、乱作为的不良风气。一些领导干部急于求成，对党风、廉政等政治建设理念不做深入理解、肤浅认识，导致对党风、廉政等方面的建设重视度不足，相关工作机制不健全、工作规范性不足，从而致使政绩落后。还有部分领导干部以实用态度对待政治生态建设，将工作绩效、成果等方面放在首位，忽略了群众的真实需求，与政治生态建设初衷背道而驰。其次，我国政治生态发展环境相关制度执行与落实不到位。我们党历来将民主集中制当作根本组织原则，但在部分部门当中却存在着权力过分集中、独裁专断等现象。这些不良现象使大部分权力集中在少数人手中，致使民主集中制变味。最后，我国部分地区浮躁的社会风气致使政治生态发展环境变得恶劣。政治生态环境是以人为基础，从而构建出的重要环境，社会风气在政治生态环境的建设当中有着举足轻重的意义。

政治生态环境建设关系着党与国家的存亡，是我国实现伟大复兴目标的必由之路。当前，我国政治生态环境建设面临着前所未有的机遇与挑战，我们既要肯定当前政治生态建设的重大成果，也要针对当前存在的问题进行反思与改正。优化政治生态环境，具有非常重要的政治意义与现实意义。

三、中华制度文化创新性发展对社会主义政治生态优化具有基础性的影响作用

中华民族 5000 多年文明史所积淀的深厚制度文化是我国政治生态建设的重要文化根基。传统文化中丰富的典章制度，涉及社会规范、文化制度、刑罚政令、行为方式等方面的政治生态内容；传统制度文化当中的为政以德观念，注重操守、为官干净等道德规范，有利于我国的政治生态建设；传统制度文化当中丰富的法制思想，具有礼治与法治相统一的特质，礼治重在防患于未然，法治则重在事后惩戒，这构成了属于中国特色的法治精神。

习近平总书记曾强调，应当防止和避免忽视政治、淡化政治、不讲政治等不良倾向。要知道，政治生态为各政治主体的生存与发展提供了优越的环境，是政治文化、制度与生活等各类要素相互作用的结果。自党的十八大以来，习近平总书记郑重提出并多次讲述了要净化党内政治生态这个极为重要的问题，总书记强调，政治生态同自然生态环境有着相似的性质，只要稍微不注意、不重视，就会受到严重的污染。而当受到污染之后再治理，就要付出沉重的代价。

因此，我们应深刻学习把握政治生态这一重要精神，针对部分不健康的政治生态环境，坚持以问题为导向，注重与实际相结合，从根本上净化从政环境，营造健康的政治生态。想要营造健康的政治生态环境，必须要抓牢创新性发展这一根本因素，立规矩、打基础，努力扎实政治生态建设的制度基础，将制度的优势转换成为治理的效能，提升治理效率与成效。政治生态环境的优化同制度文化的创新发展息息相关，制度文化能够通过不断适应客观环境的变化和社会、政治环境发展的需求，以制度的形式对各项事务进行管理，规范社会成员的行为，提升社会成员的思想意识和凝聚力，从而净化和严整组织作风。优化政治生态建设是一项长期的、复杂的工作内容，需要持续优化治理和不断强化制度效能。只有不断推动制度文化的改善、强化政治生态环境建设的制度优势，才能真正形成良好的政治生态。

具体来看，我国制度文化的创新性发展对社会主义生态优化的作用主要包含以下三个方面。

（一）社会主义政治生态离不开对我国优秀制度文化的传承与发展

"文变染乎世情，兴废系乎时序。"① 政治生态建设所包含的文化意义是对制度的深刻认可，能够有效推进制度的发展和帮助制度更加贴近群体生活。筑牢政治生态文化建设，既需要丢弃、破除政治文化所涵盖的腐朽因子，也要打造更加健康、积极、向上的政治文化。这项工作需要以优秀的制度文化为后盾，需要制度文化的不断发展和创新。

我国特色的社会主义制度文化是一种以马克思主义思想为基础，根植于中华大地，深受人民群众支持的文化体系。中华民族 5000 多年的发展所沉淀的深厚历史文化既是重要的文化资源，也是建设政治生态环境的坚实基础。我国优秀的传统制度文化当中包含着丰富的制度资源与法治思想，是涵养制度意识与法治精神的重要源泉。我国传统制度文化当中的为政以德观念，注重操守、为官干净等道德规范，均有利于深植于政治生态建设当中。此外，部分传统制度文化缺乏民主性，封建体制造成了权力至上这一错误观念，用权力来代替制度的重要性，将会极大地影响制度的文化建设，给法规、政策的施行带来严重的消极影响，并且还会助长不良风气。因此，除了传承优秀的制度文化外，还需要摒弃落后的制度文化，培养与发展更加先进、符合我国国情的制度文化。优化政治生态并非是一时、一朝一夕之功，这项工作需要以良好的制度环境为基础，需要社会各主体的长期努力和支持。健康的政治生态环境建设需要持之以恒的发展与完善社会各项制度文化形态。只有正确的、向上的社会价值取向，才能保证社会各项制度能够按照社会的预期向好发展。只有遵循社会各项事务的发展规律，保障各项政治活动有序进行，才能保证各项市场活动、政治活动均能够取得满意的成绩。健康的制度文化还需以公平、公正、公开的优秀制度为根本。我国各项政治活动的运行与治理也应当遵循这一优秀制度，社会各类冲突与矛盾的解决也需要依赖优秀、完善的制度条件。制度的公平能够正确处理社会的公平与效益，处理与规范社会上的不公平现象。建立公正、公平、合理、有效的利益分配体制也是优化政治生态环境的途径之一。优化政治生态环境，保障制度的完善，能够更好地保障群体的利益，从而保障国家的发展。由此，社会主

---

① 刘勰. 文心雕龙［M］. 上海：中华书局，2012.

义政治生态离不开对我国优秀制度文化的传承与发展。

（二）制度文化创新是社会主义政治生态优化的深厚土壤与群众基础

"天下从事者，不可以无法仪；无法仪而其事能成者，无有也。"① 在政治生态建设的过程中，如果缺乏完善的制度体系规范，致使制度文化的建设存在缺陷，将会出现"木桶效应"。制度文化是分配、监督和制约各类权力的重要因素，制度文化能够直接决定政治生态环境的好坏。制度规范与组织原则制约并且引领了组织与个人的政治活动规范、行为准则与价值导向，是政治文化中的重要部分。

美国著名政治伦理学家塞缪尔·P. 亨廷顿指出："利用政治权势谋求经济利益意味着政治的价值观和制度必须屈从于经济的价值观和制度。于是政治的首要目的不是为了实现公共目标而是为了攫取个人利益。"② 在这个过程中，腐败将会导致社会不公平、不公正现象的加剧，严重损害大部分群众的利益，从而引发社会矛盾。因此，制度文化的创新发展是社会主义政治生态建设与优化的土壤。制度文化的创新性发展能够完善权力约束机制，发挥固根基、补短板、发扬优势的作用，通过构建完备的、科学的、规范的、有效的制度文化体系来实现制度文化的创新，从而助力健康的政治生态环境的形成，保障群众的利益，实现政治生态的优化。

制度是实现国家治理现代化的重要途径。制度文化创新需要以科学化、系统化的思想为基础，抓好顶层设计，从战略与全局的高度来进行制度建设。通过强化党的基础性建设能够有利于健康、良好的政治生态环境的打造。可以通过重视与加大制度文化的建设，从而营造良好的政治生态环境。首先，制度的设计需要体现科学性与合理性，对不同的腐败行为给予不同的处理，对不同层级、不同大小的事务采取针对性的制度解决方案，保障制度的有效性，保障制度能够顺利解决问题。其次，需要完善责任追究机制，建立科学的考核机制，明确、落实各主体责任，改变责任机制不清晰、责任评判标准不准确等问题，并且注重制度的落实，保障制度的权威性与约束性。此外，还应当建设廉洁自律准则与纪律处分条例，完善从政行为规范制度，

---

① 墨子［M］. 方勇，译注. 上海：中华书局，2015.
② ［美］萨缪尔·亨廷顿. 文明的冲突与世界秩序的重建［M］. 北京：新华出版社，2018.

中华优秀传统文化创新与社会主义文化强国建设

大力推进实用性制度的改革，从根本上遏制腐败问题的发生；完善相关法规体系，促使制度成为硬约束，为良好的政治生态环境提供强有力的制度保障。通过制度文化的创新，能够使我国特色社会主义制度更加巩固与优越，切实保障人民群众的利益，实现良好的政治生态建设这一大目标。

（三）制度文化创新是社会主义政治生态可持续发展的保证

中国共产党的长期执政地位决定了我国社会主义政治生态可持续发展需要以共产党的可持续发展为前提，政党的可持续发展是共产党发展的核心价值追求。在共产党的发展过程当中，制度治党成为必不可少的因素，制度治党对党风廉政建设、优秀党员的培育、保持党内团结等方面具有高度保障作用。因此，制度文化创新是社会主义政治生态可持续发展的重要保证。

中国共产党能否挑起历史与时代的重担，首先在于能否处理好党内各项事务，保证党内团结。党内团结是各项事务正常、有序运行的基础，是政治生态环境和谐的重要内容，保证党内的团结需要从严依规治党。社会发展的复杂性与不确定性加大了党内利益分化的风险，给党内团结带来了考验。维护广大党员的合法权益是保持党内团结的基础。损害党员的合法利益或党内分配不公、利益失衡等现象会极大地伤害党内团结性，会使党员对现有制度产生怀疑，破坏制度的有效性。因而，保护个体权益需要以健全相关制度为基础，制度具有科学性、可衔接性与可操作性才能从根本上提高党内团结性，才能构建稳定、良好和持久的政治生态。此外，政治生态的优化需要落实党组织的素质建设。党员作为党组织的核心成员，其一举一动都关系着党的作风与形象。政治生态环境的建设关键在于党、在于人。优质的、高素质的党员人才队伍建设是优化政治生态的重要内容，提高党员的自觉性与素质对于优化我国政治生态环境具有不容小觑的重大意义。当前，绝大多数党员干部都将全心全意为群众服务当成工作的宗旨，并且能够很好地实践，在群众当中发挥着模范作用。但在现有党员干部当中，仍然有部分党员干部在工作过程当中缺乏积极性、纪律性，对工作不敏感、不上心。这将严重削弱党的战斗力，给党组织带来负面影响。然而，制度文化的创新能够有效克服这些问题，实现党员素质的提高。通过完善监管制度，加大对错误行为、违纪行为的惩罚力度，严格把控党员队伍的"入口"，对不作为、乱作为的党员干部进行及时清退，完善入党积极分子、预备党员甚至群众、团员的培训制度，构建先进、合理的党员管理制度，能够对党组织、广大党员干部进行更加有效的监督管理，从而保证党员队伍的纯洁性，更好地规范党员干部的行为。

因此，制度文化的创新能够有效管理党内事务，促进党内团结，规范党员行为，全面优化党的作风，实现政党运行的规范化，从而构建良好的政治生态环境，实现政治生态的优化。

第三节　中华制度文化创新性发展引领社会主义政治文明建设的路径选择

制度文化创新对社会主义政治文明的建设具有深远、重要、长期的影响。经济文化、政治文化、伦理文化、宗教文化这四大制度文化能够促进经济体制和政治体制的改革，通过促进诚信和谐的竞争环境建立实现营商环境优化，通过建设特色产业的方式来形成地区创新动力，最终构成了整个政治文明建设发展的基础。

以社会主义文化强国建设为目标，中华制度文化创新性发展引领社会主义政治文明建设的路径可以归纳为以下四个方面：第一，以经济制度文化创新促进我国的经济体制改革。经济制度文化创新能够带动人们创业，培养勇于创新、勇于冒险的人群，能以较低的成本集聚人才，在较短时间获得竞争优势，进而节约经济体制改革的改革成本；同时，经济制度文化创新还有助于破除不合理的体制机制障碍，推动经济体制改革的顺利进行。第二，以政治制度文化创新促进我国的政治体制改革。政治制度文化创新既是我国政治体制改革的核心内容，也是实现政治体制现代化的必由之路。通过文化创新，可以消除传统思想中浓厚的特权意识、专制主义、等级观念、官僚作风等，建立自由、民主、平等、法治的意识，调动人民群众依法参与政治事务的主动性与积极性，为推进政治体制改革创造一个良好的文化生态环境。第三，以伦理制度文化创新促进我国的营商环境优化。营商环境涵盖了市场主体在经济活动当中涉及的包括政务、法制、人文等各个方面的因素。营商环境的优化需要公平、自由、诚信的市场竞争环境来支撑。伦理制度文化创新能够节约政府和企业间的交易成本，为市场经济创造良好的、自由的、公平的竞争环境，从而实现营商环境的优化。创新伦理制度文化能够极大地节约企业之间的交易成本，提升企业之间的信任度，改善市场竞争环境，提升各主体的竞争力。此外，创新伦理制度还能够降低企业与消费者之间的交易成本，规范企业的经营模式，倒逼企业进行诚信经营，从而保护消费者群体的权益，优化市场营商环境。第四，以宗教制度文化创新促进我国创新动力的形成。宗教文化凝结了人类崇高的精神文化，是人类伦理、美学、道德、理性等优秀精神品质的文化结晶。绝大多数的宗教文化都推崇向善、向上的精神，主张天人合一的思想，弘扬爱护自然、爱护生命的理念。宗教文化在人类世界观的形成过程中起到了重要的作用。因此，我们应该通过加强对儒教、道教等宗教文化的引导，使人民专注于经济社会发展，从而为推进我国的创新发展注入新的能量与动力。

一、经济制度文化创新与经济体制改革

经济体制是指建立在一定生产关系基础上的整个国民经济运行模式、管理制度、管理方式等的总称，经济体制的发展依附于经济制度的建立与完善，经济制度作为上层建筑的决定性因素，对经济体制改革和经济发展均起到了极其重要的作用，经济制度文化创新对经济体制改革的推动作用表现在以下两个方面。

首先，经济制度文化创新能够节约经济体制改革的改革成本，经济体制的改革需要大量的资金支持，经济制度文化的创新能够带动人们创业，培养勇于创新、勇于冒险的人群，能以较低的成本集聚人才，在较短时间获得竞争优势，实现资金的快速积累，为经济体制改革奠定资金基础。

其次，经济制度文化创新还具有降低文化成本的功能。我国东南沿海地区相较于西部等地区具有更为创新的观念，东南沿海地区在改革开放后实现高速发展归功于这些地区的经济制度文化创新，经济制度的创新发展给予这些地区的人们勇于创新与冒险的精神偏好，这是因为在东南沿海地区的人们的文化观念当中，创业的"文化成本"远小于可能获得的"文化收益"，因此，创新创业成为这个地区人们的普遍追求。个人与企业的经济转型同时也会带动整个地区的经济体制改革，当一个地区的人们将经济转型视为理所当然的事情时，便会积极地接受和进行改革，从而降低文化成本。当文化

成本被广泛降低，经济体制改革便会大范围地推进。此外，经济制度文化创新能够破除不合理的体制机制障碍，推动经济体制改革。我国经济社会发展取得举世瞩目的成就，靠的就是改革。在改革开放的初期阶段，安徽省凤阳地区的农民率先在当地搞大包干，而这一行为就是由于贫寒、饥饿所迫。但这一经济制度的创新，让农村发生了翻天覆地的变化，农民的温饱问题得以迅速解决，经济体制发生了大改革。在这一创新行为成功后，我们党尊重群众的创新精神，将这一举措推广至全国农村地区，极大地发展和解放了生产力，改善了人民群众的生活质量。当前，我们党大力推进简政放权，不断助力经济制度的改革与创新，通过下放行政审批事项、放开中小企业贷款利率管制、改革工商登记制度、设立自由贸易试验区等行为，极大地激发了社会投资和人们的创业热情，增强了市场主体的发展信心。实践证明，经济制度的创新能够极大地破除不合理的政策体系，激发群众的活力和动力，释放改革红利，持续推动我国经济社会发展，推动我国经济体制变革，实现经济体制与社会发展相促进。

二、政治制度文化创新与政治体制改革

我国政治体制改革的核心内容是进行制度的创新，创新制度是推进我国政治体制现代化发展的动力与核心要求。通过创新政治体制，能够有利于政治体制改革的进一步发展。我国政治体制的改革要从制度创新角度出发，在政治文明建设进程当中进行理性探索和思考，为我国的政治体制改革提供源源不断的动力，从而不断完善社会主义政治制度。政治制度文化创新对政治体制改革的推动作用主要表现在以下三点。

首先，政治制度文化创新可以助推公民文化的构建，从而带动政治体制的改革。制度的建设需要文化的熏陶和孕育，文化和制度之间是相互促进、相互影响的，二者能够共同作用社会发展，促进社会的进步。文化可以塑造多样的制度。学者莫伊尼汉（2017）曾说：保守地说，真理的中心在于对一个社会的成功起决定作用的，是文化而不是政治。在传统的思想文化的影响下，特权意识、等级观念、官僚作风等观念已经内化为部分人群基本的心理素养，政治制度文化创新能够推动落后政治文化的现代化转型中的文化转型，为政治体制的改革创造一个良好的文化生态。

其次，政治制度文化创新可以激发社会活力，为政治体制改革提供丰富的精神资源。调动人民群众的主动性、创造性、积极性是我国政治体制改革的目标与动力之一。制度文化创新能够消弭陈旧的思想观念，解放人们的思想，激发社会的发展活力，突破传统制度的窠臼，充分展现社会主义的优越性，充分调动人民群众依法参与政治事务的主动性与积极性，从而维护广大人民群众的根本利益，为政治体制改革奠定群众基础。

最后，政治制度文化创新可以规范政治行为与强化政治理性，解决改革过程当中的信息不对称等问题。要知道，个体的行为通常发生在制度的环境当中，而制度环境又将塑造个体的行为。并且，个体的行为通常是被深深地嵌入制度当中，行为需要经受制度的过滤才能最终被构建。此外，制度还将约束、制约社会成员的各项行为，但同时也会为社会成员的发展提供特有路径，即向着公平、公正的制度文化发展。对于我国的政治制度改革而言，政治制度文化的创新能够有效规范相关行为、制约政治权利，为公民参与政治生活和使用权利提供保障。此外，创新政治制度文化将推动人民形成较强的民主责任意识和政治认识，能够充分调动人民群众的监督作用，促使政府约束和不断进行自身改进，从而促进政治体制有效改革，有效解决政治体制改革中的信息不对称问题。

三、伦理制度文化创新与营商环境优化

营商环境涵盖了市场主体在经济活动当中涉及的包括政务、法制、人文等各个方面的因素。营商环境的优化需要公平、自由、诚信的市场竞争环境来支撑。伦理文化是在社会群体的生活与发展进程当中形成的人与人、人与自然之间的道德伦理关系的总和。威廉姆森认为："任何一种关系，无论是经济关系还是其他关系，只要它表现为，或者可以表述为契约关系，就能根据交易成本经济学的概念作出评价。"[①] 而营商环境就包含了政府、企业、个人之间的书面或者非书面的企业关系。因此，分析伦理制度文化对营商环境的影响能够从交易成本的角度入手。

首先，伦理制度文化创新能够节约政府和企业间的交易成本，为市场

---

① 威廉姆森. 资本主义经济制度 [M]. 北京：商务印书馆，2002：78.

经济创造良好的、自由的、公平的竞争环境，从而实现营商环境的优化。政府和企业间的交易成本主要源于政府与国有企业之间的谈判成本，国有企业中存在着委托代理关系。一旦产品的价格和生产要素发生了扭曲，就会导致国有企业经理人的经营水平不能够反映出企业的真实情况，进而导致企业的利润下降。与此同时，对经理人的监管力度也将大打折扣。在这种信息不对称的情况下，经理人便会偷懒，会将大多数精力放在同政府相关人员的谈判中，这将极大地增加国有企业同政府之间的谈判成本。此时，若能够创新国有企业中的伦理文化观念，并且加大改善国有企业的伦理制度文化，那么无私奉献、为人考虑等精神观念将会在国有企业中发扬，优秀精神的发扬将能够极大地推进国有企业的改革与创新，推进公平、公正的社会环境的建立，从而降低谈判成本，为市场的增长与发展创造优质的外部制度环境，达到优化营商环境的目的。

其次，伦理制度文化创新能够节约企业之间的交易成本，促进企业之间信任的养成，加强彼此间的信任度，从而优化企业之间的竞争环境。企业与企业间的恶性竞争和低价竞销的行为，会导致整个市场的恶性竞争，因而企业间会通过建立交易契约来制约彼此的行为，但违约的现象依旧屡见不鲜。伦理制度文化创新能够给企业带去诚信的属性，降低企业与企业之间的谈判、协调成本。以浙江省温州市为例，温州市的部分地区拥有优秀的伦理文化，浓郁的家族、合作文化观念使温州地区人与人之间的关系融洽，相互之间信任度极高。只需要口头上的承诺便能够从亲戚、朋友间获得快速的资金聚集，如此优秀的伦理文化是温州家族企业崛起的关键原因之一。因此，我国可以加快各个地区伦理制度文化的创新，规范企业间的关系，促进企业间的良性竞争，从而带动整个营商环境的优化。

最后，伦理制度文化创新还能够降低企业与消费者之间的交易成本，倒逼企业进行诚信经营，保障消费者的利益。企业与消费者之间存在着非正式的契约关系，主要表现为以许诺为基础的义务或责任观。当企业存在着虚假广告、贩卖假货或合同欺诈等不良行为或旨在寻求短期利益的经营目标时，便会大大增加企业与消费者之间的交易成本。伦理制度文化创新能够规范企业的经营行为，促进企业责任感的培育，节约企业与消费者间的交易成本，实现企业的长期可持续经营。不仅如此，伦理制度文化创新还能够保证企业与消费者建立的契约的实施，形成强大的社会舆论力量，促使企业的行为向着公平诚信的方向转变，从而优化整个市场的营商环境。

四、宗教制度文化创新与创新动力形成

党的十九大报告提出，需要深入挖掘与剖析我国历史文化进程当中蕴含的道德理念、人文精神与思想观念，传承、发展并且最大限度的创新这些先进的传统文化，让传统文化发挥其作用，展现富含我国特色的风采。挖掘、传承发展我国优秀的宗教文化，并且促进宗教文化的创新性发展，不仅能够发扬我国传统的文化，还能够促进我国创新动力的形成。

首先，宗教制度文化创新能够加快我国文化对外传播的步伐，增强我国的创新能力。宗教文化是国家与国家之间进行交流的重要文化之一，向外传播我国的宗教文化能向世界展示我国的文化实力。例如，江苏省打造的《鉴真东渡》，将佛学文化与音乐紧密相连，向世界讲述了鉴真的故事，展示了我国独特的佛学理论。《鉴真东渡》的演出在国外受到了热烈的反响与高度的评价，助力我国佛教知识理论走出国门，走向世界。因此，提供促进宗教文化现代化的制度条件，实现宗教制度文化创新能够对宗教文化瑰宝进行二次发掘，将其同现代元素、科技元素和时尚元素结合，推动我国文化的对外传播，为我国的文化创新形成动力源泉。

其次，宗教制度文化创新能够推动我国文化产业创新性发展。宗教文化在一定程度上能够转换为群众所需的物质文化和精神文化，宗教文化富有多样化发展的潜力。经过合理、规范打造，宗教文化能够开发成多样的文化产业，为我国的产业发展注入生动、鲜活的活力。创新宗教文化是创新我国文化的一大举措，同时也是创新我国文化的一大亮点。可深入宗教文化资源丰富的地区，深入了解、挖掘、发扬地区的宗教文化，为地区的经济增长提供全新动力。例如，三亚南山寺的海上观音已成为三亚旅游的一个著名打卡景点，吸引了无数人前来感受佛教文化。青海的唐卡绘画已成为西部的特色文化产业，其中富含的宗教思想吸引了无数宗教爱好者，为青海黄南藏族自治州的 GDP 提供了极大的拉力。因此，创新宗教文化不仅能够促进地区经济的发展，还能够推动当地特色文化产业的创新性发展，促进了创新动力的形成。

最后，宗教制度文化创新能够推动我国物质文化的创新，促进大众创新

意识的形成。宗教文化当中包含了丰富的哲学理论、道德思想等优秀观念，还包含了音乐、绘画、雕塑等文化载体。我国可以通过挖掘宗教文化当中包含的优秀的文化因素，将相关因素融入大众更加喜闻乐见的舞蹈、音乐、书法、电影等形式当中，帮助宗教文化更好地向社会大众传播，帮助宗教文化所蕴含的有益思想、优秀文化进一步地焕发生命、焕发光彩。例如，深受大众喜爱的《千手观音》便是将佛教中的形象以舞蹈的形式表现，向大众呈现了观音菩萨所具有的慈爱、庄严、无私等精神内涵，将观音菩萨这一神圣形象向大众传播，让大众能够更好地领略到宗教文化的魅力。龙泉寺动漫中心创作的"贤二小和尚"卡通形象通过漫画、动画、摄影展、电影等贴切的方式，向人们传播佛教文化中的真、善、美的故事，让人们更加形象地了解到了卡通形象背后的故事。因此，宗教制度文化创新能够促进大众创新意识的形成，转化和运用宗教文化中所包含的精神文化，推动宗教文化与现代社会相适应，实现宗教文化的现代化转型，推动文化的创新发展。

五、秉持人类命运共同体理念，加强国际文化交流，引领先进文化发展潮流

秉持人类命运共同体理念是建设社会主义精神文明的必由之路。伟大的思想对社会实践具有引领作用，人类命运共同体理念是中华精神文化的当代体现，对于促进世界文化"百花争艳"、保持人类文化多样性具有重要作用。中国传统文化所倡导的"以和为贵""和而不同""义利统一"等思想正是破解当今世界思想意识极端化、经济逆全球化、超级保护主义的积弊所急需的，与人类命运共同体理念存在相通之处，也符合人类共同发展的时代潮流。虽然在全世界构建人类命运共同体可以称为"道阻且长"，但这是一个非常远大且有前景的理想，它指明了人类社会未来的发展方向。在全球文化竞争领域，搞保护主义和单边主义是没有出路的，更不利于全人类的共同发展繁荣。秉持人类命运共同体理念有利于中华优秀传统文化与世界各民族优秀文化相互学习、相互借鉴，有助于社会主义精神文明建设。

加强国际间的文化交流融合是建设社会主义精神文明的重要途径。文明因交流而多彩，文明因互鉴而丰富。文艺复兴运动以来，在西方先进知识分子中产生了资本主义思潮，逐渐形成了自由、平等、博爱、民主等核心价值

观念。近代西方资产阶级在这些价值观的熏陶下反对封建势力，建立资产阶级民主国家。同样地，这些价值观念也在一定程度上促进了无产阶级的觉醒，成为广大劳动人民进行阶级斗争的思想武器。此外，全世界各民族国家都有其优秀的民族文化，通过中华文化与古今中外各个时期、各个民族国家文化的交流碰撞，有利于加深彼此之间的了解，同时激发新的思想火花；通过汲取人类优秀的思想资源，有利于革除狭隘的民族自大意识，增强中华文化的影响力，提升中国文化的软实力，推进先进文化的发展潮流，构建社会主义精神文明。

　　除了以上制度文化，其他一些非典型的制度文化对社会主义政治文明建设的作用也不容小觑。例如，民俗、艺术、哲学文化等制度文化的建设对政治文明的发展也具有深远的意义，这些制度文化所涵盖的各种价值理念、人生哲理以及生态观念等，都促进了整个社会文化的形成，从不同层面影响着政治文明的建设。

第八章

中华科技文化创新性发展与社会主义科技文明建设

　　作为四大发明的发源地，我国在历史上对于世界科技发展有杰出贡献，中国的传统文化中蕴含着丰富的科技发展思想，但也存在着阻碍科技发展的一些落后因素。回顾我国科技文化发展历史，无论是发展的形态、走向还是特征，都与中华民族的精神底蕴等特质密切相关。推动社会主义科技文明建设，理应从中华优秀传统科技文化中吸取营养，并且通过科技文化创新，为我国的科技事业发展增添新的动力。

第一节　中华科技文化的界定与分类

一、科技文化的内涵与特性

（一）科技文化的内涵

　　科技文化是在科学理论知识不断积累以及方法技术日渐更新改进的结合之下，对于人类发展环境造成变化的效果总和，其中也包括为推动科学技术进步而构筑的政策体系以及制度框架。科技文化的主要内容则由思想、知识、方法以及科学精神构成。

　　科学和技术从概念的内涵以及起源来说有着明确的差别。科学属于知识体系，有着理论化和系统化的特点，解决"是什么"和"为什么"的疑问，该过程体现了人类智力活动的探索性；技术却是人类对社会和自然产生影响并进行改造的手段，对于"怎样做"的疑问进行回答，该过程体现了人类操作的应用性。但是随着经济社会的不断发展演进，在很大的程度上，科学与技术已经变成了一个难以分裂割舍的概念。哈贝马斯指出："科技文化的产生原因并不是理论信息的内涵，而是由研究者的素质引领创新的，欧洲社会发展的目的就是为了促进这种科技文化的形成。"① 马尔凯认为："科技文化是一种不受环境干扰的标准社会规范和行为约束的形式，这种规则是典型的以推动科技发展为目标。"②

不管是从研究的内容或是对象来看，科技文化都同自然密切关联。科技文化将自然界作为研究对象，围绕科学精神这一核心，贯彻科学的理性思维方式，利用规范严谨的手段方法，通过了解自然、逐渐去利用自然并最终实现改造自然。科学文化以科学精神、思想、知识、方法为主要内容，以领导性和基础性为主要功能。

作为社会文化系统的一项重要组成部分，科技文化相较于基本国情、国民素质以及中国传统文化，对于提升国家综合实力以及文化软实力至关重要，是构建人类文化子系统的关键要素，也是构架社会文化形态的重要组成部分。科技文化是社会文化的主导，他在其中呈现比较高级的形式，科技文化是人类社会最高最特殊的成就，它是在一种特殊条件下才可能得到发展的成果。因此，我们可以将科技文化总结为：在科学的理论知识积累和技术改进更新的结合下，对于人类环境改变效果的总和，其中也包括为了促进科学技术的发展所构建的政策框架和制度体系。

（二）科技文化的特性

科技文化具有自己独特的性质，正是这些性质所蕴含的先进革新的元素，才使科技文化成为一种进步、优秀的文化。科技文化的特性可以分为动态和静态两个方面，体现了科技文化的阶段性稳定与趋势性发展。

---

① 田虹. 中共哈尔滨市委党校学习贯彻党的十九届五中全会精神学习交流摘要 [J]. 哈尔滨市委党校学报，2021（1）：1－6，14.
② 中国共产党第十九届中央委员会第五次全体会议公报 [J]. 西北工业大学学报，2020，38（6）：1370.

首先，科技文化具有整合性、基础性以及普遍性的静态特性。其中整合性体现在对于互相交织的科学知识系统，站在统筹的高度上令其融会协调，实现总体宏观性。基础性体现在其作为基本的方法准则，在其所蕴涵的国家、民族以及地域文化之上实现人与自然的和谐相处，为人类的物质与精神生活奠基。科技文化的普遍性是指作为人类的共同文化财富，它能够跨越宗教、地域、民族以及国家，直接解决人与社会和自然之间的关系，辐射范围足够广，于细微中影响深远。

其次，科技文化具有多元性、延展性和创新性的动态特性。多元性来自科技文化对多角度、多层次思想方式、方法的鼓励，不以学科和国界为阻挠，提倡通过合作交流实现共同繁荣。延展性导致其在发展的道路上难以一帆风顺，需要在原有文化的基础之上，取其精华，并不断改进创新、广泛传播。多元性由科研的客观对象所决定，即自然规律与物质世界，因此不会被个人和社会因素干扰。创新性体现在作为人类发展生生不息的重要推动力，科学技术始终坚持推陈出新，坚定地立于社会发展的浪头，在批判中革新，在革新中进步，始终担当社会发展前行的永动机。

二、中华科技文化的发展史

在独特的形成与发展方式之下，中华科技文化既有长处却也存在着不足，对于世界文明的发展具有深远的影响。对我国科技文化的发展历史进行回顾，无论是科技发展的形态还是发展的走向，都能从中看到我国独具的精神文明特质。中华科技文化的发展史可以分为以下五个阶段。

（一）起源萌芽、初步形成阶段

早在上古时期，原始先民便已掌握钻木取火，并运用磨制石器来进行耕作。相传，"人文初祖"之一的黄帝制造舟车，建筑宫室，教人制衣挖井，其妻子嫘祖发明养蚕缫丝；神农氏炎帝发明刀耕火种，并亲尝百草，被尊为"医药之祖"，二人共同开创华夏文明的新篇章。先秦古籍《山海经》更是以奇幻神话的笔法描绘出上古时期的文化风貌，其中蕴含了大量关于天文、地理、动植物、宗教、医学、科技史等方面的原始文化信息。

夏商周时期，受祭祀文化的影响，我国先民于青铜、陶器、玉器等方面的制造技术已令人叹为观止。原始社会末期，我国就已经出现了青铜器；夏朝时期种类不断增加；到了商朝，青铜文化更是鼎盛灿烂，铸造于这个时期的司母戊鼎是世界现存最大的青铜器。"三星堆"文化就盛行于商周时期，出土的青铜神树、青铜立人像等举世闻名。在此时期，陶瓷业也很发达，我国是世界上最早发明瓷器的国家。

（二）跨越突破、百家争鸣阶段

我国古代科学技术于春秋战国时期实现第一个大跨越，为后来的发展奠定基石。作为我国农业发展史的一大变革，牛耕于春秋末年就已使用，战国时期被广泛普及，加之铁农具的出现推广，劳动生产率和作物产量大幅上升。此外，水利方面，举世瞩目的防洪灌溉工程——都江堰，于战国时期修建，成就"天府之国"，造福至今。手工艺方面，春秋时期鲁国人公输班（又称鲁班）发明锯子、墨斗、曲尺等木工工具，开创土木工艺新格局，被誉为木匠鼻祖，此外他还发明了云梯、钩强、石墨、伞、锁钥等工具，鲁班这一名字已然成为古代劳动人民智慧的象征。天文方面，人们为安排农业生产，于战国时期测定出一年有 24 个节气，是我国历法史上的重要里程碑。宗教方面，本土宗教——道教兴起，其修身养性、炼制丹药的主张，于后世培养出大批道教人才，如陶弘景、孙思邈、朱思本、赵友钦等，为我国医药学、天文学、地理学等学科作出重要贡献。

（三）稳定发展、承上启下阶段

在秦汉时期，政权大一统，社会稳定，封建经济发展，中外交往活跃，造就了古代科技文化的进步。科学技术对于人们的生产与生活产生较大影响，随着许多重要科技人才，如张仲景、张衡等的出现，中国科学技术取得了辉煌灿烂的成就。如在天体测量方面，张衡发明浑天仪和地动仪；在医学方面，张仲景编撰《伤寒杂病论》；在数学方面，出现巨著《九章算术》；在文化传播方面，西汉麻纸为世界公认最早的纸，东汉蔡伦改进造纸术。

魏晋南北朝是我国农学与数学的大发展时代。祖冲之将圆周率精确到小数点后第七位，这一成果领先世界达 1000 年之久。北魏贾思勰编撰的《齐民要术》是我国现存最早、最完整的农书，时至今日仍被世界学者高度重视。

（四）大发展、大繁荣阶段

隋唐时期，我国疆域辽阔，南北统一，经济发达，中外文化交流频繁，在医学、建筑学、天文学等方面的地位绝对领先于世界。公元 10 世纪初，我国已将火药应用到军事中。著名天文学家梁令瓒与僧一行共同制造了黄道游仪，这是世界历史上首次发现的恒星位置变动，此外，在僧一行的主持之下，还对子午线的长度进行了实测。唐朝的建筑风格具有严整开朗、气势宏伟的特点，完美体现了当时的时代精神。在该阶段，建筑发展逐渐成熟，设计体系也渐成规模。

宋元时期，中国劳动者的经济基础达到了富足的状态，因此对已有的科技成果进行总结归纳，造就了古代科技文化空前鼎盛的局面，活字印刷术和指南针就诞生于该阶段。在天文学方面，元代郭守敬发明简仪，早于欧洲发明同类仪器 300 多年。北宋沈括所著的《梦溪笔谈》内含物理、化学、天文历法、数学等多学科文化，其发明"石油"一词，并预言此物未来"必大行于世"。

（五）承古萌新、束缚前行阶段

明清时期，中国科技发展虽仍有闪光之处，但受空前加剧的专制主义、中央集权影响，难掩颓败之势。该阶段科学技术的主要成就体现在农学、天文学、医学等方面，此外于远洋航海、水利工程、金属冶炼、矿山开采等方面也具有发展。明朝宋应星编撰的《天工开物》，对我国历代农业发展以及手工业生产技术做出了系统全面的归纳，书中也内含近代工业文明萌芽的缩影，享有 17 世纪工艺百科全书的美誉。明朝时期因为造船业的繁荣先进、航海经验的积累以及罗盘的使用，郑和曾经七下西洋，这是 15 世纪末在欧洲地理大发现航行以前世界历史中规模最大的海上探险。明朝时期建筑技术普遍提高，到了清明时期中国传统的建筑技术达到巅峰。南北二京宫殿的建筑、园林建筑以及万里长城的修建，都很好地体现了这一时期的建筑技术。

三、中华科技文化的构成要素与分类

可以将中华科技文化分成五大类型：农业科技文化、手工艺科技文化、宗教科技文化、中医科技文化和科技制度文化。

（一）农业科技文化

作为农耕古国，我国古代劳动人民积累了数千年的耕作经验，并留下了丰富的农业科技文化，且主要通过农学著作的形式保留。先秦诸书中多含有农学篇章，四大农书基本反映了中国古代各个时期农耕社会的发展状况。

《氾胜之书》是西汉晚期由氾胜编撰的一部农学著作，有我国最早农书之称，其归纳整理了西汉时期黄河流域的农业操作经验和生产技术。该著作主要内容包括耕作的基本原则、播种日期的选择、种子处理、个别作物的栽培、收获、留种和储藏技术、区种法等。

南北朝时期贾思勰编撰的《齐民要术》堪称中国古代农业百科全书。其对北方劳动者在生产中不断累积的实践经验进行了归纳，并总结出因地制宜、多种经营的重要理念，是当时畜牧业、农业发展繁荣昌盛的重要记载。

元代王祯的《农书》，共37卷，13万多字，是一部对整个农业进行系统研究的巨著，其对于生产工具的演进进行了细致的归纳，其中，《农器图谱》占全书篇幅的4/5，附有306幅插图。该农书特别重视用机械代替简单工具、用水力代替人力和畜力。书中详细记载了冶金"水排"、水转大纺车、木活字和"转轮排字盘"等重大发明，在全球范围产生了一定的轰动。

明代徐光启所著的《农政全书》，共有60卷，约70万字，书中始终贯穿着治国治民的"农政"基本思想。著作着力于屯垦、水利、荒政三项主题，对农学的有关思想和实践从国内国外的角度以及历史当今的角度进行了分析对比，并在此基础上给予了改进完善的观点思路。徐光启被誉为"中国近代科学先驱"。作者不仅对过去的经验、当下的成就进行了记载，还主张将科学实验运用到农业当中，这是一种对西方科学思想吸收借鉴的体现，具有先进性、创新性和科学性。

（二）手工艺科技文化

中国古代素以手工业发达著称，在中华先民的勤劳与智慧之中，中国古代手工艺科技文化处于世界领先地位。

春秋时期，齐国官府工匠所记有关工艺的典籍《考工记》是中国最早的一部工艺专著，也称《周礼考工记》。该著作有 7100 余字，对陶瓷、刮磨、染色、皮革、金工、木工六大类 30 个工种的活动进行了记载，同时，该书还对建筑学、地理学、声学、数学、力学等学科的发展进行了描绘，是当时工艺和科技发展繁荣的重要体现。

明朝时期，宋应星所著的《天工开物》是一部全面系统总结历代农业和手工业生产技术的巨著。书中详细记载了各种农作物和工业原料的种类、产地、种植加工和生产技术、工艺装备、制造流程，以及组织管理生产的经验，提供了大量确切数据，并附有 123 幅插图。该书十分重视调查和实验，书中对于金、银、铜比重的描绘和对黄金成色的测定，对于油料出油率的统计以及对于生产器具和产品长、宽、高、重量、容积、比率等技术指标所做的精确记述，无一不是运用数量、比重等数学、物理学方法"穷究实验"的结果，并由此把劳动者在生产实践中积累的经验总结上升到理论层面。在近代工业因素初露端倪的背景之下，《天工开物》这一描绘工农业生产的大全类巨著，不仅在我国史无前例，还在世界上掀起了巨大风波，出现英国、法国、德国、美国、日本、俄罗斯、意大利等多国语言的翻译本，对世界科技的近代化发展具有重要意义。

中国古代手工艺的专项著作也非常丰富，如宋代有关玉器工艺的《古玉图谱》、元代有关织锦工艺的《蜀锦谱》、明代有关制漆工艺的《髹饰录》、清代有关刺绣工艺的《绣谱》、清代有关制陶工艺的《陶说》、清代有关竹刻工艺的《竹人录》等。

（三）宗教科技文化

我国古代宗教的主要内容是引导人民乐观生活、鼓励百姓多做善事，相较于西方宗教更具有人文关怀。我国传统宗教对于地理学、农学、天文学的发展有重要的促进作用。然而，同西方重视理性科学的宗教思想相比较，我国宗教更关注于民生，这对于稳固封建统治具有重要作用，但在推动科技进步的作用上就相对不足。

唐初医药学家、道士孙思邈编撰的《丹经》里的硫磺伏火法就是与炼制火药有关的最早文字记录。唐朝末年火药已应用于战争。五代和宋朝时，火药还普遍在火器、开山、采石、狩猎中使用。其中火器就包括突火枪、火蒺藜、火箭、火炮等，种类繁多。14 世纪初，火药由阿拉伯人传入欧洲，在西方社会产生巨大轰动。

我国古代宗教科技文献作者群体也为中国古代科学技术的发展输入了很多人才力量，一批高质量科技文献由此产生，促进了中国古代科技文化的发展，如唐朝僧人玄奘从长安历经艰险前往天竺，以亲身见闻写成地理学巨著《大唐西游记》；宋朝炼丹师在炼丹活动中，发现很多化学知识，甄栖真著有《还金经》、张伯端著有《悟真篇》《玉清金笥青华秘文金宝内炼丹诀》；元朝道士朱思本周游天下，通过 20 多年实地考察，最终绘成长宽各 7 米的地理学著作《舆地图》；元朝道士赵友钦擅长律学算数和天宫星家之术，曾经以两个恒星上中天所带来的时刻差去推算赤经差，是天文学历史上的首创，并著有《三教一源》《推步立成》《金丹正理》记述其天文、数学、物理及历法研究所得。

（四）中医科技文化

从原始社会时期中医就已然存在，其理论于春秋战国时期便初步形成，之后历代均有总结发展。中医具有古代唯物论思想及辩证思想，在古代医学工作者的长期钻研与实践中逐渐形成体系，对于汉字文化圈的国家具有深远的影响。

编撰于战国时期，成书于西汉的《黄帝内经》是中国现存较早的一部医书，该书奠定了中医学理论的基础。

东汉"医圣"张仲景撰写的《伤寒杂病论》是中医临床医学的里程碑成就，系统论述了"望、闻、问、切"四诊疗法。与张仲景同一时期的名医华佗以外科手术以及方药针灸见长。此外，他还发明了中国早期体育保健体操——"五禽戏"，并研制出早期麻醉药——"麻沸散"。

明代李时珍所著的《本草纲目》是我国古代药物学的顶级成果。这本书共 52 卷，190 万字，对中国 16 世纪以前的药物学成果进行了系统全面的总结。该书收录了 1892 种药物和 11096 个药方，从植物界、动物界、无机界三个方向入手，按照"从贱至贵""从微至巨"的顺序进行整理，创立了当时世界上最先进的分类法。书中还指出了猿猴和人相似的地方，注意到环境对生物的影响，记载了金鱼、鸡等动物的遗传和变异现象，具有生物进化的内涵，加快了世界生物学科前进的步伐，文中相关内容曾被达尔文在论证动物和植物于家养条件下变异时所引用。1647 年，《本草纲目》首次被译成

拉丁文，后来又出现德、俄、日、英等多种文字的译本，其中英文译本达
10 余种，在国际上广泛传播，被赞颂为"东方医学巨典"。

（五）科技制度文化

我国古代社会，随着生产力和生产水平的逐渐提高，对于科学技术的认
识和重视逐渐加强，为鼓励科学技术的发展，科技制度文化开始萌芽并逐渐
发展起来。我国古代科技制度文化对于当时的社会发展与科技进步具有重要
的推动作用。但是，受社会形态的限制，我国古代科技制度文化主要为巩固
大一统的封建专制统治服务。我国最早的一部天文学专著是战国时期的
《甘石星经》，其中《石氏星表》收录了已测定的 120 多个恒星的位置，是
世界上最早的星表。为鼓励农业发展，加大粮食生产，春秋战国时期的《管
子·山权数》中曾言："民之能明于农事者，置之黄金一斤，直食八石。"①
提出不仅应多听取专业人才的建议，还应把这些建议登记整理，存入官府档
案，同时将专业人才的兵役免除。随着手工艺科学技术的发展，我国商品经
济和私营手工业也不断进步，唐朝时期出现了雇募工匠。从征役制到雇募
制，是生产关系上的一大进步。

四、中国古代科技文化的性质

（一）创新型科技文化

我国古代科技文化有着丰富的成果和齐全的门类，多个学科长期在世界
上遥遥领先。在人类历史上，封建社会科学文化的最高成就是由中国创造
的，其中农学、医学、数学、天文学是我国传统的四大自然科学。

中国古代科技文化具有务实的特性，其主要目的是为封建统治以及社会
生产做辅助，也正是因为这一性质使中国古代科技文化在世界上长期处于领
先地位。例如，为了满足封建王朝对于"授命于天"的需求，我国古代对
于天文学方面的研究便极其突出；作为我国古代科技文明的成果，远近闻名

---

① 徐汉峰.《管子山权数》篇经济思想对中国会计文化的贡献 [J]. 会计探索，2012（12）：
10.

的"四大发明",也是为了满足现实的国家需要而创造出来的。在我国古代,科技来源于生产需求,因而更重视各个学科技术的实用性。

我国传统文化对于"人伦"的重视,造就了科技文化在创新的过程中更加重视"以人为本"。中国传统文化认为,在世间万物中人的作用是最主要的,并提出"重人事,轻鬼神;重现世,轻来生"。此类关注"人的作用"的观念,有利于发挥人的主体作用,为科技创新注入活力。

(二)保守型科技文化

我国古代的科技工作者更善于对实践经验进行归纳整合,因此中国古代科学技术大多是对生产经验、社会现象的总结,实验性较差。我国古代科技文化主要遵从儒家思想,专注于对人们的道德约束,因而忽视了对于纯粹理论及学术的探讨。

我国古代科学技术主要来自对自然规律及生产活动的直接描述,缺少对规律的总结。如科学著作《徐霞客游记》《梦溪笔谈》《墨经》等,基本上是对实际自然现象的单纯描述,而对经验来源的研究点到为止。当时的著作里,对于科学的概念仍然没有真正的定义,缺乏对理论和规律的总结和升华。我国古代科学理论的保守性令其浮于表面不能深入挖掘,因此难以向生产力进行广泛的转化。

我国古代科技文化用意会的方式判断事物,难以对生产实践进行有效的指导。中国古代科技文化在笼统的角度上对于现象或事物的认识进行整体把握,用意会的、模糊的方式对思想进行大概的理解,即便像领先世界的农学、天文学等学科,也大都是站在整体的高度思考、分析事物。此外,人们对于自然的认识主要来源于自身的领悟,并没有对自然现象的发生进行深入的探讨研究。古代科学工作者更倾向于将日常的思考见闻记述下来,借用直觉来领悟问题,最终导致古代科技文化大多抽象而笼统。另外,中国古代科技文化对于现象和事物只进行浅层次的描述,缺乏进一步的研究和推理判断,导致中国古代科技文化缺少对现实实践的指导作用。

我国古代科技文化对理论规律总结的缺乏,以及通过意会来认识事物的方式,突显其保守性的特点。

第二节　中华科技文化创新性发展与我国科技创新动力的形成

中国科技文化在农业社会通过与科技实践的结合，曾经创造出举世闻名的"四大发明"，使中国长期保持在世界科技发展的前列，是中华先民所创造的科学技术文化成果，既为中华民族的文化长卷添上浓墨重彩的一笔，也丰富了人类文化宝库；既造福于我们自己的国家，也为世界他国所共享。但是进入工业社会后，由于中国科技文化的先天不足，主要是不重视科学理论研究，忽视逻辑思维能力锻炼，以及对物理与数学研究的长期不重视，使我国的现代科学发展与西方相比，出现了明显的差距，需要通过科技文化的创新性发展，才能为我国的现代科技发展增添新的发展动力。

一、中华科技文化创新性发展的必要性分析

我国科技文化突出天人合一的观点，关注人与自然和谐发展。其中对于"人的作用"理念的强调，有利于充分发挥人的主体作用，为科技创新注入活力。但与此同时，又存在信天命、无为而治的落后理念，导致我国古代科技文化相对保守，阻遏了我国科技发展。

（一）中华传统科技文化存在的宿命保守观念，阻碍了我国科技文明的进步

儒学文化在我国传统文化中的地位举足轻重，延绵不断，于后世影响深远，其"以人为本""人道大伦"等思想对我国科技文化的发展影响至深。儒家思想宣传的"不知命，无以为君子""死生有命、富贵在天""君子居易以俟命，小人行险以徼幸"的天命观，要求人们顺命而为，莫行无谓之举，这在一定程度上打击了人们的主观能动性，与科技文化所需的大胆实践、打破常规、勇于创新的思想背道而驰，严重阻碍了我国科技文明的进步。同时，在我国封建专制的政权体制之下，生产发明多以满足封建统治的需要为目的，这种偏向于功利的环境导向使生产进步缺乏内生动力，严重破

坏了劳动人民科技创新的积极性。此外，从科学研究的具体操作来看，我国传统科学技术的探索相对保守，多停留于实践、观察、总结的层面，没有形成以假设、实验为过程的科学研究方法，因此与西方细分、系统的科学研究体系相比，我国传统科技文化总带有不能深究的意会色彩，难以探寻现象发展的真正脉络，不易令世界他国信服。

现如今我国社会中，保守主义和功利主义的思想仍然影响着科学事业的发展，故步自封、偏从盲目的陈旧思想于暗中消磨着科研人员的工作热忱。以求真、怀疑为指引的科学精神若被极致过度的务实性和应用性所影响，就会变得功利，丧失其探究未知领域的本真。而且科学研究若仅浮于表面，不能细致探究其中的发展理论和运作机理，就难以真正地解决问题，这无论对于我国科技文明的当前革新抑或是长远发展都十分不利。因此，这就要求我国科技文化必须改变发展方式，通过创新的手段来打破传统文化中陈旧糟粕观念的束缚，通过科学精神的培养来助推社会主义科技文明的建设。

（二）中华科技文化创新性发展体现我国科技文化自身发展的诉求

我国科技文化受到了传统文化的影响，从一定意义上对科技文化的现代化发展起到了阻碍作用。受现代西方的发达的科技文化的冲击，我们既应顺应趋势虚心请教，但也应该清楚西方的科技文明并不完善，且舶来品难以直接与本土文化完美契合，例如，我国科技文化强调的社会精神与人文关怀就难以从西方科技文化中寻找到身影，且本身双方的价值观就存在着难以避免的冲突。因此，在现如今文化全球化的潮流之下，必须坚持创新性发展，不仅要传承、发展中国的传统科技文化，取其精髓，还要避免生搬硬套西方的科技文化。所以，我国科技文化体系的构建必须坚持中国特色，实现中华科技文化创新性发展时不我待。

作为发展中国家，我国还需要一个较长的过程才能稳步实现经济社会更高层次的发展。要想在时代的背景之下把握自身的命运，就需要有强大的综合实力。国家要想提升综合实力，就离不开经济的稳扎稳打，经济的稳扎稳打又与科技的进步休戚相关，而科技的进步又以国家科技文化的高度发展作为保障。现如今，特别是在我国的科技整体实力水平同发达国家仍有一定差距的情况之下，更需要通过提高自身的科技文化水平，来带动更加先进的科学技术的发展。由此看来，创新性发展的重要性不言而喻。

（三）中华科技文化创新性发展能够推动我国社会主义现代化建设

科技的快速发展一方面丰富了人们的物质财富，在根本上改变了我们的生活，而另一方面科技文化的发展也推动了精神文明的进步。中华科技文化创新性发展能够让中华科技文明实现振兴，并达到一个新的境界，中华科技文化创新性发展对于中国特色社会主义先进文明建设乃至社会主义现代化建设有着重大的推动作用。

现阶段，我国还需要进一步培养国民的科学素养，提升对科技文化的重视程度，普及科学精神，拓宽科学知识的受众。我国要实现社会主义现代化，就需要根据国情，从根本上弥补科技文化的不足，为国家发展打下坚实基础，并通过中华科技文化的创新性发展，为其注入活力。此外，作为人口大国，发展过程中的社会矛盾难以避免，这也催促着我国利用科技的进步来解决冲突。实现人与自然、社会三者之间的和谐共生，实现可持续发展的宏伟蓝图，更需要中华科技文化的创新性发展。创新型中华科技文化以其优秀进步的理念，推动社会主义科技文明发展的持久化、绿色化。

二、我国科技创新发展的现状与面临的问题

（一）我国科技创新发展的现状

当文化发展与生产力水平相匹配时，政治经济会被自动推拥向前，然而，若文化发展与生产力水平难以匹配，就会出现精神落后于物质的现象，阻碍社会进步。近年来，我国科技创新的投入稳步提升，推动了科技的创新发展，对于社会进步的引导驱动作用逐渐显著。根据世界知识产权组织公开的《2022 年全球创新指数报告》，中国创新能力位居世界排名第 11 位，相较于 2021 年提升了一个名次，这是对于我国科技创新成果的重要肯定。①发明专利数量是与科技产出有关的重要指标，从国家知识产权局的数据来看，到 2022 年末，我国拥有有效专利 1787.9 万件，同比增长 15.9%，每万

---

① 2022 年全球创新指数报告：中国居第 11 位［EB/OL］. 新浪财经，2022 – 09 – 30.

人口高价值发明专利拥有量为 9.4 件，比 2021 年上升 1.9 件。① 根据国家统计局数据，21 世纪后，我国 R&D 经费规模不断扩大，近 5 年保持着 11.9% 的平均增速同比上涨，到 2022 年总研发金额已达 30870 亿元，占 GDP 的 2.55%；在科研人员数量方面，2013 年中国已经超越美国，拥有世界第一的科研人员数量，截至 2021 年，这一数量达到 572 万人，目前仍保持着 9.4% 的年均增长率。② 2016 年，中共中央、国务院所发布的《国家创新驱动发展战略纲要》明确表示：到 2025 年，我国将实现世界科技创新强国的"三步走"战略目标。③ 这一战略目标是我国新时期对于科技创新发展更高的历史定位。在这样的背景之下，急须对科技创新发展中所面临的问题进行进一步的分析，从而使我国的科技创新能力获得稳步提升。④

（二）我国科技创新面临的问题

第一，我国对于科技创新精神仍然缺乏重视。中国的现代科技给我们的生活带来了非常多的物质享受，吃穿住行都得到了改善，然而，我国科技创新发展依然匮乏。在公民的科学素养方面，不同群体表现出显著差异，大多数群众无法有效了解科研的操作和过程。2020 年世界公众科学素质促进大会表明，如今我国已有 10% 以上的公民拥有科学素养。这虽然较 21 世纪初的不到 2% 有较大的提升，但美国公民基本科学素养水平的比例在 2000 年便已达到 17%。⑤ 总体看来，我国居民科学素养不断上升，但同西方国家之间还有着一定的距离。从知识产权的角度来看，针对产业，我国还需要加大技术投入，抓好自主研发工作。以加工、再加工为主的"中国制造"虽然产品种类丰富，但仍缺乏对于产品生产核心技术的掌握，没有真正做到技术发明和技术创造，因而假冒伪劣产品还是层出不穷。与之相对应的"假冒伪劣文化"不仅阻碍了我国科技文化的创新，同时还给知识产权保护带来了不利的局面。对于我国的科技研究和开发而言，他们更多像是科技追随，产品的自主研发和创新能力还有待加强。

第二，我国科技文化的理论研究不够。中国古代，科技文化具有深远的

---

① 2022 年全年知识产权主要数据和特点发布 [EB/OL]. 国家知识产权局，2023 - 01 - 16.
② 资料来源：国家统计局官网。
③ 国家创新驱动发展纲要解读 [EB/OL]. 学习啦网站，2016 - 08 - 29.
④ 中共中央国务院. 国家创新驱动发展战略纲要 [N]. 人民日报，2016 - 05 - 20（1）.
⑤ 2020 世界公众科学素质促进大会在京开幕 [EB/OL]. 快资讯，2020 - 12 - 09.

影响力，四大发明对于世界文明都具有重要的推动作用，然而，中国近代以来，我国的科技文化对于世界的影响变得非常微弱。我国仍然缺乏对于科技文化理论的钻研探究，相较于经济，科技文化明显发展落后，难以转化为成果，严重影响了我国的科技创新之路。根据中国工业经济联合会会长、工信部原部长李毅中出席"2020凤凰网财经峰会"表示，我国的科技成果很多但是转化率不高，最高在30%左右，发达国家是60%~70%。①

第三，我国科技创新的要素配置结构仍有待优化。近年来，我国企业作为研发的主体地位逐渐提高，企业主体不但是研发活动中的主要执行者，还是研发资金的主要供给者。从国家统计局数据来看，2021年企业科技创新费用为28789.5亿元，占全国R&D投资的81.96%，但是，企业研发资金占比高不意味企业的研发能力和研发投入水平较高，正相反，我国企业仍需要加强科技创新资源投入。② 根据经济合作与发展组织的统计数据，我国2021年企业研发经费同工业增加值之间的比例是2.19%，低于美国的3.15%、日本的4.25%、韩国的4.76%和以色列的6.23%。我国有创新活动的企业占到全部企业的39.1%，而瑞士为75.3%、英国为60.2%、日本为47.9%。③

作为承担科技研究以及培养科技创新人才重要使命的高等学校，在我国，其基础研究经费所占的比重却并不高，以2021年为例，当年的高校R&D投入为2180.5亿元，其中904.5亿元为基础研究投入，仅占总投入的41.48%，远低于美国的60%以上、以色列接近70%、瑞士的接近80%。因此，要想提升基础研究能力，鼓励加大高校基础研发投入力度便是其重要举措之一。除此之外，中国作为人口大国，若是想要在教育上有质的提升，还是需要加强培育力度。从世界银行的数据来看，我国高等教育毛入学率为59.6%，较以往有所上升，但仍低于美国、澳大利亚等国家。④

第四，我国科技创新的对外开放程度还有待加强。我国科技创新在国际交流合作方面还需要加强，开放程度仍需要提高。尽管我国有大量跨国公司及其研发部门聚集，国际合作基础良好，但是我国研发经费的资金来源却主

---

① 李毅中. 中国科技成果转化率仅为30% 发达国家达60%~70%［EB/OL］. 凤凰网，2020 - 12 - 05.
② 资料来源：国家统计局。
③ 资料来源：经济合作与发展组织。
④ 资料来源：世界银行。

要集中于国内，根据 2014 年经济合作与发展组织的数据显示，我国研发经费的国外资金占比仅有 0.74%，相比之下，以色列研发经费的国外资金占比达 49.2%、英国达 17.6%、美国达 4.7%。此外，我国需开放视野，在创新型科技人才的对外交流方面，努力在全球的人才交流和竞争当中占有一席之地。目前，我国留学生在高等教育学生中所占的比重仅为 0.3%，远低于英国的 18.2%、美国的 4.65%。①

三、科技文化创新是驱动我国科技创新发展的动力源泉

目前，我国的科技创新动力不足，既有科学技术发展水平的差距，也有科技文化观念相对落后与科研体制改革滞后等方面的原因，"钱学森之问"值得我们深刻反思。现如今，新的科技革命随时会爆发，意识本质、宇宙演化、生命起源、物质结构等命题正在寻求新的进展；科技创新的重大成果也推动了一批新业态、新产业的萌芽与发展，技术的更新换代以及科技成果的转化变得更加快捷。只有以中华科技文化创新为动力，才能推动我国科学技术的不断进步。

（一）中华科技文化精神提升我国科技文化软实力

拥有 5000 多年历史的中国，曾经是世界上拥有最强大文化软实力的国家，在东方和西方的历史上，无人能及。中华科技文化辉煌灿烂，源源不断地为我国文化创新提供原料。中华先民所创造的科学技术文化成果，既为中华民族的文化长卷添上浓墨重彩的一笔，也丰富了人类文化宝库；既造福于我们自己的国家，也为世界他国所共享。

中华科技文化主要由科技思想、科技方法、科技成果、科技精神等内容组成。其中，科技精神是灵魂，是科技创新必不可少的助推器。孙中山先生于 1924 年曾经为广东大学即现如今的中山大学亲题校训："博学、审问、慎思、明辨、笃行"。此十字出自"四书"中的《中庸》："博学之，审问之，慎思之，明辨之，笃行之。"② 博学需博览群书，审问需发现问题，慎

---

① 2014 年经济合作与发展组织（OECD）数据［EB/OL］. 汇通网，2014 – 11 – 06.
② 曾参. 中庸［M］. 上海：中华书局，2015.

思需逻辑严谨，明辨需清楚查验，笃行需践履所学，而这正是科学研究的认识过程及研究过程。《大学》作为四书之首，曾言："物格而后知至，知至而后意诚，意诚而后心正，心正而后身修；身修而后家齐，家齐而后国治，国治而后天下平。"① 我国古代知识分子只重视了后半句，却将前半句忽略。宋明理学的主要派别之一——程朱理学提出：要把握"理"，运用"格物致知"，体验世间万物，从而再加深对"理"的理解，直至融会贯通以明"理"。事物只有深究才会知识渊博，知识只有渊博才会对事物有真正理解，正所谓知识来源于实践，又对实践有指导作用。《论语·卫灵公》称："当仁不让于师"，这同亚里士多德的名言："吾爱吾师，吾更爱真理"有异曲同工之妙。《论语·子罕第九》："子绝四：毋意，毋必，毋固，毋我。"② 其意思为孔子将四种毛病断绝：不可瞎猜，不可武断，不可固执，不可自以为是。这种科学的精神十分宝贵。在我国古代，医学核心思想形成的根源是"医为仁术"。孟子有云："仁者爱人，有礼者敬人。爱人者，人恒爱之；敬人者，人恒敬之。"③ "药王"孙思邈曾对医德提出四点要求：大医之心——舍弃私念，全力赴救；大医之体——庄重从容，认真负责；为医之法——谦虚好学，尊重同行；为医之道——勤学深究，学术精良。④ 正是这些精神在我国医学进步的过程中发挥了长远的作用。唐朝作为我国古代科技文化发展十分辉煌的朝代，除了有社会环境以及政府政策的支持，还有科学发展所不可缺少的开放精神。历史的经验教训告诉我们，闭门造车不会成功，任何国家要想发展科技首先需要敞开大门，将先进的科学技术和经验引进来。连接中西方的丝绸之路以及郑和七下西洋是我国历史上对外交流不可或缺的重要一笔，这种对外的交流不仅引进了西瓜、土豆、西红柿、辣椒等农作物，还引进了玻璃器皿和毛毯等制造技术。只有敞开大门，在同他国的不断交流碰撞中才能够不断激发科技文化创新的灵感，不断涌现科技文化创新的源泉。中华科技文化的发展离不开开放精神，我国的前进步伐更离不开开放精神。我国科技文化软实力的提升需要发扬民族凝聚力，重视中华科技文化精神。

① 曾参. 大学 [M]. 上海：中华书局，2015.
② 论语 [M]. 陈晓芬，译注. 上海：中华书局，2016.
③ 孟子 [M]. 方勇，译注. 上海：中华书局，2017.
④ 孙思邈. 千金方 [M]. 天津：天津科学技术出版社，2020.

（二）中华科技文化理念升华为科技创新发展注入活力

中华传统科技文化观的核心理念是"整体思维"，这也是中华科技文化的优秀遗产。"整体思维"强调从整体的角度把握事物的本质及规律，关注事物同事物之间存在的联系。"整体思维"在我国很早就已出现，华夏上古三大奇书之一的《易经》便是对万事万物运用整体思维去观察所得出的经验，其中的伏羲八卦便是最好的说明。伏羲八卦所组成的八种不同的形式是根据大自然阴阳变化而来，每一卦便代表了一种事物。乾、坤、震、巽、坎、离、艮、兑，分别代表了天、地、雷、风、水、火、山、泽，它参合倚仗天地变化之术，将阴阳物理、社会进化、生产经验包含于八卦卦义之中，可谓尽览物性、穷探天理、洞悉人事，发现宇宙万物的生命规律。所谓的"易"是指通过阴阳从整体的角度解释事物并把握其运行的轨迹。正像田辉玉学者所言："阴阳五行说，在思维指向上，注重万物的相互联系而不注重万物的构成元素；注重事物的运动演化而不注重事务的静态结构；注重事物的功能而不注重事物的实体；在思维方式上，注意经验直观而不重视理性抽象；注意模式推理类比而不重视命题推理（演绎）。[①]"此外，道家"天人合一"的思想也站在整体思维之上，认为宇宙所生成的人和万物同根同源。老子曰："天网恢恢，疏而不失。"指宇宙中的人和万物共同织就了一张大网，植物、动物、人类都是其中的网线，土壤、空气、山川、湖泊等也是其中的一部分，万事万物共同构成一个相互依存、相互关联的大整体。19 世纪末期以来，经典物理学陷入了危机，传统还原论受到了来自量子论、相对论以及哥德尔不完备定理的巨大冲击，在低位上摇摇欲坠。此时中华科技文化"整体思维"的思维方式逐渐引起了科学界的注意。

对于复杂的科技研究，不仅是西方的科学界面临困境，如今的科学研究普遍过于重视分类分析，忽视综合；擅长线性研究，疏于非线性研究；多为封闭系统研究，缺乏开放系统研究，由此为科技创新发展带来许多问题。复杂性科技研究要想获得重大进展以及长远进步，中华科技文化的"整体思维"理念便是很好的指导。中华科技文化中整体性和统一性的特质是现如

---

① 田辉玉. 论阴阳五行学说对中国古代科技思维的影响［J］. 湖北电大学刊（武汉），1995，（9）：4－8.

今西方科技文化迫切需要的，由此可见东方的科技文化同西方的科技文化有非常强的互补性。在当今科技迅速发展的时代，我国科技创新发展面临着极好的机遇，要想在世界的科技舞台上展现中华科技的风采，中华科技文化"整体思维"的理念就需要被完善并发扬光大。中华科技文化的"整体思维"理念将在新一轮的科技革命里崭露头角，并扮演十分重要的角色，给科技创新发展注入活力。

（三）中华科技文化实践推动我国科学技术进步

我国科学技术随着中华科技文化实践的发展而发展，实践的道路没有尽头，科技创新的道路也没有尽头。作为实践的重要组成部分，科学技术创新随着社会的发展及自身的进步在实践中的地位日益显著。

在我国古代，大一统多民族国家的安定稳固、农耕经济的辉煌鼎盛，是我国科技文化取得辉煌灿烂成就的根本保障，在这样的政治经济背景之下，中华先民通过自身的勤劳汗水以及聪明智慧在劳动实践中总结经验，寻求革新，为我国科学技术创新贡献力量。作为中华科技文化成就重要标志的"二十四节气"，是我国农耕文明辉煌灿烂的缩影，是中国古代劳动人民的智慧结晶，它是上古先民在劳动实践的过程中顺应农时，经过对天体运行的记录研究，在一岁中探寻时令、物候的运动规律，并逐渐总结成体系。人们在实践的过程中创造了文化并享用着文化，古代先人又以"二十四节气"这一科技文化实践为指导来安排自己的生产活动，使农业生产率获得有效提高。作为系统考察我国地貌地质开山之作的《徐霞客游记》，为明代地理学家徐霞客通过30多年的旅行考察，跋山涉水，历经艰险，遍访祖国大好河山所铸成的汗水与智慧的结晶。游记中所记载的溶洞便有288个，地貌形态名称多达102种，大小河流551条，湖、泽潭、池、沼泽198个，书中还记载了煤、锡、银、金等12种矿物的产地、开采和冶炼情况。此外，徐霞客纠正了早期地理文献中的一些错误，例如，否定自《尚书》以来流行1000多年的"泯山导江"说，肯定了金沙江是长江上源。徐霞客就是通过自己一步一个脚印的地理实践，在前人的成就之上通过亲身的批判验证，才创造出这部无论是在地理学还是文学上都具有重要价值的历史巨著。

当今世界，新的科技革命随时会爆发，一些重大的、具有颠覆性意义的科技创新也推动了一批新业态、新产业的萌芽与发展，技术的更新换代以及科技成果的转化变得更加快捷。只有以中华科技文化实践为基础，才能葆有先进性，不断推动科学技术的创新与进步。

第三节 中华科技文化创新性发展引领社会主义科技文明建设的路径选择

以推进我国社会主义科技文明建设为目标，中华科技文化创新性发展的道路可以归纳为以下五个方面的内容：第一，对不适应现代科学技术进步的传统科技文化观念进行改造，用先进科技文化理念代替相对落后的科技文化理念；第二，积极学习一切先进的科技文化理念，加大科学文化在群众间的普及力度，营造倡导科技创新的良好氛围；第三，坚持以科技文化为指导，在科技文化发展体系中融入中国特色；第四，抓好创新驱动，用自主创新推动社会主义科技文明建设；第五，发展科技文化教育与产业，以供给侧为方向，加强创新型科技文明建设的结构性改革。

一、发扬光大优秀传统科技文化，在本土化基础上推动科技文明建设

在科技文化创新上，我们对待中国的传统科技文化既不可以采用民族虚无主义的态度，同时也不可以无视其弊病，正确的态度应是批判地吸收其中的优良成分，剔除其中的消极成分，结合新时代的要求，能够古为今用，令其成为当今中华科技文化创新性发展的丰富资源，通过在本土化基础上的创新来推动科技文明建设。

中国作为曾经世界上拥有最强大文化软实力的国家，所蕴含的文化底蕴以及所具有的文化资源自是令他国望其项背。美国成书于 1985 年的《人民年鉴手册》中曾经列出十位影响世界的大思想家，我国的孔子排在了第一位。英国著名生物学家达尔文曾在《物种起源》中广泛借鉴《天工开物》《本草纲目》以及《齐民要术》里的观点。由此看来，中华科技文化博大精深、源远流长，是我国的宝贵财富，不仅具有文化遗产的价值，还是中国人民的精神归宿，是劳动人民团结向前永不枯竭的力量源泉。因此，面对传统科技文

化，我们既要保持民族性，又要体现现代性，在以积极的心态学习西方先进科技文化的同时，更要以这种先进的、本土化的科学精神，为科技的创新，进而是社会主义科技文明的建设源源不断地注入活力。中国传统科技文化是我们的财富，应该传承下去，并移植到新的时代中来，令它们焕发生机。

对于我国而言，近现代的科学技术是舶来品，我国的科技文化在对西方科技文化进行借鉴的同时，并没有做到同我国本土文化很好的碰撞、交流与融合，未能形成一种符合中国本土特色的科学精神。美国著名社会学家英格尔斯提道："一个国家可以从国外引进作为现代化最显著标志的科学技术，移植先进国家卓有成效的工业管理方法、政府机构形式、教育制度以至全部课程内容。在今天的发展中国家里，这是屡见不鲜的。进行这种移植现代化尝试的国家，以为把外来的先进技术播种在自己的国土上，丰硕的成果就足以使他跻身于先进的发达国家行列之中。结果，他们往往收获的是失败和沮丧。"[①] 因此，中华科技文化创新性发展必须具有中国特色，必须吸纳我国传统文化的精华，完成科技文化的本土化。此外，在推动科技文化本土化的同时，需要实现我国科技文化现代化的转型，要清晰地认识到我国传统文化的本质，明白我国传统文化的文化范式主要以人伦为核心，政治依附性、工具取向、人伦意识的特点较明显，所以实现我国科技文化于本土基础上的现代化转型是必行之路。应该大力倡导崇尚自然与探索自然奥秘的理念，发扬求真务实的理性科学精神，营造宽松自由、独立自主的学术环境。在当下这个科技文化转型的时代，要想推进社会的发展，就必须去寻找新鲜的科技文化种子，推动富含中国特色的科技文化于现代科技文明的土壤里开花结果。我国现代科技文化应该在发扬光大优秀传统科技文化的基础上创新，只有这样才能够创造出崭新的、先进的、具有中国特色的科技文化，最终引领社会主义科技文明建设。

二、借鉴吸收西方优秀科技文化，为我国科技文明建设注入现代动能

每一种文化都有自己独特的过人之处，都有其存在发展的意义。钱兆华

---

① 英格尔斯. 从传统人到现代化［M］. 北京：中国人民大学出版社，2023：82.

（2013）指出，文化传统、文化模式或文化基因是导致一切社会差异的最终根源。西方文化基因的"三大基石"为：基督教精神、理性主义和人文主义。古希腊时期，西方学者就已具有不追求任何实用性、只为探求真理、挣脱愚昧的探索观念，例如，德谟克里特（1994）提出，宁肯找到一个因果说明，也不愿获得一个波斯王位。罗素（2018）认为，欧基里德几何学是鄙视使用价值的，这一点早就被柏拉图所谆谆教诲过。古希腊先贤此类仅为追寻真理、提倡怀疑精神的价值取向对西方科技文化的发展影响深远，这与我国以服务封建统治为目的的传统科技文化有着根本的差异。14～16世纪，西方掀起的反宗教、反神学的思想解放运动——文艺复兴，大力宣扬人文主义，提倡个性解放，反对盲信盲从。之后的宗教改革和启蒙运动更是沉重打击了宗教权威和封建统治，提倡精神上的自由，将人们从烦冗陈乏的宗教信条中解脱出来，专注于世俗生活和个人奋斗，提倡理性，主张敬畏真实、尊重科学。这些思想解放运动极大地推动了近代科学的产生与发展。以理性、逻辑、演绎推理为标准的近代西方科技文化，坚持从假设猜测出发，以实验为工具，广泛运用数学方法来推导公式定律，同我国古代主要通过直觉意会、总结归纳形成的科技文化相比，这种经过反复论证的方法更加准确细致且容易令人信服。

在近代思想大解放的环境背景下，西方科技文化走向了井喷式的大跨越、大突破：哥白尼提出太阳中心说；牛顿建立经典力学体系；达尔文创造生物进化理论；瓦特发明蒸汽机；格拉姆依据法拉第的电磁感应理论设计出发电机，种种科学技术的发明推动了第一次、第二次工业革命的诞生。19世纪相对论和量子理论出现，使西方科技文化跨越新高度。20世纪电子计算机、航天技术、遗传工程等现代高科技的诞生引发了第三次科技革命，推动人们生产生活方式的转变，进入"新经济"时代。我们不可否认的是，西方科技文化在众多领域领先于我们，且西方科技文化的研究体系更加规范系统，这些都是我们发展现代中华科技文化所需要学习借鉴的。

在经济全球化的当下，作为经济发展第一动力的科技文化也应当全球化。国与国之间越来越频繁开展的科技文化交流，使科技无国界的主张越来越受到认可。要想于我国科技文化的发展中寻找到新的灵感动力，紧跟世界发展潮流，获取世界先进科技文化，掌握世界先进科研技术，打造世界先进科研成果，就必须顺应科技全球化趋势，构筑同外国进行科技文化交流的体制机制，以开放的精神借鉴吸收西方优秀科技文化。通过这种方式，我们可以放眼全球，打破故步自封的现状，充分利用一切进步的科技文化成就，加快追赶西方发达国家前进的步伐，缩小同它们之间的差距，真正实现我国建设科技强国的宏伟目标，跻身于世界科技强国的行列。

三、加大科学普及力度，厚植科技创新的文化土壤

以科技文化的推广传播作为突破口，通过对科学的普及，将科技文化素养向人民群众慢慢渗透。培养科技文化素养，需要人民群众懂得基础的科学知识和科技方法，通过科学的思维，将其自然运用、落实于点点滴滴的生活活动。群众的科技文化素质是社会主义现代化的关键，是我国科技文化软实力的重要组成部分。民富，则国富；民强，则国强。作为发展中的人口大国，我们亟须提升国民的整体科技文化素养，将众多的人口从沉重的负担转化为人才优势，为国家带来无尽的竞争力和创造力。随着改革开放的发展和科技文化的传播，国民的文化素养较之前虽有了明显的提高，但若从整体来看，与发达国家相比仍有着较大的差距，依然还有大部分的公民对于基本的科学精神以及科学方法有所欠缺，这严重干扰了社会主义科技文明的建设，阻碍了国家、社会和经济的发展，不利于社会主义现代化。要想推进我国社会主义科技文明的建设，就必须制定由政府作为主导，经过各界人士共同联手，并在多种媒体协同作用之下所形成的切实有效的科学技术文化传播机制，并在全社会的范围内加大科学普及力度，努力实现科技文化由精英文化转向大众文化。

创新型科技人才是由具有科技文化素养的人民群众培养而来，且于科技创新活动里崭露头角。若是没有了科技文化素养作为基础，没有了科技创新活动作为契机，就不可能涌现出一大批的科技创新人才，我国的社会主义科技文明建设就缺少了重要的力量支撑。人民群众是历史的创造者，更是科技创新的主体。科技文化创新只有在人民群众的科技创新实践活动中才会产生，而要想将人民群众的科技创新实践活动普遍化、常态化，就必须加大科学普及力度，将科学的普及同科技的创新有机地结合在一起。就创新的基础而言，科技创新有大有小，有高有低，既有高精尖的重大技术创新，又有类似生活小发明等的小创新。就创新环境而言，大众创新不但可以培养群众的

创新意识，又能够让人们在获得精神满足的同时实现财富的增长，这是社会主义科技文明建设不可或缺的动力源泉。

四、坚持科技文化指导，构建中国特色的科技文化体系

在传统文化的影响之下，中华科技文化对于政治仍然有较强的依附性，也依然存在经验论等思维模式的弊端。我国要想实现社会主义科技文明建设，实现文化强国，就必须积极努力地构建具有中国特色的科技文化体系。在中国特色科技文化体系的建设过程中应该全面客观地对传统文化进行分析，保留精华，摒弃糟粕，在继承中寻求发展创新。在中国特色科技文化体系的建设过程中还应努力加强科学文化精神的培养，时刻运用科学文化的眼光了解自然的方方面面，站在科学文化的立场，探索自然的点点滴滴，只有将中华科技文化上升到精神的高度，才能于深刻恒久之中构建出中国特色的科技文化体系。

要构建具有中国特色的科技文化体系，就需要有良好的社会风气作为基础。中华科技文化是由多种互相联系、影响的成分构筑的有机整体。在同社会其他部分进行互动时，中华科技文化有着其自身独到的特点，物化的科学技术是科技文化建设必不可少的"硬条件"，而科学精神、科学思维方式以及科学知识等是发展科技文化思想素质的"软条件"。中华科技文化以其自己的方式来理解世界并解释世界。它拥有自我生成、自我发展的特质，要构建中国特色科技文化体系，就应该扎根于社会的大系统中，让其同政治体系、经济体系乃至其他文化体系息息相关、密切相连。构建中国特色科技文化体系既是为了同社会需求相契合，形成一个倡导科学精神、培养科学思维、传播科学知识、鼓励科技创新的良好社会风气；也是为了顺应社会发展的需要，社会的发展追求经济的进步，而经济的进步离不开将科技创新转化为生产力，离不开科技文化社会功能的充分发挥。此外，在我国，历史文化所产生的问题仍存在，例如，封建迷信这一传统毒瘤就导致伪科学、反科学的状况难以根除，不利于社会的进步以及经济的发展。另外，在物欲横流的当下，来自金钱的诱惑容易让一些人迷失，导致一些科研活动只为了满足自身的利益，而忽视社会利益。建设中国特色的科技文化体系，就可以通过科学的价值观来武装头脑，站在精神追求的高度来指导、约束科研实践活动；

也可以促进知识产权法的不断完善，用法律来捍卫科技系统的有效运行。我国科技文化体系是开放的、具有中国特色的、富有活力的，科技文化的交流需要在开放的环境之下才可以活跃起来，它可以促进中华科技文化对外的交流与合作，既有利于我们引进先进的仪器、技术和设备，进行更深入的研发与创新；也有利于中国科学素养的培育，弘扬具有独特韵律的中华科技文化。我们应同世界各国展开广泛的交流与合作，缩小与世界科技的距离，加快同世界科技接轨，并逐渐在世界科技中站稳脚跟。

五、坚持创新驱动发展，用自主创新推动科技文明建设

中华科技文化进步的因素虽然是多元的、复杂的，但是，最重要的动力源泉无疑是创新。在如今科技全球化的环境之下，不管是站在国家的高度还是科研团体的高度，我们都可以得出结论：科技文化的繁荣以创新为前提。随着大变革时代的到来，我国已进入了新时期，把握随时会爆发的新科技革命，享受科技红利，机不可失。因此我们必须将创新驱动发展战略的贯彻落实作为己任，要对中国的立场坚定不移，以科技文化为琴谱，弹奏自主创新的华美乐章，再以创新为笔墨，谱写社会主义科技文明建设的宏伟篇章。当今世界，新科技和产业革命一触即发，倘若不能以创新的勇气正面响应，时代进步的车轮只会将我们碾于脚下，大伤元气。在社会主义科技文明前进的道路上必须将创新驱动发展战略贯彻落实，增加研发投入，鼓励科研，以创新为灯塔，为社会各学科各门类的发展进步指明方向，为社会主义科技文明建设打好强心剂。

创新驱动发展战略的落脚点在于创新。当今社会，科技更新之快，转瞬间便是沧海桑田，科学技术文化的发展需要我们充分落实创新驱动发展战略，只有解决底层问题，掌握核心科技，将创新落到实处，才能令科技生产所蕴含的潜力以最大的限度激发，才能不被西方发达国家"卡脖子"，才能在中华科技文化的发展中发挥优势。自主创新是建设社会主义科技文明的核心，与国家科技文化竞争力的高低休戚相关。社会主义科技文明的建设需要牢牢把握创新这一方向，"依靠自主创新能力来创造文化品牌和强化文化产权，通过自主技术创新来突破文化创新的科技瓶颈，凭借自主创新水平来推进文化与科技的无缝连接和高度融合"，打造创新驱动发展的主旋律，打造

永久优势。只有这样，社会主义科技文明建设才能够保有无限可能，化解内部隐秘的矛盾冲突，为经济社会发展提供可靠保障。

六、建设科技文化产业，推进科技文明发展的供给侧结构性改革

中华科技文化不仅属于资源，还属于社会产品。充分利用市场来配置中华科技文化资源，是社会主义科技文明建设的应有之意。现如今，中华科技文化已通过产业化的方式助推经济发展，科技文化的竞争日益成为经济竞争的底牌。在社会主义市场经济逐渐完善的背景之下，不断创新中的科技文化果实和产业需求之间的联系越发紧密，"打破行政壁垒、地区分割，实现'产业接起来、要素流起来、市场通起来'，不只是经济领域也是文化市场和文化产业繁荣发展的应有之义"。要将科技文化在市场的作用下向实用转化，就应当重视供给侧改革里中华科技文化创新的地位，实现资源的合理配置，运用市场、资本等途径，将我国文化产业逐渐融入全球价值链中。只有这样才能够在文化产业中有效发挥中华科技文化的支柱作用，让科技文化产业在市场竞争中获得优势，并在全球科技文化竞争中取得一席之地。

社会主义市场经济推动了文化产业的发展。在社会主义市场经济的背景下，文化产业是社会主义科技文明发展的重要途径，社会主义文化产业的繁荣昌盛需要以科学技术为基础。新时代中华科技文化的建设过程中，需要为创新发展构建长效机制，这就要求我们在科技文化产业发展中把握特有规律，充分发挥政府的政策激励引导、宏观调控指导，同时，运用市场的思维、文化的方式，使市场在社会主义科技文明建设中的主体位置不断牢固，牢牢抓好科技文化创新，并依托产业上下游的延伸，构建我国科技文化产业的宏伟蓝图。在构建科技文化产业的过程中，当出现批评质疑的声音时，必须将科学精神、市场愿景和社会责任有机融合在一起，坚持社会主义科技文明建设的经济效益和社会效益的协调统一，推动化学反应的实现和质量优势的释放。这也是我国实现创新型国家发展目标的重要保证。

七、改革科技文化体制，健全创新发展的管理运行机制

科技文明现代化建设新格局的打开，离不开体制的改革。我们需要牢牢

把握时机，认清社会发展的矛盾并从中探寻新的需求，未雨绸缪，为新一轮科技革命的爆发做好准备。现如今，中华科技文化的创新性发展已然站在了十字路口，选对方向一日千里，选错方向停滞不前，在新科技时代，我国要想跻身世界科技强国，在全球科技竞争中成功实现弯道超车，就必须对中华科技文化创新性发展的政策和战略进行统筹，正视我国现有实力即现阶段发展状况，健全科技文明创新发展的运行管理机制，对中华科技文化资源进行合理利用。

中华科技文化的创新性发展系统而复杂。现如今，我国要想跻身全球科技强国的行列，就应进一步激发中华科技文化创新性发展的活力，抓好科技文化体制改革，对阻碍社会主义科技文明进步的各种僵化机制进行突破，对社会主义科技文明建设的政策生态系统进行优化。具体来说，在新常态下，应该对统筹协调和顶层设计不断强化，不断改进政府管理机制，提高决策效率，落实创新驱动发展战略，发挥其在创新实践中的调控作用，做到"到位却不越位"，灵活规划前进目标，不断强化中华科技文化创新性发展的自信，完善与创新驱动发展战略相互适应的治理方针，最终实现社会主义科技文明的繁荣昌盛。

第九章

中华生态文化创新性发展与社会主义生态文明建设

中国目前正在经历着从工业文明到生态文明的重大转型，只有把人与自然、人与人以及人与本身的和谐视为人的价值目标，并且以和谐理念为环境立法指导思想，人类才有可能改善目前的环境状况，达到人与自然协调统一、和谐相处的良好目的。建设生态文明是中国新时期发展的需要，也是中华民族永续成长的必经之路。而在构建和谐社会过程当中，必须坚持以人为本、全面协调可持续发展的原则，"尊重自然、顺应自然、保护自然"是科学发展观的重要内涵和基本遵循。中华传统文化蕴涵着丰富的生态文化价值观念，建立和完善优秀传统生态价值观念规范下的生态文化体系，是建设中国特色社会主义生态文明的力量源泉。

第一节 中华生态文化的界定与分类

一、生态文明与生态文化的内涵与特性

（一）生态文明

生态文明是人类反思工业文明弊端的产物，是相对于"野蛮"而言的，它标示着文明在观念、路径、模式革新等方面所取得的重大进展。它是一种

人与自然和谐共生、人与社会共同发展、经济增长方式由粗放型向集约型转变的新阶段文明形态。生态文明的基本特点可以归纳为以下四个方面。

第一，系统性。从系统论角度看，生态文明就是一种系统思维方式。生态文明一方面是把整个生态系统作为研究目标，而另一方面生态文明发展观则着眼于人类社会整体的永续发展问题。换句话说，它既着眼于人类在空间上享有良好生活环境、使用自然资源的平等权益，又着眼于人类在时间上享有天蓝、地绿、水清的自然环境，更着眼于人类社会全面发展、长远利益。

第二，可持续性。这是当今社会最重要的话题之一，也是实现经济社会全面协调可持续发展的基础和保障。党的十七大报告中明确指出："要把生态文明建设放在突出地位"，[①] 并强调了加强生态建设的重要性。生态文明的基本原则是可持续发展，它试图在整个社会范围内建立起一种绿色生产方式与健康消费方式。生态文明建设需要人类在从事物质生产和消费活动的过程中，不能只限于自己的物质精神享受，而应该充分考虑到资源环境的承载力问题，努力做到生态效益、经济效益与社会效益三者之间的均衡与统一，从而给子孙后代留下一个可持续发展的生态环境。

第三，和谐性。这是人类文明进步和社会可持续发展的基本要求，人与自然之间的和谐程度决定着一个国家或地区能否实现可持续发展。构建社会主义和谐社会必须坚持以人为本，全面协调可持续的发展观。生态文明建设的最终目的是实现人类同自然的和谐相处。纵观当前，我们要正确处理好经济发展和环境保护的关系，着力推动经济高质量发展，同时更重视生态保护工作，协调城乡生态环境良性互动发展，坚定不移地走生产和生态可持续发展之路。

第四，人本性。这是马克思、恩格斯在对资本主义经济形态进行批判时提出来的重要概念，它既包含着人与自然关系中的物本属性和人本主义思想，又蕴含着丰富而深刻的哲学内涵。生态文明较好地解决了人类社会发展导致自然资源有限性和人类欲望无限性这对矛盾，它强调了人类的自觉和自律，把人引上一条持续和谐发展之路作为着力点，把人类社会的永续发展作为归宿。它既要考虑到自然对人类自身的影响和制约作用，又要兼顾到人类

---

① 胡锦涛. 高举中国特色社会主义伟大旗帜　为夺取全面建设小康社会新胜利而奋斗 [N].
人民日报，2007 - 10 - 25 (1).

自身的生存发展需要以及人类自身的利益，进而达成人类社会可持续发展的最终目标。

（二）生态文化

生态文化包括风俗、语言等在内的各种文化理念对人类活动所产生的影响，它包括了宗教、哲学、科学、艺术、器物等方面的内容，并具有不同的价值取向。生态文化作为一种特殊形态的文化形式，以对自然环境、生态平衡及人类生存发展具有普遍指导意义的价值观体系为特征，生态文化既是人类文明进步的产物，又反映了现代文明进程的基本趋向。生态文化是人类为了解决生态危机，实现可持续发展而产生的，是对现代工业文化进行批判和反思所形成的一系列关于人与自然、人与人、人与社会关系等方面社会文化现象的总称。

生态文化经过了由人类支配自然向人与自然和谐相处的转换进程，它是人类价值观念的根本性变革，而这一变革解决了人类中心主义向人与自然和谐相处价值导向的转换问题。生态文明建设就是要树立以尊重自然为前提，以保护环境为基础，以维护生态平衡为目标，把经济活动同人口、资源、环境协调起来的共同发展观念。生态文化从生态学的角度研究现实事物与现实社会之间的关系问题，以生态学的生态思维方式为基础，结合经济学中的生态学原理，运用生态化理论来指导人们进行生态保护与建设活动。

从学理上分类，生态文化主要包括"生态观念文化""生态制度文化"和"生态物质文化"三大类型。"生态观念文化"是指人类关于自然、社会、人自身及其相互关系的思想观念体系，它包括了人与自然和谐共处的基本信念及相应的行为规范，是对生态环境进行有效保护的思想基础。"生态制度文化"就是负载着生态文化意蕴的调节公众行为的各种文化理念与环保组织形式。"生态物质文化"就是负载生态文化意蕴的各种物质实体，例如有机农业、绿色产品、绿色建材等，这些物质实体在生产和消费的各个环节中都肩负着传播生态文化意蕴的任务。作为一种观念文化，生态文化是一种行为主体固有的价值约束。生态文化的广泛普及必须以公民价值观念、行为准则及具体规范的转变为基础。

概括起来，生态文化主要有以下基本特征。

第一，生态文化是一种先进的文化。它既不是传统的自然主义，也不同于现代的理性主义和人本主义，而是一种以人与自然的和谐为基础，尊重自然、顺应自然、保护自然、崇尚自然的新型文化形态。生态文化从生态伦理视角出发，批判了资本主义的"线性经济"，主张发展循环经济，反对高耗能经济，提倡节能经济。

第二，生态文化是一种绿色文化。当下，生态文化在人们生产生活中体现出节能化、资源化和绿色化等特征，其主要内容包括：源头控制与过程阻断相结合、末端治理与污染治理相结合、生态消费观与生态安全观相结合、生态道德观与生态旅游相结合、有机农业与生态产业相结合。

第三，生态文化是一种和谐文化。它不仅体现在人与自然界关系上的价值取向和行为选择方面，还反映在人与自然关系中所蕴含的价值观念及精神追求方面，生态文化是人类文明进步的重要标志。人与自然和谐相处是生态文化的核心，而生态价值观又是工业文化与生态文化和谐相处的基础和前提。

第四，生态文化本质上是一种审美文化。生态文化的美学特征表现在以下六个方面：整体性、开放性、超越性、和谐性、人文性、自然美。生态审美观将人类生存的生物圈视为一个整体来通盘考虑，旨在实现生态系统的整体效益和价值，它超越了人类对自身物质利益的狭隘要求，明显是一个普适的审美理论，它超越了种族和国界，生态文化服务于不同民族，被不同层次的主体所认同，它是人类共有的文化财富与智慧的结晶。

（三）生态文明与生态文化的相互关系

生态文明和生态文化是一对既相互区别又相互关联的概念，既不应该把它们混为一谈而不加以区分，更不应该把它们彻底分割开来。从内涵上看，两者都包含着人与自然和谐相处、可持续发展等理念；在价值取向上，前者追求人的自由全面发展，后者则强调社会公平公正和人类解放。

在深刻反省"增长极限"和环境保护主义抬头的今天，生态文明逐渐成为人类共同的意识和重要的价值，生态文明是以生态理念为基础所派生的多种理论和理论指导下所创造的物质财富之和，它是一种新的社会文明形态，具有高效化、公正化、和谐化的特征。它既体现了人类文明进步发展的内在要求，又反映了人们对于人与自然关系的深刻认识和把握，同时也为实现人与自然环境之间的可持续发展提供了新的思维方式与行动准则。生态文化是生态文明的基础和前提，没有生态文化就不会有生态文明，生态文化则是生态文明的文化沉淀。

生态文化是推动生态文明建设的动力源泉，生态文明建设离不开正确的生态价值观。生态文化改变了人们以往"征服自然""凌驾于环境之上"的反自然价值观，树立起"自然界，就他自身而言，是人依赖自然界生活"的自然观，这对我国生态文明建设具有重要意义。生态文化要摆脱传统的"人类中心主义"的功利性思维，以满足子孙后代的生态需要为根本出发点和落脚点，通过长期的实践生产生活来形成自己独特的生态文化，从而推动生态文明建设。首先，生态文化为生态文明构建良好社会环境。生态文化以人类中心主义为核心，以尊重和维护自然为价值取向，对生态环境问题进行深刻剖析并提出科学解决方案。生态文明建设离不开合理制度规约，生态环境保护是一个长期的历史过程，需要通过一定的社会制度安排来实现。其次，生态文化为生态文明提供精神支撑。生态文化以其丰富的思想内涵和独特的思维方式，引领着人们对人与自然关系认识的深化和升华。再次，生态文化为生态文明奠定良好的发展基础。生态文化是生态保护的重要内容和手段，通过一系列的制度安排与生态实践，形成生态文化的制度规约，提高了人们的生态文明自觉性，推动着生态文明建设进程。

生态文明与生态文化互为条件，互为前提，两者相互促进，协调发展。从理论层面上看，生态文明具有丰富内涵和深刻意蕴，主要表现为：一是以人与自然和谐相处为核心的生态文化构建。二是实现人的全面自由而富有个性的发展。三是推动人类文明进步。生态文明与生态文化发展有着密不可分的关系，二者具有不同的内涵和表现形式。生态文明是以生态文化为基础和前提，在人类实践中创造出来的物质与精神优质文明成果的总和，它超越了以往人们的生产生活思维方式而形成新型社会形态——生态民主、生态福利、生态正义等新的理念和制度，是生态文化在文明社会中的集中体现，生态文化构建要以生态文明为指导，摒弃传统的高能耗、高污染的粗放型经济增长模式，倡导绿色环保、集约型经济，改变以往单纯依靠政府进行生态治理的单一主体模式，形成多元利益主体参与生态环境治理的协同合作局面。

二、我国生态文化的分类

生态文化形态各异，中华生态文化可概括为农业生态文化、畜牧业生态文化、民俗生态文化、宗教生态文化和少数民族生态文化等几种基本类型。中华生态文化是中华民族优秀文化基因的重要组成部分，它不仅对中国人民的生存与繁衍作出了重大贡献，而且也影响了人类社会的可持续发展进程。总体来看，中华传统生态文化思想之精华主要包括儒家"天人合一"的本体思想、佛家"珍爱生命"的博爱意识、道家"道法自然"的伦理价值、当代习近平总书记的"绿水青山就是金山银山"的生态发展理念等。

（一）畜牧业生态文化

畜牧业生态文化就是模拟草原生态系统物种共生循环再生的原理，用系统工程方法将食物链加环、生物共生"边缘效应"混牧利用与其他生态技术组合对接起来，充分挖掘生产潜力，实现无废物、无污染的生产，从而取得长期而稳定的生态经济效益的一种生态工程。生态畜牧业具有以下特征：（1）复合系统结构。包括生产者、消费者和还原者之间的协调与合作，以及饲料、畜产品加工等生物生产各环节的协调与合作。（2）系统优化功能。也就是多层利用物质、节省能量、减少垃圾、治理污染、扩大累积、获得高产。（3）合理调整畜群结构。（4）实行适度规模饲养。（5）加强对生态环境建设的领导。（6）提高科技水平和管理水平。

（二）农业生态文化

农业生态文化是根据生态学原理与经济学原理，利用现代科学技术成果与现代管理手段，并结合传统农业中行之有效的经验而创立的一种能够取得高度经济、生态与社会效益的现代高效农业。生态农业是我国现代农业建设中具有战略意义的一项系统工程。它不仅可以促进农村生产力水平的提高，而且对解决"三农"问题有着重大现实意义。伴随着中国城市化进程的加快以及交通的迅猛发展，生态农业发展的空间也必将进一步加深。

（三）民俗生态文化

民俗生态文化就是在一定地域中，在历史更新交替大环境中，逐步演变而成的地域性人文地理、民俗风貌以及当地风土人情等，它的最大特点就是地域独特性。它与当地居民生活密切相关，是人们长期生产生活实践活动的积淀。民俗生态文化对一个地区乃至整个国家都有巨大影响，因此受到社会广泛关注。我国传统文化博大精深，源远流长，其中民俗生态文化尤为突出。民俗生态文化包括物质文化与非物质文化两部分，既有看得见、摸得着的物质形态的传播，又有以口口相传、师徒传承为形式的文化体系。

（四）宗教生态文化

宗教生态文化主要涉及宗教系统的产生和演变、宗教系统与其周边环境的关系、特定宗教间互动共存、个体和宗教组织间的关系、宗教蕴涵的生态思想等。宗教生态系统是一种动态复杂而又开放有序的有机整体，其构成要素包括社会结构和自然环境两个方面，其中环境具有决定性作用。

（五）少数民族生态文化

民族生态文化是原本形成于特定自然历史环境中，未经加工与改造而呈现出的民间文化、民族文化与原始文化样态。少数民族原生态文化是指那些未经加工改造，用特定少数民族族群来表达的少数民族文化，例如，壮族百科全书《布洛陀经诗》、藏族史诗《格萨尔王传》、蒙古族史诗《江格尔》、维吾尔族史诗《乌古斯传》等，都是少数民族原生态文化中具有代表性的作品。弘扬和培育少数民族原生态文化有利于传承中华优秀传统文化，增强民族团结意识。

三、中国生态文化思想的发展溯源

中国古典文献典籍中蕴涵着绵延不断的生态文化传统，在构建生态文化时，应注意借鉴古人生态文化智慧和发扬前人生态文化精神。

（一）儒家"天人合一"的本体思想

儒家思想具有丰富的内容，其中蕴含着许多生态文化思想。这些生态观包括以下三个方面：第一，崇尚自然。儒家认为，人与自然是相互依存、相互制约、相互作用的统一体，人类只有顺应这一客观规律才能获得生存与发展的空间。第二，天人合一。遵循自然法则是人类赖以生存和发展的基础。《礼记·大学》：君子和而不同，小人同而不谐。孔子提出的和为贵，就是以一种和谐的态度对待事物。第三，强调对万物的尊重和对生命的敬畏，它要求我们充分发挥人的主观能动性。人是社会发展的主体，必须遵循客观规律办事，不能搞掠夺性的开发和使用自然资源，否则就会造成资源的无限消耗、环境的严重污染、经济的盲目扩张以及资源的无止境的铺张浪费，它对我们今天的可持续发展战略仍然有一定的借鉴启迪。

（二）佛家"珍爱生命"的博爱意识

佛教主张度人向善、知行合一、珍爱生命、慈悲为怀等博爱意识。万物一体的生态和谐观是其核心内容之一。首先，佛家认为，"万物一体"是人与自然之间存在着的具有明显界限和因果联系的关系，而这种"佛性"又是通过人与其他生命体或整个自然生态共同体来实现的。只有这样，才能避免各种自然灾害带来的巨大灾难，也能够促进社会经济健康发展。其次，众生平等的生态价值观。佛家认为世间万事万物天性平等，没有高贱优劣之分，人仅仅作为一种具有思想与自觉的高级生物存在着，不能由此损害他物，自然界中所有的生命都是值得尊敬的。最后，佛教认为，世间万事万物皆为善法，人类应当遵守"法无禁止即可行"的原则。普度众生是其根本目的之一，也是最基本的原则，这就决定了它所体现出的强烈的慈悲情怀。人类自身生命是有限的，每个生命体都有自己独特的个性与特点，因此，我们不能用单一的标准去评价一个人或一个组织，而应根据他的个性与特点来判断这个人或这个组织是否具有这种伟大的慈悲心肠，是否真正了解这个人或这个组织所面临的困难，从而帮助他们克服困难，使其重新振作起来，最终走向新生。

（三）道家"道法自然"的伦理价值

道家学派则强调，人的日常行为应把尊重自然规律视为最高准则。首先，人与自然是统一的整体。自然界是人类生存和发展的根本场所，也是宇宙万物生长变化的根源所在。其次，尊重自然规律，合理利用自然资源，造福于人类。因此，古人提出了崇俭抑奢、知足守道的生态消费思想，倡导人们"见素抱朴，少私寡欲"，摒弃一切私心杂念和物质欲望，加强思想品德与行为修养。最后，提倡"平为福"的可持续观。各种生态智慧，恰恰是我们当前构建生态文化中弥足珍贵的思想财富。

（四）马克思主义的生态文化论述

马克思主义的生态文化论述是以人与自然之间的辩证关系为主要内容，以实践和历史唯物主义的观点为逻辑的科学体系。马克思主义生态文化论述集中了马克思、恩格斯和列宁这些伟大的革命导师们的聪明才智，集中了各种优秀思想，强调要系统地协调人与人之间、人与自然之间的关系，马克思主义的生态文化论述为解决人类生态问题提供了重要依据，从而在人类历史上开启了从生态性视角批判资本主义制度的先河。

马克思认为，只有发展科学技术和生产力，人类才能解决和大自然之间相冲突的问题，才能从根本上实现人与自然的和谐统一，实现生态文化。马克思在《资本论》一书中，也从社会经济运行的角度，提出了一些含有真理的生态文化思想，开启了可持续发展的先河。在马克思设想的未来共产主义的社会里，人们将根据最集约的方式来调节人和自然之间的物质变化，从而有利于社会的可持续发展。此外，马克思认为，任何人都不是土地所有者，因此任何人都不应该滥用和破坏土地。

马克思主义的生态文化论述无论从社会经济形态还是具体的运行机制来看，都超越了历史局限性，具有深远的前瞻性以及科学的实践意义，是人类历史上一次重大的变革。

（五）习近平生态文明思想

中国共产党第十八次全国代表大会以来，党中央在认真总结人与自然关系的前提下，对于人与自然怎样和谐共处这一时代命题作出了一脉相承的考究，从而形成了以习近平生态文明思想为代表的系统思辨理论。

习近平总书记指出："以人为本，其中很重要的一条，就是不能在发展过程中摧残人类自身生存的环境。"① 如果人口资源环境出了严重的偏差，还有谁能够安居乐业，和谐社会又从何谈起？要让人民群众喝上干净的水，呼吸上清洁的空气，吃上放心的食物，在良好的环境中生产生活。

人与自然和谐相处是科学自然观的重要内容之一。首先，自然作为人类生存的场所，自改革开放以来，伴随着中国经济的快速发展，人与自然之间的关系也越来越紧张，纵观目前全国各地，雾霾频频笼罩，生态修复欠账仍在，许多物种濒临灭绝，生态环境处于严重不平衡状态。这些问题不仅对人民群众的生活造成极大影响而且还威胁着国家和民族的生存发展。其次，保护和改善生态环境是我们义不容辞的政治责任，贯彻落实中央关于打好环境污染防治攻坚战的重大战略部署，完善考核问责制度及排查、核查等工作机制，打好污染防治组合拳。再次，把环境保护作为国家治理体系和治理能力现代化建设中的重要内容。严格制度是维护良好生态环境的根本保证，必须树立严密法治观，依法治污。最后，加大对领导干部生态环境损害的处罚力度，健全相关法律。全球生态文明建设之路是一个长期探索的过程，需要在全球共赢观的指导下进行。

四、中国生态文化的性质分析

（一）可持续型发展生态文化观

可持续发展强调的是发展，发展是人类共同的和普遍的权利。发达国家也好，发展中国家也好，都应享有平等的、不容剥夺的发展权。对于发展中国家，发展更为重要。事实说明，发展中国家正经受来自贫穷和生态恶化的双重压力，贫穷导致生态恶化，生态恶化又加剧了贫穷。因此，可持续发展对于发展中国家来说，发展是第一位的，只有发展才能解决贫富悬殊、人口猛增和生态危机，提供必要的技术和资金，最终走向现代化和文明。持续发展的实质，就是教导我们如何处理人与自然的关系。人是大自然的一部分，

① 黄浩涛. 坚持绿色发展 促进人与自然和谐［EB/OL］. 学习时报，2015－12－17.

对物质和精神的无止境欲望，决定了人类要追求永恒的发展。人与自然和谐依存，是可持续发展的前提，在此基础上，道德和法律的规范约束，也是生态文明建设不可或缺的支撑手段。

（二）不可持续型发展生态文化观

改革开放后，虽然我国的经济保持了高速增长，但是相应的，也付出了资源高消耗和环境高污染的代价，最后导致我国人口、资源、环境和发展之间的矛盾异常突出。旧的经济增长模式难以为继，人民的健康安全受到严重威胁，我国受到的国际压力也越来越大，尽管我国已采取了一系列政策措施，但出于惯性和经济利益的考虑，收效甚微。

不可持续的生态文化观首先强调自然人的属性，只关心人类社会的发展，而忽略了人类的发展对于生物圈的影响；只重视生产，而忽略了生态和自然环境。重视生产力，强调科学技术在生产力中的作用，认为科技和经济的进步能够解决所有生态问题，否认了自然界在本体论意义上的优先权，并把自然看作是人类发展的产物，看作是一种根深蒂固的人类中心主义生态文化观。

事实上，有些生态理论者将人与自然认为是生态理论中的二元对立——人类中心主义和生态中心主义的对立。一方坚持认为环境处于优先重要性，认为人应该尊重生态价值；另一方坚持人的主体性，认为环境最终是服务于人。然而它们的争吵对于理解和解决生态问题毫无帮助，这两者都分裂了人与自然的和谐统一关系，并且双方各执一词，因而无法理解人与自然之间的相互统一、共同可持续发展的关系。这种对立的观点和思想正是当今许多生态观理论的弱点所在。

第二节　中华生态文化创新性发展与华夏 文明绿色发展理念升华

提倡绿色发展离不开汲取中华优秀生态文化的丰富养料，中华生态文化蕴涵着生态文明和可持续发展的思想，这些元素和思想是我国生态文明建设的动力之源。中华生态文化作为中国特色社会主义先进文化的重要组成部分，是中华民族生生不息、发展壮大的精神支柱和力量源泉，具有十分深厚的文化底蕴。同时，中华生态文化也为人类社会提供了有益借鉴。然而，我国传统文化也有不愿顺应生态文明的落后观念，如过度垦荒、纵火烧荒、乱砍滥伐、铺张浪费等，上述各种不良现象的出现也决定了中华生态文化面临着观念变革和可持续发展的使命。

一、中华生态文化创新性发展的必要性分析

在不同的社会发展时期，我国的生态文化建设也有与之相对应的发展方式。在当前可持续发展的指导下，正确处理好生态文化发展和经济可持续发展的关系，确定新的、符合可持续发展理念的生态文化，不论是对生态文化建设还是对社会经济建设都具有十分重要的意义。

（一）传承、创新与发展中华传统生态文化的需要

习近平总书记说过，中华民族向来尊重自然、热爱自然。中国传统生态文化积淀丰富深厚，对建设生态文明、人与自然和谐共生的现代化具有重要启示和借鉴意义。传承中国传统生态文化，并对其进行创新与发展，是习近平生态文明思想的一个重要特征。

传承发展"天人合一、万物一体"的自然观。我国历来崇尚天人合一，道法自然，追求人与自然的和谐共生。习近平总书记也提倡要从我国古代的生态文化观中汲取经验，找寻智慧。例如，庄子曾讲过："天地与我并生，而万物与我为一"[1]；孟子说过："尽其心者，知其性也。知其性，则知天矣"[2]。将人心与天命紧密联系在一起，认为人与自然万物是共生关系，强调包括人在内的天地万物的内在统一性。这些思想观点，为正确认识和处理人与自然的关系提供了有益借鉴，强调坚持人与自然和谐共生，人类对大自然的伤害最终会危及人类本身，大自然是人类赖以生存的家园，是一切生物生命的摇篮。

---

① 庄子今注今译 [M]. 陈鼓应，译注. 上海：商务印书馆，2016.
② 孟子 [M]. 方勇，译注. 上海：中华书局，2017.

（二）深化绿色发展观念，推进人类社会可持续发展的需要

合理借鉴"取之有度、用之有节"的发展观。把经济活动、人的行为限制在自然资源和生态环境能够承受的范围内，给自然生态留下休养生息的空间和时间。将人与自然统一起来，按照自然规律生产活动，遵循"天时"来进行生产生活，顺应规律适度节用。要坚持在发展中保护、保护中发展，实现经济社会发展与人口、资源、环境相协调，使绿水青山产生巨大的生态效益、经济效益、社会效益。

在全球环境治理任务艰巨、国际环境合作曲折前行的背景下，习近平总书记提出，可持续发展是解决当前全球环境问题的"金钥匙"。从提出"人与自然是生命共同体"，到提出"山、水、林、田、湖、草、沙是不可分割的生态系统"，再到提出"共建地球生命共同体"，中国以开放的胸怀深度参与全球环境治理，并在其能力范围内向其他发展中国家提供财政和技术支持，以提高其环境治理能力。在建设"美丽中国"的同时，中国致力于为"美丽世界"作出贡献。中国胸怀宽广，得到了世界各方的广泛认可和赞赏。除此之外，中国积极参与应对气候变化的国际合作，推动共建绿色"一带一路"，明确以降碳为重点战略方向，推动减污降碳协同增效。实践证明，只有协同深化环保工作，深化绿色发展理念，我们才能推进人类社会的可持续发展。

（三）优化自然生态环境，满足人们高品质生活的需要

将环境问题尽快解决作为发展民生的优先领域。目前，水污染、垃圾污染、农村环境污染等生态问题，已经严重影响了人民群众的生活质量，必须下大力气解决好这些问题，集中攻克我们身边突出的环境问题，动员各方力量，群防群治，打一场污染防治攻坚的人民战争。

要坚决打赢蓝天保卫战，基本消除重污染天气。首先，要调整产业结构，减少过剩和落后产能。其次，要推进达标排放，降低重点行业的污染物排放，调整能源结构，减少煤炭的消费比重。最后，要调整运输结构，减少公路运输量，增加铁路运输，推动货运整合升级，提质增效，加快规模化发展。

要深入实施水污染防治行动计划，努力保护水源，治理城市黑臭水体，

保护修复长江，确保饮用水安全，基本消除城市黑臭水域，回归碧水、绿岸。治水有很多问题需要解决，其中一个非常紧迫，就是加快修复农村污水收集处理的设施，尽快实现污水管网全覆盖、全收集、全处理，效果将是事半功倍。

农村环境直接影响米袋子、菜篮子。调整农业投入结构，减少化肥、农药使用，提高有机肥比例，完善废旧塑料薄膜回收处置制度。要继续开展农村人居环境整治，实现全国行政村环境整治全覆盖，基本解决农村垃圾、污水、厕所问题，打造美丽乡村，为人民保留鸟语花香的田园风光。

对生态环境而言，生态保护和污染防治密不可分。要严格控制生态保护的红线，要优化自然生态环境，从而为老百姓提供高品质生活。

（四）发扬光大华夏生态文明理念，为解决世界环境问题提供中国方案

加快推进生态文明体制改革取得成效。生态文明体制改革是全面深化改革的重要领域。要以解决生态环境突出问题为导向，抓好已出台的改革措施落实，及时制定新的改革方案。一些与生态文明体系改革有关的重要措施要尽快落实到位并发挥作用。中央环保督察要强化权威，加强力量配置，向纵深发展。要探索政府主导、企业和各界参与、市场化、可持续的生态产品价值实现方式，开展试点，积累经验。完善环境信用评价制度、强制信息披露制度和严惩制度。

要对涉及经济社会发展的重大生态环境问题开展对策性研究，加快成果的转化与应用，为环境治理、便民服务等提供支撑。要积极实施应对气候变化的国家战略，推动和引导建立公平合理、公开公正、合作共赢的全球环境治理体系，为解决世界环境问题提供中国方案，彰显我国负责任的大国形象，推动构建人类命运共同体。

虽然我国当前的生态文化建设已取得一定成效，但在发展过程中，仍存在一定问题。首先，人与社会的矛盾：过度追求经济社会的发展而对生态文化建设产生阻碍。当前我国经济社会面临着资源约束趋紧、环境污染严重、生态系统退化等重大问题。其次，人与自然的矛盾：环境的失衡导致对生态文化建设的跨界影响。过去传统的发展理念过分强调对自然界的征服与掠夺，"大干特干"现象严重，忽视了对自然界的保护和利用；"环境掠夺性"的经济增长方式和粗放落后的发展观念导致生态环境问题日益严重。最后，

人与人的矛盾：贫富分化加剧导致文化生态失衡。

基于以上分析，我国生态文化需要进行以下三个方面的创新。

第一，优化资源配置。生态文化创新要求我国转变当前的经济发展模式，实现高质量发展和适应绿色经济新常态迫在眉睫，促进全社会树立绿色消费观、安全伦理观和生态价值观，推动美丽中国建设，为实现中国梦和构建人类命运共同体提供强大动力。

第二，坚持可持续发展原则，树立人与自然和谐共生观，走生产发展、生活富裕、生态良好的文明之路。面对严峻的客观现实和突出问题，我国应坚持以习近平同志为核心的党中央提出的绿色发展理念，倡导绿色生活方式和生产方式。

第三，实践绿色发展理念。绿色发展理念是发展观上的一次深刻革命，是旧理念、旧利益同新发展理念、新要求之间的较量，我国不仅应以建立健全完善的法治制度作为依据，而且要在全社会范围内形成绿色理念的一致意见，继而实现环境友好、资源节约、可持续发展的经济和社会发展目标。

二、我国生态文化工程发展现状与面临的问题分析

改革开放以来，我国的经济建设取得了举世瞩目的成就，与此同时，我国的生态环境也承受了前所未有的挑战。生态文明工程是一项复杂的社会系统工程，涉及面广、任务重，正确认识和理性分析当前我国生态文明建设所面临的问题及原因，是搞好生态文化建设的重中之重。

（一）生态文化工程建设有序开展

因为生态文化工程是一项复杂的社会系统工程，是物质实体，所以在生态文明建设中具有传播生态文化、影响生态思维的作用。近年来，为适应可持续发展战略，我国建设了大量生态工程，并且实施了一系列生态脱贫攻坚工程。

1. 生态文化工程的突出贡献

根据科学的发展规律，在因地制宜、合理规划进行生态环境保护和恢复等方面取得一系列开拓性进展，生态治理已从过去单一的生态要素控制向山、水、田、湖、草、沙等综合性生态工程方向蓬勃发展。生态工程建设全

面展开，形成了全方位、全过程工程体系建设的格局：生态保护和修复工程力度加大，生态系统服务功能不断增强；生物多样性得到有效保护。另外，生态教育不断普及。近年来，在全社会大力倡导人与自然共生的理念下，全民生态意识明显增强。特别是党的十八大以来，生态文明思想深入人心。当前，我国生态状况总体良好。在我国 2600 多处的自然保护区里，野生动物种群占 80%，高等植物群落占 60% 左右，但仍存在一些问题，主要表现在保护范围小、缺乏对野生动植物保护的有效管理和奖惩措施等。① 今后，我国生态环境将向着更良性、更合理的方向演变。

2. 生态脱贫攻坚工程的突出贡献

首先，生态脱贫攻坚工程是一种绿色扶贫方式，它是在扶贫过程中，把绿色发展应用到政策、技术和各个产业当中，从而达到贫困地区经济发展和生态保护和谐统一的目的。生态扶贫工程实施过程中存在诸多问题。环境影响小、投资少、见效快、管理周期短的特点使其成为实施最广泛的生态扶贫工程，生态扶贫产业是其中重要组成部分。贫困地区通过产业的调整，充分利用当地的各种资源，从而吸引更多的人参与到生态扶贫工程中去。其次，生态扶贫模式多样。生态扶贫模式主要包括"公司＋合作社＋贫困户""企业＋农户＋社区""企业（基地）＋社会组织＋家庭"三种类型。最后，生态脱贫攻坚工程有利于促进就业。例如，通过生态扶贫工程，挖掘出护林员、管理员等就业岗位，扩大贫困人口的收入渠道和收入水平。

3. 国家公园生态工程的整体推进

党的十八大以后，在各方的共同努力下，国家公园试点等重大生态工程得到了全面推进。首先，自然保护区使濒危野生物种的栖息家园得到有效保护。其次，"东北豹"和"大熊猫"被列入国家公园体制试点的自然区域内，为保护这些珍稀物种提供了条件。再次，自然生态系统逐步恢复与改善。生物多样性指数提高，森林覆盖率提升；湿地面积增加，河流水质明显改善；生态系统服务价值显著上升，生态效益凸显。最后，文化传承日益加强。其目标是实现人与自然的和谐共生。

---

① 萧潇，张鑫. 我国 85% 的重点保护野生动物种群得到有效保护［EB/OL］. 人民网，2021 – 04 – 09.

（二）生态文明体制改革不断深化

生态文明制度旨在弘扬生态文化、规范公众行为、维护生态环境的各种约束性的法律、法规和政策及条款。我国从 2003 年开始启动了全面建设小康社会进程中的环境保护工作，并取得显著成绩，但与人民群众对环境质量的改善需求相比仍存在较大差距。近年来，我国生态文明制度改革效果显著。

1. 我国基础生态制度日益完善

随着经济社会的不断发展，中国的生态文明体系也在不断进行创新和改变。一方面，生态制度所包含的元素不断增加。生态文化、生态道德、生态环境、环境责任等一系列概念在生态文明中得到广泛认同；环境保护法律法规不断健全和完善；公众参与意识增强，环保行为日益规范。另一方面，生态文明制度结构不断完善。各个大学中与生态教育相关的课程不断完善，生态文化专业人才不断成长，多元的生态文明制度也从多个角度加速了生态工程的建设。

2. 生态文明制度建设共识已形成

人们认识到生态文明建设具有重要作用，生态文明制度建设共识已经初步形成，顶层设计先行。生态环境部、自然资源部等相关部门先后开展了环境保护工作，加强生态环境薄弱区和重要区域的环境监督工作，查处各类生态违法案件，解决一些历史遗留的"老大难"问题，完善相关法律和实施细则。另外，配套法规政策不断完善。例如，制定了严格的排污政策，修订完善了对土地污染的相关法律。与此同时，对向发展中国家排放核污染水流这一行为表示严厉谴责并利用法律积极应对，惩戒这种不合理的现象，以保护全球海洋环境。

3. 生态环境体系治理多元

推进生态文明是一项涉及多方面的工作，需要政府、各个企业和社会组织等的参与，更需要正确处理中央与地方、长期与当前的关系。一是要对各级领导进行责任的完善，形成中央牵头、各省统筹、市县落实的工作机制，治理工作才能取得成效。随着环境保护力度的不断加强，生态治理效率也在不断提高，群众对生态治理的满意度也在增加。全国空气质量持续改善，重污染天气明显减少，主要污染物排放总量下降，水环境质量总体保持稳定，近岸海域水质达标率提高。大气污染防治取得阶段性成效，城市环境综合整治初见成效。二是形成了以政府为主导、企业为主体的治理体系。企业绿色环保的责任意识不断增强，各社会团体积极发挥志愿者的作用，群众积极学习和宣传日常生活中关于生态环境的内容，配合垃圾分类以及绿色生产生活方式的实践。

（三）群众生态文化素质明显提高

随着经济社会的不断发展，大众越来越多地构建了一个系统完整的生态文化知识体系，其中所蕴含的生态知识、生态意识以及生态行为能力等生态综合素养得到显著提高，对贯彻落实科学发展观以及促进生态文明建设具有重要意义。

1. 社会主义生态文明理念深入人心

符合社会经济可持续发展的理念，社会主义生态文明的理念已经深入人心。首先，党的十八大以来，中央政府高度重视生态文明建设和污染防治进程，提出了生态扶贫、绿色可持续发展等一系列措施。其次，党的十九大对营造良好生态环境和增进民生福祉提出新要求，体现出鲜明的民生精神。党的十九大对生态文明建设提出新要求，要牢固树立和践行习近平总书记"绿水青山就是金山银山"的重要理论，推进绿色低碳循环发展模式，提高资源利用效率，改善环境质量。最后，加快推进生态文明建设，满足人民日益增长的生态诉求和生态夙愿，共享生态红利。"绿水青山就是金山银山"，以生态文明理念为指导，很多企业意识到在发展经济的同时不忘对环境的保护才是长久的发展之计。因此，很多产业开始了产业结构调整，目前绿色生产正如火如荼地开展着，整个社会更加主动和积极地参与生态环境的保护工程。

2. 公众对环境保护的认知能力不断提升

党的十八大以来，以习近平同志为核心的党中央高度重视生态问题，提出了一系列新理念、新举措、新要求。一是全面推进生态文明体制改革。二是加快形成人与自然和谐共生的空间格局。一方面，政府积极部署生态环境保护战略，加快建设社会主义现代化强国；另一方面，公众对于环境保护的意识不断提高。习近平生态文明思想的提出，为我们每一个中华儿女指明了保护自然的方向：就政府而言，大力弘扬中华优秀传统生态文化精神，树立

"绿水青山就是金山银山"的意识，引领全社会共同参与建设美丽宜居的当代中国；从企业角度看，我们将继续落实绿色创新，构建现代绿色高科技经济发展体系，确保产业生态与生态工业化同步发展；从个体来看，大众生态素养提升既表现为生态消费独善其身，也表现为生态理念传播和生态志愿服务意识和信心。

3. 公众的环境行为越来越落实在实际生活中

生态理念不断深化，必然统一到生态实践整体开展上来。生态文明实践取得重大进展。重点地区的污染治理取得明显成效，突出的环境问题得到有效解决，生态环境质量不断提高。总的来说，人们的生活简单而温和、绿色而低碳、文明而健康。全社会形成了崇尚自然、保护自然的文明风尚和主流文化，树立了生态道德观、生态消费观、生态安全观，环境保护取得明显成效，环境质量稳步改善，国家环保标准体系逐步完善。大气、水、土壤污染等主要环境要素监测网络初步建成，污染物排放总量控制制度进一步强化，公众参与力度加大。在此背景下，各国都在积极推动本国经济的快速发展，以实现各自国家的国际贡献。作为一个有 14 亿人口的发展中国家，我国在生态保护和环境治理中既运用了生态文明建设理念，还为世界提供了解决生态问题的中国解决方案和中国智慧，还加强了与世界各地人民在生态互助方面的合作能力。成立"一带一路"国际绿色发展联盟，为维护全球生态安全贡献了中国的力量，积累了国际经验。

（四）存在问题

近年来，我国在生态环境方面取得了显著成就，但发展不平衡的现象仍然十分突出。无论是生态基础设施的平衡、生态文明体系的系统化，还是生态文明理念的先进性，都存在着一定的不足。

1. 生态文明理念有待深化

生态文明是伴随着生态文明建设而提出来的一个新概念。历史上，中国传统文化有"天人合一"的理念，追求人与自然"和谐相处"的处世态度，但却没有一个学科将生态文明研究上升到理论的高度，更不用说形成一个完整的理论体系。近代工业革命后，随着环境问题的出现，人们开始重视环境保护的问题，直到1972年在罗马召开的世界第一次环境保护论坛上，才第一次提出"可持续发展"的概念，大家开始重视环境发展的问题。但一直到 2007 年 10 月党的十七大召开，提出把建设生态文明作为实现全面建设小康社会的奋斗目标，这是第一次出现"生态文明"的概念，也意味着生态文明建设已经上升到我国治国理政理论的高度，才逐步引起学界的重视，并且取得了一系列的研究成果。但总体来看，由于生态文明建设在我国的时间不长，其间也有习近平总书记"绿水青山就是金山银山"的"两山理论"的提出，但作为一个理论体系，其研究只能算是处于起步阶段，亟待升华理论研究的深度与广度。

2. 现实中人们的生态保护意识有待强化

党的十八大后，公众的生态文明素养虽然得到了全面提高，但是仍然存在对生态环境方面的知识储备匮乏、生态环境保护意识不强、生态法治概念薄弱等诸多问题。主要表现在：在落后的生活方式影响下，在许多农村地区还存在着大量乱砍滥伐的现象，北方牧场过度放牧导致草原退化严重；一些企业受经济利益的驱动，为了降低生产成本，不计后果地向大自然排泄废气、废水、废渣，导致污染严重；从地区层面看，一些政府官员出于追求政绩考虑，片面追求 GDP，导致大量污染大的落后产业难以淘汰，形成长期污染。在日常生活中，一些年轻人片面追求超前消费、高端消费，手机一年一换，衣服没穿几次就丢弃买新等现象普遍存在，这些浪费现象都对经济社会的可持续发展构成了严重挑战，亟待在生态保护意识上加强教育与规范工作。日常中一些人缺乏生态消费观念，为了一时的方便，将大量废弃的、不可降解的塑料袋扔到环境中去，而忽视了对环境造成污染的源头——垃圾的处理，这种生态法治概念薄弱。许多人面对违反生态环境保护法律法规的行为，会抱着"与自己无关"的态度，选择性地忽视法律的作用，使环境保护法的一些条款形同虚设。

3. 生态文化工程建设人才队伍薄弱

生态环保人才是解决生态环境问题的主力军，也是推动生态文明发展的有力保障。但目前我国生态文化工程建设存在着人员少、专业队伍不强、管理机制不完善等问题，主要表现在以下两个方面。这些因素影响着生态环境保护工作的开展。

一是人才总量少，不能满足生态文明建设需要。我国生态文化兴起的历史尚短，人们对生态文化缺乏认识，生态教育严重缺失。生态文化作为一种新兴理念和社会思潮，对人才的要求也是多方面的，不仅要具备扎实的知识与技能，还要具有生态环保方面的专业知识及能力，同时还需要有高素质的专业人才做支撑。目前，我国有很多院校都设置了相关的专业，培养了一批优秀的毕业生，但从数量上看，生态方面的毕业生远远满足不了生态文明工程建设的需要。

二是人才结构不合理，不能满足环境保护事业发展需要。由于经济发展与环境恶化之间存在矛盾，许多地方政府为了加快经济建设步伐，忽视生态环境质量，盲目追求 GDP，致使大量资源被浪费，环境污染加剧，亟需大量环保型、专业型人才。但是，在当前的生态文化建设中，这种各行各业需要的"复合型"人才普遍缺乏。另外，从高校生态教育专业的设置情况来看，目前生态教育理论和实践研究相对滞后，难以满足社会发展需求。因此，从质量上看，我国的生态人才与环境保护发展的需要也存在着较大的差距。

4. 生态文明建设体制不健全

由于中国生态文明体系缺乏可遵循的直接经验，内容输出不及时、及时性不足、实施无效是不可避免的，生态文化制度建构也面临着诸多挑战。一方面，生态文明非正式制度尚未形成；我国目前尚未形成完整统一的生态环境法律制度体系，生态保护和建设中还缺乏有效的监督约束机制。生态文化制度建设也相对滞后。在此基础上，生态文明正式制度缺失严重。另一方面，我国生态文明制度体系不完善。

第一，不同的社会制度对生态文明制度体系有不同要求，生态文化制度建构也不例外。一方面，相关制度存在职责交叉和责任空白；一些地方政府在制定具体政策时，缺乏必要的理论指导和科学方法指导，致使部分生态管理制度形同虚设。有的地方政府在执行生态环境保护法律时，出现了越位、缺位现象。另一方面，一些地方和部门在推进生态文明制度时，出现了认识上的偏差。

第二，生态文明管理体制有待完善。政出多门、"九龙治水"和职能交叉现象严重，导致生态治理与污染治理脱节，生态文明市场机制尚未形成。在资源配置方面，我国在生态治理领域对生态资源的需求和供给与配置之间存在矛盾。

第三，生态环境监管体制不完善。当前我国生态环境监管体系尚未形成，环境执法力度不够、监督检查不力等原因导致了地方保护主义盛行，严重影响了生态文明建设进程和环境治理效果。生态系统作为一个统一的整体，需要各个地区共同沟通进步。然而，在实际生活中，省区之间缺乏沟通，导致信息不对称，资源很难共享，教训也未能及时吸取，缺乏权威机构和长期协调机制，生态文明跨区域发展难以实施。

三、生态文化创新与我国经济社会可持续发展

（一）华夏先进生态文化理念：我国经济社会可持续发展的理论基础

生态文化创新对实现我国经济社会的可持续发展具有多维意义。

首先，生态文化创新是实现我国经济社会可持续发展的充分体现。生态经济协调发展不仅是经济社会可持续发展的客观要求，也是经济社会持续发展所创造的生态文明的实现。生态经济的协调发展在文化上体现为生态文化。这种生态文化在日常经济活动中，表现为环境经济意识、生态价值和生态环境发展战略等内容。

其次，生态文化创新是实现经济社会可持续发展的动力源泉。生态文化一旦形成，将凝聚成一股精神力量，进而对区域经济的可持续发展起到巨大的推动作用。一是生态精神文明的启迪作用。生态精神文化就像一面旗帜，可以凝聚人心，激发公民热爱自然、拥抱自然、与自然和谐发展的情感，激发公民自觉为生态经济建设贡献智慧和汗水，促进区域生态经济可持续发展。二是生态物质文化的协同效应。现代工业在创造物质文明的同时，也带来了生态危机。生态物质文明建设可以使经济效益、生态效益和社会效益相辅相成，促进区域经济的整体效益和长期效益。三是生态系统文化的约束力和惯性力。体现生态文明的规章制度对区域公民的行为规范具有重要意义。特别是当制度规范成为人们的自觉行为时，制度约束力就成为社会经济可持续发展的不竭动力源泉。

最后，生态文化创新有利于我国经济社会不断成长。通过建立遵循生态规律的市场经济体系，如终端技术和污染防治技术，有利于我国技术创新，从而进一步实现经济社会的可持续新发展。

（二）生态文化创新方向：树立绿色发展理念

绿色发展就是把生态文明建设与社会经济建设有机结合起来的一种可持续发展方式。绿色发展要求我们必须树立尊重自然、顺应自然、保护自然的自然观和历史主义价值观，坚持节约资源与保护环境并重、系统治理与依法办事相结合，走生产、生活、生态化道路。绿色发展理念要求人们树立绿色消费的观念，转变传统的消费理念和消费模式。

改革开放以来，我国社会经济实现了跨越式发展。随着市场经济改革不断深入和人民生活水平不断提升，人们对精神文化的需求日益增长。尤其是进入 21 世纪后，互联网技术快速发展，电子商务蓬勃发展。经济社会发展取得显著成就的同时，居民收入也在不断提高，人们的消费观念也发生了很大变化。为了解 2019 年度我国商务工作和运行情况，商务部对我国 2019 年全国居民人均可支配收入、城镇居民家庭恩格尔系数等指标进行了调查分析，结果显示：居民恩格尔系数连续 8 年下降。随着人们收入的提高和消费趋向的改变，尤其是刚需消费占比不断提升，传统的消费观念已经不能满足居民对美好生活的追求，不利于我国文化产业的持续增长。所以，要实现绿色发展理念中的绿色消费，必须改变居民的消费观念，激发居民绿色消费的增长。

（三）以绿色发展理念为指针，推动我国经济社会可持续发展

传统上看，投资、消费与出口构成了中国经济增长的"三驾马车"，对中国社会经济的发展产生着深远的影响，但当中国社会经济步入"新常态"，尤其是绿色发展理念日益深入人心，中国社会经济已基本步入"消费主导型"这一新阶段，毫无疑问，消费在中国社会经济中占据着举足轻重的地位，甚至被一些学者视为中国经济可持续发展中的"稳定器"与"压舱石"，继续以宏观经济手段刺激大众消费潜能，既拓展国内消费市场又调整对外贸易结构，从而推动中国经济绿色发展。本书首先对当前我国经济形势进行分析，并指出其面临的问题；其次阐述绿色消费的内涵及其作用机理；最后提出实现绿色消费需要政府、企业、个人等多方力量共同参与的对策建议。与此同时，与我国传统消费相比较，外延式的传统消费虽对社会经济有一定的推动作用，但对社会环境有一定的胁迫作用，甚至部分消费还会

导致资源浪费与耗费，绿色消费是"减"与"加"结合的新型消费方式，它降低了高污染与高消耗，提高了对低碳经济产品与服务的消费水平，是社会经济可持续发展理念在经济领域的集中表现。

第三节 中华生态文化创新性发展引领社会主义 生态文明建设的路径选择

现代社会面临的环境危机在一定意义上可视为一种文化危机，想要解决环境问题仍然需要通过构建生态文化来寻找出路。中国作为一个有着悠久历史和灿烂文化的文明古国，其生态文化资源非常丰富，但目前却处于相对弱势地位。而西方发达国家在经济高速增长过程中也产生了严重的生态灾难。如何振兴？当下实现生态文明和生态文化的融合需要进行多维度的探索。以中华生态文明创新性发展为手段，推动社会主义生态文明建设主要包括以下几条基本路径。

一、传承与发扬优秀传统生态文明理念，构建具有华夏文化特色的生态文明发展观

中华民族具有博大精深的文化传统。几千年来，中华文化以"天人合一"为核心的生态文明观已深入人心。这种理念与当今我国经济建设和社会发展高度契合。党的十九大报告明确提出："坚持节约资源和保护环境的基本国策。"① 中国传统生态思想认为：人与天地万物和谐相处，才能使天地万物健康发展；自然界的万事万物都遵循着一定的客观规律，而这些自然规律又与人类社会息息相关。人类社会是由各种不同类型的主体组成，它们之间存在相互依存关系，共同为人类文明进步作出贡献。一切事物的存在和发展都有规律，天地天然就是人类生存之条件。习近平总书记指出，绿色发展是解决人与自然和谐发展问题的关键。在人类发展的过程中，我们必须尊

---

① 黄渊基，成鹏飞．践行绿色发展理念的五个抓手［EB/OL］．中国共产党新闻网，2017 – 12 – 10.

重、适应和保护自然，否则我们将遭到自然的报复。强调"人与自然和谐相处"，体现了对中国传统生态文明的继承和弘扬。中华文明中蕴含着丰富的生态智慧，如保护生态环境、加强生态资源管理、规范社会运行等。本书提出了绿色发展的思想，这对于中国传统生态观无疑具有创造性的改造与创新意义。

二、以习近平总书记的"两山理论"为指针，培育社会主义生态文明观念

我国生态文化的构建和社会主义生态文明观念的养成刻不容缓。建设社会主义生态文明是中国特色社会主义事业的重要内容和奋斗目标之一。当前我们必须把构建社会主义生态文明作为一项战略任务抓紧抓好。这是贯彻落实科学发展观的内在要求。而社会主义生态文明观的培育可从以下四个方面努力。

（一）建立健康的生态伦理观

生态伦理观既包括了人与自然的和谐统一，也包含了人与人之间的相互尊重和相互关爱。随着经济全球化进程的不断加快，生态环境问题已越来越受到各国政府及人民群众的普遍关注。2020 年初，新冠疫情再一次向人类敲响了警钟。病毒感染、疾病频发不可避免，无疑使我们对人与自然之间的关系有了更深层次的思考，而健康生态伦理观应该是我们今后发展最根本的道德遵循。

第一，家庭教育应该树立科学的生态伦理观念。家庭作为儿童生活和学习的主要场所，其教育理念和行为直接影响着儿童未来的成长发展。因此，家庭教育一定要重视环保教育。家长要树立爱护环境、保护环境的意识，积极带孩子参加各种形式的环境保护活动，从小培养孩子的环保意识。

第二，学校应提高生态环境教育。首先，打造专业的师资队伍。其次，设置合理的课程。将生态环境教育带入学生的日常课堂中，并在每个阶段开设相应的环境课程，更加注重保护生态系统的完整性和连续性。同时，还要营造良好的校园氛围，为学生提供良好的生态学习环境。

第三，基于以上分析提出构建社会生态伦理观的建议与对策。一方面，

学校和社会教育机构应了解当前我国的环境状况，帮助学生掌握基本的环境知识，树立正确的生态伦理观，培养良好的环境情感和环境伦理责任感；另一方面，鼓励和支持民间环境保护机构发展，负起相应的环境责任；充分发挥其公益性和非营利性特点，通过各种途径为广大民众提供免费公益服务，提高公众的环境保护意识，增强公众对环境保护工作的参与度，加强环保志愿者的队伍建设，提升他们的专业素质。

（二）秉持合理生态安全观

所谓生态安全观，就是一个国家能够不断地适应经济和社会发展的需要，并尽可能地维护人们的各种权益，使其免受生态环境的限制和威胁。在新时代中国特色社会主义建设中，要坚持以习近平同志为核心的党中央提出的"绿水青山就是金山银山"理念。生态安全问题关乎国家安危、民族兴衰和人类命运共同体构建。生态安全观构建要从以下三个方面着手。

第一，产业发展要精心编制并落实环境保护规划。在招商引资时，要注意引进绿色、节能环保产业，引进效率高的技术和设备，生产节能环保产品。不同的企业应具有不同的环境目的、污染排放标准和评估评价要求。同时加强对现有企业的改造升级，提高其资源利用效率和环境承载能力，实现可持续发展。

第二，在城市建设过程中，要合理选择建筑材料，减少对环境的污染和生态影响。在建筑设计中，要明确各项指标是否符合建筑节能环保标准。并根据实际情况合理调整设计方案，以实现绿色发展为目标，鼓励设计人员将绿色生态环保理念贯穿于整个项目实施过程；此外，还需加强建材生产企业管理及监管力度，以降低资源消耗与环境污染。另外，还应制定相应法律法规，为建材生产提供有效保障。

第三，在农业发展方面，一是加强农业环境安全评估工作。加快促进农业现代化和机械化，巩固生态脱贫成果，实施乡村振兴战略，推广使用农药、化肥等绿色技术及模式，促进人民群众建立各种合作，实行农户集中经营管理，提高生产效率，增强农民的环保意识，促进乡村经济绿色发展和城乡绿色发展。二是完善农业生产安全预警管理机制。降低自然灾害对人民群众的财产损失，维持农业的绿色发展和可持续发展。

（三）树立正确生态消费观

当前我国经济社会正处于转型时期，经济增长方式由粗放型向集约型转变，而传统的以牺牲自然资源为代价换取一时经济繁荣的做法已经难以为继。构建科学的消费模式成为当务之急。改革开放以来，虽然我国的经济得到了一定程度发展，但是人们的消费观念相对落后，炫耀性消费和过度消费导致资源巨大浪费，为了防止我国资源环境的进一步恶化，适度消费、绿色消费、共享消费等消费观为当下人们所推崇。

第一，适度消费。适度消费是社会经济发展到一定阶段的必然要求，也是市场经济规律使然。在社会主义市场经济体制下，适度消费体现了国家宏观调控政策和人民群众消费水平的有机统一。

第二，绿色消费。要从制度上规范绿色消费行为；加强环境宣传教育力度；完善法律法规建设。强化绿色消费观念宣传；提高消费者环保意识；践行绿色消费。用扫码技术建立商品信息，便于消费者积极直观地获取商品全链条信息，更积极投身到环保建设中，更好地开展环保实践活动。

第三，共享消费。共享经济是以"人"为中心的全新经济形态，强调人与人之间以及人与物之间的互动交流。随着移动互联网技术不断普及与网络金融蓬勃发展，共享经济是一种高效激活闲置资本、配置资源的方式，以其交易成本低廉、平台开放、受众广泛等优势成为年轻一代消费的新途径。

（四）培育正确生态价值观

正确的生态价值观不是将人和自然处于对立面，而是认为两者是和谐统一的关系。加强生态文化教育，促进经济发展与生态保护相协调，这是实现全民生态文化普及的重要途径之一。当前应重点关注以下问题。

第一，提高全民生态意识，发挥好生态文化传播的参与者和先行者作用，营造人与自然和谐相处的生态氛围；倡导绿色简约的生活方式，形成共同的价值共识。首先，积极落实"绿水青山就是金山银山"思想，树立科学发展理念，坚持走可持续发展之路，实现经济和社会的和谐发展。其次，加快建立资源节约制度体系。

第二，加快推进生态文明建设。首先，要深化国家公园体制试点改革方案，加强对生态文明建设的规划指导和监督管理，做好规划设计，科学划定生态保护区范围，加大投入力度，强化修复与保护相结合，提高环境保护的效果。其次，加强对污染的治理。针对水、空气、土地等方面存在的突出问题，环保督察组采取了专项整治、属地负责、全民联动等措施，努力为人民提供更加清洁健康的生存空间。

第三，推崇绿水青山就是金山银山，要坚持以人为本，实现人的全面发展。在此过程中，必须注重生态环境问题的解决，走可持续发展道路。构建和谐社会离不开人与自然和谐相处。当前发展已不再只是经济的发展，环境自然的发展也是未来所看重的。提高人们的思想认识，在社会生活的许多方面，我们要提高发展质量，提高人民的生态文化素质，实现社会发展的全面进步，增强人民的整体幸福感。

三、健全完善生态文明制度，推进可持续发展体制改革

国家的治理关系到制度的健全与否，环境治理是国家治理的一个重要内容，治理效能关系到生态文明制度的完善与否，需要健全和完善生态文明制度这一硬约束，使各种生态文明制度真正成为生态治理不可逾越的底线。

（一）加快构建国土空间开发保护制度

不同国土空间单元自然状况各异。目前我国国土空间开发失序，利用效率不高，界限划定不清晰的问题还比较突出，所以健全国土空间开发与保护制度和创建合理的国土空间格局已刻不容缓。要做到这一点，必须做好以下工作。

第一，构建土地空间开发保护新格局。一是加快人口向城市化地区转移。在城市化进程中，城市群应优化空间布局，加快城郊新城发展，促进产业与城市一体化，打造生态宜居的现代城市区，加强交通、物流等城市建设，做好"战略空白"，提高抵御灾害风险的能力。二是保护现有基本农田和生态空间。永久基本农田的划定应以粮食为主，兼顾其他副食品，并考虑到中国人的习惯。三是强化生态功能区的保护和构建。四是加强自然生态系统功能区划工作，划定重点区域生态环境红线，强化山水林田湖草综合治理，促进人与自然和谐共生。

第二，完善国土空间用途管制管理制度。一是明确分类管控主体和内容。二是完善相关配套政策机制。三是强化监督管理措施。四是健全实施保障体系。五是加强宣传培训指导。六是推进体制机制创新。责任划分清楚，加强技术攻关，建立以自然资源部为主导、以土地用途管制为基础、以市（县）为主体、以行业为主线的分级管理的国土空间管制体系。完善国土空间规划体系，划定生态保护红线，防止人为过度开发、开采和管理无序对城镇建筑用地和耕地造成破坏，促进城乡的生态协调发展。

（二）构建严格的生态保护红线管控制度

《中华人民共和国环境保护法》第一次在法律条文中规定了生态保护红线管控制度，其目的是通过构建最严格的生态保护体系，以更高的要求调节生态环境质量，实现有限资源的合理开发利用。

第一，生态保护红线是一个复杂体系。以往立法中的生态保护红线制度缺乏抽象性，执行性差以及实效性不强，建议尽快制定统一的以明确中央与地方权责为核心的综合性法律法规或单行法，为各地开展工作提供一条有效路径。同时，加快推进国家层面生态环境保护立法进程，加强顶层设计。

第二，完善生态红线保护审批调整机制。一是完善专门审批程序。对系统内各部门职责进行明确界定，确保落实做到"多规合一"。加强信息共享。推进数据开放利用，促进公众参与，提高管理效能。二是严格审批调整程序，确保落实到位。

第三，完善生态保护红线管控相关配套制度。生态保护红线制度是一项系统性、综合性很强的制度，涉及多个部门和环节，需要协调统一，才能发挥出应有的作用。目前我国已初步形成了较为完整的生态环境体系。生态保护区、生态脆弱敏感区等区域部门在制定相应的管理规定时存在"多头治理"和"指李推张"的现象。为此，要重视对生态保护红线制度及其他相关制度多重关系的梳理，并对各制度管理边界和管理范围进行合理划定，以保障各管理制度顺畅有序地运行。

（三）健全生态环境损害修复和赔偿制度

生态环境损害修复和赔偿制度的建立，在扭转过去生态环境企业受损、群众遭殃、政府埋单等不合理状况上迈出了坚实的一步。

一方面，完善生态环境损害赔偿程序和救济手段。我国现行《中华人民共和国环境保护法》虽然规定了生态环境损害的民事责任，但并未对生态环境损害的其他类型予以明确规定，这就造成了生态环境损害赔偿在立法上存在空白地带。由于生态环境损害具有明显的私权属性，而传统的民事侵权行为在以往的制度设计中并未将其纳入其中，导致对生态环境造成严重污染的受害人得不到应有的救济和赔偿，这就需要从源头上解决因公权损害引发的纠纷问题，并通过制定专门的部门法予以规范。

另一方面，加强生态环境修复。遵循谁受损、谁负责恢复的方针，对受损生态环境要及时协商恢复。在协商修复过程中，应当遵循自愿、公平和诚实信用等基本原则；对于难以修复的生态环境损害，可以采取诉讼途径予以解决；对于不能修复的生态环境损害应当通过行政手段实施强制治理。对能有效恢复的受损案件，环境损害主体可以自行按期恢复或者委托有恢复能力的第三方机构适时恢复受损生态环境，并鼓励社会大众通过各种渠道实施全程监督管理；对不能恢复的生态环境受损案件，赔偿义务人应当依据生态损害鉴定评估报告或者专家意见书全额支付赔偿金，由有关部门或者机构协调组织实施生态环境替代恢复工作，例如对火烧林可以实施"造林复绿"替代恢复，使受损环境通过其他途径得以恢复。另外，对概不执行赔偿协议的公司或者个人应根据情节轻重将其纳入社会征信体系并采取市场或者行业限制和禁入手段。

（四）落实生态文明政绩考核评价制度

引导干部群众坚定"绿色政绩观"，注重外部监督考核与内部内化落实双向作用，形成科学的领导干部政绩考核评价机制。

第一，完善跟踪纪实制度，强化责任。领导干部任期内的科学发展实绩档案是重要的考核指标之一，应将经济增长与生态文明实绩纳入政绩考核指标，对领导干部任期内形成的实绩档案进行集中评价，并作为评价干部生态治理实绩的重要依据；加大对领导干部生态环境责任追究力度。同时，对一些领导干部在追求眼前利益和长远生态保护之间发生偏差的"短视行径"要坚决予以纠正，防止因追求短期利益而造成资源浪费和生态破坏，杜绝"拍脑袋决策，拍胸蛮干"等不良现象。

第二，实行差别管理制度。发挥政府的规范引领作用，出台有利于绿色环保的应急管控豁免政策：首先，在推进绿色发展过程中，加大污染治理力度，建立环境信用，开展环保整顿。其次，加大财税扶持力度。要建立以税收优惠政策为基础的支持体系，引导更多的企业参与到环境治理中来。再次，加强环境保护领域财政资金使用管理，提高资金利用效率。最后，强化宣传教育工作。加强污染物排放，实行差异化治理，增强正向激励绿色发展意识，增强治污动力，实现经济与环境协调发展，并通过建立以"循环、低碳发展"为导向的定期考核，促进绿色发展水平向高质量发展转变。建立有效的激励和约束机制，加大工作力度。完善政府官员考核制度和激励机制。将"绿色绩效"作为绩效评价的硬性指标，加大对破坏环境、破坏生态文明建设行为的处罚力度。完善各级领导干部保护生态的奖惩激励政策。引导各级领导干部在促进经济发展和生态优化方面发挥更大作用；同时，要健全公众参与制度，切实保障公众的知情权、参与权和监督权，号召和鼓励更多公众参与生态文明治理实践，切实改善"一带一路"发展格局。坚决破除以经济发展和生态文明建设为重点的"两张皮"乱象。

四、加强生态科技创新，为生态文明建设注入内生动力

加强生态科技创新，需要从内部加工技术、外部创新环境和科技人才培养等多方面入手。

（一）加大环境友好型技术研发投入

环保企业要提质增效，完善新技术与相关环保装备的集成流程非常重要。当前，加大环保技术研发投入，引领世界生态治理技术潮流，顺应民心已成为一种趋势。

第一，组建国家生态技术实验室。我国应加大项目研发力度，整合优化生态科技资源配置。未来，在筹建清洁能源国家实验室的基础上，响应国家战略需求，加大对原材料节约、低碳循环利用和循环利用技术的投入。并以项目实例为基础，不断加强生态环保技术的基础研究，加强对生态保护和环境治理的数字化转型、智能化升级和融合创新的支撑，前瞻性布局6G网络技术储备和增加在主要生态功能保护区信息化、融合创新的新型基础设施布局。第二，完善生态技术研发体系；要建立政府主导下的科技创新平台，形

成多元化、多层次的技术创新机制；健全完善相关法规制度，加强对环保产业发展政策的支持力度；建立健全环境经济激励机制。支持和培育以企业为主体的环保型技术研发投入实践，增强企业自主研发意识，鼓励企业实践与产学研相结合，引导企业高瞻远瞩，立足世界、国情，注重绿色科技研发能力的可持续性和稳定性，加大政策产学研合作力度，鼓励各专业和环保企业开展科技合作和经验分享，努力建设跨区域、跨领域的科技研发合作格局，不断提升环境科技创新能力，为早日建成"两个型"社会贡献力量。

（二）营造良好生态科技创新环境

第一，要完善生态技术创新的市场机制。建立健全有利于生态环境保护技术研发的制度环境，营造良好的生态科研氛围；建立绿色信贷机制，促进绿色金融支持力度不断增强，加快推进绿色经济转型升级。

第二，构建多层次生态产品供给体系。建立完善的生态环保产业创新保障体系和生态市场规则体系是推进生态文明建设的重要基础和纽带，要以促进生态保护为导向，以发展创新产业集群为主线，构建起完整的产业链条，提供全方位、多层次、差异化的产品和服务，实现从"点"到"面"的延伸和扩展，向"链"再到"环"的方向发展。同时，政府应制定有利于促进企业技术创新的优惠政策和具有生态产业特色的扶持措施，如鼓励和引导民营中小企业参与，并通过减税、豁免政策等方式予以支持。

第三，打破发达国家的生态和技术壁垒。面对严峻的国际生态资源形势和我国对重点矿产资源的需求，必须应对全球变暖、塑料污染、核污染等问题，保护好全球生态系统是我国生态环境领域面临的重大挑战之一，为此，积极应对发达国家设置的各种生态壁垒，营造良好的国际生态发展环境，加强与各国的生态合作。

（三）加强生态科技人才培养力度

人才是推动科技要素流动和社会主义事业繁荣发展的动力源泉。硬实力和软实力都离不开人才实力。作为建设生态文化、推动生态文明转型的重要力量，生态科技人才在我国乃至世界生态领域发挥着举足轻重的作用，其发展状况直接影响国家发展的主动性。当前，我国正处于工业化和城镇化快速推进期，生态环境面临着严峻挑战。加快建设美丽中国，必须大力提升生态建设水平。而要实现这一目标，离不开高素质的生态科技人才。生态科技人才如何培育和发展，需要从以下三个方面着手。

第一，制定生态科技人才培养长远规划。长远规划是沿着科学方向培养生态科技人才的关键抓手。要把生态科技人才培养纳入社会主义现代化建设"五位一体"总体布局，针对生态文化领域存在的突出短板和问题细化培养方案，切实发挥生态科技人才的引领和保障作用。要加大对中青年生态科技人才的培养力度，通过大型企事业单位、国家重点实验室、各类创新创业园区等平台，构建全方位、多层次的生态人才培养体系，深入挖掘一批适应生态文化的生态人才。

第二，优化生态科技人才发展环境。生态科技人才的培养和发展需要良好的激励机制。要不断优化生态科技人才特别是高层次人才的成长发展环境，制定和完善业务培训制度、考核评价制度、奖励激励制度等，大力提升生态科技人才的专业技能和工作积极性。引领发展，健康发展。要突破生态科技人才的交流壁垒，加强人才跨区域交流合作，组织生态文化领域专家进行学术分享和业务交流，汇聚生态科技人才，形成生态文化加快发展的强大合力。

第三，加强生态科技人才管理和服务。生态科技人才的创新作用离不开各级组织的合理管理和服务。政府部门要围绕生态文化事业的发展布局，扩大各单位在生态科技人才服务和管理方面的自主权，探索生态科技人才相关的人事制度改革，搭建更广阔的生态科技发展平台。要积极引导社会组织发挥对生态科技人才的支持和服务功能，及时掌握人才对各类社会资源的需求，有效整合人才发展所需的各类社会资源，让生态科技人才在良性的社会竞争中大显身手，全力以赴。

五、立足于人类命运共同体发展理念，携手世界生态合作

构建生态文化既要激发内生动力，又要与世界生态携手共进，共同谋求一条全球范围内的生态文明发展道路。

（一）扩大生态文化国际交流

生态环境作为公共资源，事关世界共同利益，推动生态文化国际传播是

中国人民对世界生态治理责任的体现，也是中国引领世界生态文明的时代担当。

第一，实现传统生态文化的现代化改造。挖掘传统生态文化的当代内涵；如"天人合一""道法自然""和为贵""和而不同""和气生财"等思想，"和而不同，和睦相处"的理念就是对"和为贵"思想的继承和发扬，具有重要的当代价值，为我国当前乃至世界经济发展和生态保护提供有益的历史借鉴和智慧经验。

第二，发掘独特的生态项目。一方面，打造生态扶贫、生态补偿、国家公园等特色载体，增强文化吸引力和软实力，形成生态文化国际传播新格局；另一方面，针对不同的传播领域和受众，结合"一带一路"倡议背景，再因地制宜配备生态专家、分配专项救助资金、提供先进的生态技术，促进各地区生态治理，同时带动地方经济社会发展。目标是全面发展，遵循中国领先的生态文化传播理念。

（二）推介国际生态文化优异成果

保护生态环境、节约能源资源已成为世界共识。世界各国都在不断推进生态文化建设，孕育了一系列制度、理念和科技成果。吸收世界生态治理的优秀成果，完善我国生态文化建设，不可或缺。

一方面，树立全球生态合作治理新理念。树立尊重和保护自然的全球性意识，加强国际交流合作，推动全球绿色发展进程。倡导"绿水青山就是金山银山"的理念。促进经济社会可持续发展。呼吁建立全人类命运共同体。人和自然是共生并存的，危害自然终究会危害人。生态环境问题已成为全球关注的焦点。各国为维护自身利益，履行国际生态环境保护职责和国际协同治理义务而成立了许多国际环保组织，积极应对气候变化、海洋污染、物种衰退等重大生态环境问题。中国应借鉴联合国环境规划署在生态文明建设中倡导的全球行动理念和原则，坚持"共治"，增强解决全球环境问题的积极性和主动性。

另一方面，借鉴其他国家生态治理的积极经验：（1）美国政府以现金支持、低息贷款和补贴等形式大力支持节能产品的研发和销售，强调市场机制在产业生态化进程中的基础性作用；（2）西方国家特别重视公民参与环境立法的权利，建立了系统的环境教育体系，保障公民的环境决策权；

（3）德国建立了循环经济的专项环保基金、绿色采购制度和绿色金融补贴政策。我国作为一个负责任的大国，应积极推进节能减排工作，大力发展新能源，加大对重点领域的投资力度。同时也要加强国际合作，积极参与全球环境治理工作，为人类社会可持续发展作出更大贡献。但是，一些西方国家的高污染、高风险产业向发展中国家转移，引起了世界各国人民的不满，需要及时制止，而一些国家把核废料排入海中的行为也势必遭到世界各国民众的严厉指责。

（三）开展全方位的国际性生态合作

中国政府实践的生态文明发展理念突出追求人与自然的共同福祉，中国着眼全球经济高质量复苏和生态环境有效维护，积极成为全球生态保护合作的支持者、参与者和引领者。

第一，做全球生态文明的重要践行者之一。中国要坚持以科技创新为支撑，走共享、可持续和绿色发展道路，在更大范围、更广领域、更深层次上推动中国从国际视角履行国际责任，引领全球生态科技发展潮流，促进中国在"环境正义"理念指导下开展环境整治工作，实现全球生态环境治理目标。在遵守联合国国际秩序体系的同时，围绕生物多样性保护和气候变化应对这一突出环境议题和其他国家加强交流，共同建设一个公平合理、各尽所能、致力于全球生态多边合作的多边体系。中国倡导的"绿水青山就是金山银山"的生态文明理念，为发展中国家谋求经济发展与生态保护之间的平衡树立了良好榜样。为解决全球环境危机，促进未来形成和谐共赢的世界作出了贡献。

第二，采取综合性环境策略推进全球性环境立法与合作。由于缺乏统一的国际法律法规文件，各国在具体实践过程中出现了碎片化现象，导致争端解决的自治化低。环境治理机构分散化是导致国际环境问题日益复杂的重要原因之一。为此，应采取综合性环境策略来推进全球性环境立法与合作。首先，完善全球统一立法体系，构建以《联合国气候变化框架公约》为核心的多边主义国际环境制度。其次，健全区域性环境保护机制，形成多层次的区域合作格局，加强区域间的生态环境合作。一方面，联合国环境规划署在具体环境领域开展了"世界环境公约——法律和技术规则的协调与制度整合"工作，推动建立全球性的环境立法合作机制；另一方面，加强对区域立法主体的监管力度。最后，构建生态发展合作机制。在推进区域商贸合作中，要充分发挥区域生态合作组织作用，建立具有地方特色、符合生态发展需要的生态保护规则，明确各方的共同责任、义务并提出具体可行的解决方案。

第三，完善全球生态治理机制。指导国家继续完善深海利用、极地变化、气候变化等新兴领域法律框架，扩大合作范围，获取最大公约数，进一步利用数字互联网技术及时监测预警。在和平利用、共同治理的前提下，针对不同新兴区域生态环境的变化，召集相关负责部门开展人工干预和维护工作，追踪受损生态区的生态修复和补偿，继续完善全球生态环境治理，创造清洁美丽世界。

第十章

中华优秀传统文化资源创造性转化
与社会主义物质文明建设

中华优秀传统文化资源创造性转化引领社会主义物质文明建设的过程，就是在面对浩如烟海的华夏优秀传统文化资源深入挖掘的基础上，通过文化创意和高科技的手段，充分兑现其历史文化价值，通过大力发展文化事业提升我国全体劳动者的精神素质；大力发展文化产业为经济社会发展赋予新的动能，推动我国城乡经济结构转型升级；大力发展国际文化贸易，推动我国文化走出去，提升华夏文化软实力和国际影响力，促进对外开放，最终从经济发展主体、内容和发展外部环境三大领域形成合力，推动我国的社会主义物质文明建设，为 2035 年建成社会主义文化强国、实现华夏文明的伟大复兴奠定强大的物质基础。

第一节　中华优秀传统文化资源的界定与分类

一、中华优秀传统文化资源的内涵与特性

党的十九大报告中指出："文化兴则国运兴，文化强则民族强。"① 对文化在社会主义建设进程中所起的作用进行了重要阐述。习近平总书记多次就

---

① 党的十九大报告（全文）[EB/OL]. 搜狐网，2017 – 10 – 18.

中国传统文化发表系列重要讲话，充分彰显了文化软实力在当今世界发展的首要价值。习近平总书记在北京大学师生座谈会上就曾经讲过："中华优秀传统文化已经成为中华民族的基因，植根在中国人内心，潜移默化影响着中国人的思想方式和行为方式"①。中国作为一个绵延 5000 多年历史的文明古国，传统文化的内涵涵盖了社会科学和人文科学等各个方面，其丰富的内容形式对于推动中华民族的延续发展发挥着不可替代的作用。其中讲仁爱、重民本、守诚信、崇正义、尚和合、求大同的时代价值，成为涵养中华优秀传统文化发展的核心内涵。传统文化本身具有精华和糟粕之分，而中华优秀传统文化是中国历经悠久历史而传承下来的中华民族智慧的结晶，以其独特的价值取向和文化核心共同构建起来明显区别于其他文明的文化标识。与此同时，中华优秀传统文化随着时间的推移而日益丰富多彩，以人民共同创造的物质和精神文化为基础，在思想、文化、道德、风俗、艺术、制度等方面对中国人的价值取向产生了潜移默化的影响，更是成为推动中华民族发展的强劲精神力量。

（一）中华优秀传统文化资源的内涵界定

随着研究的深入，中国学者对中华优秀传统文化的内涵进行了细致的探讨，然而对于文化内涵的认识和理解，学术界仍然众说纷纭。著名哲学家张岱年先生对"优秀传统文化"作出了自己的诠释。他指出："所谓优秀传统，即是具有科学性和进步性的传统。"他认为优秀的文化传统是："辩证思想、人本思想、天然协调、民族独立、人际和谐、忧国忧民、古代唯物主义、无神论传统"②。王东在《中华文明的古代辉煌和未来命运》中提及，中华优秀传统文化中最为关键的五大核心理念是："天人合一的宇宙观，仁者爱人的主体观，阴阳交合的发展观，兼容并包的文化观，义利统一、以和为贵的价值观"③。李宗桂则认为，"以爱国主义为核心的中华民族精神，天下为公的崇高理想，己立立人己达达人、己所不欲勿施于人的忠恕之道，贵和尚忠的和谐思想等都是中华民族的瑰宝，是代代相传的只属于中华民族的

① 习近平. 青年要自觉践行社会主义核心价值观——在北京大学师生座谈会上的讲话 [M]. 北京：人民出版社，2014.
② 中共中央文献研究室. 习近平关于社会主义文化建设论述摘编 [M]. 北京：中央文献出版社，2017.
③ 中国传统文化与 21 世纪国际学术研讨会论文集 [M]. 北京：中华书局，2003.

价值观。"① 不同学者从各个角度深入挖掘中华优秀传统文化的内涵，尽管侧重点各有不同，但是我们不难看出，中华优秀的传统文化是凝聚民族精神的重要力量。当我们从新时代中国特色社会主义文化自信的视角出发，根据习近平总书记的重要发言和一系列文件精神最终可以概括得出：在新时代的社会发展过程中，中华优秀传统文化的具体表现是"讲仁爱、重民本、守诚信、崇正义、尚和合、求大同"的时代精神。

中华传统文化资源的特性在当今全球的发展也是相当明显的，在《传统文化基本特征及其评价》一书中杨先生认为，尽管传统文化的影响十分遥远，但并不是不可更改的。同时经济全球化的纵深发展使得传统文化展现出了两方面的新面貌特征：文化的统一性与多样性，文化的一元性与多元性。作为中华民族的独特标识，中华优秀传统文化的许多精神都能够为中国这一大国处理国际关系提供一系列准则。其文化价值能够"跨越时空、超越国度、富有永恒魅力、具有当代价值。"② 在日新月异的大环境中，用"取其精华，去其糟粕"的视角去看待中华传统文化，以科学和辩证的观点对传统文化进行选择。中华优秀传统文化必将最终得以充分体现其功能与时代价值，同时也将赋予其新的生机与活力。

专家学者从不同角度来研究中华优秀传统文化资源的内涵和特征，也从客观上反映了当代中国社会对于传统文化的关注度不断提高，民众文化意识的不断觉醒，文化软实力的重要性可见一斑。对中华优秀传统文化的研究越细致，越能更好地构建系统的传统文化体系，为社会主义文化建设提供宝贵的资源支持。

（二）中华优秀传统文化资源的特性

1. 源远流长性

中国是世界上四大文明古国之一，包括三大古国文明在内的人类文明类型，有的早已夭折和流失，有的早已被消融和代替。作为世界上唯一几千年未曾中断的古老文明形态，中华优秀文化源远流长，在岁月的洗礼和打磨下所形成的历史文化资源更是历经千年传承，成为独一无二的世界文化瑰宝。

---

① 李宗桂. 试论中国优秀传统文化的内涵 [J]. 学术研究, 2013 (11)：35 – 39.
② 杨生平. 传统文化基本特征及其评价 [J]. 贵州社会科学, 2016 (2)：62 – 65.

2. 民族融合性

中国是一个多民族国家，在数千年的文明和文化发展过程中，虽然发生了很多民族冲突，但在冲突之下往往会迸发出文化交融的发展动力。中华文化向来对于民族融合保持着兼收并蓄的发展态度，因而每次冲突后都会出现文化交汇的局面，从而使中国传统文化在吸收外来文化的同时保持一种良好的继承性。我们应当看到，一个多民族融合汇聚的国家，如果没有强大的文化凝聚力，很难在漫长的5000多年中一直发展延续到今天。其中所蕴含的民族大融合思想和中国传统文化宽容、开放的文化特质，以及在这种文化特质下表现出来的和合精神，是中华民族自始至今维护民族关系基本稳定的根源。

3. 形式多样性

中华文化是56个民族文化的集合体，包含着中原文化、齐鲁文化、荆楚文化等多种类型和形式的文化。其中也蕴藏着丰富多样的文化资源——既有道家文化，也有佛家文化和兵家文化等精神文化资源，还富有如画像、陶瓷等物态文化资源和运河文化、海洋文化等自然人文资源。既有古代历法、算术、医药、农学、四大发明等世界文化珍宝，也保留着近现代中国所形成的抗战文化、革命文化、红色文化资源等。总而言之，中华优秀传统文化历史内涵丰富，承载形式多种多样。中华优秀文化资源始终以各种形式和载体延续着中华民族特有的文化精髓。

4. 开放包容性

中华文化内容丰富、意蕴深远，它具有包容万物的能力，无论何种文化与其交流碰撞时总能迸发出新的火花。进入历史新时期，当外国的意识形态和文化传入中国的时候，在感受中国文化包容的同时，也开始了其中国化的过程，并不自觉地融入中华文化的广袤海洋中。这是中华文化特有的开放包容性，能够以万物为根，在华夏文明的基础上合理地吸收外来文化的优秀特质，同时不断改造外来文化以至于产生独具特色的本地化进程。中华文化以其对中华优秀文化资源的强烈自信，在全球文化大整合与大发展的背景下，以一种开放、包容的姿态，面对着来自不同文明的冲击与挑战。

二、中华优秀传统文化资源的分类

（一）物质文化遗产

物质文化遗产又称"有形文化遗产"，全世界对于物质文化遗产的含义和范围的界定各不相同。康保成先生就指出，"'物质文化遗产'是人类集体、群体或个人创造的文化财富以'静态'物质方式被后代所认可和继承的部分。"① 我们不难看出，相比于非物质文化遗产，物质文化遗产更加富有静态的特征，是人类文明过去的某种物质载体，如西安古城墙、北京故宫等，是在过去的某个特定历史时期所凝结的文化和历史实物。也正是由于物质载体这种确定的属性，使物质文化遗产上所富含的文化财富和基因总是相对固定不变的，不会因为传承方式的变化而有所不同。秦始皇陵、兵马俑、承德避暑山庄以及周边庙宇等均保存了中国古代社会的文化状况，并且以其超强的物质稳定性，为后人对中国传统文化的研究，提供了最有价值的、第一手的资料。

（二）非物质文化遗产

相比于物质遗产，非物质文化遗产也是一个国家和民族历史文化成就的重要标志，是优秀传统文化的重要组成部分之一。2003 年联合国教科文组织在《保护非物质文化遗产公约》中将非物质文化遗产定义为："被各社区群体，有时为个人视为其文化遗产组成部分的各种社会实践、观念表达、表现形式、知识、技能及相关的工具、实物、手工艺品和文化场所。这种非物质文化遗产世代相传，在各社区和群体适应周围环境以及与自然和历史的互动中，被不断地再创造，为这些社区和群众提供持续的认同感，从而增强对文化多样性和人类创造力的尊重。"②

与此同时，《中华人民共和国非物质文化遗产法》对其进行了界定，并将其划分为：

---

① 康保成. 关于非物质文化遗产的改革、创新及其他 ［J］. 湖南社会科学，2013（5）.
② 邹启山. 联合国教科文组织人类口头和非物质遗产代表作申报指南 ［M］. 北京：文化艺术出版社，2005.

（1）传统口头文学以及作为其载体的语言；

（2）传统美术、书法、音乐、舞蹈、戏剧、曲艺和杂技；

（3）传统技艺、医药和历法；

（4）传统礼仪、节庆等民俗；

（5）传统体育和游艺；

（6）其他非物质文化遗产。

在发展的进程中，非物质文化遗产始终处于"动态"的发展状态，并在不断地创新和演变，同时被后代不断继承和丰富。以能动性的"人"作为传承载体，更具灵活性，也恰巧是非物质文化遗产的文化魅力所在。

三、中华优秀传统文化资源的形成与发展史

自华夏初始文明以来，传统文化资源就为中华优秀传统文化的孕育打下了良好的基础。中华传统文化资源的发展经历了上古原始社会时期的孕育到封建时期的繁荣，到秦汉时已经趋于稳定。在近现代以来又历经了国内外先进文化的熏陶，使中华优秀传统文化具有现代文明的新特点。在数千年的发展和改造下，不同文化互相交融、交织、组合，逐渐演绎成影响华夏儿女数千年的中华优秀传统文化资源。中华优秀传统文化资源正是凝结了历代传统文化的精华，为之后中华民族在不同历史时期的发展提供了强大的精神动力，保障了中华文化历久弥新。

（一）上古原始社会时期形成的文化资源

对于上古原始社会的文化形成，学术界有不同的看法。其中比较主流的观点即华夏文明的初步形成有赖于早期中华农业体系的形成。农业为人们提供了较为稳定的食物来源，为上古原始社会提供了基础的物质保障。在此基础上，从新石器时代开始，中国先民在黄河流域和长江流域创建了比较稳定的农业经济形式，这些物质形态的建构，为中华文明的早期形成与发展创造了有利的条件。在此期间，人类崇拜自然、图腾、灵魂和祖先，从而形成了原始的宗教，并衍生发展出了最为原始的艺术形式。原始人开始在岩壁上作画，在石头和兽骨上刻下图画，借助制陶、编织等手工艺，创造了造型艺术以及音乐和舞蹈。由此我们可以得出，史前文化为中国古代文明的发展奠定

了最原始的框架基础。

（二）奴隶社会时期形成的文化资源

夏商时期是中国传统文化资源的孕育时期，中华文化起源于黄河流域，长期以来，农耕文明在中国传统文化的形态中有着强烈的烙印。在这一时期，中国社会形态发生了第一次根本性质变，"公天下"开始转变为"家天下"，开启了中国千年世袭王朝的时代。伴随着社会形态的改变，中国古代也迎来了"礼治"社会的初步形成。"礼治"观念对中国传统社会维护"家天下"的统治形式提供了良好的文化工具。

随后，在两周时期中华传统文化逐渐繁荣，此时人作为主体的意识开始觉醒。人自我意识的觉醒主要来源于对当代历史的反思，纣王的昏庸无道和社会的长年混战都对当时人们的思想造成了剧烈的冲击。人们不得不开始思考总结王朝的兴衰和社会的更替问题，在此过程中，逐步形成敬天、明德、保民等思想观念，随之也基本确立了中华民族文化的基本精神。统治阶层也意识到了人们思想层面的巨大变化，周公开始制礼作乐，进一步完善三代之礼，设计制定了一个庞大的文化系统，周代之礼巧妙地和宗教框架融合起来，为后世儒家所继承和发展，并且不断规范中华民族的生活习惯和道德观念，中国传统的礼文化也自西周开始绵延并流传至今。东周时期是我国古代传统文化发展的第二个关键时期，此时的社会面临着更大的动荡和变革，国家虽然开始"礼崩乐坏"，群雄割据，但却为中国带来了历史上最繁荣和最光辉的时刻。人们开始疑天、疑祖、疑圣，怀疑精神在社会蔓延开来。怀疑中蕴含着新的生机，社会的变革使知识阶层开始对社会的各个方面产生怀疑和反思，他们开始对国家和个人进行批判，试图拯救社会。不"破"不"立"的思想争鸣将怀疑精神上升为理性精神，为当时的社会提供了巨大的精神财富，人们也在理性精神的讨论之下得到了思想上的进一步解放。从孔孟、老庄到商鞅、韩非等众多古代圣贤，他们都运用了自己的智慧和批判性的思维方式，编纂了《易》《书》等一批经典著作，为传统文化的形成提供了宝贵的精神财富。诸子百家为社会发展而上下求索，中华民族的理性精神在这种寻求下蓬勃发展。他们的学术创造和社会批判精神，使中华民族的文化得到了充分的发展和升华，中华优秀传统文化的基础也正是在这一时期基本奠定下来的。

（三）封建社会时期形成的文化资源

在封建社会时期，中国传统文化的定型经历了一个漫长的历史阶段，从秦汉到晚清共计2000多年的悠长历史，是中国文化发展演进过程中的第三个重要阶段。秦汉时期不仅使中国社会从分治走向统一，中国政治从等级分立走向专制集权，也使中国思想文化从"畅所欲言"走向"噤若寒蝉"。自此之后，无论中国古代王朝如何变迁和更迭，中国传统文化的发展形式和文化根基在秦汉专制统治的影响下凝固定型，为中国数千年所适用。毛泽东曾经论述道："百代都行秦政法"①。由此可见，儒家思想历经千秋万代，在中华民族传统文化的发展和变迁中筑牢了根基。因此，可以说中国传统文化的专制性质与西方海洋文明所形成的追求自由迥然相异：在政治上既维持了宗法制的精神又较早确立了中央集权的专制政体，与西欧中世纪长期的诸侯割据状态不同，比较来讲是社会更安定、国家更统一；经济上较早确立地主—自耕农土地所有制，农民有更多生产、经营的自由和积极性，比西欧的以农奴、半农奴为基础的领主制经济更有生产效率；观念文化上较早确立了实用理性精神，避免了西欧中世纪的宗教蒙昧和神学独断。但另一方面，中国的父权宗族制在政治上对个人进行了严格的控制，经济上的重本抑末造成了小农经济的顽固性，礼教思想束缚了中国人的思想，从而使中国的社会经济、市民阶层和资本主义生产关系的发展，都受到了极大的限制，乃至影响了中国近现代的发展进程。时至今日，儒家文化所蕴含的思维方式和思想内核仍然深深地影响着中华民族的发展。

（四）近现代社会形成的文化资源

纵观近代中华文化的发展历程，中华传统文化的资源是与不同历史时期的中国共产党的治国理念相伴而生的，其文化资源的建设和发展也经历了几起几落。在新民主主义革命时期，许多中国初期的民众受到中华优良传统文化的熏陶，有着强烈的民族情结。与此同时，中国共产党在探索符合中国国情的革命路线的过程中，始终坚持马克思主义的"辩证否定"，以"摒弃其封建性的糟粕，吸取其民主性的精华"为原则，在革命的熔炉中，将马克

---

① 毛泽东.毛泽东诗词集［M］.北京：中央文献出版社.2003.

思主义和中华优秀传统文化有机地结合起来，推动了马克思主义的中国化进程。在新中国成立以后，中国共产党继续坚持在新民主主义革命时代的立场与态度，合理地继承和发扬中华优秀传统文化。在社会主义革命和建设时期，毛泽东提出："百花齐放、百家争鸣，应该成为我国发展科学、繁荣文学艺术的方针"①，为继承发展传统文化提供了理论上的指引。进入改革开放和社会主义现代化建设时期，世界主流思想文化逐渐多元，中国共产党处于中国社会主义近代化进程中，重视传承传统文化的精神，坚持以科学的、理性的眼光看待传统文化，推动了中华优秀传统文化与当代精神的结合。在中国特色社会主义新时期，习近平总书记立足于中华民族最根本的精神家园，从国家战略资源的高度继承优秀传统文化，从推动中华民族现代化进程的角度创新发展优秀传统文化，将中华优秀传统文化的传承和弘扬提升到全新高度。习近平总书记强调：继承传统文化，不是简单地照抄，而是顺应时代需要，突破自身的历史局限，进行创造性的转换与创新。新时期，中国共产党充分认识到中华优秀传统文化的重要地位和作用，在不"厚古薄今"的基础上，坚持"创造性转化""创新性发展"，这是我们党在中华优秀传统文化传承与发展上改革创新的重要体现。回顾近现代社会我们党和国家对于中华优秀传统文化的态度，我们可以看到，中国共产党与中华人民在不同的历史阶段，对中华优秀传统文化的态度是伴随着历史进程而不断变化的，取其精华，去其糟粕，为新中国的建立和新时代中华民族的文化建设提供了值得借鉴和参考的历史范本。

第二节　中华传统文化资源创造性转化对社会主义物质文明建设的促进作用分析

一、中华传统文化资源创造性转化的必要性分析

从习近平总书记对北京大学传承弘扬中华优秀传统文化成果的肯定，到

---

①　中共中央党史和文献研究院. 中国共产党的一百年［M］. 北京：中共党史出版社，2022.

党的十八届中央政治局第十三次集体学习，提出要把中华优秀传统文化作为保护社会主义核心价值观的重要源泉；从强调优秀传统文化是中华民族精神命脉的文学作品座谈会，到强调挖掘中华优秀传统文化的哲学社会科学工作座谈会，习近平总书记多次提出"首次"，充分反映了中华传统文化在国家和民族中的地位。由此可见，中国传统文化并非现代化的"历史包袱"，而是一种社会进步发展的"宝贵资源"，这促使着我们应当时刻关切中华传统文化的发展动态。在社会主义现代化强国的建设过程中，传统文化必定不能缺席。无论是过去还是现在，优秀传统文化都为人类的文明作出了卓越的贡献。近代以来我们的文化曾有过短暂的落后，在强大的外来文化冲击下，我们也曾对自身文化根基产生过怀疑和迷茫。当前我们必须通过弘扬优秀传统文化精神，重拾人们对优秀传统文化的认知感和认同感，重新建立起文化自信和文化自觉。更要牢牢树立"创造性转化、创新性发展"的基本理念，要通过"两有""两相""两创"的方针政策不断推动中华传统文化延续性发展，同时通过塑造中华传统文化新形态，源源不断地为中国和世界文化建设提供中国智慧，为解决人类难题提供文化启示。

（一）从历史层面来看，实现传统文化的现代化转型

要使中华优秀文化创造性地向创新发展，必须实现中华优秀传统文化的现代化转型。由于时代的局限性和漫长的发展历史，导致中华优秀的传统文化时常与当代社会发展相脱节。如何在当代全球化和现代文化背景下实现中华传统文化与现代社会的同步发展，是我们亟待解决的问题。从社会发展的角度来看，中华优秀传统文化是当代先进文化的重要资源，实现传统文化的现代转型是符合文化发展的必然规律的。一方面，通过中华优秀传统文化与马克思主义的跨时期对话，能够更加旗帜鲜明地促进马克思主义的中国化发展进程，以巩固马克思主义在中国社会主义意识形态的根本地位，确保社会主义文化的正确发展方向。另一方面，中华优秀传统文化能够极好地与中国特色社会主义核心价值观相融合。以优秀的文化资源涵养核心价值理念，保障中华优秀传统文化以现代社会的要求和形式深入人心，对于提升中华民族全民族道德修养起到了极其关键的作用。中华优秀传统文化资源对现代社会发展具有重要的文化价值和物质价值，这是一个国家文化软实力的重要组成部分，也是推动中国现代化进程的一支重要文化力量。中华优秀的传统文化

如果不富有现代价值，其发展的动力也会日渐丧失。现实的呼唤是时代的使命，中华优秀传统文化现代化转型发展是时代的需求和现实的不竭动力。

（二）从文化层面来看，拓宽文化资源受众群体

作为历史传承的产物，中华优秀传统文化在形式和内容上都与现代文化发展的需要存在不相适应的部分。由于社会的快速发展，现代生活方式在很大程度上影响着人们对文化的认知习惯和行为模式，传统文化资源的生存空间极易被网络空间和现代思维所挤占。现代媒介的进步为网络文化和快餐文化提供了便捷的发展渠道，传统文化资源却逐渐与现代社会生活所脱节，极大地降低了传统文化资源的传播效率和接受程度。当有些青年团体用一种更为现代的方式看待传统文化时，便觉得中华传统文化资源索然无味，进而选择淡忘或遗失。此时，以个人主义、功利主义、理性主义为代表的西方文化的价值观，已快速地渗入当代社会的生活方式与价值观之中。在西方文化的反复渗透之下，传统文化在我国的知名度和认同感将会在无形中被淡忘。与此同时，中华传统优秀文化资源在人们日常生活的缺失造成了部分国人的精神贫困。由此可见，中华优秀传统文化中的引领人向上、向善的文化元素，不仅是中国人精神世界的一笔宝贵财富，更是引领当代社会的一种重要力量。中华优秀传统文化经历时代的洗礼和岁月的打磨，长时期存在于中华民族生活的方方面面。在现代社会和现代生活的要求下，应当使得中华优秀传统文化始终保持进步的状态，与群体的思维方式和行为准则再度适应。将人民群众作为社会发展的主要因素，中华优秀传统文化资源应充分掌握当代大众的接受特点和心理特征，以通俗易懂的形式对其进行现代性诠释与创新。让传统文化资源既有民族感、历史感，又有时代性、娱乐性，让传统文化更有亲和力，更贴近大众。只有优秀的传统文化成为大众文化，才能找到与现代生活的契合点，在人民大众的普遍认同和接受下实现中华优秀传统文化的现代性转化。

（三）从发展层面来看，在空间和时间上延续保存文化资源

在科学技术快速发展的当下，合理利用新的社交媒体和制作技术已经是优秀传统文化资源发展的必然趋势。互联网、人工智能、AI 交互等新鲜而便捷的方式为中华优秀传统文化资源插上了可以想象的翅膀。科学技术的飞

速发展为传统文化提供了新的渠道和手段，在无形中拓宽了文化资源传承发展的空间，也为许多濒临失传和不易保存的传统文化提供了时间上延续的可能。在"互联网＋"的时代背景下，我们要给予传统文化新的生机与活力，必然要以科技赋予其能量，加速传统文化资源与数字科技的紧密结合。在疫情严重的当下，清明节祭奠和祭拜先祖的传统文化形式以一种全新的方式所表达，为了避免人群的过度聚集，各地政府纷纷倡导以线上纪念的方式为故人送去思念和祝福。代祭、云祭、直播祭等为特殊时期的中国人民提供了别样的方式。清明节的节日形式也以一种崭新的方式所呈现出来，无论是线下的祭拜，还是线上利用在线直播、弹幕互动等方式加强互动，节日活动作为中华优秀传统文化美好内涵的一部分，它所蕴含的中华民族礼敬祖先、慎终追远、弘扬孝道的优秀文化品质并没有改变。代祭扫和线上追思的需求以另外一种渠道得到满足，同时也证明了中国传统文化资源正在高度融合数字技术，加快传统文化资源向数字媒体转化已成为数字人文时代传统文化资源向现代化发展的必然趋势。随着科技的发展、5G 技术的应用，"文化＋技术"将继续拓展传统文化的传承空间，使其成为传统文化创新的一种关键举措。

二、中华传统文化资源创造性转化的现状与面临的问题

（一）我国传统文化资源创造性转化的现状

1. 文化资源丰富，为中华民族提供精神引领

中华优秀传统文化成果丰富且深厚，中华民族在长期历史实践所演化而来的具有民族风格的传统文化，在新时代的发展下依然十分耀眼。作为人类文明发展的文化瑰宝，中国传统文化特有的民族气节、民族性格和民族气概，为中华传统文化的发展提供了坚实的精神土壤。中国优秀的传统文化所包含的"仁、义、礼、智、信、温、良、恭、俭、让、忠、孝、廉、耻、勇"的思想和道德，在中国乃至全世界都有着极为深远的影响。

2. 缺乏文化自信，存在对西方文化盲目崇拜的倾向

但与此同时，我们仍然需要看到的是，中华优秀传统文化资源的发展面临着对西方文化的盲目崇拜和对于自身文化的妄自菲薄。在现代化的发展历程中，中华民族曾经经历了一段屈辱且惨痛的历史，中国国际形象一落千

丈，对中国的集体意识产生了不可估量的影响。在很长一段时间乃至现在，无论是经济还是科学技术、文化等各个方面，中国长期依赖于西方制定的标准和规则。在西方的诱导和排挤之下，不自觉地受到西方殖民话语体系影响，导致中国的文化资源发展一直呈现出一种文化不自信、理论不自信、制度不自信的倾向。中华优秀传统文化资源往往依赖于外国的科学技术和衡量标准，无法站在客观的角度评判自身的提高和创新发展的程度。

（二）我国传统文化资源创新性发展面临的问题

随着时代的发展和社会的变迁，传统文化所产生的时代背景和社会环境与当下对比已经有了极大的区别。要让传统文化获得当代大众的认可和认同，就必须把优秀的传统与当下的历史联系起来，赋予其新的现实价值和意义，实现传统文化资源向文化产品内容的创造性转化。但在中华传统文化资源创造性转化的过程中，我们依然面临两个极为棘手的发展问题，只有恰当地解决好当下创造性转化和创新性发展的不足，中国和世界大众才会以一种更加易于接受的方式，唤起人们内心对中华传统文化的深刻情感。

1. 内忧：不接地气、远离老百姓

尽管我国各地的历史文化传统资源十分丰富，但是历史上的许多文化资源不够通俗易懂，而往往使用的是晦涩的文字和表达形式。在高速发展的新时代背景下，人们的文化消费习惯趋向于快捷、方便，这就导致中国很多优秀的文化资源在人们尚未认识的情况下，就被快速地排斥出人们的娱乐和生活。中华优秀的传统文化正处于"失语症""健忘症"的境地。漫长而悠久的文化发展历史，导致了许多文化资源与现代民众在精神和内容上的自然隔阂：要么全部抛弃，当作失忆；要么不知如何表达，面临失语。近几年，尽管中国优秀传统资源的受关注程度确实提升明显，实际上却有些虚假繁荣。稍加审视我们可以发现，中国优秀文化资源并没有进入良性循环的发展轨道，它仍然在迷茫中徘徊，在民族化与现代化、全球化与本土化之间摇摆不定，缺乏现代气息，容易被文化消费群体所诟病。不仅如此，许多文化资源的认知和发展仅仅停留在学术层面和文化遗产保护层面，研究的内容也仅供少数精英知识分子分享和欣赏，使得广大老百姓并不能直观地感受到当地或者中国各个地区的文化资源的丰富魅力，中华优秀传统文化逐渐成为脱离老百姓而存在的一门艺术和文化资源。中国古代的许多优秀文化资源由于不能

以现代语言加以阐释，逐渐远离人民大众的文化生活，使得文化资源的主要消费群体——青年群体对于优秀文化既陌生又缺乏关注，最终中华优秀传统文化在高科技和新媒体的飞速发展下日益远离现实生活，远离大众生活。

2. 外患：文化冲击，迷失自我

在外来文化和新媒体发展的冲击之下，中华优秀传统文化同样面临着艰巨的挑战。较其他国家的文化资源而言，我国几千年的发展历史和幅员辽阔的占地面积具有数量上的绝对优势。但是相较于英国、美国、日本等文化大国的文化传播形式，我国文化资源的发展市场却稍显稚嫩。中国的优秀传统文化市场显然并没有发展起来，衍生产品稍显不足。并且在国外文化借助互联网、动漫等现代形式的传播下，我国的文化市场也逐渐被挤占和压缩，生存空间日益缩小。西方霸权主义和文化扩张在当代的发展更加隐形，在发展的过程中以"去中国化""去思想化"的意识形态渗透的方式，将国家间的经济较量和政治博弈日益转移到文化战场上来。特别在青少年群体之间，在过度迷恋国外文化产品的同时，许多年轻人在思维方式和生活习惯等各个方面无意间被同化和洗脑，一旦全然接受了别国的价值观和文化意识，我们的青年一代极易变成他国文化殖民的俘虏，这种负面影响显而易见且影响深远。我们必须充分发挥中华优秀传统文化的优势，在人民与文化资源之间架起一道桥梁，使中国的传统文化真正渗透到人民群众的日常生活之中，使老百姓能够认识、理解、领悟其中的文化精髓。中华优秀传统文化在漫长的历史发展和变革中，非但没有褪色反而历久弥新。这恰恰证明了，传统文化中积淀的思想精华以及颠扑不破的发展真理，是我们树立文化自信的底气和实力。在与其他国家进行文化竞争的时候，我们始终相信，中华优秀传统文化能在世界文化大家庭中，在新时代不同文化形式和文化内涵下焕发独特魅力。

三、中华传统文化资源创造性转化对于促进我国社会主义物质文明建设具有内源性的影响

（一）中华优秀传统文化资源价值兑现，对于促进我国区域经济发展的影响

中华优秀传统文化与中国区域经济发展与建设的关系，是一种传统与现

代元素交错相融的复杂关系，区域经济与文化发展始终相辅相成。我国优秀的传统文化不但承载了五千年的灿烂文明历史，更与创新、求精的区域文化一起，在改革开放以后成为我们国家快速发展的推动力。以中国地区商业文化为例，明、清两代出现了许多具有明显地域特征的商帮，如徽商、晋商、浙商等。当时徽商、晋商财力和实力范围横贯南北，浙商的发展在当时仅为一小支队伍，与徽商、晋商相比有着天壤之别。然而，"三十年河东，三十年河西"，晋商和徽商的辉煌不再，取而代之的是浙商"无浙不成商"的盛誉。浙江人一度成为敢于创新、聪慧精明的代言人，享誉全国。浙商以其团结的性格和敢闯敢拼的草根文化底蕴在大城市中站稳脚跟，浙江也成为新中国成立以来区域经济迅速腾飞发展的地域之一。不仅仅在北京、上海等大城市，甚至在欧美各国城市，到处都有操着浙江口音的投资者和生意人。而原因就在于，徽商和晋商的文化传统是一种纯粹的商业文化传统，而浙商的传统最显著的特征就是将"商""工"进行融合，即费孝通所谓的"艺商"，兼有手工业和商业、手工艺人和商人的双重身份。浙商与晋商、徽商的这种不同特点，无疑在相应区域产生了不同的后续效应。浙江商业文化以其浓厚的地方特色，对近代浙江的经济发展起着不可或缺的重要作用。这种文化上的传承与延续，一直为浙江地区和人民输送着源源不断的区域经济竞争力。从这个角度来说，地域传统文化资源已成为影响地区经济发展的重要力量，深挖地方文化后的文化底蕴和文化内涵，成为今后我国经济发展面临的一个重要课题。以对当地文化脉络的认识为依据，确定其经济发展的主要方向，并依据其主导方向进行发展的耦合规划，最终将以反哺的形式造福地方区域经济发展。

（二）中华优秀传统文化资源产业化开发，对于推动我国文化产业发展的影响

把中华传统文化融入现代文化，发展具有鲜明民族特色的文化产业，使中华传统文化在新时代得到传承和发展，是经济发展创新的必然选择。即通过适应新时期经济和文化发展的新需求，借助影视动漫、文化旅游、展览展示等形式，探索一条现代化的文化"开放之路"。以动漫为例，在现代影视和中华优秀传统文化资源的碰撞之下，传统文化中的许多古典元素被很好地与现代产业相融合，从而更好地发挥了自身的文化经济效益。无论是取材于

中国神话故事的《哪吒之魔童降世》《白蛇缘起》《大圣归来》等影片，还是与西方跨界合作的《花木兰》《功夫熊猫》等，这些以中国神话为题材的作品都在动画电影行业取得了不俗的成绩和口碑。影片中贯穿的不甘平凡、"斗天斗地"、善恶有道的精神，无不彰显着传统文化的不朽魅力和时代价值。这些动漫电影通过与中华优秀传统文化资源的巧妙结合，运用现代科技技术，为观众和体验者带来与众不同的视听体验，在弘扬民族文化的同时，还带来了可观的经济利益。除此之外，传统文化的发展不仅可以依托于原始的文化因素，还可以结合现代发展的需要，在不违背传统文化的大前提下进行二次创作，为传统文化增添现代思维的新鲜元素。由迪士尼公司制作的动画《花木兰》，以中国的传统故事为素材，将现代的创意与思想巧妙地融合在一起。故事中的花木兰不再是传统故事中替父从军的孝女形象，而是有着为实现自身理想，带有"现代思维"的女性角色。这种文化作品方面的大胆突破，使得整个故事充满趣味性和新鲜感。最终在中国、美国和世界其他国家取得了票房不菲的优秀成绩。所以，通过对传统文化的创造性表达，可以借助现代的手段和思维方式，大胆将传统文化元素注入文学创作中去。进一步推动中华优秀传统文化进入文化产业，为文化创意表达增添活力，助力文化产业的进一步升级。

（三）中华优秀传统文化资源创意发展，对于推动我国城市转型升级的影响

在人类长期的生产和生活中，城市是人们居住的地方，为人们创造了丰富的物质和精神财富。作为空间载体的文化渗透到了城市的各个方面，对城市的发展产生了深远的影响。来自四面八方的人们生活在同一个城市之中，不同时期和不同地域的文化相互汇聚交融，为每一座城市提供着丰富的历史和文化记忆，并形成了各自特有的城市文化。随着我国城市化的推进，新时代对城市文化价值的培育提出了新的要求，城市发展不仅是城市的硬件设施建设，也是城市软实力的塑造，只有将中华优秀传统文化和当地城市的文化创意相结合，才能在激烈的经济竞争中谋求城市的转型和升级。

都市文化与都市经济的发展，是一个不断积累与发展的历史进程。历史遗留下来的传统文化，是当代都市文化的源头与创新的根基，只有有了文化的传承，才能创造出新的文化，没有了文化的积累与传承，就很难进行创新与发展。因此，在城市文化变迁中，要充分挖掘和掌握其历史文化的内涵，将其精髓与特点运用到当代城市建设中，使其对人们产生巨大的激励作用。同时必须赋予中华优秀传统文化新的内容，立足城市历史和时代发展的需要，适应人们当前的要求，使区域传统文化能够更好地融入现实的社会之中，成为一个城市发展最基本的动力。我国城市发展正在步入世界化、民族化进程，中华优秀的传统文化应该成为中国民族文化自信与文化定力的载体，展现"中国风格、中国气派、中国精神"，这是我国文化产业今后发展的决定因素。要立足于城市的历史和文化传统，充分利用和挖掘具有地方特色、民族特色或历史影响的文化艺术产业，以大型文创项目和文创产业园区作为切入点，推动产业融合。只有找到现代文明发展和中华优秀传统文化资源的契合点，才能使其和当代的城市发展结合起来，实现城市发展中经济诉求和文化诉求的有机结合。

（四）中华优秀传统文化资源走出去，对于促进中国对外开放事业的影响

提升中华优秀传统文化的国际影响力，是促进中华优秀传统文化创造性转化和创新发展的重要目标。随着新时代发展的需要，中华优秀传统文化海外推广的深度和广度不断增强，在对外文化交流方面我国逐渐积累了丰富的推广经验。利用国与国之间的官方渠道、民间交流、社会协同等多种形式，近年来我国积极与多个国家开展各种文化交流活动，如"中俄文化年""中欧旅游年"等，将我国各种不同的文化资源和文化形式展示给外国观众。在举办活动期间，我国独有的文艺、曲艺、非物质文化遗产以生动的表达形式，积极向外国友人展现中国传统文化的独特魅力。与此同时，我们也十分注重与外国文化的交融和自我保持，中国传统特色元素也深入文化交流的各个方面。杂技版《胡桃夹子》就是在保留原版芭蕾舞剧和柴可夫斯基经典音乐的基本主题的同时，运用中国杂技技巧演绎世界经典童话，增添东方故事情节，让国外民众在他们所熟悉的文化氛围中，感受到我们民族的传统文化的魅力。同时，中国作为世界历史上唯一保持文明并延续不断的文明古国，中国优秀的传统文化发源于世界，传统文化资源的发展离不开与世界其他文化的交流互鉴，现在我们可以做的就是积极地、开放地迎接世界，并且重新将中华优秀的传统文化推向世界。一方面，要说明中国历史的伟大成就、文化创造和价值。另一方面，要更加明确当代中国的伟大实践、文化理念和价值追求。在对外交往中完善对外沟通机制，与周边各国和世界对话，提升对外沟通能力。与此同时，中华优秀传统文化不仅要在与世界其他优秀文化的交流互鉴中实现自我发展，同时以积极向上的分享态度，在文化霸权的博弈中为中华优秀传统文化资源赢得一席之地，不断提升中华优秀传统文化的世界影响力，将其作为一种推动人类文明前进的强大精神动力。

以上四大要素相辅相成，形成合力，共同推动了我国区域经济、城市经济、产业经济以及国际贸易的发展，进而促进了我国社会主义物质文明建设宏伟目标的实现。

第三节　中华传统文化资源创造性转化引领社会主义物质文明建设的路径选择

中华传统文化资源创造性转化通过各种形式的文化创意手段，主要从三个层次推动我国的社会主义物质文明建设。第一，以文化事业发展为基础，为普通民众提供最广泛的精神文明享受，丰富群众文化生活；第二，以文化创意为手段，加大优秀文化项目的投入，并且不断结合我国丰富的文化资源禀赋，促进文化产业全面发展；第三，与世界文明相联结，从中华优秀传统文化的特征出发，充分挖掘和展现优秀传统文化的现代性与世界性的共同精髓，形成独具特色的经济增长模式，推动区域经济转型发展。中华优秀传统文化资源通过三大路径实现创造性转化，充分兑现其历史文化价值，形成合力，最终从促进我国文化软实力提升与文化经济发展两大层面，全方位地推进了我国的经济社会发展与物质文明建设。

一、以中华传统文化资源创造性转化为引领，推动我国文化事业繁荣发展

（一）保障人民群众基本文化权益

通过 70 多年的努力，中国共产党在执政过程中不断探索并确立了中国

特色社会主义文化发展道路，在这一进程中逐渐深化了有关文化的身份和功能认知，已经基本上能够实现为人民群众提供公平享有基本文化权益的机会与措施。但是对于中国这样拥有 14 亿多人口、56 个民族、大杂居小聚居的发展中国家而言，在保证社会公平的前提下，实现文化资源的均衡是中国共产党必须认真思考的问题。时至新时代，社会主要矛盾发生了相应转化，发展中存在的不充分不平衡问题在此时更是一览无余，基本文化权益均等化是中国共产党接下来文化工作的重点，也是难点。受地区发展水平、历史文化习俗、生活习惯等客观条件的制约，每个人所能获得的文化资源和对同一文化资源的感知能力却不尽相同，文化权益的实现很难趋于均等。为此，更加要强调发挥文化事业在人民群众日常生活和精神享受方面的作用。文化事业是全民享受优秀传统文化资源的基础。文化事业在文化的发展过程中更多的是呈现公益性、公共性的特点，以非营利的渠道为人们的文娱生活和文化发展提供公共文化产品。由于中华优秀传统文化资源往往来源于中华民族近千年的文化生活和智慧结晶当中，与人们的日常生活最为贴切，在中华优秀传统文化的传播过程中极易被接受。文化事业能够在相对没有门槛的基础上，为全国各族人民实现基本文化权益的均等化。因此，面对人民群众更高层次的文化需求，我们要牢牢把握文化产业的根基不动摇，有针对性地对留守儿童和贫困地区人口等不同弱势群体提供文化事业保障，使其有更加公平的机会享有文化发展成果。

（二）满足人民群众多样文化体验

在传统文化资源向数字化和媒介化转化的今天，数字互联网等形式是传统文化资源创造性转化的必然趋势。习近平总书记指出："要系统梳理传统文化资源，让收藏在禁宫里的文物、陈列在广阔大地上的遗产、书写在古籍里的文字都活起来。"[①] 我们要合理利用数字化和科技的力量引领中华传统文化资源在文化事业发展方面的创造性转化，有效满足社会大众关于精神文化消费的多种需要。文化活动是传统文化的重要载体，而我国的社会经济发展离不开各种形式的文化传播活动。以往的文化事业为普通大众提供的是简要且单一的文化体验，以博物馆、图书馆、文艺表演、电视节目等形式呈现

---

① 习近平. 习近平谈治国理政 ［M］. 北京：外文出版社，2014.

出来。可能导致文化消费的主力军即年轻群体对于传统文化望而生畏，他们对于传统文化资源感到陌生且缺乏兴趣，要改变这种局面，就必须把中华优秀的文化事业与传统文化相结合，以适应当前文化形态的变化。通过"划时代的演绎"，赋予中华优秀传统文化时代元素，使之与当代语境相融合，进而获得新生。大型文化电视节目的普及和火爆，为传统文化的复兴和传承提供了现代使用场景。《中国诗词大会》《见字如面》等文化类节目以游戏竞技的节目形式，将观众耳熟能详的传统文化重新搬回大众视野。《中国诗词大会》打破了传统的节目模式，以"文艺 + 体育 + 娱乐"的方式来吸引年轻观众。在诗歌的对抗中，鼓励人们追逐梦想，追寻诗意与远方。因表现出色而获得奖励的才子新秀成为年轻人学习的对象，具有十分显著的示范效应。随着《中国诗词大会》的热播，在一定程度上推动了"国学热"的发展，"身临其境"的沉浸式场景唤起了广大观众的情感记忆，在传播文化的过程中，无形地促进了人民的情感和心灵的升华。同时通过微信公众号、新浪微博等平台，为广大受众提供多种形式的文化互动。在文化纽带交织与联系中，将中华优秀传统文化以多样化的表现形式提供给人民群众，真正实现了文化事业发展和中华优秀传统文化结合的守正创新。

（三）坚守社会主义发展大方向

文化产品作为一种特殊的商品，具有鲜明的政治属性，即意识形态的属性。服务社会、教育人民在其中发挥着巨大的作用，这就决定了文化要把社会利益始终放在发展的第一位。在当今文化意识剧烈交锋的今天，在美帝国主义和霸权主义侵蚀的全球文化趋势下，我国的文化事业发展如何更好地坚守住本心，在保障人们核心价值体系不受动摇的情况下，为人民大众提供更加丰富的文化产品。要求文化事业始终坚守住"为人民服务、为社会主义服务"的社会主义发展方向，同时向社会大众展现中华优秀传统文化资源极强的思想性、艺术性和审美价值。以古装剧为例，《知否知否应是绿肥红瘦》《琅琊榜》《长安十二时辰》等热播的电视剧，在影视表达的过程中有意识地还原历史背景，让观众更好地感受传统文化之美，也展示了我国文化事业的传统文化魅力。剧中大气、淡雅的色彩和中国传统审美的构成，使传统的历史文化在多个维度上得到了很好的展现。很多年轻的听众说："每一帧影像都像一幅精致的情调画"。在泛娱乐化的今天，文化事业更加需要中华优秀传统文化资源的滋养，否则很容易从单调乏味走向夺人眼球的低俗趣味。我们应该注意到，从带有中国元素的《花木兰》到《功夫熊猫》，国际市场越来越倾向于在作品中展示中国传统文化。这提醒我们要更加具有忧患意识，在文化事业的创作中更多地融入中华优秀传统元素，切不能为了迎合单一受众的需要而失去文化创作的初心。文化发展的最终归宿，应当是立足于中华优秀传统根基，以社会主义为文化导向实现自身的转型和发展。

二、以中华传统文化资源创造性转化为动力，促进我国文化产业全面发展

（一）坚持经济效益与社会效益的统一

作为 21 世纪最有发展潜力和优势的新兴产业，文化产业在传承和弘扬中华优秀传统文化的过程中起着举足轻重的作用。这就意味着，我们要在发展优秀文化事业的基础上，加大对优秀文化项目的投入，这样才能使我们的文化产业得到迅速的发展。在满足人民群众的多元文化需求的前提下，应尽量使其成为未来国民经济发展的支柱产业。与此同时，文化产业虽然是以盈利为目的的经营性产业，需要时刻围绕市场中心调整策略，但在我国社会主义发展的大背景下，文化产业也应该时刻坚守核心价值观和传统文化价值观，坚持经济效益和社会效益相结合，使文化产业同样成为弘扬中华优秀传统文化资源的重要阵地。

诚如习近平总书记所说的，"一部好的作品，应该是经得起人民评价、专家评价、市场检验的作品，应该是把社会效益放在首位，同时也应该是社会效益和经济效益相统一的作品。"① 就拿近几年来的影视行业来说，一批以流量明星为噱头的电影，虽然票房和点评表现不错，但其品质却不容乐观，粉丝文化的兴起不仅助长了这一现象的发生，而且有愈演愈烈趋势，这一趋势不仅存在于电影市场，也广泛存在于电视剧市场。许多粗制滥造、没有历史文化根源的电视剧情屡屡在地方频道上演，扰乱了整个文化市场的创作和发展。与之形成鲜明对比的便是《知否知否应是绿肥红瘦》《山海情》等一系

---

① 习近平. 在文艺工作座谈会上的讲话［N］. 人民日报，2015–10–15（2）.

列优秀电视剧不仅注重经济效益，也注重社会效益，强调两种效益的统一，推动了文化产业的良性发展。这给了许多文化产业创意者以启示，各行各业的文化生产者在生产传统文化相关的文化产品时，不仅要考虑成本、盈利等因素，更重要的是要考虑到其中所蕴含的价值理念与深远影响，要兼顾经济效益与社会效益的统一。这既能满足大众对艺术文化的追求，又能促进优质文化的正面传播，文化产业也能以此为根基实现更加长远而富有活力的发展。

（二）激发各类文化企业活力

文化产业作为提高文化软实力的重要途径之一，义不容辞地承担起了推动传统文化发展的重任。为此，需努力推动文化产业供给侧结构性改革，建设现代文化产业体系，这是应对经济全球化与文化全球化浪潮的有效措施。就供给侧而言，当前的文化产业在中高端领域的内容供给略显匮乏，而低端领域则出现严重过剩的问题；就需求侧而言，既有需求下降现象，也有需求外溢现象。面对这样的困境，在文化资源的利用和文化产业的持续发展中要激发各类文化企业活力，促进文化产业供给侧结构性改革、建设现代文化产业体系。

作为文化产业的主体，企业的积极性和活力是促进传统文化发展的关键因素。为此，我国的文化企业必须采取相应的对策，致力于提高本企业的文化产品质量，从而推动现代文化产业体系建设顺利进行。首先，需要明确文化类企业的相关定位，在企业定位明确的基础上才能够制定出翔实的经营战略，创造出符合市场文化发展规律的优秀文化产品。在供给侧一端为我国广大人民群众提供优秀的文化作品，满足人民群众日益增长的文化精神需求。其次，要将尊重需求与引领需求相结合，不断增强文化产品的创新力度，为此需要将文化产业与新兴技术深度融合，将文化产业的优势与其他产业的特点充分显示和挖掘出来，从而促进文化产品的中高端供给，以文化产业的供给侧结构性改革推动中华优秀传统文化的创新性发展。在全国各地文化企业的努力下，在文化产品精益求精的目标下，我国的文化产业方能实现更加长足的发展，现代文化产业体系才能得以更高层次的建设和提升。

（三）打造现代文化产业发展新常态

现阶段来看，我国的文化产业正面临着不断地升级和更新，依托国内庞大的消费群体，中国传统优秀文化的创造性转化和创新发展，应当借助文化产业这个发展渠道，积极适应当代文化，与现代社会相协调。在新时期科技发展和创新理念的号召下，文化产业的主导趋势日益呈现融合发展的"新常态"特征。依托数字技术在"文化＋"与"互联网＋"的相互推动下，中华优秀传统文化借助文化产业的发展，以全新的形式走进全民大众的视野。2019 年，某博主依托自媒体的概念，使"中国式田园生活"借助互联网媒体，在全球范围内迅速走红。其短视频内容往往以中国的传统美食、传统手工艺为题材，以古香古色的四川绵阳为背景，将美食制作与中国传统习俗完美结合。她在短视频中将挑选食材、使用古老技术制作食物，最后享用成品的过程娓娓道来，向观众传达了中国古朴的田园生活和烟火气息。相关海外视频的点击量接近 5000 万次，这充分说明了中国传统文化的独特魅力。在互联网时代，人人都可以成为传统文化资源的制作者和传播者，她正是将这一特性做到了极致，为中华优秀传统文化的传播与重新构建提供了新的可借鉴的发展思维，为非物质文化资源与文化产业的对接与转化找到了一条独特的路径。随着影响力的不断扩大，其品牌也被赋予了强有力的商业价值。她逐渐不再只是一个美食视频博主，而更像是一个 IP、一个符号。在满足人们对于传统文化的情感需求之外，为被快节奏生活包裹的观众提供了一处回味中华优秀传统文化的"避风港"。不管科技发展得多快，在发展文化产业时，必须牢记对中华优秀传统文化的传承，在与社会"新常态"的结合之下，其活力和创造力往往能迸发出意想不到的效果。因此，现存的文化产业在现代新视野下要更加全面地吸收中华传统文化的经典符号，将中华优秀传统文化转化为看得见、听得见、看得见的文化元素，以极具创意的新鲜表达，为中华优秀传统文化资源提供源源不断的新鲜血液。

三、以促进中华文化与国际先进文化交流为宗旨，提升中华传统文化国际化影响力

（一）转变文化传承形式

在全媒体时代，媒体融合发展是当下媒体发展的新趋势，媒体融合就是把传统媒体，如报纸、电视台、电台等，与互联网、手机、手机智能终端等

新媒体相结合，达到资源共享和集中处理，形成不同形式的信息产品，最后通过不同的平台传播给大众。对优秀传统文化的传播需要转变文化传承方式，让更多的人了解中华优秀传统文化，特别是青年群体。对于中国和世界各国的年轻人而言，互联网已经成为他们获取信息的主要媒介，所以中华优秀传统文化要得到弘扬，就必须要转变传承方式，利用互联网技术让优秀传统文化走出国门、走向海外。例如，在 2018 年 10 月央视综合频道推出了 12 期百家讲坛专题节目，以平易近人的《习近平总书记用典》为主题，利用电脑、电视、手机等多种渠道，以简短的故事和精辟的文字，诠释了习近平新时代中国特色社会主义思想，体现了中华优秀传统文化在新时期的创造性转化与发展，得到了国内外广大青年的关注，引发了广泛的社会共鸣，更是在海内外广受好评。由此可见，要实现中华优秀传统文化的创新转换，就必须借助新媒介的力量，不断地赋予其新的展现形式和传播方法，让人民大众乃至世界各地的受众都能够更好地认识和接受中华传统文化精神内涵。

因此，实现中华文化与国际先进文化交流和融合，重点在于传承的改变，依托互联网技术与世界各族人民的兴趣和意向相联结，大胆创新、与时俱进。同时牢牢体现时代精神、紧跟时代潮流，才能让中华优秀传统文化得到更好的传承和发展，提升中华文化在国际上的品牌影响力和竞争力。

（二）优化文化传播路径

中国传统文化虽然具有悠久的发展历史和文明溯源，但其在国际市场上的竞争能力还很薄弱，缺乏中国特色的文化品牌影响力。与美国好莱坞、日本的动漫相比，中国的传统文化产品在国际上的形象并不具有广泛的指导性和影响力。孔子学院虽然在世界分布广泛，但在文化贸易方面一直处在逆差的贸易劣势。再比如，《战狼 2》在国内的票房和口碑都是史无前例的，但在海外市场的反响并不尽如人意。中国传统文化的传播和发展仍然面临很大的瓶颈和阻碍，中西方文化的巨大差异仍然存在，中华优秀传统文化资源所呈现的儒释道精神突出，但许多西方受众却对此无法深入理解，造成文化解读方向上的困难。我们应该看到中华优秀传统文化在国际传播方面的不足，优化文化传播途径，对中华优秀传统文化进行创造性转化，把具有跨民族、跨文明、跨国界的文化思想传播出去。首先，要增强中华优秀传统文化的亲和力，就必须与国际视角接轨，充分发挥中国文化海纳百川、敢于创新的民族创造力。其次，在传播方式的表达上，宣扬中国文化的国际氛围，提高传统文化资源在世界文化舞台的影响力。以《功夫熊猫》和《花木兰》为例，中国功夫、花木兰等中华文化符号借助电影形式在国际上得到了广泛传播，其文化产品的内涵是美国思维的奋斗精神和中国传统儒、道、佛精神的融合，从而在全世界引起了巨大的反响。由此可见，优化文化传播途径才能让中华文化走向全球，中华优秀传统文化的传播不应只是局限于书法、绘画、文学等耳熟能详的范围，更多地关注如武术、杂技文化、中医文化、唐装旗袍文化等传统文化元素，将其内在文化底蕴和文化价值充分挖掘出来，同时根据世界历史的发展潮流赋予其新的含义，从而能够最大程度地发挥中华优秀传统文化在世界范围内的传播力度。

（三）构建人类命运共同体

习近平总书记曾经在讲话中提道："加强中外人文交流，要以我为主、兼收并蓄"①，这句话充分展示了我国文化自信的全球思维。在全球经济融合加速的今天，全世界都在期盼中国能为世界文化做出更先进、更有价值的贡献。期望从中国优秀的传统文化中汲取思想和文化资源，以破解人类发展之困。这是继承和弘扬中华优秀传统文化资源的重要契机，也是增强文化自信的必然要求。主动与西方接轨，寻求全球人类共同的文化内核，以真善美的表达方式向世界传达中国声音。从另一方面来看，"面向未来构建人类命运共同体"实质上是对近代西方文明的超越与扬弃。自鸦片战争之后，中华文化在世界进程中逐渐式微，而西方文明却在近现代的发展中占据了世界的主导地位。我们应该清醒地认识到，尽管西方资本主义国家都已实现了现代化，但是其发展的思想观念和思维导向却存在着很大的问题，尤其是其奉行的"赢者通吃""弱肉强食"等理念导致全球不断出现战争和冲突。但我国近年来所倡导的"面向未来，建设人类命运共同体"这一理念和原则，对弥补现代西方文明的缺陷起到了很好的作用，能够秉承"共赢""和平"

---

① 中办国办. 关于加强和改进中外人文交流工作的若干意见 ［N］. 人民日报，2017 – 12 – 22（1）.

"合作""发展"的理念来化解个别民族、不同国家之间的冲突与隔阂，能够实现对各国文明多样性的充分尊重，并且在此基础上来共同建设更加美好、包容的新世界。中国是一个有责任感的大国，对未来的传统文化建设，不仅要促进自身发展，而且要促进人类命运共同体的发展。只有把中华传统文化和人类命运共同体的发展紧密联系在一起，才能更好地推动中华优秀传统文化建设走向面向未来、面向世界的发展进程。

第十一章

以 2035 年建成社会主义文化强国为目标，促进中华传统文化传承、创新与发展的对策研究

　　党的十九届五中全会基于对文化建设重要地位及其规律的认识，首次从战略高度提出了到 2035 年全面建成社会主义文化强国的宏伟目标。建设社会主义文化强国，实现中华文化的现代化是其中的关键一步。作为中国特色社会主义现代化的重要组成部分，中华文化现代化关乎中华民族文明的持续进步和蓬勃发展。要建成社会主义文化强国，就必须依托于对中华优秀传统文化的传承与发展，两者相辅相成、互为促进。① 因此，如何以社会主义文化强国建设为引领，促进中华优秀传统文化创新性发展与创造性转化，对于促进华夏文明伟大复兴目标的实现，具有十分重要的理论与现实意义。

第一节　中华优秀传统文化创造性转化与创新性发展和社会主义文化强国建设的关系

　　中华优秀传统文化的创造性转化与创新性发展是中国特色社会主义先进文化建设的核心，它构成了社会主义文化强国建设的底层逻辑。而社会主义文化强国建设又是中华文明伟大复兴的关键一步。可以说，三者相辅相成、相互促进，是三位一体的辩证统一关系。

---

① 李同如玉，朱康有. 中华优秀传统文化"双创"路径新探［J］. 理论视野，2021（12）：64－69.

256

一、社会主义文化强国建设是华夏文明伟大复兴的必经阶段

实现中华民族伟大复兴，从本质上讲就是华夏文明的伟大复兴。这里的文明复兴指的是推动中国政治文明、物质文明、科技文明、精神文明和生态文明的现代化发展和全面振兴。在这一进程中，相较于政治和经济等外在因素，文化的驱动作用往往更加深远、更加持久。因此，社会主义文化强国建设必定是实现华夏文明伟大复兴的核心内容，它关系到民族复兴能否获得思想指引与精神支撑。同时，社会主义文化强国建设又是实现华夏文明伟大复兴承上启下的必经阶段。到2035年建成社会主义文化强国，是推动我国社会主义精神文明建设的内生动力和重要标志，是推动中华优秀传统文化创造性转化、创新性发展的近期目标。

（一）社会主义文化强国建设是物质文明全面提升的重要途径

社会物质财富的创造取决于社会生产力水平的高低，而作为生产实践主体的劳动者又是生产力三要素中最具创造力的因素。文化强国建设在物质文明提升中的推动作用，正是体现在社会主义先进文化对生产实践主体思想观念及综合素质的改造上。其一，社会主义先进文化塑造了以社会主义核心价值观为基本守则的生产实践主体。这些实践主体，将在马克思主义唯物史观的指引下，自觉寻求"人的自由全面发展"，在现代化的语境中，以刚健有为的进取精神充分发挥主观能动作用，积极寻求更为合理、更加契合中国现代化建设要求的发展道路和目标规划。其二，社会主义文化强国建设要求在全社会培育起重视科技、鼓励创造的创新文化。这种创新文化鼓励生产方式调整和思维方式转换的变革精神，有助于提升全民的科学素质和创造活力。当下，习近平总书记提出的"创新、协调、绿色、开放、共享"五大新发展理念便是这一变革精神的重要体现。①

（二）社会主义文化强国建设是政治文明不断进步的重要引领

政治文明全面进步的主要体现，就是国家治理体系及治理能力现代化的

---

① 陆卫明，冯晔. 新时代中国共产党对中华优秀传统文化的创造性转化与创新性发展［J］. 探索，2021（6）：162－176.

实现。而服务人民、造福人民这个完善国家治理的根本目的又决定了国家治理能力的现代化离不开"人本思想"的指导作用，即现代化的国家治理体系只能且必须是坚持"政府主导、社会参与、共建共享，统筹城乡和区域文化发展"的治理体系。① "以人民为中心"的社会主义文化观作为社会主义先进文化的重要内容，体现了唯物史观的根本方法和人民至上的价值理念，是社会主义文化强国建设的重中之重。其中，以人民为中心的哲学观体现了中国共产党全心全意为人民服务的政党性质，决定了党和国家的一切工作都必须尊重人民主体地位，都必须自觉拜人民为师，都必须以人民的利益作为检验一切工作的尺度。而以人民为中心的精神文明观则从根本上回答了文化建设"为了谁、依靠谁、成果归于谁"的时代之问。

（三）社会主义文化强国建设是生态文明高效建设的重要动力

生态文明是代表人类生产生活方式不断进步的文明，是对包括近代工业文明在内的一切人类历史中的传统文明形态的批判与超越。生态文明的建设与创造，源于人类对落后生产生活方式的回顾与反思。生态文明建设的缺失将使人类社会与自然世界处于不可调和的二元对立之中，而生态危机产生的根本原因则在于现代文明过于强调对自然科学知识价值的弘扬，从而产生对人文经验价值的贬抑，以致人们无法建立对自然界的共存的、互容的和完整的价值关系。因此，要全面建成社会主义文化强国，就离不开生态文化建设这重要一环。一方面，生态文化建设是培育人们在生态文明建设中高度自觉性的有效途径。它要求人们在借助自然、改造自然的过程中，展现出顺应自然规律、追求人与自然和谐依存的科学意识。另一方面，依托于生态制度文化体系的建立，生态文化建设不再停留于口号和观念的层面，而是对生态制度的完善提出了切实的要求。换言之，无论是为了克服人类对长期以来"唯经济利益"的片面思维，还是为了探索更加符合社会生产力发展客观规律和自身全面成长需要的生产生活方式，生态文化所提倡的价值理念和实践措施都指明了生态文明构建的思路与途径——生态文明的进步与振兴。

---

① 欧阳询. 论习近平以人民为中心的文化观 [J]. 佳木斯大学社会科学学报，2021，39（3）：1－4，8.

（四）社会主义文化强国建设是社会文明持续发展的重要保障

恩格斯曾经指出："文明是实践的事情，是社会的素质。"① 正是因为社会主义先进文化是育人化人、塑造社会文明最基本、最深沉和最持久的力量，其建设水平直接决定了社会文明的发展程度。作为人类社会在不同历史时期、不同实践领域和不同族群的文明的共同体现，社会文明通过思维方式、精神面貌、公序良俗、价值理念等层面的规范作用对社会成员的言行产生正面影响，进而形成文化风尚与社会文明的良性互促。可以说，社会主义文化强国的建成必然意味着全社会文明程度已达到极高水平，这种高水平的社会文明程度表现为强大的社会道德约束力，即社会公德的价值倡导作用和文化约束功能已得到充分发挥，已成为每个个人和一切社会组织开展生产生活的心灵准则，并能够为政府的社会管理工作营造出良好的社会氛围，预留出充足的治理空间。

二、文化创新、文化强国建设与华夏文明复兴是三位一体的辩证关系

华夏文明的伟大复兴是中华民族伟大复兴的本质要求，也是社会主义现代化国家全面建设的根本追求。华夏文明的伟大复兴离不开以社会主义文化强国建设为引领的价值导向与目标作用，必须以 2035 年建成社会主义文化强国，完成我国社会主义精神文明建设为重要标志。社会主义文化强国建设旨在构建和发展中国特色社会主义先进文化，它直接关系到我国文化软实力能否持续提升、国际话语权及国际影响力能否显著增强的重要命题。而社会主义文化强国的建设，必须把包括华夏先民在悠久灿烂的中华文明史中传承而成的中华优秀传统文化、党和人民在新民主主义革命和社会主义革命伟大斗争中淬炼而成的革命文化以及中国人民在社会主义建设中所创造的时代文化等中华先进文化成果有序传承、大力弘扬。这其中，中华优秀传统文化作为当代中华民族的文化源泉，是全体中国人民共同认可和自觉维护的人文根

---

① 中共中央马克思恩格斯列宁斯大林著作编译局．马克思恩格斯选集［M］．北京：人民出版社．2013.

基，在支撑国家统一和维系民族团结中发挥着价值纽带作用，更形成了中华民族生生不息的强大精神动力。

这个逻辑概括起来就是：社会主义文化强国建设是实现华夏文明伟大复兴的必由之路，中华优秀传统文化的创造性转化与创新性发展是实现社会主义文化强国建设的根本动力，而华夏文明的伟大复兴是社会主义文化强国建设与中华优秀传统文化"双创"发展的终极目标。三者一脉相承、不可分割，共同建构起相互作用、相辅相成、互为促进的辩证关系。

第二节 中华优秀传统文化创造性转化与创新性发展的现状及面临的问题

国家富强、民族复兴，总是以文化的繁荣兴盛为重要标志。党的十三五规划把中国特色社会主义文化建设提升到战略高度，充分说明：中国特色社会主义建设事业是全方位建设的事业，如果社会主义国家没有实现文化繁荣，就意味着这个国家的社会主义现代化事业尚未完成。伴随着全面建成小康社会的第一个百年目标的实现，我国文化发展已取得长足进步。然而，相较于悠久辉煌的中华文明和底蕴深厚的中华传统文化，我国当下在文化软实力、文化影响力、文化发展国际话语权等方面仍与西方传统文化强国有着不小的差距。在取得令人瞩目的伟大成绩的同时，也必须看到，当下中华优秀传统文化的创造性转化与创新性发展和社会主义文化强国建设依旧面临着诸多关键问题和重大难题，是中华优秀传统文化"双创"途中有待一一破解的困局。如何在华夏文明的伟大复兴中充分吸收中华优秀传统文化的能量养分，又如何在中华优秀传统文化的创造性转化与创新性发展中推动社会主义现代化文化强国建设，都是中华民族伟大复兴征程中必须回应的问题。

一、中华优秀传统文化创造性转化与创新性发展是社会主义文化强国建设的必由之路

社会主义先进文化厚植于中华优秀传统文化之中。无论从表现特征还是价值内核的角度看，二者都一脉相承、密不可分。可以说，中国的社会主义

先进文化就是中华民族五千年文明成果在当代社会的演进成果和重要体现，是中华优秀传统文化的集大成者。当然，中华优秀传统文化的创造性转化与创新性发展绝不只是传统文化在当代中国形式上的简单"再版"，而是那些符合新时代的社会主义实践需要的中华传统优秀文化，在马克思主义文明观的引领下批判性继承和发扬传统思想精华，不断优化更新，进而凸显科学内涵和时代特征的现代化发展过程。这一进程的高效推进，将为我国社会主义先进文化的不断完善与发展带来极为宝贵的思想启迪，在社会主义文化强国建设中极为关键、不可跨越。

（一）中华优秀传统文化的创造性转化与创新性发展是坚持文化自信的内在要求

习近平总书记曾指出："文化自信中的'自信'是一种基本、深沉而持久的力量。"① 由此可见文化自信不仅是我国社会主义文化强国建设中不可或缺的重要支柱，甚至在社会主义现代化建设的全局中也发挥着不可替代的作用。而细究文化自信的底气与源泉，不难发现，中华优秀传统文化丰富的思想内涵和价值理念正是构成中国文化影响力和文化软实力的思想基础。

第一，增强文化自信，就必须主动汲取中华优秀传统文化中的智慧与营养，获取文化自信所需的精神资源。改革开放除了为我国带来高速的经济发展外，也带来了多样各异的思想文化，多元化的意识形态不断冲击着人们的思想领域，影响着每一位中国人的精神世界。在此背景下，中华优秀传统文化作为本民族的一种精神信仰，在弘扬与传承我国优秀传统文化的进程中，在重振与展现文化自信上是尤为重要的。在创造性转化与创新性发展的过程中，尤其在社会风气涵养的培育方面，中华优秀传统文化历久弥坚、多元包容的特质可以跨越漫长的时间与空间的隔阂，在 21 世纪的中国依旧发挥弘扬浩然正气、引领社会风尚的巨大作用，进而有效预防人们人文精神的淡漠。第二，增强文化自信需要全体人民主动树立起文化自觉意识，真正培育出文明国民、文明社会。社会主义现代化固然是经济、政治、社会的现代化，但究其根本是人的现代化和人的全面发展。而人的现代化和人的文化自

---

① 中共中央关于党的百年奋斗重大成就和历史经验的决议 ［N］. 人民日报，2021 - 11 - 17（1）.

觉的主要体现，便是人的价值取向与思想观念的转变。这要求人们可以以客观理性的方式对各种文化进行内容审视和价值反思，在接触和学习各种文化的过程中回顾过去，超越继承，完成理念转型。中华优秀传统文化不只是道德理念和思维范式，更是一种认识世界的根本方法和立身处世的精神信念。它具有鼓励个人勇担责任、自觉培育主体责任意识的教化作用，是支撑社会大众道德信仰的精神动力。从这个意义上来讲，中华优秀传统文化的"双创"发展就是在批判性继承了中国古典伦理操守和价值规范的基础上，从激发每个人的"心灵之美出发"，把传统文化的"精华"真正变为了人们的文化认同和言行指南，在精神的教化中鼓励人们慎独自律、从我做起，进而有效培育了个人的自我约束机制和全社会的良善道德氛围，最终推动民族文化自信成为全社会的普遍共识。

（二）中华优秀传统文化的创造性转化与创新性发展是培育社会主义核心价值观的重要载体

中华优秀传统文化在数千的演进历程中形成了博大精深的思想哲理和人文精神，蕴含着丰富而深刻的伦理道德和价值观念，始终对中国人的行为方式和思维方式的形成和发展发挥着不可替代的作用与影响。新时代的社会主义核心价值观正是当代中国共产党人基于时代要求，创造性地传承和发展中华优秀传统文化而凝练出来的基本遵守和价值准则，体现出鲜明的时代特色、制度特色与文明特色。可以说，社会主义核心价值观的形成真正反映了中华优秀传统文化在新时代的价值追求、人文精神在"双创"发展中的全新凝练，大力弘扬社会主义核心价值观的过程就是凸显中华文明特征与优势的过程。

首先，国家维度上的"富强、民主、文明、和谐"四大价值观与中华优秀传统文化中的"家国天下"理念一脉相承。中华民族的奋斗史既是一部抗击侵略、追求独立的斗争史，也是一部协和万邦、美美与共的交流史。数千年丰富多彩的历史际遇为中华优秀传统文化带来的既有勤奋勇敢、踔厉奋发的精神追求，也有以和为贵、爱好和平的价值取向，这些价值追求引领着其他层次的价值理念共同进步。其次，社会维度上的"自由、公正、平等、法治"的四大价值观与中华优秀传统文化中的"以人为本，天下为公"理念一脉相承。儒家思想强调"德主刑辅"，主张把道德教化放在社会治理优先地位的同时辅之刑罚，从而以刑罚保证德礼，以德礼指导刑罚，使二者既不偏用，也不偏废。道家思想蕴含着明显的齐物论特征，为我们在社会层面的"平等"理念构建出文化根基。法家思想强调"法不阿贵，绳不挠曲"，主张执法、司法严格公正，一视同仁。对于社会主义和谐社会的构建而言，上述观念都将发挥出极为有益的滋养功能。最后，中华优秀传统文化既在对内协调时表现出其丰富的地域多样性和民族多样性，又在对外交流时表现出强大的包容性。这样的特质决定了其在增强中华民族内部人民群众的向心力和凝聚力的同时，也为中国社会主义先进文化建设中借鉴世界各国优秀文化提供了广阔的空间与前景。

二、中华优秀传统文化创造性转化与创新性发展的现状

中华优秀传统文化的现代化发展之路，始于中国传统价值观深受西方工业文明冲击的列强侵华时期。对其继承、发展和弘扬先后经历了双重否定的演进历程和发展路径，主要表现为近代"新文化运动时期"的"拿来主义"和"全盘西化"主张，社会主义革命时期的"破除四旧""全盘否定"观念和改革开放以来特别是党的十八大以来"古为今用""洋为中用"的文化自信与思想引领三大阶段。而其中，新时代以来以文化自信和创新发展为思想引领的中华优秀传统文化创造性转化与创新性发展时期无疑成果丰硕。

（一）新时代中华优秀传统文化创造性转化与创新性发展中的有益实践

进入新时代，在以习近平同志为核心的党中央坚强领导下，全党、全国以马克思主义文化观为指导，承接"周虽旧邦，其命维新"的优良历史传统，展现出"随事而治""刚健日新"的开放态度和宏大气魄，大力提倡"应时而变""应事而变"的文化理念，掀起了中国传统文化的"双创"新实践。这些新实践始终以马克思主义唯物史观为基本遵循，始终坚持文化发展的客观规律和发展大势，基于对我国文化建设主客观条件的深刻精准分析和深刻把握，为新时代推进中华优秀传统文化的"双创"发展的顶层设计、蓝图规划和有序实施提供基本原则和科学方法。

首先，新时代中华优秀传统文化的"双创"实践以充分挖掘和阐发中国历史文化的当代价值为基本前提。这一基本前提主要涵盖四个方面：一是

对历史文化资源的挖掘与赋能，使其在社会发展新情景中散发新价值；二是对传统文化精华的萃取，既要精准把握住文化发展脉络，科学认识文化演进的规律与趋势，又要构建能够充分展现民族风格、历史特色和制度优势的文化形式；三是对传统文化价值内核的深入认识，以精准识别其新的适用范围；四是对文化传承体系的多层次构建，推进传统文化的大众化和社会化。其次，新时代中华优秀传统文化的"双创"实践将正确处理继承与创新的关系问题作为其重点任务。文化创新既不能厚今薄古，试图用当代文化或外来文化对传统文化进行全面取代，也不能"全盘复古"，妄想用传统的文化价值理念解决当代中国的一切实际问题。中华优秀传统文化"双创"发展，从本质上讲是要做好继承传统与超越传统的有机统一，是对传统文化的扬弃。最后，新时代中华优秀传统文化的"双创"实践要求明确掌握创造和创新的方法原则。创造性转化和创新性发展是中华优秀传统文化现代化进程的一体两面，两者不可割裂。这就意味着，我们必须将二者有机结合起来，在转化中推进创新，以创新为导向巩固转换成果，在文化强国建设这个大局中使两者真正形成互为促进、相得益彰的互动模式。

（二）中华优秀传统文化创造性转化与创新性发展的主要思想成果

1. 新时代中国特色社会主义道德观

党的十八大以来，习近平总书记提出了以社会主义德治为代表的一系列治国理政的新理念、新主张，推动我们党形成了新时代的中国特色社会主义德治观。作为社会主义德治思想的重要来源，中国文化中的德治文化最早出现在西周初期的周公旦对"以人为本"理念的阐发。西周"人本"思想的核心，就是要告诫社会的统治者必须深刻意识到，既然得天下是因为做到了"以德配天"，那么治天下也必然要追求"敬德保民"，始终不忘"战战兢兢，如履薄冰"的执政态度，做到"怀保小民，惠鲜鳏寡"（《尚书·无逸》）。而后，以孔子为代表的儒家学派将德治文化进一步发扬深化，创立出一套较为系统的德治观，赋予了其"以德治政"和"以德治民"的核心内容。在中国传统德治文化的熏陶下，中国共产党人创立的社会主义道德观经世致用，意涵深刻。其作用途径表现为主张个人层面的"以德立人"，政党建设层面的"以德执政"和外交建设层面的"邦交以德"。

其中为人以德，就是要关注普通民众，培育公民之德。中国特色社会主义事业的推进和中华民族的伟大复兴都需要得到广大民众的道德支撑。加强民众的道德素养，需要多种途径、多管齐下。第一，必须重视社会主义核心价值观在弘扬社会良善风气中的引领指导作用。第二，必须充分发挥道德模范的倡导示范作用，不断激励民众崇德向善，在全社会广泛传播先进价值观和时代正能量，有效培育从善如流、积善成德的良好社会氛围。第三，培育社会公德，既要重视党的价值引领，也必须发挥家庭和学校的教育作用。家庭是人生的启蒙课堂，家长的榜样力量，首先体现在对孩子美好道德观念的传递。德育教育是学校教育立学之本，教书和育人、言传和身教从来是互相统一、不可分割。而中国共产党作为中国先进文化的前进方向的代表力量，在道德上必须先行一步，做到率先垂范、以身作则、言出必行。

执政以德就是要强调党员要修政德，不断提高党员干部的执政品行。第一，党性原则关系立场问题，是考核一个党员能否忠诚向党、精忠报家、心系人民的根本体现。其中，忠诚向党就是要树立"四个意识"，增强"四个自信"，恪守"两个维护"。精忠报国、心系人民，就是要以"国事"为大，以"人民之心"为"心"。第二，修政德就必须注重为人和为政的小事小节。小事小节看似微弱，却可以"以此照人"，往往最能够反映出党员的信仰追求、品格作风。"鉴镜正冠、以小省己"才能做到"名节源于修养、腐败止于正气"。第三，党员干部修政德，必须恪守清廉，笃行实干。党员干部不仅要做人民的合格公仆，更要承担起中国特色社会主义开路先锋的重大使命，清廉勤政关乎党员干部的本质与"颜色"，实干则是党员干部得人心、暖人心的重要法宝。

邦交以德，就是要在对外开放与交流中树立并维护中国作为一个礼仪之邦的"国德""国格"。要把握世界大势，发展大国外交，就要让我国的对外工作基于中国视角形成中国主张和中国方案，真正彰显出中国特色、中国气派。在坚持国际关系民主化的同时，也坚决维护国际公平正义；在平等对待各国人民的同时，展现中国包容；在寻求发展的同时，承担大国担当。

2. 习近平法治思想

习近平法治思想是中国古典法治思想"立善法于天下"在当代中国的传承与发展。它既超越传统又立足当下，充分体现出中华传统"法治"文化中的诸多先进理念，是新时代全面依法治国的指导思想。

第一，立善法于世。"立善法"就是要制定出好的法令，这是全面依法治国的基本前提。在中国传统文化中，"善法"常与"善治"高度关联，是历代政治家、思想家所向往和推崇的理想社会治理方式。中国立法治世的传统最早可以追溯至商周以前，特别是律例颁行的思想，在中国古代是统治者长期有效开展国家治理的原则。事实上，从法理学的视角来看，探寻立法原理的关键就是要探讨出何为立法主体、何为依据、何为立法准则。这些探讨十分深刻，对于全面开展科学立法、民主立法等当前社会主义法治国家建设中的诸多重要工作都极具启迪意义。一方面，必须明确法律的上层建筑属性，牢牢抓住社会经济基础这个驱动法律形式及内容变化的根本依据，基于对客观规律的尊重科学立法。另一方面，民主立法的宗旨是服务人民，实现方式是依靠人民。党和国家健全立法机制，完善社会各领域立法的根本目的是为了用法律的力量保障公民的各项权利，尤其是要让获得感、幸福感和安全感成为人民群众理应获得的权利。

第二，法在必行。法律实施是法律从应然到实然的过程，关系到法律的生命与权威。"法立，有犯而必施"是古人对严格执法的设想，与"执法必严、违法必究"的理念高度契合。然而，贯彻严格执法、捍卫法律权威的核心在于塑造一个坚强的执法主体，这决定了法治政府建设在法治国家建设中的核心地位。而要建设法治政府，就必须把实现政府事权法治化放在首要位置。政府事权法治化是社会治理从"人治"走向"法治"的重大进步。法治取代人治是历史演进的必然，更是社会主义民主政治建设和社会主义市场经济建设的现实要求，任何权力服从于法律的原则，是法治区别于人治的根本分界，也是避免以权压法、保证权力实施稳定的关键要诀。与此同时，推进各级政府事权规范化是建设法治政府的重要步骤。法治中国旨在建设公正公开、廉洁有效的服务型政府，强调政府执法的合法性、规范性和制度性。正是法律赋予了公民行使监督的权利，保证了一切公权力必须在正当制约和透明环境下有序运行。

第三，法不阿贵。"法不阿贵，绳不挠曲"即法律不会偏袒于权贵，古人对司法公正的追求，体现了司法实践的最高价值追求，更是当代中国司法建设的目标所向。在社会主义中国，法律是不容任何个人或组织超越的最高权威。司法体制改革的根本目的，是要构建起一套各权力机关和公共部门分工明确、有效配合、互为制约的体制机制。这一机制保障了庭审公开、监督常态和有力追责等举措的有效实施，进而让司法权在阳光下运行。

第四，人法相维。"人法相维，上安下顺"是中国古代法治实践在儒家"民贵君轻"思想的影响下所形成的一种文化传统。在社会主义国家，法治社会的建设要坚持以人民为中心，法治建设要紧紧依靠人民。同时，法治中国建设是一项系统工程，它要求有序推进法治国家、法治政府、法治社会的协同建设。

3. 新时代社会主义生态文明思想

中华传统生态哲学思想强调"天人合一"。从《论语》中的"子钓而不纲"，到《吕氏春秋》中的"竭泽而渔"，再到《荀子》中的"不夭其生，不绝其长"，无一不是对人与自然和谐共生的强调。因而受此思想滋养发展形成的新时代社会主义生态文明思想体现出尊重自然、顺应自然的科学态度，成为我国新时代生态文明建设的行动指南。它在我国生态文明建设实践中传承了中华文明生态哲学思想，实现了新时代生态文明建设的理念创新和理论飞跃。

第一，新时代社会主义生态文明思想把"美丽中国"确立为生态文明建设的直接目标，极大地丰富了我国社会主义现代化建设的基本内涵，标志着我们党对社会主义现代化建设目标和内涵的认识上升到了新的境界。

第二，新时代社会主义生态文明思想重点突出了生态文明建设在我国现代化建设全局中的四大战略意义。即生态文明建设是"五位一体"总体布局中重要一环，天人和谐、互利共生是新时代中国特色社会主义建设基本方略中的重要一位，绿色发展是新发展理念中的一大追求，污染防治是三大攻坚战役中的关键一战。

第三，新时代社会主义生态文明思想明确了生态文明建设必须遵循的若干重大原则：其一，坚持人与自然和谐共生。把人与自然的关系由相互对立转变为相互依存，告诫人类伤害自然终将伤及自身。其二，坚持"两山理论"。"两山理论"深刻阐发了保护生态与保护生产力间的辩证关系，创造性地提出了以改善生态环境来促进生产力发展的新主张。其三，将生态优良、美丽中国作为一项重要的惠民工程。明确了发展经济与保障民生的互相促进。其四，采用系统思维，树立山水林田湖草是一个生命共同体的全局意识。明确提出以系统思维来探索新的生态治理之道。其五，在生态环境的保护中，坚持用异于常规的严格制度和严密法治。其六，把制度建设作为保障环境保护的"防火墙",重视制度创新、制度配套和制度执行的统筹推进。其七,寻求生态文明建设中的国际合作,反对任何一国置身事外、独善其身。

4. 人类命运共同体理念

"人类命运共同体"理念深深植根于中华优秀传统文化和人文精神之中,是对人类文明和国际形势新发展趋势最具人道主义情怀的回应。其"和平发展""互利共赢"的价值内核充分表现出鲜明的中国特色。

第一,崇尚以和为贵。和平的外部环境是中国数千来的一贯追求。其中,儒家的"天下大同"理念意涵丰富,"善战者服上刑"思想更是封建时代难得的"仗义执言";墨家提倡兼爱非攻,以反战促进和平;道家的"无为、无争"体现了一种和谐的世界观,从老子的万物和谐到庄子的"齐物论","道法自然"的理念始终体现着"和为贵"的思想;兵家虽以战争为研究对象,却始终将"不战而屈人之兵"作为其最高追求。"人类命运共同体"理念中的和平发展思想,顺应了当今世界"发展"的主流,也符合中国共产党为人民谋幸福的根本利益,向国际社会重申了中国坚持走和平发展道路的坚定战略意志。

第二,坚持合作互利的开放战略。中华传统文化虽然极度强调社会道德的教化和个人修养的培养,但并不反对对正当利益的追求与维护。在具体实践中,中华传统文化反对唯利是图,主张"义利合一"的外交原则。继承了这一义利观的"人类命运共同体"理念,深刻阐释了当下世界多中心化、文化多元化、经济全球化以及各国的互通有无和相互依存的紧密联系。一方面,中国持续倡导全球多边主义,不断打造国际合作新平台。另一方面,中国是推动建设开放型世界经济的主要倡议者和主要参与者,中国主动作为,为促进自由贸易和全球治理贡献了诸多中国智慧和中国方案。中国坚决主张任何国家都不能只顾自身的发展而无视其他国家的利益,坚决反对霸权主义、孤立主义、保护主义和零和博弈,为全球化进程指明了新的前进方向。

第三,和而不同。包容互鉴是"人类命运共同体"理念的一个显著特征,它奠定了中国对外交流的基本规范。这源于中国人始终相信"万物并育而不相害,道并行而不相悖"(《礼记·中庸》)的道理。构建人类命运共同体,既要倡导建立起国家间互相尊重、美美与共的新型外交关系,又要着力推动构建公开透明、公平正义的新型国际秩序。而要真正推进这个进程,就是要否定一切的国家中心主义和民族中心主义，在世界文明的互鉴交流中，真正承认每一个国家的文明都有其独特的魅力与价值，人类文明因多样而多彩，因交流互鉴而进步。

三、中华优秀传统文化创造性转化与创新性发展面临的问题

实现中华优秀传统文化的"双创发展"是一项繁复而系统的远大事业。如何科学鉴别，在继承传统文化先进理念的同时去其糟粕；如何回应时代，在赋予传统文化时代内涵的同时保存发扬其精神内核；如何包容互鉴，在推动中华文化与各国文化交流融合的同时消除外来文化的不利冲击；如何良性产业化，在以产业发展推动文化事业的进程中，确保文化与商业的良性互动；如何弘扬有方，寻找出适合中华文化对外传播的高效之路。诸多问题交织重叠，成为中华优秀传统文化"双创"途中有待——解答的问题。

（一）传承困局：中华优秀传统文化的鉴别之问

由于中国传统文化是在封建社会的长期压迫中产生并发展的，其等级主义、农业至上的自然属性十分明显，更天然地带有不适应社会主义现代化建设的成分，严重阻碍了社会的发展进步。如何从中华传统文化中鉴别出哪些文化理念才是真正的优秀文化？对于存在糟粕的传统文化又应如何对待？这是实现中华优秀传统文化的"双创"发展需要率先回应的两个问题。

然而，不少国人对此存在着极为极端的态度，他们主张"文化本位主义"，即坚持认为中国本土的文化历史悠久、富有智慧，在各个方面都优于外来文化，甚至把儒家文化当作是未来中国乃全世界破解社会难题的"药方"。其实，这样的主张缺陷明显：首先，"文化本位主义"忽略了传统文化中存在的诸多糟粕；其次，坚持"本位文化优越论"，便不可能平等地对待外来文化，从而让中华文化"隔绝于世"、疏于交流；最后，"文化本位主义"还抛弃了文化发展的时代价值，必须结合时代和国情需要进行创造性的转换，绝不能毫无批判地继承。正如毛泽东同志曾经说过："无论是继承我国的传统文化还是学习外来思想，照搬是难以通行的，必须基于当时当

地的具体情况加以改造，使之符合我国国情。"① 因此，要树立起传承中华优秀文化的正确态度，既要坚决反对全盘吸收，也要坚决反对盲目抵制任何思想，而是要用我们自己的头脑进行思考，基于理性分析和科学的认识来决定哪些思想文化和价值观念是值得推崇与发展的。换言之，在中华优秀传统文化"双创"发展中，要打破文化传承的困局，就必然需要我们处理好批判、继承与创新的关系。

（二）并喻困局：中华优秀传统文化现代化发展中的时代冲击

目前，中华优秀传统文化的"双创"发展正处于极为关键的并喻时期。这里的并喻时期指的是文化发展的过渡时期，在这一时期内前喻文化与后喻文化并存。其中，前喻文化指的是历史旧文化，它是中国传统社会基本面貌和发展状况的深刻反映。这些风尚和面貌随着历史演进而传承给后来之人，始终发挥着精神支柱的重要作用。而后喻文化指的是后来者所处时代的新生文化，也是新时期的主流文化，代表着新时期的发展风向。中华优秀传统文化作为前喻文化的精华部分，在其"双创"发展进程中必须要不断适应后喻文化带来的强烈冲击，进而在不断修正自己已有的文化体系的过程中实现现代化发展。然而，中华优秀传统文化与当下的后喻文化间依旧差异甚大，主要表现在以下方面。

第一，中华传统文化"以人为本"价值追求遭遇挑战。在传统文化中人与人之间的社会关系通常被过多强调，具有鲜明的"以人为本"特征，因此人文精神比较发达。但在并喻时期，受市场经济"逐利竞争"等观念的影响，功利主义、拜金主义逐渐滋生。市场经济带来了以利己主义为代表的思想风尚，人们在追求利益的同时也冲淡了道德伦理在全社会的感召力和影响力。由此，"在看似富裕和民主的社会中，物质享受上的极致追求反而成为个人生存的内容和目标，并界定着个人的成败"。这些思潮与中华优秀传统文化中的"人文理念"格格不入却"信徒"众多，构成颠覆中华传统价值理念的巨大威胁，一定程度上阻碍了中华优秀传统文化的传承与复兴。

第二，中华优秀传统文化在工业化环境下的世俗化影响日渐减弱。工业

---

① 黄艳等．中国共产党的一百年［M］．北京：中共党史出版社，2022.

化迅速提升了我们的经济实力和综合国力，但过度关注物质利益，也会给中华优秀传统文化在当代的传承与弘扬带来诸多的负面冲击。在工业化社会，社会生产力的快速发展带给人们对物质生活的更高要求。人们的价值取向、生活态度、择业倾向、事业追求和人生理想都会随之而变，越来越多的群体开始更加尊重自我、关注自我、发展自我。传统文化中宠辱不惊、随遇而安的生活心态也会受到现实社会的猛烈冲击。最终，"小我"意识的成长必然会对中华传统"大我"情怀产生猛烈的冲击。

（三）交融困局：中华优秀传统文化交流发展中的全球化冲击

在全球化的历史浪潮中，中国并非是旁观者，而是一个深度融入的参与者。就文化全球化对中华文化传承和发展的影响而言，常态化的跨文化交流为中华文化充分借鉴和学习世界先进文明带来更大便利的同时，也带来了文化趋同的问题。

首先，中华传统文化多偏重于思想理念层面，而实用性不足。就其内涵而言，中华传统文化存在着"重伦理轻实践"的现象，这些理念常常难以直接指导现代化建设，与当代的生活日常也相距甚远。因而，其个性和价值常常在时代的变化和国际文化的碰撞中深受压制。因此，部分中国人对传统文化缺少传承的自觉意识。例如，中国的敦煌遗迹蜚声海内外，但敦煌艺术研究的热潮却一度出现在他国；中国的诸多传统美食、传统节日和传统风俗在国内未受到足够重视，却常被他国抢先申报世界文化遗产；中国的历史故事丰富多彩，但中国的英雄人物和动人故事时常被西方国家"为我所用"，他们不仅挖掘中华优秀文化元素，还堂而皇之为中国原型嫁接本民族的价值追求和文化意涵。

其次，西方文化的强势输入，曾一度引发了我国全面批判中华文化、妄自菲薄的激进主义文化思潮。这些错误倾向的诞生根源本质相通，它们都脱离了历史唯物主义的方法论，陷入了形而上学的陷阱之中，在如何对待中国传统文化这个根本问题上出现了严重的绝对化、片面化倾向，可谓是"一叶障目，不见泰山"。

（四）产业困局：中华优秀传统文化产业化发展中的"庸俗"倾向

文化的繁荣通常与经济发展紧密关联，但区别于经济的发展逻辑，文化的发展规律有其自身特色。总体来看，文化产业的载体作用不容忽视，文化产业化对文化创新与弘扬意义非凡。比如，伴随星巴克所代表的一众西方餐饮进驻中国，西方的生活方式和饮食文化也在我国的大小城市引领起一轮社会风潮。近年来，我国很多地区在落实中华优秀传统文化"双创"发展中也提出了"文化搭台，经济唱戏"的口号，这既有利于传统文化的弘扬，又促进了地方经济的发展。然而，需要注意的是，尽管文化的繁荣离不开与外来文明的交流融合，但任何一个民族的文化要想历经岁月的长河而经久不衰，都需要开辟一块属于自己的"领域"。而在当前，守住我国的传统文化之根依旧是面临诸多挑战。

与此同时，我们必须认识到，在推动中国优秀传统文化"双创"发展的过程中，商业化运作的主观意志表现为对利益的无限追求，而不是对文化的自觉传承，文化开发的过度商业化倾向甚至是对传承优秀文化的阻碍。具体来看，当下重"市场"、重"利益"的社会风向已经使文化发展被商业气息所掩盖，文化的产业化面临了文化传承的肤浅和庸俗化问题。由于文化产业化的过程中往往伴随着文化的消费化发展倾向，因此难免会滋生出诸如享乐主义等极端思潮。因此，所谓文化传承极有可能在人们的意识中被视为一种作秀，文化传承也由此失去了其"应有之义"。这充分说明，文化的产业化发展坚决不能脱离"促使人们从'自然人'向'文化人'转变"这个根本宗旨，中华优秀传统文化的现代化发展坚决不能丢掉其先进价值取向和珍贵人文理念的精神内核。

（五）弘扬困局：中华优秀传统文化的传播难题

扩大中华文化国际影响力是中华优秀传统文化"双创"发展的重要一环。进入新时代，中华文化在文化影响力、文化发展国际话语权等方面虽已得到显著提升，但与西方传统文化强国相比仍旧存在较大差距，并由此留下了中华优秀传统文化的对外传播难题。这一难题的产生不是由某个单一的因素所引发的，而是以下五种矛盾运动的综合结果。

其一，中国国际话语权的弱势、国际形象的争议性与华夏文明在世界文明史中重要地位间的矛盾。"国际形象"是指一个国家给他国政府和人民带来的总体印象，这一形象具体表现为三个层面：知名度、认同度和美誉度。"国际话语权"则代表了一个国家对于国际事务的表达意见的分量，是一个国家为维护其合理关切和正当利益，表达诉求、参与决策的权利。随着中国经济社会的快速发展，"崛起的大国"成为中国形象的重要标签，在受到国际赞誉的同时，也引起了很多担心、质疑与诋毁。从目前的全球治理来看，话语权依旧呈现"西强中弱"的局面，比如，在联合国、国际货币基金组织、世界银行以及一些多边合作平台中，我国都处于非主导地位。这些劣势地位与中华文明在人类文明史中的重大贡献不相匹配，也与中华优秀传统文化在世界文化史中的巨大价值不相适应。

其二，跨文化传播人才匮乏与丰富的文化资源间的矛盾。中华文化沉淀深厚，内容丰富。但文化资源的丰富程度只代表了文化影响潜力的大小，文化资源只有在经过改造、制作、包装后才可以转化为现实的影响力。这就产生了对足以胜任文化生产、制作、贸易、翻译等跨文化传播与交流工作的人才的巨大需求。但我国目前的跨文化传播与交流的人才队伍存在三个主要问题：一是数量不够。根据 2016 年 6 月 28 日江苏新闻网发布的信息，中国翻译协会的资料显示，全国职业翻译只有 4 万多人，专业翻译公司 3000 多家，但胜任翻译工作的人才缺口却高达 90%。[①] 二是质量不高。我国目前跨文化传播与交流队伍中缺乏既懂得翻译、又熟知中华文化，还懂得技术运用的综合性人才。三是缺乏适应科技发展趋势的新型人才。移动互联网和电子商务的崛起颠覆了传统媒体产业的运作模式，在此背景下，想要借助媒体力量扩大文化的传播声量就必须深入掌握传播者与受众间的互动新原理、新渠道和新方法。这就意味着，当代文化产业，特别是文化创意产业的发展，离不开一批有创意、懂方法又善经营的新型人才。

其三，微弱的中国现代人文魅力与强大的中华古典文化魅力间的矛盾。目前中华文化被国际社会所熟知的依旧是长城、中华美食、功夫、孔子学院、道教文化、京剧等。这深刻表明，我国当下对中华文化挖掘和开发的总体思路、重点基本聚焦于探寻和利用传统文化资源和要素。相较之下，丰富多彩的中华当代文化资源和人文故事几乎没有得到像样的开发与加工。两者的鲜明差别使我国的文化产品往往缺乏了时代的魅力和意涵，既不利于吸引受众，也不利于扩大影响。这与中华优秀传统文化的现代化目标和"双创"发展方向不相契合。

---

① 钱建芬.《翻译官》热播，但你了解翻译官吗？[EB/OL]. 江苏新闻网，2016 – 06 – 28.

第三节　促进中华优秀传统文化创造性转化
与创新性发展的对策研究

一、秉马克思主义科学文化观，构建中华优秀传统文化认同建设

增强全体人民中华文化认同感，铸牢中华民族共同体意识是中华优秀传统文化创新性发展与创造性转换的重要目标，也是社会主义文化强国建设的应有之义。中华文化及中华文化认同的建设与发展需要全面而系统的整体性发展思路和理论共识，而马克思主义关于文化发展规律与历史演进趋势的诸多观点，将启迪我们以更加理性客观的态度审视文化认同的起源。研究与运用马克思主义文化观的科学理论，将有助于建设先进优秀的中华文化、塑造尊重包容开放的文化心态、促进深层次文化交往，不断铸牢中华文化认同。

（一）坚持马克思主义在中华文化认同建设中的根本指导思想地位

意识形态与文化同属上层建筑，二者的共性十分明显。一方面，意识形态本身具有文化性，在文化建设中具有引领功能，通常影响甚至支配着文化建设中的战略重点和主攻方向；另一方面，社会的主流文化也往往从属于一定的意识形态。新中国成立以来，之所以是马克思主义而不是其他意识形态在中华大地上取得了领导地位，主要是因为马克思主义本身的先进性和科学性。这一历史事实充分说明，马克思主义的指导地位依旧是新时代中华文化认同建设中必须坚持的基本准则。具体来看，要在文化认同建设中切实做到以马克思主义为纲：一是要在中国多元文化中把马克思主义思想作为唯一的指导思想，并坚决同一切反历史唯物主义的极端思潮、庸俗理念进行坚决斗争；二是要尊重文化发展的客观规律，立足于我国文化形态呈现多元发展的基本事实，致力于求同存异、包容共存，以党的领导为根本保证，以中国特色社会主义伟大事业为重要引领，最大限度地凝聚起各地区、各民族的文化共识。

（二）坚持中国特色社会主义的文化发展方向

中国特色社会主义必须依托中华文化这个人文基础，中华传统文化的传承和创新也绝不能脱离中国特色社会主义先进文化的价值引领。因此，坚持中华文化的社会主义发展方向是确保中华文化始终站在时代的前沿、世界民族前沿的根本指南。坚持中国特色社会主义的文化发展方向，就是要坚决同各种庸俗思想、糟粕文化划清界限，深入挖掘和提炼传统文化中的精华部分，通过适当改造和创新，赋予传统文化新的时代内涵。具体来看，保障文化建设的正确方向，就是要确保文化发展有序完成"由散到聚"和"由聚到散"。其中，"由散到聚"是文化的归纳过程。中华文化宝库中的文化形式、文化资源丰富多彩，要将各区域、各民族的文化精华有效聚拢以形成文化共识，就必须以社会主义核心价值观为导向，找到文化发展中的最大公约数，让各个群体都能感受到文化的归属感与贡献感。"由聚到散"则是文化的演绎过程。文化的发展与建设，从根本上讲是要丰富人的精神世界。因此，中华文化的转换成果和社会主义先进文化的建设成果，最终都必须结合每一个公民的生产生活需求，在不同区域、不同民族、不同领域展现出特有的表达形式。

二、循创新发展之路，激发中华优秀传统文化创造活力

社会主义的文化现代化事业离不开对传统文化的再造与创新。传统文化的精神能量、价值意涵和启迪作用能在新时代发光发热，只能以传统历史文化的创新和改革为基本前提。从某种程度上说，一个国家的文化创新也是其综合创新体系的重要组成部分，国家的文创实力极大程度上反映了国民创新意识和创新精神。进入新时代以来，中国特色社会主义文化事业蓬勃发展，但是文化创新能力稍显不足，尤其是在优秀传统文化的"双创"发展方面仍需努力。

（一）因地制宜，培育特色文化品牌

中国不同区域间历史文化和社会文明的差异性，让中华传统文化本身具有多元化的价值内涵。不同地域传统文化的形成本身深受当地资源禀赋、地

理条件、人文习俗等因素的影响而各具特色，为传统文化提供了广阔的创新空间。地域传统文化的发展需要我们看到不同地域的文化发展优势，合理地运用各个地域文化资源，避免"千篇一律"的文化发展模式。我们非但不能以单一的原则去评价各地域的文化价值，反而应该从实际出发，因地制宜，基于乡土文化、乡土故事去寻找适宜优秀传统文化传承、传播和发展的有效载体，打造一批既具商业潜力又具文化内涵，还有地域特色的文化项目。

（二）推进传统文化日常化，激发传统文化活力

要促进中华优秀传统文化的"双创"发展，尊重和充分调动人民群众的首创精神至关重要。中华优秀传统文化固然蕴含着无数玄妙深刻的哲学思辨，但归根结底来源于数千年以来中华儿女的生活实践。要实现中华优秀传统文化的现代化新发展，保持中华文化的活力，就要积极推动群众性精神文明创建活动，使中华优秀传统文化能够融入人民群众的生活当中去。

保护传统文化品牌是传承中华优秀传统文化的重要方式。中华传统文化品牌包含文化遗产、传统节日、传统民俗等诸多内容。其中文化遗址是中华民族的瑰宝，保护好文化遗产可以让人们有一种身临其境的感觉，更好地认识和理解本国和本民族的历史文化传统，也有助于城市名片的打造，将城市的传统旅游模式转换为现代文旅产业，将文化传统与经济发展有机统一起来。重视传统节日有利于强化人民的文化向心力，以春节、中秋节为代表的重要传统节日以及各民族传统节日承载了千百年来中国人的历史记忆，举办民俗活动有助人民群众切身体验历史久远的传统风俗，让民俗文化的种子深埋在广大民众的心中，从而起到传承传统节日、保护文化遗产的作用。总体而言，上述举措务实有效，具体如下：其一，可以坚定人民群众对于中华传统文化的认同和信心；其二，也是对人民群众文化精神需求的满足。此外，还有利于激发群众的文化建设热情，唤醒群众的文化创新意识，更好鼓励人民群众为继承优秀中华传统文化建言献策。

三、应现代化建设之需，赋予中华优秀传统文化时代特征

中华传统文化在漫长的中华文明发展史中历久弥坚，凝结出丰富的文化

内涵，曾在传统社会中发挥着至关重要的价值引领作用。然而，确保中华传统文化在现代社会持续繁荣，充分发挥中华传统文化在社会主义文化强国建设和社会主义现代化建设中的滋养作用，需要有效结合传统文化主要内涵与现代政治、经济、文化、社会的发展要求。从这个层面讲，在新的时代条件下，对传统文化中的精华部分加以革新，给予优秀传统文化新的内涵和表现形式是中华优秀传统文化"双创"发展的重心所在。

（一）兑现历史文化价值，深入挖掘时代内涵

就中华传统文化的价值体系而言，既涵盖了诸如重民本、尚正义、为政以德等一系列优秀的文化理念，也带有传统社会中诸如等级思想、官僚思想、因循守旧、天命神权以及谶纬迷信等落后思想。因而无论从广义还是狭义范畴上看，其文化内涵均体系庞大且瑕瑜并存。这就需要人们深入其中，在深刻辨别、理性分析的基础上结合时代要求，做好中华文化的继承创新工作，让传统文化在 21 世纪的今天展现出时代风采和时代魅力。

中华优秀传统文化中那些对当代社会发展有益的内容，是中华文明中的精华部分，它们历经岁月洗礼，是在历史发展过程中被广大人民群众所接受的思想理念，具有为我国社会主义建设发展提供原动力的巨大潜力。对于这部分内容，不仅要深入研究、系统掌握，更要讲清楚传统文化所包含的意蕴、价值理念、基本特征等问题，让人更好地以通俗化的语言理解和把握中华优秀传统文化。与此同时，我们也要注意到文化是一种随着历史变迁而不断演进和变化的价值形式。优秀传统文化只有与时代相呼应、与现实相契合，才能在相应的范畴内促进人们思想的进步，推动社会科学技术的发展。因此，建设社会主义先进文化，需要时刻关注我国的科学发展性，学会对传统历史文化进行取舍，在继承中创新，深入发掘其蕴含的思想精华和价值理念，充分认识其具有的时代价值可以有效推动传统文化的创造性转化。

（二）推动科学转化，结合社会主义核心价值

社会主义核心价值观是在马克思主义文化观指导下，基于社会主义建设实践需要，理解和阐发传统文化思想与道德观念的基本理念而形成的基本价值观原则。从这个角度看，唯有将中国优秀传统历史文化的创造性转化和创新性发展融入社会主义核心价值观的践行之中，才能确保这一转化过程始终

遵循着科学性的正确方向。

　　首先，将传统文化教育导入学校教学之中，从少年抓起，及早引导广大学生树立社会主义核心价值观。在不同的教育阶段，除开设专门的社会主义思政课程外，学校还应注重在语文、音体美等课程中加入中华传统文化的元素，以培养学生对中华文化的好奇、向往，进而培育学生对传统文化和社会主义道路的认同感。其次，提炼中华优秀传统文化中的伦理道德思想，结合社会主义核心价值观，让道德力量深入每一个公民的日常生活和社会实践之中。再次，要发挥电视、报刊等媒体，特别是互联网等新媒体的媒介宣传作用，开辟中华传统文化的多元传播路径。最后，还要突出社会主义核心价值观对中华优秀传统文化"双创"发展的引领作用。坚持中华文化的社会主义发展方向是确保中华文化始终站在时代前沿、世界民族前沿的根本指南。

四、深化文化体制改革，推进文化事业与文化产业大发展

　　中华优秀传统文化的"双创"离不开文化产业和文化事业的支撑作用，这要求我们必须进一步突破文化发展中的机制体制障碍。首先，要深化文化体制改革的各项政策，为文化发展提供政策和制度支撑；其次，要扎实推进文化服务基础设施建设，尤其是把以文化广场、文化展厅和文化走廊为代表的基层文化设施建设作为文化硬件建设的重点；再次，文化扶贫既是巩固脱贫攻坚胜利成果的重要措施，也是落后地区文化建设的主要内容。文化扶贫事业不仅关系到落后地区人群文化生活的丰富程度，更重要的是能够落实"扶贫先扶志"的重要方针，有助于阻断代际贫困，是逐步缩小区域、城乡间的文化发展差距的重要手段；最后，要完善文化市场体制机制建设，提高职能部门的市场管理能力和治理水平，同时要鼓励并支持一大批有想法、有技术、懂运营的文化原创企业勇闯市场、参与竞争、大胆创新，让文化产业的发展以市场主体为中心，以市场机制为准则。

（一）推进文化产业的供给侧结构性改革

　　文化产业的供给侧结构性改革是文化产品和文化资源供给模式的调整和完善，它要求以传统文化为原始素材，创作出人们喜闻乐见而又符合社会主义核心价值观的优质文化产品，以满足人民的文化需求。这一过程必须遵循

以下原则：第一，以服务人民大众为目标。文化产品创新既要立足于满足人民的美好精神需求，又要借助人民大众的力量与智慧，赋予文化产品更有价值的人文内涵，真心实意地创作广大群众所喜闻乐见的优秀文化产品。第二，大力发展文化新业态。一方面，打造文化产品品牌价值，突出产品特色，明确主要受众，打造具有针对性的文化服务；另一方面，大力发展"互联网+"文化产品，借助科技的力量，优化文化产品的创作方式、推介方式。第三，全国一盘棋，推动各区域文化产业互通互联，培育具有世界影响力的文化产业集群和文化产业链条。第三，明确政府部门管理文化市场的职能职责，加快完善文化产业的管理机制和内部监督制度。

（二）融资扶持传统媒体与新媒体的发展

促进文化企业借贷便利化，简化银行放贷流程、规范交易业务，建立健全文化资产价值审核、质押规范制度，开拓文化产业投融资多元模式，开放互联网众筹等融资渠道。具体来看，第一，要采取综合手段强化对传统媒体与新媒体的金融扶持，比如，重点满足新媒体企业和中小文化企业的融资需求，采取增加贷款贴息比率、增加项目扶助服务等有力措施。第二，政府可扩大混合所有制的行业范围，在文化产业加强公有资本与社会资本的协同合作，形成公私合营的大型文创企业集团，真正培育一批具有国际影响力的跨国文创企业巨头，充分参与国际文创市场的商业竞争。

（三）实现文化管理机制"双效统一"

文化事业与文化产业的协同发展，必须要解决好文化社会效益与经济效益的兼顾统一，既要保证文化发展的健康和可持续，又要维持文化市场的繁荣。这就要求我们在推进文化体制改革的同时，也要注意文化管理体制的构建与完善，进而形成"双效统一"的文化管理体系。第一，要坚持"以人为本"的创作理念，更加注重挖掘民间故事、宣传人民英雄，让文化艺术与人民的生活紧密相连。第二，大力鼓励个性张扬、推陈出新的文化创新精神。既然新时代的人们已经产生了对美好生活的向往，那么人们的文化需求也不会"千篇一律"。民众对个人价值实现的向往，对展示个性特色的追求，不仅不应该受到抑制反而应该成为激发文化创作灵感的精神激励，有助于多种形式、多元特色文化新产品的开发。第三，立足乡土文化，挖掘

"家风"文明。乡土文化是一个国家和民族的文化细胞，承载着人们最深厚的感情和最深处的审美需求。基于乡土文化和"家风"文明的文艺创作，往往最能得到广大群众的欣赏和喜爱，更有助于展现地域特色，打造地域文化名片。

五、充分借鉴世界先进文化成果，加快中华传统文化现代化改造进程

自古以来，我国人民都十分重视中外文化交流、学习、吸收和借鉴国外的优秀文化成果。如毛泽东 1956 年在《论十大关系》中就曾指出："我们的方针是，一切民族、一切国家的长处都要学，政治、经济、科学、技术、文学、艺术的一切真正好的东西都要学。"① 今天，随着我国对外开放的全面扩大和经济全球化进程的飞速发展，我们更应该拓宽视野、开阔胸怀，正确对待世界各国人民创造的一切人类优秀文明成果，积极学习、吸收借鉴国外一切对我们有用的优秀文化成果，用于丰富和发展我们自己的民族文化。

（一）积极吸纳世界先进文化理念与文明成果

第一，文化的现代化变革是一项系统运动，是革故鼎新、与时俱进的创造性过程。这一过程离不开对外来文化的吸收与借鉴。当两种文化相互碰撞时，全盘接受或全盘否定都是错误的做法。吸收人类文明中一切有利的文化成果，关键在于用科学理性的态度和客观开放的胸怀，对外来文化的文化内涵和价值取向展开审视与判断。既要做到继承本民族优秀传统文化，又要吸收外来的文化，博采众长，为新时代环境下的弘扬中华优秀传统文化注入新鲜血液。

第二，当然，文化全球化往往也伴随着外来文化对本土文化的剧烈冲击。尤其中西方文化交流日益频繁，带来了正反两方面的冲击与影响。在过去很长一段时期内，中国"以西为师"，帮助我们了解到西方文化的多种内涵，推动了中国传统文化的现代化发展。但西方文化中一些庸俗化价值取向也在文化的交流过程中不可避免地涌入，由此构成了对我国主流价值观的巨

---

① 毛泽东. 论十大关系［M］. 北京：人民出版社，1976.

大威胁。近年来中国文化国际影响力稳步提升，激化了中国文化与西方文化的竞争与冲突。在今后的国际文化交流中，一方面，我们需要不断强化自身的文化素质，以积极的心态面对不同文化的冲击；另一方面，一味地强调冲突显然是不可取的，我们既要冷静处理中西文化的冲突之处，更要努力寻求文化交融的最大公约数。

（二）制定和遵循正确的原则，有序借鉴国外优秀文化成果

文化属于社会的思想上层建筑，文化产业与人的意识形态和精神状况联系密切，因而加强中外文化交流，会在一定程度上影响和威胁到我国的国家文化安全。所以，党的十七届六中全会通过的《中共中央关于深化文化体制改革推动社会主义文化大发展大繁荣若干重大问题的决定》强调：当今世界正处在大发展、大变革、大调整时期，世界多极化、经济全球化深入发展，科学技术日新月异，各种思想文化交流、交融、交锋更加频繁，文化在综合国力竞争中的地位和作用更加凸显，维护国家文化安全任务更加艰巨。因此，学习、吸收和借鉴国外的优秀文化成果，应该结合中国特色社会主义文化建设的实际和我国的具体国情，首先必须坚持以马克思主义为指导、坚持文化建设的"二为"方向和"双百"方针、坚持社会主义核心价值体系，同时还要制定和遵循正确的原则。这其中的基本原则就是"以我为主、为我所用"。

六、加强对外文化交流，推动中华优秀传统文化走向世界

经济全球化和区域一体化的不断深入，不可避免地带来了不同文明间的碰撞交流，文化全球化开始成为全球化新阶段的另一个显著标志。在国际文化舞台上，衡量一个国家或民族的核心竞争力的指标已不再限于经济增长、科技水平和政治影响，文化输出和文化影响力亦成为重要的参考因素。在此背景下，加强社会主义文化强国建设，必须面向全球，锚定中华文化享誉世界的战略目标。

（一）坚持软实力发展与硬实力建设的协同推进

党的十八届五中全会通过的《中共中央关于制定国民经济和社会发展

第十三个五年规划的建议》明确强调要坚持协调发展的理念，"在增强国家硬实力的同时注重提升国家软实力"，这对我们进行中华文化"走出去"实践亦具重要指导意义。文化之为"软"实力，在一定意义上是因其为一种难以具体把握的"无形"的力量；而文化之为当今世人普遍关注的软"实力"，是因这种"无形"的力量又像空气一样"无时""无处"不在影响着人们的生产生活实践。因此，"无形"而又"无处不在"的文化，不仅依托各种精神产品而存在，而且能够附着于人类生产创造的一切物质产品之上。这就是硬实力之为软实力赖以存在的根基的原因。在我们努力提升文化软实力的进程中，必须同时关注软实力之成为实力的重要基础即硬实力的建设，为软实力的硬化奠定坚实的支撑。

（二）丰富传播形式与内容，讲好中国文化故事

文化是人的创造物。人在社会实践中所创造的文化，有着丰富多彩的内在意涵和千姿百态的呈现形式。因此，在中国思想文化"走出去"进程中扣紧价值观传播的主线，并不意味着我们要单纯地"就价值观说价值观"，而是应注重撷取"多样化"的表述内容以及世人所喜闻乐见的丰富表达方式。坚持传播内容的"多样化"，要求我们既要努力打造阐释中国价值观的理论精品、学术名典，走"阳春白雪"的高端化路线，从而掌握国际价值观传播的学术话语权；又要多方展示具有中国特色、中华风韵的生活文化和百姓文化，走"下里巴人"的大众化路线，以培育中国文化在海外传播普及的民意基础。相较于精深的学术思想和复杂的观点争论，通俗的生活文化更容易在世人心中引起共鸣，从而激发人们对异域文化的善意。声誉远播海外的中华饮食文化，就是我们在价值观传播中值得借助的重要生活文化。因此，文化"走出去"实践中我们还应当着力展示的另一重要内容就是我们的优秀传统文化。只是在讲述历史和传统时，我们要注意立足当代中国的先进文化来创造性地转化传统文化，注意用优秀传统文化的元素和符号来彰显当代中国的主流价值理念。

（三）拓宽中华文化对外传播渠道，放大中华文化国际传播"音量"

中国古代文明曾长期引领世界，表现并保持了长期的兴盛发展之势。面对新的时代背景，弘扬中华优秀传统文化，要与时俱进，弘扬新的观念和新

的思想，讲好中国故事，扩大优秀传统文化传播范围和影响力，为国际社会提供一个全面而崭新的认识中国的视角。①

第一，传统文化固然有其丰富的价值意涵，但对文化的弘扬与传承而言，价值意涵只是扩大其影响力的潜力而非充分条件。因此，我们必须扩大媒体传播力度、创新文化传播方式、拓宽文化传播渠道，特别是要注重运用新的科技手段，不断扩大中华文化传播范围，不断增加中华文化受众，讲好中国故事，将其蕴含的深刻内涵传播至世界的各个国家。第二，要推进国际话语权的建设，促进中华优秀传统文化在国际社会的多元化、全方位推广。第三，要灵活培育对外传播主体。由于政府的对外交流活动通常涉及政治、安全等严肃的交流议题，不利于在国际舞台上展现出中华文化喜闻乐见的文化元素和传统风俗。因此，除官方宣传外，要特别重视民间机构、跨国公司、学术组织和其他各类社会团体在跨国文化交流中的作用，努力为他们创造在国际舞台上的展示和表现机会。最后，"人才"是一切发展的根基。无论是中华文化的"双创发展"和对外传播，缺少一支庞大的专业人才队伍都难以成功。因此，要建立健全"家—校—社会"的联合人才培养机制，强化我国文化人才队伍的建设。

---

① 王楠. 新时代弘扬中华优秀传统文化研究［D］. 青岛：青岛理工大学，2019.

参 考 文 献

[1] 埃伦·M. 伊梅古特，汤涛. 新制度主义的基本理论问题 [J]. 马克思主义与现实，2003 (6)：22 – 27.

[2] 彼得·豪尔，罗斯玛丽·泰勒，何俊智. 政治科学与三个新制度主义 [J]. 经济社会体制比较，2003 (5)：20 – 29.

[3] 曹国芳. 抗击新冠疫情斗争充分彰显中国制度、治理和精神文化优势 [J]. 理论学习与探索，2020 (5)：19 – 22.

[4] 陈桂蓉. 习近平"两创"方针与中华人文精神的跃升实践 [J]. 理论与评论，2018 (6)：24 – 30.

[5] 陈双梅. 新形势下廉政文化创新的路径选择 [J]. 湖北函授大学学报，2014，27 (17)：48 – 49.

[6] 陈松友，刘帅. 制度治党：优化党内政治生态的现实性及路径选择 [J]. 河南社会科学，2016，24 (5)：32 – 36.

[7] 陈燮君. 科技与文化融合：历史性思考和时代性跨越 [J]. 新华文摘，2013 (22)：118 – 121.

[8] 陈勇. 汲取传统文化精髓 滋养廉政文化建设 [J]. 企业文明，2021 (8)：86 – 87.

[9] 崔成泉. 文化产业发展需要新常态 [N]. 中国文化报，2015 – 01 – 05.

[10] 董芳. 浅谈制度创新对我国经济发展的作用 [J]. 经济师，2015 (11)：69 – 70.

[11] 傅才武，岳楠. 论中国传统文化创新性发展的实现路径：以当代文化资本理论为视角 [J]. 同济大学学报 (社会科学版)，2018，29 (1)：

28 – 38.

[12] 高长武. 习近平文化建设思想的核心要义 [J]. 东岳论丛, 2017, 38 (4): 11 – 21.

[13] 高鹏. 文化自信视角下的优秀传统文化创新转化研究 [J]. 长江丛刊, 2020 (34): 24 – 25.

[14] 公秀丽. 以制度为利器营造清明党内政治生态 [J]. 西藏发展论坛, 2017 (1): 7 – 9.

[15] 郭凤志. 论社会主义精神文明建设的相对独立性 [J]. 东北师大学报, 1997 (4): 45 – 47.

[16] 韩震. 论民族精神的历史性与时代性 [J]. 理论月刊, 2007 (01): 5 – 9, 1, 189.

[17] 黄前程. 核心价值观引领对传统文化创造性转化路径形成的方法论意义 [J]. 四川省社会主义学院学报, 2018 (1): 42 – 44.

[18] 介江岭. 从"批判继承"到"创造性转化、创新性发展": 对党的十九大报告中"中华优秀传统文化"继承问题的阐释 [J]. 湖北经济学院学报, 2018, 16 (2): 93 – 98.

[19] 鞠忠美. 论中华传统文化的创造性转化 [J]. 理论学刊, 2017 (4): 155 – 160.

[20] 孔繁轲. 推动中华精神文化创造性转化、创新性发展的实践运用与路径探析: 以传统文化与社会主义核心价值观的耦合转化为例 [J]. 理论学刊, 2018 (6): 18 – 24.

[21] 雷在福. 中国传统文化的当代世界意义 [J]. 社科纵横, 2007 (1): 23.

[22] 李昊远, 宗彩娥. 习近平新时代中国特色社会主义文化思想的科学内涵与创新价值 [J]. 治理现代化研究, 2018 (2): 16 – 21.

[23] 李静, 张俊虎. 关于加强廉政文化建设的思考 [J]. 工会论坛 (山东省工会管理干部学院学报), 2013, 19 (4): 102 – 103.

[24] 李新潮, 范鹏. 中华优秀传统文化创造性转化创新性发展研究述评与展望 [J]. 文化软实力, 2020, 5 (3): 74 – 82.

[25] 李永胜, 张紫君. 文化自觉、文化自信、文化创新与文化自强 [J]. 北京工业大学学报 (社会科学版), 2019, 19 (6): 90 – 96.

[26] 李宗桂. 创造性继承优秀传统文化 [N]. 南方日报, 2014 - 09 - 29 (F02).

[27] 栗志刚. 精神文化的民族认同功能: 兼论中华民族共有精神家园建设 [J]. 华中科技大学学报 (社会科学版), 2010, 24 (1): 4 - 9.

[28] 梁秀文. 中华优秀传统文化创造性转化的研究进展与展望 [J]. 学习与实践, 2018 (9): 112 - 118.

[29] 芦建红. 关于推进科技创新发展思路的几点思考 [J]. 企业文化 (下旬刊), 2017 (12): 250.

[30] 孟来果. 以制度创新推动文化繁荣发展 [N]. 中国文化报, 2020 - 08 - 21 (3).

[31] 牛佳利. 兵团第七师 "中国军垦文化之乡" 的特质及其时代价值 [D]. 石河子: 石河子大学, 2020.

[32] 农淑英. 坚守·融通·创新: 新时代文化自信之关键 [J]. 广西社会科学, 2018, No. 282 (12): 213 - 216.

[33] 丘志伟. 国有企业纪检监察工作和党风廉政建设策略研究 [J]. 办公室业务, 2021 (11): 22 - 23.

[34] 曲菁. 中国多民族地区文化共建共享研究 [D]. 北京: 中共中央党校, 2019.

[35] 塞缪尔·P. 亨廷顿. 变化社会中的政治秩序 [M]. 王冠华, 等译. 上海: 上海人民出版社, 2008: 51.

[36] 史成虎, 张晓红. 制度创新: 当代中国政治体制改革的本质与核心 [J]. 广东省社会主义学院学报, 2013 (2): 34 - 42.

[37] 宋爽. "文艺复兴" 的经验启示与辽宁的 "文化振兴" 路径 [J]. 党政干部学刊, 2011 (6): 63 - 64.

[38] 田虹. 中共哈尔滨市委党校学习贯彻党的十九届五中全会精神学习交流摘要 [J]. 哈尔滨市委党校学报, 2021 (1): 1 - 6, 14.

[39] 田辉玉. 论阴阳五行学说对中国古代科技思维的影响 [J]. 湖北电大学刊 (武汉), 1995 (9): 4 - 8.

[40] 涂可国. 论中华民族精神的基本结构与主要特征 [J]. 山东社会科学, 2006 (3): 15 - 23.

[41] 汪介之. 关于俄罗斯的两次 "文艺复兴" [J]. 粤港澳大湾区文

学评论，2021（1）：140－148.

［42］王传礼.中华精神文化与社会主义核心价值观的有机结合［J］.中学政治教学参考，2021（19）：22－25.

［43］王梁.科技支撑民族文化产业创新发展研究［J］.贵州民族研究，2018，39（8）：181－184.

［44］王乃耀.文艺复兴早期的佛罗伦萨经济之考察［J］.世界历史，2006（1）：100－108.

［45］王欣.五四新文化运动与欧洲文艺复兴之异同［J］.山东省社会主义学院学报，2019（6）：74－79.

［46］王新刚.论中华精神文化与社会主义核心价值观的内在契合［J］.思想理论教育导刊，2018（12）：76－81.

［47］王玉希，白彩霞.论中华民族文化的统一性与多元性［J］.内蒙古社会科学（文史哲版），1990（3）：75－80.

［48］王月娥.浅谈对廉政建设的认识［J］.科技信息，2013（16）：107.

［49］王泽应.论承继中华精神文化与践行社会主义核心价值观［J］.伦理学研究，2015（1）：6－10.

［50］王志刚.推进文化科技创新加强文化与科技融合［J］.求实杂志，2012（2）：54－56.

［51］文丰安.新时代良好政治生态的构成及营造途径［J］.求实，2020（2）：13－25，109.

［52］闻科.推进文化与科技融合，开创文化科技工作新局面［J］.艺术百家，2011（1）：239－243.

［53］吴天勇.促进文化科技融合实现文化产业振兴［J］.文化建设，2013（1）：67.

［54］伍志燕.中华传统价值观念的现代转换［J］.长白学刊，2017（5）：143－149.

［55］习近平.从延续民族文化血脉中开拓前进 推进各种文明交流交融互学互鉴：在纪念孔子诞辰2565周年国际学术研讨会暨国际儒学联合会第五届会员大会开幕会上的讲话（2014年9月24日）［J］.党建，2014（10）：4－7.

[56] 习近平. 决胜全面建成小康社会 夺取新时代中国特色社会主义伟大胜利 [N]. 人民日报, 2017 – 10 – 28 (1).

[57] 习近平. 青年要自觉践行社会主义核心价值观：在北京大学师生座谈会上的讲话 [M]. 北京：人民出版社, 2014：7.

[58] 习近平. 全面提高依法防控依法治理能力, 健全国家公共卫生应急管理体系 [J]. 学习活页文选, 2020 (10)：6.

[59] 习近平. 为打赢疫情防控阻击战提供强大科技支撑 [J/OL]. (2020 – 03 – 15) [2021 – 03 – 20].

[60] 习近平. 为建设世界科技强国而奋斗：在全国科技创新大会、两院院士大会、中国科协第九次全国代表大会上的讲话 [N]. 人民日报, 2016 – 05 – 31.

[61] 习近平. 习近平谈治国理政 [M]. 北京：外文出版社, 2014.

[62] 习近平主持召开专家学者座谈会并发表重要讲话 [EB/OL]. (2020 – 06 – 20) [2021 – 03 – 23].

[63] 肖贵清. 中华精神文化与社会主义核心价值观的内在联系：学习习近平系列重要讲话精神 [J]. 南京师大学报 (社会科学版), 2015 (6)：5 – 12.

[64] 许文星. 论习近平的传统文化观 [J]. 北大马克思主义研究, 2015 (00)：117 – 130.

[65] 许奕锋, 肖光荣. 中国新型政党制度的文化基因与发展前景 [J]. 上海市社会主义学院学报, 2020 (6)：41 – 45.

[66] 严书翰. 全面净化党内政治生态与加强党内政治文化建设 [J]. 中国浦东干部学院学报, 2017, 11 (2)：38 – 40.

[67] 颜丽华, 吴茂琼, 刘欣欣. 论社会主义政治文明进程中的制度创新 [J]. 重庆大学学报 (社会科学版), 2005 (2)：49 – 51.

[68] 杨怀中. 科技文化的历史地位及当代价值 [J]. 自然辩证法研究, 2007 (2)：23.

[69] 杨贤宗. 文艺复兴观念的起源与发展 [J]. 南京艺术学院学报 (美术与设计版), 2007 (2)：45 – 48, 41.

[70] 姚才刚. 社会主义核心价值观的传统文化根基及其实现路径 [J]. 湖北大学学报 (哲学社会科学版), 2018, 45 (6)：17 – 21.

［71］叶启绩. 全球化背景下中国特色社会主义价值研究［M］. 广州：中山大学出版社，2005.

［72］［美］英格尔斯. 人的现代化［M］. 成都：四川人民出版社，1985：4.

［73］曾丽雅. 关于建构中华民族当代精神文化的思考［J］. 江西社会科学，2002（10）：83－88.

［74］张怀重. 论中国特色社会主义制度自信的生成依据与强化路径［J］. 河南司法警官职业学院学报，2020，18（4）：112－116.

［75］张妍，任军. 论民族伦理文化的生态内涵及当代生态价值［J］. 宁夏大学学报（人文社会科学版），2021，43（1）：183－187.

［76］张志刚. 中国宗教学建构的问题意识与学术使命［J］. 宗教学研究，2021（1）：1－11.

［77］赵周贤. 廉政文化建设与社会政治生态优化［J］. 廉政文化研究，2010，1（2）：12－16.

［78］郑晶晶. 社会主义核心价值观的中华精神文化底蕴研究［D］. 大连：大连海事大学，2017.

［79］郑小勇，黄劲松. 文化嵌入与集群企业创新倾向的关系及其关联机理研究［J］. 重庆大学学报（社会科学版），2017（5）：30－40.

［80］中共中央文献研究室. 邓小平年谱（1904－1974）：中［M］. 北京：中央文献出版社，2009：919.

［81］中共中央文献研究室. 毛泽东年谱（1949－1976）：第2卷［M］. 北京：中央文献出版社，2013.

［82］中共中央文献研究室. 习近平关于科技创新论述摘编［M］. 北京：中央文献出版社，2016.

［83］中国共产党第十九届中央委员会第五次全体会议公报［J］. 西北工业大学学报，2020，38（6）：1370.

［84］中医学术流派研究课题组. 争鸣与创新，中医学术流派研究［M］. 北京：华夏出版社，2011：26.

［85］朱孟晓，孙灵燕. 文化科技融合推动自主创新［N］. 大众日报，2012－04－17.

附录

中华优秀传统文化创造性转化
与创新性发展的经典案例

案例一：弘扬伟大抗疫精神推动精神文明建设

一、深刻理解与把握伟大抗疫精神的内涵

2020 年开始，新冠疫情席卷全球。在中国共产党的坚强领导下，在全国各族人民的不懈努力下，基本控制了国内疫情的大规模传播，这一场可歌可泣的、没有硝烟的战役，鼓励了中华儿女、凝聚了中国力量、创造了中国奇迹、铸就了伟大的抗疫精神。伟大抗疫精神，是在抗击新冠疫情过程中形成的众志成城抗击疫情的精神。伟大抗疫精神的具体内涵是：生命至上，举国同心，舍生忘死，尊重科学，命运与共。

（一）"生命至上"的人权观

生命至上就是要将全国各族人民的生命安全和身体健康放在首位。面对来势汹汹的新冠疫情，我们不得不在保障人民生命健康安全与维持经济社会发展之间作出权衡取舍。党中央坚决地作出了有益于民众的判断，即宁愿忍受一段时间的经济社会发展的停滞，也必须要全力维护人民群众的身体健康和基本生命安全，对湖北和武汉地区果断实施了前所未有的全方位严格监管

举措，在全国各地推行了严格的疫情防控措施。安全至上就是竭尽全力抢救生命。在新冠疫情出现以来，我们明确提出了早发现、早报告、早隔离、早治疗的防治要求，明确了集中病人、集中医生、集中资金、集中抢救的治疗要求，把提升收治率和治愈率、减少感染率和病死数当作突出任务来抓。我们竭尽全力抢救病人，不抛弃每一位感染者，不放弃任何一个患病者。只要有一丝希望就决不轻言放弃，从出生仅30多个小时的婴儿到100多岁的老人都得到很好的医治。"生命至上"彰显了人民利益高于一切的宗旨，这是精神文明建设的基本准则。

（二）"举国同心"的民心观

"一方有难、八方支援"和集中力量办大事，历来是我们一贯的传统和独特的优势，体现了中华儿女万众一心、同舟共济的守望相助精神。2020年，针对疫情防控任务与要求，以习近平同志为核心的党中央统一指挥、统一部署、统一调派，发挥全中国的力量，组织调遣330多支医疗队、4万多名军地医护人员紧急驰援；组织26个省份对口支援，19个省市采取"一省包一市"方式①，把一批又一批的医疗用仪器设备、专业人才、防疫物资向湖北输送。各省区市步调一致、统一行动，纷纷启动了重大突发公共卫生事件一级响应，有效构筑联防联控、群防群控机制，构成了一个严防死守的天罗地网，实现了全方位发动、全方位开展、全方位推进的防控态势。正是这种在举国体制下的同仇敌忾、共克时艰、上下齐心、众志成城让的决心和态度让全世界为之动容。"举国同心"展现了中国人民万众一心的团结伟力，这是精神文明建设的重要目标。

（三）"舍生忘死"的生死观

"沧海横流，方显英豪本色。"当新冠病毒这个"恶魔"袭来时，一群群白衣天使、科学家、人民解放军战士、共产党员迎难而上，他们无时无刻不在与时间赛跑、与病魔较量，逆行的背影成为抗疫战争第一线最美的景色。这一群群平安岁月里的勇士们，一不怕苦、二不怕死，以救死扶伤、医者仁心的职业道德操守，冲锋陷阵、义无反顾。有的身患绝症，却不下火

---

① 资料来源：根据央视新闻自行整理所得。

线；有的倒下了，战友同志们抹去泪水继续顶上；有的亲人被传染或者生病了，也无暇顾及；有的暂缓婚期上"抗疫前线"；有的夫妇双双上阵；不胜枚举。他们誓死不退，不胜不休，凭借着这种人定胜天、不惧艰难险阻的大无畏精神战斗在抗疫第一线。这一切充分体现了舍生忘死、逆行而上的英雄主义气概。"舍生忘死"体现了中国人民敢于压倒一切苦难的顽强意志，这是精神文明建设的崇高境界。

（四）"尊重科学"的求是观

尊重科学充分体现了中国人民求真务实、开拓创新的实践品格。面对一种全新的新型传染性疾病，我们坚持科学理念、科学态度，将遵循客观规律贯彻于政策指导、疾病诊断、科技攻关、社会管理等各方面和全过程。科技是人类同病毒搏斗最强大的利器，人民群众对抗大灾大疫就离不开科学技术改进与革新。通过强调科学的防控以及合理的管治，在国家统筹的疫情防治与社会经济建设中有效运用现代科技，我国才实现了抗击来势凶猛的新冠肺炎病毒的战略性成功，开创人民同病毒斗争史上的又一次英勇壮举。"尊重科学"展示了中国人民求真务实的求是态度，这是精神文明建设的基本要求。

（五）"命运与共"的大同观

命运与共集中展示了中国人民同舟共济、爱好和平的道义担当。针对疫情在世界各地的肆虐，我国开展了中华人民共和国建立以来救助时间最集中、涉及范围最广的紧急人道主义行动，给世界疫情防治事业带来源源不断的力量，全面展现了讲信义、重情义、扬正气、守道德的良好国家形象，生动演绎了与世界谋求大同、共同推动建设人类命运共同体的大国担当。针对新冠肺炎疫情这场国际性危机，我们坚持"天下一家"的宗旨，不但对我国民众生命安全与健康尽责，而且对世界的公共卫生事务负责。毫无保留地同各方共享预防与救助的知识，截至 2020 年 6 月，外交部宣布向国际卫生组织提供了 2 批共约 5000 万元的现汇救助，向世界 32 个发展中国家共派遣了 34 个国际医学专家组，向世界 150 个发展中国家和 4 个国际机构贡献了 283 批次防疫救助，向世界二百余个发展中国家和地区供应和输出了防疫应急品①，我们

---

① 资料来源：中华人民共和国外交部。

在自身疫情防治能力受到很大威胁的条件下，尽自己所能向全球社会提供援助，有力保障了世界疫情防治。中国用实际行动帮助了世界数万人，体现出了建立世界命运共同体的真诚意愿。"命运与共"体现了中国人民和衷共济、爱好和平的道义担当，这是精神文明建设的世界意义。

二、伟大抗疫精神的时代特征

中国抗击新冠疫情的斗争，是"具有许多新的历史特点的伟大斗争"之一，其"新的历史特点"需要不断探索和总结。简而言之，伟大的抗疫精神是在中国共产党领导下，中国人民抗击新冠疫情并取得伟大胜利所展现的新风貌。认识伟大抗疫精神的时代特征，有助于从外在风貌深入其内在本质，从而对中国抗疫精神的内涵进行深入诠释，这也是弘扬抗疫精神、助推文明建设的应有之义。伟大抗疫精神的时代特征表现为四个方面：一是优秀传统特征，这是中国抗击疫情的文化基因生成的渊源和密码；二是坚强引领特征，中国共产党的领导和制度优势，这是西方资本主义国家无法照搬的独有政治特色；三是爱国动力特征，这是推进中华民族伟大复兴中国梦早日实现的精神动力；四是国际合作特征，这使中国的抗疫具备了国际视野。

三、伟大抗疫精神对精神文明建设具有促进作用

（一）抗疫精神拓展了精神文明建设的具体形态

在疫情肆虐之初，我们会慌乱、害怕、不安甚至恐惧。但是，中国共产党始终是社会中流砥柱，中国共产党的强大领导力量始终是社会安稳的"定海神针"。那一面面高扬的党旗、一个个救死扶伤的"勇敢的人"，他们是主心骨、定心丸和保护神。武汉必胜，湖北必胜，中国必胜。这是响彻华夏大地的铿锵心声，我国亿万人民怀抱着必胜的信念，朝着必胜目标勇往直前。

抗击疫情与新时代社会主义精神文明创建相互交织。面临突如其来的疫情，从"90后""00后"到耄耋老人，从逆行天使到科技工作者，人不分老幼，地不分东西，全社会意识上"共情"、思想上共鸣、行为上共担，或

冲锋前线，或安居家中，抱着打赢疫情防治攻坚战的必胜决心，爱心捐助从四面八方汇聚，战斗力量在华夏九州凝聚，全民参与、全域奋战。全民共同抗疫，向世人展示了中华民族的伟大创造精神、伟大奋斗精神、伟大团结精神、伟大梦想精神，更加使得广大民众切身体会了中国共产党为什么"能"、马克思主义为什么"行"、中国特色社会主义为什么"好"，为社会主义精神文明建设提供了实践支撑。

（二）抗疫精神铸牢了中华民族共同体意识

伟大抗疫精神的产生并非一蹴而就的，它既是中华精神文明的延续，也是由中国人民在革命、建设、改革的历史大潮中，逐步积淀出来的民族文化所共同推动的。以后者来看，其中每一历史阶段，都书写着人民心往一处想、劲往一处使，并将个人冷暖、集体荣辱、国家利益有机结合。我国人民不但有志气，而且也有真本事、真实力去战胜困难。在疫情防治过程中，人们创造了一个又一个奇迹，获得了一个又一个伟大的"抗疫战果"。随着时间的变迁，这种精神仍然没有消失，因为它早已渗透到了祖国每一位中华儿女的血肉当中，并变成了中华民族在伟大复兴路途上不竭的力量。

在这场没有硝烟的战"疫"中，病毒是我们人类共同的天敌。14亿多中华儿女在神州大地上建立了一条坚不可破的全国抗疫统一战线，气象一新的中华民族将展现出史无前例的凝聚力和向心力，以轩昂姿态坚强地矗立于世界民族之林。中国人民持以贯之的必胜新信念，中华民族自强不息的精神气魄，将作为极其可贵的精神财产而永载于中华民族的文明史册。我们的国家和人民，以充满英雄气概的精神面貌向其敌人进行了挑战，以高度的社会责任心和使命感，使得我们人民在这个没有硝烟的战斗中获得了让全世界刮目相看的伟大胜利。中国人民在疫情防控中展现的中国力量、中国精神、中国效率，展现的负责任大国形象，得到国际社会高度赞誉。

（三）抗疫精神彰显了中国共产党领导的强大优势

大事难事看担当，危急时刻显作为。在以习近平同志为核心的党中央坚强领导下，各级党组织和广大党员要切实当好"答卷人"，应对这次疫情"大考"。面对考验，我们要发扬中华民族的强大时代精神，提升向心力、聚合性和战斗效能，展示我们团结一心、同舟共济的精神风貌，用伟大的民族精神凝聚战"疫"强大合力。

全国各族人民、各级党组织和全国共产党员、领导干部以冲锋奋进、坚强奋斗的过硬风格，将中国共产党的强大组织优势和政治优势转变为在抗疫工作中的快速行动和凝聚合力作用，从而在抗疫的战斗中形成了良好的模范和榜样作用，引导广大人民群众产生了巨大的斗志，为我国抗疫战斗的成功奠定了强有力的群众基础。

（四）抗疫精神增强了"四个自信"，促使我们更加自信地探索发展道路

伟大抗疫精神是中华民族从未有过的精神面貌，因此，中华民族的自尊心和自信心有了极大的提高。伟大抗疫精神彰显社会主义中国砥砺前行的强大意志，极大坚定走中国特色社会主义道路的信念决心。一个国家实行什么样的主义，首先要看这个主义能否解决这个国家面临的历史性问题。新冠肺炎疫情是对我国社会主义现代化建设成果的集中检视，抗疫人间奇迹的创造离不开中国发展奇迹的支撑。抗疫斗争展现的中国精神、中国力量、中国担当，来自新中国成立以来特别是改革开放以来社会主义现代化建设的长期积累，来自新时代中国特色社会主义取得的历史性成就。中国人民更加深刻地体会到，只有社会主义才能救中国，只有中国特色社会主义才能发展中国，更加坚定了道路自信、理论自信、制度自信、文化自信，更加坚定了排除一切艰难险阻、坚持走自己发展道路的执着之心、坚定之志。

资本主义社会一切以资本为核心，建构起一整套政治、经济、文化的现代文明形态，并借助全球化的方式大力宣扬西方文明发展乃是人类文明的唯一形态。另一方面，西方人文社会科学的话语方式在世界各地传播流行，成为检验发展中国家成效的理论工具。他们漠视生命，唯利是图，还不断抹黑中国为抗击新冠肺炎疫情所作的努力。中国共产党人开辟的革命道路和建设道路，从一开始就是与这一道路相区分的，它高擎马克思主义人道主义伟大旗帜，对以资本逻辑"唯利是图"为追求的西式文明展开深入批判。在党中央统一带领下，我们以全国之力有效管控了疫情的传播势头，书写了疫情防治的中国经验，凸显了中国特色社会主义机制的重要优越性。在经过此"疫"后，中国人民将更加坚定"四个自信"，为实现中华民族辉煌的中国梦而继续努力奋斗。

总之，新时代中华民族精神就是中华民族精神和新时代要求的统一。习近平总书记指出，中国人民是具有伟大创造精神、伟大奋斗精神、伟大团结精神、伟大梦想精神的人民。万众一心、顽强斗争的伟大民族精神一脉相承，中华民族历经劫难仍然生生不息，中国人民从来就不怕任何外部的灾害。毫无疑问，在这场疫情面前，中华民族同样也会用强大的新时代中华民族精神力量战而胜之。习近平总书记深刻指出："当高楼大厦在我国大地上遍地林立时，中华民族精神的大厦也正巍然耸立。"① 伟大抗疫精神不但铸成了中华精神文化的永恒丰碑，更是吹响了中华民族振兴的奋进号角，不仅彪炳史册，更是照耀未来。经历过疫情磨砺的中国共产党和全中国人民，也必然是坚不可摧、战无不胜。但我们仍然深信，只要有以习近平同志为核心的党中央的坚强领导，有中国特色社会主义体制的显著优势，有全国 14 亿多人民群众的团结奋斗，一切力量都不能挡住全国人民奔向美好生活的铿锵脚步，一切障碍都不能挡住中华民族的伟大复兴的美好前途。

案例二：中国的廉政文化思想创新对我国社会主义政治文明建设的促进作用

一、中国传统的廉政文化思想分析

所谓廉政，狭义上是指廉洁政府，广义上是指廉洁政治。廉政建设在不同的历史时期当中具有不同的含义。在中华民族历史发展进程中，无论是儒家所推崇的"仁政"、道家崇尚的"无为"还是法家主张的"顺民、选贤、治吏"等传统文化中都有关于廉政文化的宝贵资源，历代廉政思想都成为指导当时政治发展的重要内容，体现了当时人们廉政核心价值的认知和判断，所有这些为我们留下了可贵的借鉴。纵观我国的传统廉政文化思想发展进程，我国古代的思想家非常重视道德在治国中的作用，主张为政以德。我国最早的历史文献汇编《尚书》就已提出"敬德保民"的德治思想，并以

---

① 让中华民族精神的大厦巍然耸立［EB/OL］. 人民日报，2022 – 03 – 02.

九德作为官吏的基本修养。周公更明确提出"以德配天"，强调"皇天无亲，唯德是辅"。春秋战国时期，百家争鸣，各家都提出了对官德与政德的主张。此外，传统的廉政思想当中就有着以民为本的思想。思想家们深知廉政建设的对象是各级官吏，但民众才是政权的基础。我国古代常常把"君"与"民"比喻成"舟"与"水"，"水能载舟，亦能覆舟"。历史上有作为的帝王都能认识到这一点。正是有了以民为本的认识，所以才能有与民生息的政策。百官勤廉为政，百姓方能安居乐业，国家才能稳定，统治方能长久。历史上的文景之治、贞观之治都是采取了与民生息的策略。

从整体上看，中国传统廉政文化思想的内容是极其丰富的，所包含的廉政措施也是丰富的，但中国古代各个王朝中的廉政建设却时好时坏，除了其剥削阶级所固有的局限性外，还应归结于廉政文化思想在实践方面的片面性。古代部分王朝采用"单打一"的廉政措施，忽略了综合治理；部分王朝强调以德养廉，忽略了法制、制度等治理手段，还有部分王朝强调重刑惩贪，忽略了德治手段。然而，廉政建设需要涵盖道德、法制、制度等多方面的因素，需要采取综合治理的方式，才能有实效。

当前，随着我国的经济发展取得显著成就，廉政建设成为发展建设中的关键，众所周知，腐败的政治思想所带来的危害是巨大的，不仅破坏党风党纪，搞垮经济，而且还损害了政府的形象，损害了群众的利益。加强廉政文化思想建设，是社会主义政治文明建设的重要内容，这对于建设社会主义民主政治，推进政务公开和提高政府效能都具有重要的意义。随着廉政文化思想建设和社会主义政治文明建设的深入开展，我国传统文化当中的廉政思想文化日益受到重视。因此，当今的廉政思想建设可以充分借鉴传统的廉政文化思想，以史为鉴，充分实现廉政思想现代化建设。

二、中国的廉政文化思想创新促进我国社会主义政治文明建设的路径分析

发展社会主义民主政治，建设社会主义政治文明，是社会主义现代化建设的重要目标，党的十六大报告第一次明确地对建设社会主义政治文明作出部署，并将其与建设社会主义物质文明和建设社会主义精神文明一起，确定为社会主义现代化建设的三大基本目标。社会主义政治文明是一个创新的概

念，所谓社会主义政治文明，指的是社会主义国家的执政党以马克思主义为指导，领导人民所形成的与物质生产相适应的在政治上的一种进步过程、进步状态和取得的积极成果的总和。其基本内涵是：坚持共产党的领导，坚持人民当家作主，坚持依法治国。社会主义政治文明是一种发达的制度文明，是一种行为规范文明和程序化文明。

政治是否清明、官吏是否清廉、官场是否清正、官风是否正派等均可以体现一个国家在一定时期的政治文明的发展程度。在这种情况下，有效地遏制与防范腐败，发挥政府职能的作用，就显得极其重要，廉政文化建设则在其中发挥着尤为重大的作用。廉政文化思想的创新能够有效促进我国社会主义政治文明的建设，具体的路径包括以下几个方面。

首先，廉政文化思想创新能够规范人的思想与行为，实现社会主义政治的文明优化。建设廉政的文化思想能够促进公职人员具备高尚、健全的品格，塑造正确的人生观、价值观与世界观，提升公职人员的思想建设。公职人员应具备完善、优秀的人格、高尚的道德修养以及不断进行自我提升的道德觉悟。廉政文化思想的创新能够促使为官人员廉洁自律，筑起抵制诱惑的坚实壁垒。胡锦涛曾提出："坚持立党为公、执政为民，必须落实到党和国家制定和实施方针政策的工作中去，必须落实到各级领导干部的思想和行动中去，必须落实到关心群众生产生活的工作中去。"公职人员要有敬畏权力的意识，要正确看待自己的地位，将自身的利益与人民群众的利益紧密相连，坚持正确的名利观，以清正廉洁为荣，以腐败为耻。因此，在改革开放和发展社会主义市场经济的新形势下，树立相应的政绩考察机制、加强全党的思想政治建设、提高广大干部的思想政治素质，对于保持我们党的先进性、纯洁性，防止腐朽思想文化滋生有着重要的意义。

其次，廉政文化思想创新能够营造健康的反腐倡廉的社会风气，推动社会主义政治文明建设的步伐。腐败本身并不可怕，可怕的是人们对待腐败的态度。当腐败成为理所应当，甚至演变成为以腐败为荣时，整个社会便会陷入腐败的猖獗泥潭中。廉政文化思想的创新能够形成多种方法和途径应对社会腐败，通过对民众进行廉政文化的教育，规范民众的思想价值观念与行为方式，从而营造健康的社会风气。苏州市在廉政文化建设当中，便走出了一条创新型的文化思想道路。苏州市通过挖掘具有深厚廉洁文化思想的"廉石"品牌，将该品牌与历史文化资源相融合，推出以廉洁精神为主的旅游项目，向世界各地宣扬苏州市的政治文化精神。除"廉石"外，白居易纪念苑、高义园、况公祠等旅游景点都具有浓厚的政治文化精神，传颂着高尚的精神品德。陆绩的两袖清风、白居易的勤政爱民、范仲淹的忧国忧民以及况钟的清正廉洁，正是这种宝贵、廉洁的精神资源，不断孕育苏州"崇文、融和、创新、致远"的清风正气，创建了苏州的"张家港精神""昆山之路"和"园区经验"，延续着苏州的淳朴民风。因而，廉政文化思想的创新能够为整个社会带来健康的风气，促进社会的可持续发展。

此外，廉政文化思想创新有利于改革和完善现有干部任职与干部监督机制，促进社会主义政治文明的建设。当前的干部任命制度存在着一定的弊端，自上而下的任职机制必然会导致一定的垄断，产生权力寻租，这些均是导致我国不断出现跑官买官、卖官贩爵与裙带关系等现象的原因。缺乏公开、公正、透明的科学机制和有效的监督机制，使得在官员任命过程当中不可避免地出现腐败，落后的干部任职制度与监督机制成为滋生腐败的根源。不仅如此，这也从侧面反映了我国廉政文化建设的薄弱性，廉政思想与观念的薄弱使得廉政的思想并没有深入人心，并未实现干部的自觉。腐败现象也更加凸显了廉政文化建设的必要性。杰斐逊曾言："在权力问题上，不要再奢谈对人的信任，而是要用宪法的锁链来约束他们不做坏事。"邓小平同志也曾指出："我们过去发生的各种错误，固然与某些领导人的思想、作风有关，但是组织制度、工作制度方面的问题更重要。这些方面的制度好可以使坏人无法任意横行，制度不好可以使好人无法充分做好事，甚至会走向反面。"① 因此，从干部的任命到权利的使用再到监管监督，都需要实现制度化、法制化，实现用制度对权力进行制衡，使权力成为有限的权力。廉政文化思想的建设能够规范人们用正确的标准，以德才兼备的标准进行人才选拔，打造规范的工作质量考核标准，落实广大人民群众的知情权、参与权与监督权，营造廉洁高效、充满正气的社会政治氛围。

三、中国的廉政文化思想创新的对策分析

廉政文化是中国优秀传统文化的重要组成部分，是中华民族永不枯竭的

---

① 邓小平. 邓小平选集［M］. 上海：人民出版社，1993.

道德教育资源，也是我党加强自身建设、不断取得胜利的重要法宝。反对腐败、建设廉洁政治是党一贯坚持的政治立场。新的历史时期，面对复杂多变的国内外局势，党和国家把党风廉政建设提升到关系党和国家生死存亡的高度。党的十八届三中全会明确提出，要"构建决策科学、执行坚决、监督有力的权力运行体系，健全惩治和预防腐败体系，建设廉洁政治，努力实现干部清正、政府清廉、政治清明"。加强新形势下廉政文化建设的体制机制研究，是贯彻落实党的十八大精神、深入推进党风廉政建设的必然要求。推动我国廉政文化思想创新，可以通过以下几条路径。

首先，发展廉政文化理论。可通过建设发展廉政文化理论，加强廉政文化建设意识方面的创新。廉政文化是一种以廉洁为中心的文化形态，集中体现了党的廉政观念。廉政文化的建设应当遵循文化创新的规律，廉政文化意识的创新要从廉政文化建设自身的范畴来展开：一是加强对执政人员思想道德的要求建设，形成廉政文化建设的动力。除了组织对执政人员日常的工作培训以外，还需要组织道德、思想、文化等相关培训。提升执政人员的素质，开阔执政人员的视野，加强道德修养建设，引导执政人员树立终身学习、全员学习、团队学习的理念。二是加强各行各业从业人员恪尽职守的从业道德与廉洁自律、爱岗敬业、奉公守法的职业文化建设；廉洁自律、爱岗敬业等是从业人员应该具备的崇高精神，也是从业人员的职业道德的内在要求。我们需要加强从业人员的责任感和使命感，弘扬勤勤恳恳、任劳任怨、甘于奉献、刻苦钻研的精神，加强从业人员的道德修养，帮助其树立正确的世界观、人生观和价值观。三是打造优良的全社会廉政文化建设氛围，形成以廉为荣、以贪为耻的文化风尚，形成追求清廉文明的社会风气，充实人民的精神世界。四是坚持以党的宗旨、纪律、理想与优良作风为指导，促进人民形成无产阶级的道德观、人生观与价值观，抵制享乐主义、拜金主义、极端主义等腐朽思想，为廉政文化理论建设打造坚实的思想基础。

其次，形成廉政制度文化。可通过加强制度创新，提升我国反腐倡廉制度建设的科学化水平来实现廉政文化思想的创新。制度创新、深化改革、创新防范腐败机制是加强廉政文化建设，创新廉政文化思想的重要任务，需要按照制度建设的规律，发扬我党的优秀传统，重点做好以下几方面工作：第一，加强廉政文化教育制度的建设。包括学习民主监督制度、培训制度、考核评价制度、反腐倡廉宣传教育制度等。相关部门可以充分发挥自身的组织协调作用，整合网络、电视、报刊等文化传媒的力量，充分发挥廉政文化宣传的作用，大力加强廉政文化建设，加强廉政文化教育制度的建设。第二，加强预防制度建设。包括制度规范化、决策民主化、审批流程化、用权透明化、职权明确化等。预防性制度建设需要完善的数据共享与联防机制，相关部门需要加快机制的建设。预防性制度是一道重要的制度防线，需要集中系统观念，打破各部门之间的业务与技术壁垒，深化改革机制，形成各部门合力。此外，预防制度的建设还能够同当前的智慧化建设联合，通过完善建设总体布局，实现制度、技术、数据的深度融合，打造数字时代背景下的预防性制度。第三，加强监督制度建设。包括监督重点、监督权力运行以及发挥权利配置的制约作用等。监督制度的建设需要结合"硬力量"与"软力量"。制度的有效运行需要有硬性的要求来约束，即法规、条约的制衡。同时也需要"软力量"的监管。例如法治精神的培养、制度氛围的营造、道德的约束等。我们既要提升制度的"热炉效应"，也要强化人们对制度的内心遵守，通过"硬力量"与"软力量"两种方式完善制度建设的监督体系。第四，完善惩治制度建设，包括完善具体领域的惩治制度、政纪惩治制度、党纪惩治制度、以及反腐倡廉的国际合作制度等。完善惩治制度建设，需要建立健全与社会主义市场经济体制相适应的教育、制度、监管等惩治体系，从根本上铲除腐败等不良因素。要坚持标本兼治、综合治理、惩罚并举、注重预防的方针。需要惩治与预防共抓，两手都要抓、两手都要硬。在坚决惩治腐败的同时，加重预防，注重制度建设，从源头上杜绝腐败现象，提升惩治制度建设的重视度。

此外，强化廉政体系建设。可通过强化体系建设，加强惩治和预防腐败体系建设，确保形成反腐合力，可从以下几个方面展开工作：第一，在总结我国传统廉政建设经验的基础上，借鉴国外成功、先进的反腐倡廉经验，逐步形成着重从源头上预防和治理腐败的思想，建立适合我国国情的惩治和预防腐败体系。第二，拓宽群众参与廉政体系建设的渠道，发挥群众的监督作用，对群众关注的重点领域案件、危害大的案件加大惩治力度。第三，形成查办案件工作的整体合力，加强各级纪检监察机关、司法机关的权力，确保各机关明晰职责、及时沟通、统一领导、协作办案。加强各机关队伍建设，保持反腐的高压态势，严惩各种腐败行为。第四，提升干部们的理论体系建设，通过加强理论学习、实践锻炼等方式，引导各干部用中国特色社会主义理论体系思想进行自我强化，完善自身工作思路，改进工作方法，不断提升自我能力和水平。

案例三：中华科技文化创新性发展引领社会主义科技文明建设的经典案例——以中医药文化为例

一、中医药文化的发展史与发展现状

中医药学是中华民族的伟大创造，是世代相传的智慧结晶，是中华科学文化的瑰宝。中医药学在防治疾病、防疫抗疫以及保障中华民族的种族繁衍等方面一直发挥着关键的保障作用。

纵观历史长河，中华民族伟大的医师层出不穷，如上古时期的神农氏、春秋战国时期的扁鹊、东汉末年的张仲景和华佗、唐朝时期的孙思邈、明朝时期的李时珍等。中华民族的始祖是炎帝和黄帝，而炎帝和黄帝又是上古神话中最早的中医。中国最早的医学典籍《黄帝内经》冠以"黄帝"之名，意在溯源崇本，借以说明中国医药文化发祥之早。炎帝可以看作中医药学发展最早的创造者和实践者，善于用药草给百姓治病，"神农氏尝百草"的故事在我国家喻户晓。中医四大经典著作之一的《神农本草经》相传起源于神农氏，代代口耳相传，于东汉时期集结整理成书。

从一定角度来说，中华民族的发展过程中写满了防疫与抗疫的故事。根据不完全统计，自西汉到清末，曾发生 321 次大型瘟疫，中医药在瘟疫流行期间一次又一次地救人民于水火、救民族于危难。也正因如此，毛泽东主席曾说过："中国人口能达到六亿，这里面中医就有一部分功劳嘛。"邓小平同志为鲁之俊的《新编针灸学》题词："把我们国家许许多多的科学遗产，加以批判地接收和整理，是一项非常重要的工作。"习近平总书记曾说："几千年来，中华民族能够一次次转危为安，靠的就是中医药。"①

自党的十八大以来，以习近平同志为核心的党中央始终将中医药工作摆

---

① 习近平. 习近平谈治国理政　第一卷［M］. 北京：外文出版社，2014.

在突出的位置。国务院 2016 年 2 月发布的《中医药发展战略规划纲要（2016—2030）》是我国首次从国家层面对中医药发展规划进行编制，这意味着中医药的发展已经被列为我国的国家发展战略。2016 年 10 月，中共中央、国务院印发的《"健康中国 2030"规划纲要》中提出应"充分发挥中医药独特优势"，促进中医药的继承与创新。同年 12 月，《中华人民共和国中医药法》正式批准，把党和国家对于中医药的方针政策上升成为国家意志，以法律的形式将各级政府对中医药的发展职责固定下来，在中医药事业发展的扶持和促进方面提供了坚实可靠的保障。2017 年 7 月，《中华人民共和国中医药法》开始实施，提供相应的法律保障。2019 年 10 月，《中共中央 国务院关于促进中医药传承创新发展的意见》公布，国务院举行了全国中医药大会，这是新中国成立以来，首次以国务院的名义举办的国家级中医药大会。会上，习近平总书记作出了重要指示，并从党和国家的事业发展全局的战略高度，对中医药事业所取得的历史成就进行了充分肯定。这次大会的召开，深刻阐明了新时期推进中医药传承发展创新的重要意义，为新时代传承创新发展中医药事业指明方向。2020 年 10 月，党的十九届五中全会中研究制定的"十四五"规划中表明"把保障人民健康放在优先发展的战略位置，大力发展中医药事业"。2021 年全国两会期间，习近平总书记强调："应做好中医药的守正创新和传承发展工作，努力建成与中医药特点相符合的服务模式、服务体系、管理模式以及人才培养模式，将传统中医药文化发扬光大。"本次两会上，在政府工作报告中李克强总理还重申，要坚持中西医并重，积极实施推动中医药振兴发展的重大工程。受国家各项政策、法规的推动，我国的中医药已然进入了新时期。

二、中医药文化传承创新引领社会主义科技文明建设的路径选择

（一）中医药文化观念创新，为中医药文明建设扫清思想障碍

落后观念是阻碍中医药学进步的重要因素。现如今最突出的两个落后观念有：首先是安于现状，因循守旧的保守观念。该观念指出中医药历史悠久，早已构筑出完备的系统，独特性和优点突出，赞成中医强于西医，拒绝让中医药随时代发展而改进。其次是抵触科技，不接受现代先进医学知识，

坚持中医不与西医接触，保持中医"纯正"发展的理念。该观念提出必须按照中医药固有的学术轨道来发展中医，反对在中医药学中应用科学技术。这些落后的观念会束缚人们的思维，阻碍中医药学的进步。所以，应该将这些陈旧的观念革除，把中医药学发展的思想障碍扫清，推动中医药学观念的革新，为中医药学的发展注入新的灵感，利用创新性发展实现中医药学观念的现代化，加速中医药文明建设。

在新时代，我国中医药发展逐渐正视自身落后的问题，树立"只有发展才能振兴中医药"的新观念。中医的现代化是新时期下的正确选择，是有利于社会主义科技文明中的观念建设。如果中医药学故步自封、不思进取、畏惧创新，那么很快就会被社会发展的潮流所淘汰，我国的社会主义科技文明建设也将缺少了一大助力。认为中医优于西医的观念是一种主观的武断，该观念的主要根据是认为中医药文化拥有自己独特的优势，拿己之长比他人之短，特别是将中医药学中一些用现代科学还无法解释的理论及治病机理看作"超科学"。虽然中医具有独特性和众多优点，但客观看来，中医还存在许多问题。此外中医药学的理论和操作中存在难以用科学解释的问题，我们不能否认这些问题与未来科学相关，且科技文明的发展突破或许同此类问题的破解有关，并可能在科学界引发革命性的轩然大波，但是这一切的实现都离不开中医药文化的创新性发展作为指引。

中医药学的发展在充分汲取自身优势的同时，还积极主动地借鉴西方的发展经验，逐渐将现代科学技术运用到传统的中医药文化当中，通过观念的创新不断适应社会主义发展的新要求。我国古代的中医药文化辉煌灿烂，对当时的世界影响深远，结果却在近代被西方赶超，其根本原因在于西方的医药学从近代以来的科技中汲取了巨大的能量。因此当下中医药学认识到问题所在，主动革新，积极将现代科学技术同传统中医药学相融合，力求碰撞出新的火花。中医药文化的创新性发展是我国实现科技强国目标的重要版图之一，是中医药文明乃至社会主义科技文明建设不可缺少的重要助推器。

（二）中医药文化理论创新，为中医药文明建设发挥引擎作用

我国中医药学受儒家思想影响深远，对传统过于尊崇，这给中医药的各个学术流派提出了更高的要求，他们应该发扬自身的学术特色，发挥主动创新的意识以及勇于突破的科学精神，实现中医药学理论的创新。从历史的角

度来说，中医药文化前行过程中的巨大进展离不开理论的突破以及创新的实现。我国工程院院士吴以岭通过"以岭模式"的理论创新促进药品及诊疗方法的改进突破。他指出我国中医药强调经脉而轻视了络脉，因此对于络脉的探究不够充分。于是，吴以岭便将其作为突破口，在前人的经验和研究之上，创新性地提出络病理论的研究框架，逐步构造出"络病证治"的系统，初次建立络病理论，并进而形成"脉络学说"，成为我国中医药学理论上的重要突破和创新，"脉络学说"的形成也给"以岭药业"的一系列药物研发和中药创新打好了地基，还促进了中医药的科研、临床、教学的全方位发展。由此看来，中医药文化的理论创新不仅能够促进中华科技文化的进步，加快中医药文明建设，还能够对新时代社会经济的发展产生重大的影响。

　　传统中医药学理论是数千年来中华民族在与疾病抗争中获取的经验积累，给中医药的治疗和实操贡献了理论与方法，是中华优秀的传统科技文化，应妥善进行继承保护。然而，由于历史环境的束缚和认识上的局限性，传统中医药学理论的直观性和朴素性色彩浓郁，存在很多不全面、不准确的地方，例如在糖尿病方面就存在此种情况。古人所论的消渴其实以虚症为主，不论是对于气虚、阴虚抑或是阳虚来说，消渴理论始终是以虚为本，而这与一个完整的疾病自然发展的过程并不相符。事实上，古人所观察到的消渴仅仅是血糖上升到一定程度所造成的临床症状的一个病程阶段。古人因为侦察手段的缺乏，在血糖的升高水平还不足以引发"三多一少"症状的糖尿病早期阶段，无从认识其发展过程，而在出现并发症的糖尿病晚期阶段，因为并发症的症状同其他疾病相似，往往又将其归于其他疾病的范畴。"正是因为传统中医药学理论中这些不全面、不准确、不科学的地方存在，才为理论的革新性发展创造了可能。中医药学通过与中医药发展面临的新挑战和现代疾病病谱出现的新变化相结合，实现传统中医药学理论的创新性发展。

　　从历史的角度来看，我国中医药文化的发展同各种学术流派的百家争鸣密不可分。"历代学术流派既相互争鸣，又相互渗透与取长补短，从而深化了对中医药理论的认识，补充与完善了中医理论体系，提高了中医药的学术水平和临床疗效，因而也促进了历代中医药事业的发展"。当下，我国中医药文化鼓励具有鲜明特色的学术流派大力发展，支持师承教育，探寻符合传承规律的中医药学教育模式，充分发挥各中医药学派的积极作用，营造鼓励各医学流派大力发展的政策环境。学术的激烈争论是学科能够繁荣昌盛的因素之一，中医药学者对于学术民主弘扬宣传，鼓励不同的学术刊物充分发表自己的意见，提出不同的学术观点，为学术争论提供场所和契机，给中医药学理论创新提供了"百花齐放，百家争鸣"的学术气氛，为传统中医药文化走向现代化，是社会主义科技文明理论建设的重要组成部分。

（三）中医药文化技术创新，为中医药文明建设提供技术支撑

现代以来，中医药学以一些涉及深层次规律和本质的关键问题和核心问题为切入点，力图寻求技术创新上的突破。如一直以来，我国传统中医药学对于单味药研究较多，已将120多种药材所具有的化学成分以及有效成分基本明确；而在复方中药上，因其成分复杂，药物机理多层次、多靶点，且有众多干扰因素，其研究仍有较大的难度。为了取得新的突破，我国中医药学加大对其物质基础以及作用机理的研究探索，力求取得实质性的进展，实现中医药学的重大创新。倘若我国中医药学抱残守缺，拒绝技术上的创新，最终就会在世界科技发展的滔天巨浪里被湮没，这无疑是对中华文化资源的浪费。

积极研制推广中医的诊疗专用设备，并以西医的诊断设备来辅助检查，同时给出具有中医特色的诊断结果解释，用中医药学的思维来指导行动，是推动中医药学技术发展的重要举措。把握中医药学特点，研发中医专用的诊疗设备，实现诊疗的量化、客观化、标准化，这能够大大地促进我国中医药文化的现代化，避免因为过度或不当使用西医的诊疗设备而造成中医西化。此外，将技术创新的关键从归纳总结性探索向创新型探索转变，通过现代科技去注明中医药学的理论、诊疗和治病机理是传统中医药现代化的必经之路、必行之举。这种对于传统中医药学知识技术的解释证明对于当代人们理解中医药文化非常重要，而对中医药学的现代化发展来说，更具有重大意义。社会主义科技文明建设要想开创新格局，作为中华科技文化重要组成部分的中医药学，就必须身体力行，通过自身技术的创新性发展，实现自身现代化的转型，顺应新时代的发展要求。

三、中医药文化传承创新引领社会主义科技文明建设的现实应用

作为中华传统科技文化的重要载体，中医药学早已融于中华民族的血液

里、基因里。习近平总书记在致中国中医科学院成立 60 周年的贺信中提道："中医药学是中国古代科学的瑰宝，也是打开中华文明宝库的钥匙。"2021年 7 月，国家卫生健康委召开的新闻发布中介绍到：截至目前，中医药已推广到世界 196 个国家和地区，我国政府同 40 多个国家和地区签署了专门的中医药合作协议。

屠呦呦教授从中医药文化中寻求创新源泉，于丰富的古代医籍如《肘后备急方》中汲取灵感，"治疟病方：青蒿一握。以水二升渍，绞取汁。尽服之"，并于现代科学技术中学习创新手段，将中医药文化与现代科技相结合，成功提取出青蒿素、双氢青蒿素，有效降低了疟疾患者死亡率，成功挽救了全球尤其是广大发展中国家数百万人的生命，成为我国首位获取科学类诺贝尔奖之人。屠呦呦教授为中医药文化的发展创新、社会主义科技文明的建设以及全人类的健康作出了重要的贡献。

古往今来，大型瘟疫多见，中医药文化在防疫、抗疫方面经验丰富，护佑中华民族存续至今。其中"防"就是指预防，是《易·既济》里所言的"君子以思患而预防之"，也就是防患于未然。不管是医人还是医国，都是"预则立，不预则废"。中医四大经典之首、"医学之祖"的《黄帝内经》中提到"圣人不治已病治未病，不治已乱治未乱"，若是做不好预防，等到病入膏肓再去治疗，就好比《黄帝内经·素问·四气调神大论篇第二》中所说的："譬犹渴而穿井，斗而铸锥，不亦晚乎！"受传统中医药文化的影响，新中国成立初期我国的医疗卫生工作就确立了以"预防为主"的方针，1954 年 4 月毛泽东主席在对《中共中央关于加强中医工作的指示（草案）》进行审阅修改时，特别在"治疗疾病"前加上了"预防疾病"。新时代，习近平总书记再提出："预防是最经济最有效的健康策略。要坚决贯彻预防为主的卫生与健康工作，坚持常备不懈，将预防关口前移，避免小病酿成大疫。"我国中医药学里，疾病的预防是首要的，疾病的治疗在其次，若是没能有效预防，在疾病发作关头再进行治疗，就成为"见事迟"。中医之防，在于防微杜渐，在于防患于未然。

2020 年的春节前夕，我国湖北省武汉市突发新冠疫情，这是自新中国成立以来发生的一次感染范围最广、传播速度最快、防控难度最大的重大突发的公共卫生事件。面对这场疫情，党中央提出了坚定信心、同舟共济、科学防治、精准实施的总要求，明确了坚决遏制疫情蔓延势头、坚决打赢疫情防控阻击战的总目标。2022 年 2 月 28 日至 3 月 2 日，世界卫生组织召开了世界卫生组织中医药救治新冠肺炎专家评估会，国家中医药管理局副局长黄璐琦院士提出："中医药全程参与全球疫情防控，成为中医药传承创新的一次生动实践。"明确肯定了中医药救治新冠肺炎的有效和安全。从总要求与总目标中都可以看出它突出了一个"防"字。在对防控新冠肺炎疫情的领导中，习近平总书记提出："我国历史上有很多防治瘟疫的医疗著作和方法。"《汉书·平帝纪》记载，元始二年，"民疾疫者，舍空邸第，为置医药"，提出了"隔离"是防疫的重要举措。明代中期我国就出现了预防天花的"人痘"接种术。疫来如山，在这场没有先例可循的大考中，我国在对中华中医药文化"防"理念学习和发展的基础之上，统筹调动安排各项工作，最终交上了一份令人赞叹的"中国答卷"，得到了世界卫生组织以及许多国家的高度赞扬。"重预防"是中华中医药文化乃至中华文化的优良传统之一，我国在这次防疫工作中继承、发展了这一传统。本次新冠疫情，我国在极其困难的形势之下仍取得了重要进展，可现代科技最先进的美国却难以有效控制疫情，这从一方面证明了"重预防"是一项正确的、成功的战略；从另一方面证明了中华科技文化拥有其独到的大局观，时至今日仍然散发着耀眼的光芒，对其在继承的基础之上发展创新，仍能够令我们受益匪浅。中华科技文化的创新性发展是社会主义科技文明建设的重要组成部分，为社会主义科技文明建设指引方向，输送动力，是社会主义科技文明建设不可缺少的引路灯、筑基石。

案例四：西安曲江文旅产业发展模式对西安城市经济转型发展的影响

一、西安曲江的文旅发展现状

中国的地域文化源远流长、在文化发展的不同领域各有千秋，是地区文化特色、民族特性、生活习惯、民俗风情的良好载体。自然、地理、历史等各种环境和要素的独特性，以及特定区域文化的长期形成，赋予了地域文化鲜明的地域性、个性和稳定性。一个城市的文明形象往往与地域传统文化资源紧密地联系在一起，成为城市发展的独特依托。与此同时，传统文化资源的独特内涵、人文特色和传统品质是提高城市认知度、接受度和传播力的根本支撑。文化是一个城市形象的灵魂，它决定着一个城市的内涵与品位。西安作为拥有3100多年建城历史的文化古城，拥有着不可胜数的历史文化古迹和优秀传统文化资源，城市本身所蕴含的文化资源和文化内涵为西安这个城市赋予了与众不同的文化符号。西安蕴含深厚的历史积淀，发源和兴盛于此的始祖文化、汉唐文化都是中华文明的重要基石。2018年，西安正式成为国家中心城市，其承载的职能是推动中华文化传承创新发展。西安由此成为现代文化活动的聚集地，为提升传统文化的国际知名度和影响力发挥了巨大的作用。以汉唐文化为依托的西安曲江，以突出的历史文明特点和丰富的旅游资源，成为西安乃至陕西历史文明形象的极佳代言城市。同时以其独特的文化魅力，曲江新区很快荣升为全国文化产业示范区、西部文化资源集聚地。曲江新区蕴含着整个西安乃至汉唐的文化气韵，在发掘其传统文化精髓、进行创新和激活文化生命力的同时，对于促进传统文化的传承与发展具有十分重要的意义。在新时代文化战略的指导下，在西安国际化大都市和"丝绸之路经济带"的政策引领下，曲江新区将成为西安乃至全国文化产业发展的新亮点。曲江文化产业的发展，将使西安的传统文化资源、文化产业的综合竞争力得到全面提高，并为西安文化中心、世界文化名城的发展起到重要的推动作用。

（一）曲江优秀传统文化资源转化的发展优势

1. 区位优势

西安地处中国中西部两大经济区的交汇处，南至秦岭、北接渭水，区位优势突出。曲江新区则位于西安市东南部，是陕西省西安市以文化产业和旅游产业为龙头的新城开发区。同时，曲江新区临近各大西安传统文明景区，四通八达的区位优势为曲江新区的开发建设带来了源源不断的机遇。作为西安"五区一港两基地"的重要组成，曲江新区凭借得天独厚的文化发展区位优势，为传统文化资源的传承和传统文化产业的发展提供了便利的环境基础。

2. 资源优势

曲江新区内文化旅游资源相当丰富，不仅拥有独特的人文历史景观，而且拥有西安主城区内少有的优秀生态资源。曲江兴于秦汉、盛于隋唐，2000多年前因水波曲折而得名，是中国历史上享有盛誉的皇家园林，被誉为中国古典园林的执牛耳者。曲江新区在发展文化产业的进程中，建成了一批重要的文化工程，如大雁塔北广场、大唐芙蓉园、曲江国际会展中心、曲江池遗址公园、大唐不夜城等，这些都是陕西文化和旅游发展的重要标志性地区。不仅如此，曲江新区同时具备一定的生态资源优势。区内自然景观丰富，湖泊纵横，是西安面积最大的城市湖景资源。杜陵一万亩的生态森林资源，为西安的生态景观建设和自然生态保护提供了最佳区域，也为建设旅游生态度假区和绿色文化城市提供了保障。不论是非物质文化遗产还是自然生态景观，都具有相当高的历史文化和艺术价值，为曲江新区的文化转化赋予了天然的吸引力，为曲江特色文化旅游的发展提供了翔实的资料和丰富的文化资源。

3. 政策优势

2002年初，"文化曲江"概念被正式提出。"文化曲江"理念在曲江新区的文化资源利用和文化产业整合发展中发挥了提纲挈领的作用。曲江新区确立了"文化立区，旅游兴区"的发展理念。经过对曲江新区文化产业的合理布局与规划，将曲江新区定位为国家级文化产业示范区，西部文化资源整合区，西安生态旅游度假区，绿色文化新城，最终确立了"三城两产"的文化发展方向。并且在政策上通过不断创新和实践探索，打造出以"文化+旅游+城市"为核心的"曲江模式"，推动了区域间的跨越式发展，带动周边乃至整个西安的城市活力。

4. 技术优势

西安曲江新区高新技术企业科技园众多，集聚效应明显。数字媒体、创新设计等与科技密切相关的产业发展迅速，对文化产业的发展起到了有益的推动作用。以大型文旅企业集团为龙头，通过优惠政策、创业创新支持等相关鼓励和优惠形式，鼓励和刺激文旅企业入驻和产业发展，为曲江新区文化产业的深度融合和技术创新提供了源源不断的动力。同时，西安拥有丰富的人才教育资源，每年近25万的高校毕业生都将成为文化产业高新技术发展的人力资源。通过整合西安及曲江的文化资源，能够为曲江新区的技术发展孵化出一系列优秀企业和产业,推动曲江优秀传统文化资源进一步提升和发展。

(二) 曲江优秀传统文化资源转化的不足

1. 投融资方式单一

与许多发达地区的文化产业和文化发展模式相比,西安曲江新区文化产业多元化的投融资主体尚未形成,投资渠道相对单一。民间资本和社会资本的进入比例明显偏小,外资的吸引力更是微乎其微。由政府主导的投资,由于经济政策和经济形势的变化,政府的投入资金有限,成为曲江文化产业和文化产品的发展瓶颈。同时,西安文化产业和旅游产业的市场机制还不够健全,整体规模和实力相对较弱,招商引资吸引力不足。文化产业与旅游产业的融合发展需要大量资金作支持,曲江文化产业投入、产出的严重失衡在很大程度上制约了文化资源创造性转化的发展路径,成为曲江新区未来文化发展亟待解决的"拦路虎"。

2. 消费结构不合理,消费动力不足

第一,西安全市的人口食品消费支出仍然占据人均消费支出的绝大部分,医疗、教育娱乐、文化旅游的占比较低。在 2022 年,35 个主要城市人均消费排行榜中,西安暂未上榜,远远落后于北京、上海、广州、深圳等一线城市以及南京、杭州、成都、重庆等二线城市。① 与同等级城市相比,西安的文化旅游消费市场与供给也还有较大差距。消费结构的不合理,无法为西安整个城市的文化消费和文化产业发展提供消费的动力来源,拉低了文娱消费水平和大众审美情趣。第二,人民群众的娱乐消费更加倾向于上网、打游戏、刷短视频等,文化消费庸俗化。无法将个人消费投入到精神层次需求较高的旅游和文化活动,这种消费领域的功利化和低层次需求降低了人们消费的审美和人文价值,无法实现文旅产业的长远发展和经济效益的进一步提升。

3. 产业同质化严重

尽管曲江文化产业和文化市场依托于丰富的历史资源,向社会大众提供了大量而丰富的文化产品。但仔细甄别后我们仍然能够发现,极具历史文化特色的西安曲江文化资源也面临着相当严重的同质化风险。曲江文化在技术

---

① 资料来源:《2022 全国人均消费城市排名》。

研发和产品提供的过程中，往往无法提供更加"高、精、尖"的文化产品。创新力的不足导致文化与旅游产业发展的过程中，宣传方式和展现形式较为稚嫩和粗糙，无法进一步开发相关衍生旅游项目和服务设施，文化产品可能始终停留在原有水平，始终保持着"原地踏步"的尴尬局面。在没有国际和国家品牌的支持下，同类旅游城市的文化旅游产业对西安随时存在着替代性竞争。产品同质化的后果也就是，所谓的"创新"只是依赖于重复建设和机械性模仿的基础，导致部分旅游产品设计存在缺陷和文化产业发展持续落后，无法激发消费者的消费欲望，最终限制西安曲江文化产业和旅游产业融合发展的速度和规模。

4. 从业人员稀缺

文化产业发展需要人的参与，其中高素质人才是传统文化资源传承和传统历史文化产业发展的第一资源。西安高校众多，但并没有形成文化创意型人才培养基地。尽管历史资源丰富，但始终受到经济、社会、科技、文化建设落后的制约。西安文化产业发展模式缓慢、文化人才总量偏少、文化人才分布不均匀、人才流失严重等种种问题，正制约着西安作为文明古都的现代发展指引和路径。人才"短板"逐渐成为制约西安地区文化创意产业发展的紧迫性和突出性问题，极大制约了西安文化产业和文化产品的精细化、国际化、高端化融合发展。

二、西安曲江实行创新性转化的文化资源条件

（一）历史文化积淀深厚，文化资源相当丰富

西安作为一座有着一千多年历史的城市，经过几千年的历史积淀，有着悠久的文化底蕴、脉络和丰富的文化遗产。西安市现有 3000 多个文化遗址，其中国家级文物保护单位 700 余处，文物保护单位 40 余处。[①] 例如，被誉为"世界第八奇迹"的秦始皇兵马俑坑；目前世界上保存最完整、规模最大的古城墙——西安明城墙及周沣镐、秦阿房宫、汉长安城、唐大明宫四大遗址等，都是人类文明历史上浓墨重彩的一笔。在历史的演进和流年的战乱

---

① 资料来源：西安市文化和旅游局。

下，西安的历史遗迹仍然得到了很好的保存和修复。中华民族文化的瑰宝能够与当地经济大发展有机地结合，旅游业也顺势成为西安经济发展的支柱产业和非外汇收入的主要来源。曲江新区地处西安市东南，以雁塔、曲江王宫遗迹为核心，曾经是长安最有韵味的地方，也被喻为中国古代园林的开山之作。曲江在文化传承和发展的进程中，重视挖掘利用西安的历史和盛唐的文化资源，使文物转化为文化，使遗址转化为胜迹，恰到好处地将文化、旅游、商业结合起来，赋予历史文化新的活力。让静止的文化"活"起来，与人们日益增长的精神和文化需求相契合，因而能够为传统文化资源的创造性转换提供群众基础和现实依据。通过对曲江地区的文化产业项目的改造，以及对其历史文化遗产的继承，将为打造一批具有丰富内涵、广泛影响、具有广阔市场前景的文化发展项目奠定良好的基础。

（二）"文化＋"旅游产业整合创新，辐射带动作用强

曲江新区的产业核心一直以文化旅游产业为主，文化＋旅游的发展模式作为曲江经济发展的核心引擎和驱动龙头，为曲江的文化产业和经济腾飞作出了巨大的发展贡献。曲江依托历史遗产和文化古迹，与现代文化发展相适应的前提下对历史文化资源进行全新的整合和改造，创新包装、规划和实施了一大批重大文化项目。同时，曲江新区以盛唐文化为中心，通过旅游、商业等媒体运作和现代传承方式，将这种无形的文化资源转化为高效的商业和社会价值，不断提升曲江的文化品牌形象。在曲江新区的开发过程中，西安古城的城市特色化和现代化建设得到有效开展。在"文化＋"旅游模式的形成过程中，通过深入挖掘西安曲江的特色文化内涵、表现形式和体验方式，构建了一系列彰显城市文化特色的景观和服务体系，有力地促进了西安城市形象的复兴和形象重塑。同时曲江的城市发展也不断融合现代文化与时尚符号，使旅游文化形态更加丰富饱满。由于加入了现代时尚元素，厚重的历史文化资源不会因为古老和深邃而缺乏活力，满足了现代人们关于文化、美学、娱乐相关的多重文化旅游需求，为曲江模式关于中华优秀传统文化资源的创造性转化增添了强大的动力来源。

（三）文化产业集群式发展，文化融合方式多样化

自从确立"文化曲江"的发展政策之后，曲江文化产业区不遗余力地

发展文化产业和文化事业，在文化旅游、会展、影视、出版传媒等方面形成了全面完整的文化产业体系。在丰富历史文化资源和人文自然资源的引领下，曲江模式的文化发展之路不仅仅局限于碎片化的文化发展模式，而是多种文化资源和文化形式相结合，避免了单一文化遗产的片面发展。由于曲江模式的领先创新，曲江模式已成为曲江的文化标志，也成为西安城市文化发展的典范。曲江模式开始惠及周边主要地区，与其他地区合作共建文化旅游开发区和文化产业集群园区，为整个西安的中华优秀传统文化资源传承发展提供了示范标准。一大批以"曲江文化""曲江旅游""曲江影视""曲江演艺"等文化符号为特色的文化品牌，带动了旅游景区、酒店餐饮、文化纪念品、影视演艺等相关产业的可持续发展。通过汇集汇聚人才、资金、创意，唤起人们对唐朝历史文化的记忆，让唐朝文化深入人心，让唐朝文化成为曲江新区乃至整个西安市的城市文化窗口，极大丰富了西安城市文化名片。

三、曲江模式实现创造性发展的路径研究

（一）场景化：把握汉唐传统文化的独特叙事方式

历史文化资源和传统文化内涵始终是我们进行文化创造性转化和创新性发展的根本溯源，中华民族要繁荣昌盛、世代相传，就必须在优秀传统文化的创造性转化和创新发展中保护我们的精神基础。"抛弃传统，抛弃基础，就等于切断了我们的精神命脉。"历史文化基因和传统文化根基是我们进行新时代文化创作的灵感之源。如果说"讲好故事"是文化产品和文化产业发展的共识，那么"场景化"则是曲江模式在传承中华优秀传统文化资源中"讲好中国故事"的重要策略。比如曲江大唐芙蓉园，整体设计在结合场地开发和保护的前提下，尽可能展现唐代建筑布局的规模、布局和体系，尽可能还原建筑形态。该景区是唐代鼎盛时期长安城社会风貌和生活状况的缩影，芙蓉园整体的建筑风貌和风采，引发了人们对历史文化的重新思考。当游客置身其中，仿佛穿越了时空隧道，让人们沉浸在那个时代的宏伟景象中。西安不仅满足于原始历史文化遗存的发掘和重建，而且注重深挖文化物品背后的历史情感和人文价值，创造性地改造这些历史文化资源变成可感知的、令人钦佩的、可消费的实体。又如在唐城墙遗址公园，480首唐诗以书

法雕塑的形式被形象生动地表现出来，辅以园林景观作为衬托，并在公园内设置"吟诗坛"，让游客从多方面、多维度体验历史文化。这种沉浸式的文化体验不仅为大众还原了汉唐时期的历史文化背景，更是通过对"场景"元素的还原和利用，跳脱出对于单一历史景点和传统文化物品的认识，赋予曲江文化产品强大的叙事功能和叙事感。以文物与文物、游客与文物之间的对话形式，为文化消费者提供强烈的代入感体验。人们生活的日常化场景与传统文化资源表现形式的审美化场景无缝融合，营造出曲江文化资源活态、叙事的消费体验。为曲江模式创新性发展中华优秀传统文化赋予了历史依据和持续动能。

（二）共通化：连接汉唐文化与现代文化生活的联结点

文化在发展和行进的过程中，从来不是呆板的、静止地存在于历史和民族记忆中，而是在继承和延续过程中不断裂变和发展，成为一种全新的形式。与此同时，历史文明古城也伴随着时代的要求和社会的进步发生着不断的变革和创新。一座历史文化名城想要在现代舞台上屹立不倒，不仅仅依靠的是延续其历史脉络，它更需要现代的视野和理念来应对文化发展的快速变化。和文学作品一样，中华优秀传统文化资源的传承也需要"传神"。要在精神气韵上与历史文化达到"神似"的境界，更要潜心寻求历史文化产品与现代生活的共通之处。联结历史与现代、过去与未来的相似点，赋予传统文化鲜活的生命力。曲江新区以"文化＋旅游"的发展理念，通过体验式旅游模式，将静态的文化形态转变为动态体验式、栩栩如生的文化形态，让人们在娱乐、消费、玩耍的同时体验与历史文化的零距离接触，以一种微妙的方式感知和理解历史文化精神的要义。让老百姓在日常生活中切实感受到中华优秀传统文化的文化魅力，每一次文化的感知和感受是与历史文化的一次心灵上的对接。并且由于传统文化的存在，现代生活和城市也能成为诗意的栖息地。

（三）活态化：增强传统文化资源的现代化解读与展望

历史文化因古今融合而充满生机。放在博物馆或橱窗的历史物品尽管很美丽，但它仍然是静止的、毫无生机的。只有活的、有生命力的文化才有温度，才能不被时代抛弃。2003 年，大雁塔北广场正式落成亚洲最大的音乐喷泉；2004 年，大唐芙蓉园引进世界级水幕电影。历史古迹与大众文化产品被赋予了许多现代的元素。许多已在历史中消失的文化符号被重新解构和诠释，形成与文化遗址和历史典故相关的娱乐设施、文创产品、文化活动。在尽可能再现与传统文化有关的原始历史面貌，为传统文化资源赋予一系列可欣赏、可参与、可体验的文化符号后，便转化为现代人能够接受和理解的文化产业和文化产品。曲江主持宣办的歌舞剧《梦回唐朝》和大型歌舞史诗《大秦雄魂》，利用深厚的历史文化底蕴和娴熟的现代艺术表现手法，结合音乐喷泉、激光、舞美等现代艺术形式，给观众带来震撼的视听冲击。将盛唐时期的传统文化借助现代化传播媒介和现代艺术形式，既有传统文化中庄严宏大的一面，更有现代化的全新解读。历史文化与现代精神共生共荣的局面，风格迥异的文娱产品都一一向我们展示了盛唐文化仍然"活"在当下的鲜活形象。以现代化的传播形式和价值导向进行文化传承和解读，更容易走进现代人们的心灵深处，吸引更多的人关注传统文化资源和汉唐文化，是对中华优秀传统文化的生态化保护及活态化传承。

（四）互动化；利用大众媒体为传统文化焕发青春活力

随着数字化技术的快速发展，传统文化通过现代技术的表达，转化为多样化的文化产品，依托多媒体传播平台，不断拓宽传统文化的传播渠道。曲江新区投资拍摄了《大秦帝国》《大唐莲花园》《大明宫》等一系列影视作品，通过讲述西安的历史变迁故事，为文化消费者提供最直接的文化感知体验，在娱乐生活和文化交流层面完成了良好的互动。针对现有的不可移动和不可再生的大型文物和历史遗址，如唐城墙遗址公园、大唐芙蓉园、曲江池遗址公园、秦二世陵遗址公园等，曲江戏曲通过对遗迹遗存、文物进行 3D 动画复原，并利用手机和网络客户端平台进行展示，让来自全国各地的游客乃至世界的游客都可以"触摸"历史。曾经被人遗忘的、深埋在地下的抑或沉寂于博物馆的那些历史文化以更加生动形象的方式呈现在人们面前，体验并展现了"最中国"的传统文化。科学技术的发展为中华优秀传统文化资源的发展插上了想象的翅膀，"把文物带回家"也因此具有了切实可行的分享途径。曲江汉唐文化历史文化以大众传媒多种形式跨洋传播到更远的地方，让更多的人领略了唐代文化的魅力，同时也提升了西安乃至中国的影响力和知名度。

（五）国际化：兼收并蓄彰显中华传统文化气度

利用西安建设国际化大都市的重要战略契机，借助"一带一路"的宏大发展格局。传统文化资源不仅为西安提供了未来发展的宝贵资源，更为这座城市的繁荣和发展带来了无限潜力。纪录片《大明宫》在纽约联合国总部举行了盛大的全球首映，这部纪录片在向全球观众推荐曲江的同时，也有效地将中国传统历史文化的推向世界。2011年，曲江与好莱坞合作拍摄的爱情史诗电影《寻找大明宫》正式进入世界级影视市场，为汉唐传统文化的国际化发展开创了一条属于自己的"戏路"和对外开放路径。与此同时，作为有着丰富和厚重历史的文化古都，西安同时也极易受到内陆自我封闭、保守和落后意识的侵蚀和困扰。新时代的发展要求曲江模式的国际化之路不能仅仅拘泥于守护历史文化，而要以全球化的视角吸收世界优秀文明成果。对于世界文化采取兼收并蓄的包容态度，既要做到历史文化的有效传承，也要不遗余力地助推中华优秀传统文化资源走向世界。国际文化交流是中华优秀传统文化资源传播和发展的必要一环，文化在国际交流中要转化为经济发展优势，就必须拥有全球视野，杂糅复合、多姿多彩的汉唐文化是当时世界范围内最先进的文明之一，而如今曲江和西安接下了历史的接力棒，为汉唐文化在世界范围内重新大放异彩赋予当代意义。

四、曲江模式的发展总结

"西安特色"是构建历史文化名城的首要思路，而"曲江模式"能够很好地为西安城市经济向文化经济转型提供良好的发展依据。在对曲江模式传统文化传承的认识中，我们应当发现历史文化名城不缺文化资源，但往往缺乏新鲜活力。许多历史文物只存在于博物馆或展馆内，许多历史典故只存在文献记载中或流传于民间，与人民大众的现代生活相去甚远，久而久之被现实和世界所遗忘，只有那些充满鲜活生命力的文化才能够永世长存。曲江模式的经验和不足向我们表明，任何城市想要屹立于世界文化舞台，面对丰富的历史文化资源，只有将静止的、呆板的文化资源转化为可感知、可体验、可触达的活文化形态，才能延续历史脉络，彰显一座城市的独特魅力。同时，在充分挖掘地方文化特色资源之后，将资源优势转化为产业优势，为现代城市发展创造经济效益，实现古今融合、自然与社会、文化与经济的融合，最终实现文化经济和中华优秀传统文化资源的可持续发展。

案例五：浙江省践行"两山理论"引领社会主义生态文明建设的经典案例

一、"两山理论"的浙江实践

改革开放 40 多年来，浙江省坚持走绿色发展道路，在推进"绿色浙江"建设、"生态浙江"建设、"美丽浙江"建设各个时期，不仅创造了大量的物质财富，还积累了宝贵的精神财富，不仅对我国的经济发展模式做出了示范，也对党的生态文明建设理论创新提供了实践依据。因此总结"两山理论"在浙江的实践情况十分必要。

二、浙江省践行"两山理论"的显著成效

浙江省以"两山理论"为指导，大力推进生态文明建设，积极促进绿色发展，实施一系列将生态环境保护与经济发展相统一的举措之后，浙江省在生态环境保护、生态经济发展、生态文化建设等领域都取得了显著的成效。

（一）生态环境保护的成效

全省坚定不移践行"绿水青山就是金山银山"理念，全面打响蓝天、碧水、净土、清废四大污染防治攻坚战，生态环境质量在较高水平上持续改善。在森林覆盖率上，2018 年浙江省全省森林覆盖率达到 61.15%，在维持生态平衡、保护生物多样性、应对气候变化等方面发挥了不可替代的作用。截至 2018 年底，全省共有 11 个国家级自然保护区，15 个省级自然保护区，国家和省重点保护野生动物得到有效保护。同时，浙江省不断加强湿地保护

力度，浙江目前已有 13 个国家湿地公园。

在大气环境治理方面，2005 年，浙江省废气中主要污染物排放，二氧化硫排放量为 86 万吨，烟（粉）尘排放量为 44.30 万吨；到 2018 年，二氧化硫排放量为 12.9 万吨，烟（粉）尘排放量为 10.5 万吨，取得了巨大成效。全省 69 个县级以上城市中有 44 个达到《环境空气质量标准》的二级标准，环境状况得到改善。

在治水方面，2018 年水质达到或优于地表水环境Ⅲ类标准的断面占 84.6%，比上年上升 2.2 个百分点；全省近岸海域一类、二类海水占 39.6%，比上年上升 7.5 个百分点。除此之外，浙江省在绿色矿山建设、生态环境基础设施等方面也得到显著改善。这些数据表明，浙江省在资源节约、环境保护领域取得了重大成就。

（二）生态经济取得成效

浙江省践行"两山理论"的显著成效反映在经济领域，就是经济健康快速发展，包括经济总量增长、产业结构优化、居民收入增加等方面。

浙江省经济增长迅速。2005 年，浙江全省生产总值为 13417 亿元，2011 年突破 3 万亿元，2014 年跃上 4 万亿元台阶，到 2017 年突破 5 万亿元大关，2022 年达到了 17.77 万亿元，人均生产总值达到了 11.85 元。浙江省在经济总量迅速增加的同时，生态环境基本保持稳定，局部有所改善，并没有随着经济的增长而出现生态环境恶化的情况，这表明在习近平"两山理论"的指导下，基本实现了生态环境与经济发展的双赢。

（三）生态文化建设成效

基于整个社会的生态文化逐步确立，为浙江省践行"两山理论"奠定了深厚的群众文化基础。反过来说，将生态文明理念渗透到政府、公众的日常行为中，也是践行"两山理论"在生态文化建设领域取得的成效。在政府的倡导推行下，一系列生态文明新举措、生态环境教育宣传新方式推行开来，初步建立了比较完善的体制机制和组织领导保障体系，如广泛开展绿色系列创建活动。到 2018 年底，浙江新增第八批 24 家省级"生态文明教育基地"，除此之外，还开展"绿色家庭"命名表彰工作、绿色学校创建活动，策划组织"浙江生态日""世界地球日""世界环境日"等重大环保主题宣传活动，2019 年又举办了第四届浙江省生态音乐节。大力进行环境新闻宣传，加强全省环保政务微博、微信的内容建设。通过多种举措，促进了浙江省的生态文化发展。

浙江省还打造了一批生态环境优美、基础设施完备、管理机制健全、人与自然和谐相处、经济社会与资源环境协调发展的绿色城乡，促进生态文明理念的落地生根。2021 年浙江省县域生态环境状况等级为优的县（市、区）有 59 个，面积占全省总面积的 84.0%，累计建成国家生态文明建设示范县（市、区）35 个，国家"绿水青山就是金山银山"实践创新基地 10 个，总数居全国第一。① 正是政府的倡导和社会的教育使得公民的生态环境保护认知水平不断提高，生态环境保护意识不断增强，形成了政府、企业、环保组织以及公民不同主体之间的良性互动。

总之，在"两山理论"的指导下，浙江省取得了显著的成绩，生态环境稳中向好，生态经济迅速发展，生态文化深入人心，使浙江的发展走在全国前列，为"两山"的国内和国际实践提供了范本，是适合浙江过去、现在、未来的总策略。

三、践行"两山理论"的基本经验

（一）坚持以人为本的发展思想

马克思主义认为，人民群众是历史的创造者，是社会发展的决定力量。"两山理论"把生态文明建设纳入民生，是对民生内涵的丰富和发展。中国特色社会主义事业也需要人民群众创造。要调动广大人民群众进行生态文明建设的主动性、积极性、创造性，践行"两山理论"，这就需要真正立足于群众，从广大人民群众的利益角度考虑问题。

小康全面不全面，生态环境质量是关键。"良好生态环境是最公平的公共产品，是最普惠的民生福祉。"①生态环境作为基本的民生保障是社会建设的核心问题。"两山理论"回应了人民群众对美好生活的期盼，是全面建成小康社会的重要指引。中国共产党的宗旨是全心全意为人民服务，中国共产

---

① 资料来源：浙江省统计局。

党一切工作的出发点、着眼点都是人民的利益和需要，"两山理论"的践行同样是为了满足人民日益增长的美好生活需要，是改善民生、实现社会和谐的重要条件。

随着社会经济的发展，人民对环境的要求越来越高，"我国社会主要矛盾已经转化为人民日益增长的美好生活需要和不平衡不充分的发展之间的矛盾"，人民对美好生活的需要包含着对美好生态环境的需要。"两山理论"把生态文明建设纳入民生，是对民生内涵的丰富和发展。"两山理论"具有区别于西方资本主义国家的本质特征。资本增值是西方资本主义国家的生产目的，具有自私逐利的阶级本性，不会为了人民群众而放弃少数资本集团的利益，虽然在一定程度上，西方国家的生态治理取得一定成效，但是不可能从根本上解决生态环境问题，习近平提出的环境民生理论，具有以天下为己任的广阔胸怀，是引领全球生态治理的先进理念。实现好、维护好、发展好最广大人民根本利益，是党和国家一切工作的出发点和落脚点，因此，要坚持把生态环境建设作为改善民生的重要举措，通过一系列生态惠民、生态为民、生态利民的实践活动，不断满足人民群众的生态需求，维护人民群众的生态利益，提高人民群众生态幸福指数。在实践"两山理论"的过程中尊重人民主体地位，发挥人民首创精神，保障人民各项权益，改善人民生存环境和生活水平，最终达到生产发展、生活富裕、生态良好的目标，推动人的全面发展。

（二）坚持发展绿色经济

绿色发展是一个理论问题，更是一个实践问题。坚持绿色发展，是坚持马克思主义发展观的一场深刻革命，是构建高质量现代化经济体系的必然要求，也是解决污染问题、实现"两山"转化的根本之策。粗放的经济发展方式使得生态环境承受着巨大压力，因此必须依托于资源环境的有效支撑，改变高消耗、高污染、高排放的生产模式，由资源消耗型向资源节约型、环境友好型转变，保持社会经济发展的长效动力，提升产业绿色水平，寻求"两山"转化新方法。绿色产业是实现"绿水青山"向"金山银山"转化的主要途径，在引领世界经济发展潮流、推动产业融合等方面发挥了重要作用，绿水青山是发展绿色产业的充分必要条件。

首先，要发展依托"绿水青山"的内生性产业，生态资源作为一种经济资源，本身就可以减少经济成本，依托良好生态环境提高生产力水平。习近平总书记在浙江日报《之江新语》发表评论指出："生态环境优势转化为生态农业、生态工业、生态旅游等生态经济的优势，那么绿水青山也就变成了金山银山"①。习近平总书记发展了马克思主义关于生产力理论，认为"保护环境就是保护生产力，改善环境就是发展生产力"。实现绿水青山向金山银山的转化，可以发展"绿水青山"的内生性产业，如林下经济、休闲旅游、生态养生等产业。只要对"绿水青山"所在区域内进行合理规划，遵循正确运营理念，运用先进技术，开展适度经营规模，"绿水青山"便成为"金山银山"的核心源泉。因此我们在今后的发展过程中，要严格保护生态环境，科学合理利用资源，不断提高优质绿色产品的供给，推动绿色产业在各地区的发展。

其次，大力发展与自然生态相关的外生性产业能够促进"绿水青山"向"金山银山"的转化。与自然生态相关的外生性产业是由"绿水青山"向外延伸、配套的产业，如发展相关的基础设施建设，发展服务业、物流业、金融业等。对这些产业进行合理布局与发展，既能促进"绿水青山"内生性产业的发展，又能对相关区域起到辐射带动的作用。因此，要使"绿水青山"成为"金山银山"，仅仅依靠"绿水青山"是不够的，更需要立足长远，依托"绿水青山"，但不限于"绿水青山"，使"绿水青山"产生更加广泛的"金山银山"效应，从而促进区域生态经济的快速发展。

（三）坚持齐抓共管的理念

妥善处理好绿水青山和金山银山的关系、把绿水青山转化为金山银山，需要多个主体齐抓共管、协同发力。必须建立符合中国国情的环境治理体系，要构建以党委领导、政府主导、企业主体、社会组织和公众共同参与的环境治理体系。

东南西北中，党是管一切也是指导一切的。党的领导是中国特色社会主义的本质特征，也是"两山理论"能得以形成并深化、落实的本质条件。在各级党委领导下，各级政府是践行"两山理论"的思想理念的贯彻者、实际政策的制定者以及市场交易秩序的维护者。因此，推动"绿水青山"

---

① 习近平. 人不负青山，青山定不负人［EB/OL］. 人民网，2020 – 08 – 16.

向"金山银山"转化，要推动政府职能由行政强制向文明倡导和监督服务转变。如果说政府是倡导者，企业则是践行"两山理论"的主力军，是生态资源开采的最大受益者，也是生态环境的直接影响者。在处理经济发展与生态环境保护关系的过程中，要加强绿色企业建设，在充分满足消费者需求、争取适度利润和发展水平的同时，注重节约和保护自然资源，减少环境污染，实现人与自然生态的平衡，促进绿水青山向金山银山转化，把生态成本、环境质量、生态服务以及可持续发展能力纳入企业的生产模式和竞争能力之中，追求企业生态价值、经济价值和社会价值的统一和最大化。除此之外，还要增加产品的生态效益，通过推广绿色生产生活方式、创建绿色品牌等方式加强公众参与，调动民众参与生态保护的积极性，通过政府、企业、社会组织和公众协调配合，形成多元的生态环境治理体系，不断加大生态环境治理力度，扩大治理范围，增强全民生态环保意识，推动全社会共同参与到生态文明建设中来。

（四）增强生态制度优势

制度是理念的具体化和明确化。生态文明制度的建立和健全以及执行力度，是决定我国生态文明建设成效的关键环节。"两山理论"的实践，不仅需要正确理念的传播和强化，而且需要构建一定的制度规范，以充分发挥制度约束和激励作用。我国生态环境问题产生的原因是多方面的，但是制度的不完善或者执行不到位是其重要原因。制度的生命力在于执行，因此，要着力构建完备的生态文明制度体系。

首先，要深化生态环境资源市场化配置改革，这是环境治理市场化的关键。要将成本、收益的概念引入生态领域，促进生态资源的商品化。

第一，要建立反映生态资源价值的经济核算制度，把市场规律引入生态领域中来，通过市场机制形成反映资源稀缺程度、市场供求状况的资源价格，将生态成本内化到生产成本中。

第二，把发展过程中的资源消耗、环境损失以及环境效益都纳入经济社会发展综合评价体系中，大幅提高考核比重，运用市场规律看待生态资源利用和经济开发活动，建立人与自然相对平衡的关系。

第三，要建立公正的生态环境损害评估制度，依据科学的评估标准，加快形成生态损害者赔偿、受益者付费、保护者得到合理补偿的运行机制。通过资源有偿使用和生态补偿制度推进绿色理念的落实。

其次,我国要探索"源头—过程—结尾"环环相扣的一整套体制机制,用制度保护生态环境。从生态文明制度体制到环境法,再到具体的地方政策法规,努力形成全方位、多层次、高强度的制度体制,完善生态保护和绿色发展的良性互动机制,促进"两山"发展。

(五) 依靠国际合作推动"两山"国际与国内实践

当前生态环境问题已经成为全球性问题,世界经济、政治、文化、生态等朝着健康有序的方向发展,需要各国之间加强合作。党的十九大报告呼吁"各国人民同心协力,构建人类命运共同体,建设持久和平、普遍安全、共同繁荣、开放包容、清洁美丽的世界"。中国秉持共商共建共享的全球治理理念,积极参与全球治理体系变革和建设,习近平总书记明确提出生命共同体的理念,并运用这个思想理念于国际事务,为构建"人类命运共同体"作出巨大贡献。

首先,我国积极参与国际环境保护公约,并且积极履行公约,参与全球生态事务:中国曾经签署《关于汞的水俣公约》,加入《名古屋遗传资源议定书》,还批准了《蒙特利尔议定书》《基加利修正案》等国际合作协定。习近平总书记提出的"一带一路"倡议受到沿线国家的热烈响应和积极参与。我国对"一带一路"沿线投资不是传统意义上的产业转移,不是向其他国家转移高污染、高耗能产业,而是推动产能合作,并且高度重视环境问题和可持续发展问题。因此,"一带一路"倡议为构建国际新型发展合作、创建新的发展方式提供了具有全球意义的合作发展平台。在今后发展中,我们要继续加强国家之间的联系,特别是面向"一带一路"沿线和阿拉伯等国家进行合作研究、技术交流、知识分享和人员培训等,一同发展绿色经济,增强我国在全球生态治理中的话语权,为全球生态治理提供中国方案。

其次,要保护好"绿水青山",守住"金山银山",实现"两山转化",要坚定不移提高开放水平,引进先进科技、人才、资金等,发展更高层次的开放型经济。要注重学习国际上先进的生态治理知识,培养优秀的生态治理人才,加强国内自然资源和环境政策的制定和实施,以更加节约、更可持续的手段利用自然资源,在保护生态环境的基础上改善经济发展方式,促进经济发展。我国在发展生态产业的过程中，不断学习借鉴国外先进经验，对我国实现生态效益、经济效益以及社会效益都有很重要的借鉴意义，有利于为人民群众提供更多优质的生态产品，推动形成绿色生产方式和生活方式，将我国的生态优势转化为经济优势，成功实现"两山"转化。

后　记

　　作为世界四大文明古国之一，华夏文明具有5000年的悠久历史，是四大文明中唯一一个文化延续、没有中断的古老文明。自古至今，华夏文明一脉相承、源远流长、文化璀璨、博大精深，留下了数不胜数的物质和非物质文化遗产，丰富多彩的民族文化，构成了世界文明的宝贵财富，华夏文明也因为其优越性和竞争力而屹立于世界东方，引领世界历史与文化发展潮流。

　　中华优秀传统文化是民族智慧的结晶，是华夏文明发展的基石，具有强大的生命力，这构成了"文化自信"的基础。作为东方文明古国，中国理应在世界现代文明中占有一席之地。但是，自英国工业革命以来，伴随着世界进入现代工业文明时代，由于华夏文明作为农业文明本身相对保守与封闭性的限制，在很多方面与时代发展落伍了。这说明，华夏文明作为一种农耕文化，也存在着一些与现代社会发展不相符的落后理念，需要与时俱进，通过文化创新的路径赋予时代的精神，才能跟上现代社会发展潮流。

　　推进中华优秀传统文化创新发展是一项复杂的系统工程，涉及对中华优秀传统文化创造性转化与创新性发展的手段、路径、平台、协作机制与政策保障等问题。如何将这些要素融合成一个有机的整体形成合力，以推动社会主义文化强国建设的进程，是推进中华优秀传统文化创造性转化创新性发展理论研究所要解决的核心问题。本书以科学社会主义理论学科为主体，通过整合哲学、政治学、文化学、经济学、生态学、历史学等相关学科体系前沿理论，综合运用多学科的研究方法，以2035年建成我国社会主义文化强国为目标，尝试构建了一个相对完整的文化创新引领我国社会主义文化强国建设的理论分析框架。

后　记

　　本书是在本人主持下，项目组全体成员艰苦奋斗、通力合作完成的。我作为研究负责人，提出全书写作大纲，并直接负责各章的写作和修订工作，其他成员参与了本书的部分内容写作工作，具体分工如下：本人负责第一章的写作，张晞参与了第二章写作，茹海玲参与了第三章写作，吴桐参加了第四章写作，宋舒宁参与了第五章写作，沈志强参与了第六章写作，李越参与了第七章写作，李舒纯参与了第八章写作，牛玉娇、李想参与了第九章写作，杨颖参与了第十章写作，王梓印参与了第十一章写作，李想、田林汶参加了案例写作与文字修订工作。在此我作为项目负责人，向所有参与成员的辛勤付出表示衷心的感谢。另外，本书在写作过程中，吸收和引用了国内外许多相关领域学者的研究成果，在此一并表示诚挚的谢意！

　　是以为记。

张佑林

2023 年 8 月于上海